权威·前沿·原创

皮书系列为
"十二五""十三五"国家重点图书出版规划项目

河北蓝皮书
BLUE BOOK OF HEBEI

河北法治发展报告（2017）

THE RULE-OF-LAW DEVELOPMENT REPORT OF HEBEI (2017)

主　编／郭金平　李永君
副主编／王艳宁　周保刚　麻新平

社会科学文献出版社
SOCIAL SCIENCES ACADEMIC PRESS (CHINA)

图书在版编目(CIP)数据

河北法治发展报告.2017/郭金平,李永君主编.——北京:社会科学文献出版社,2017.6
(河北蓝皮书)
ISBN 978-7-5201-0904-8

Ⅰ.①河… Ⅱ.①郭… ②李… Ⅲ.①社会主义法制-研究报告-河北-2017 Ⅳ.①D927.22

中国版本图书馆 CIP 数据核字(2017)第 123784 号

河北蓝皮书
河北法治发展报告(2017)

主　　编／郭金平　李永君
副 主 编／王艳宁　周保刚　麻新平

出 版 人／谢寿光
项目统筹／高振华
责任编辑／高振华

出	版／社会科学文献出版社·区域与发展出版中心 (010) 59367143
	地址:北京市北三环中路甲 29 号院华龙大厦　邮编:100029
	网址:www.ssap.com.cn
发	行／市场营销中心 (010) 59367081　59367018
印	装／北京季蜂印刷有限公司
规	格／开本:787mm×1092mm 1/16
	印　张:21.75　字　数:326 千字
版	次／2017 年 6 月第 1 版　2017 年 6 月第 1 次印刷
书	号／ISBN 978-7-5201-0904-8
定	价／79.00 元

皮书序列号／PSN B-2017-623-3/3

本书如有印装质量问题,请与读者服务中心(010-59367028)联系

▲ 版权所有 翻印必究

《河北法治发展报告（2017）》
编 委 会

主　　任　董仚生

副 主 任　郭金平　李永君

编　　委　郭金平　李永君　杨思远　薛兰锁　刘永志
　　　　　王艳宁　周保刚　罗云鹤　麻新平

主　　编　郭金平　李永君

副 主 编　王艳宁　周保刚　麻新平

主编简介

郭金平 河北省社会科学院院长、党组书记,中共河北省委讲师团主任,河北省社会科学界联合会第一副主席。

李永君 中共河北省委政法委员会常务副书记、秘书长,中共河北省委法治河北建设领导小组办公室常务副主任。

摘　要

党的十八大以来，河北省认真贯彻全面依法治国战略布局，法治建设实践波澜壮阔，法治精神传导广泛深入，取得了丰硕成果，产生了深刻影响。《河北法治发展报告（2017）》系统总结了法治建设的实践进程与经验，深度剖析了法治建设中面临的问题，科学把握法治建设规律，厘清法治建设思路，探索法治建设新途径，总结推广全省法治建设的创新实践及有益经验，从理论与实践两个方面推动河北法治建设进程。

《河北法治发展报告（2017）》是河北省首部记录法治建设实践的蓝皮书。本书由河北省社会科学院牵头、法学研究所担纲，中共河北省委法治河北建设领导小组全力支持，由河北省人大、省法治委、省政府法制办、省司法厅等省直有关部门及省内高等院校法学院系的专家学者组成精干的学术队伍，精心谋划，力图推出一部具有较高理论价值和实践意义的全景式法治河北建设文献，使社会各界全面准确地了解河北省法治建设的进程与成果。

《河北法治发展报告（2017）》由总报告、专题研究、法治省情调研、京津冀法治协同发展、法治评估5个部分组成，其中总报告主要对2016年河北法治建设的总体情况进行了综合阐述，全面记述了河北法治建设进程，并对2017年河北法治建设的发展趋势和前景进行了展望。

专题研究篇推出了7篇研究报告。"放管服"改革是党中央、国务院应对新常态、引领经济社会转型升级的治本之策、关键一招，具有牵一发而动全身的重要作用。本篇推出的《2016年河北省政府监管取得的成效及完善路径》对河北省政府监管方面取得的成效进行了归纳总结，认为河北省政府监管在新型市场监管制度逐步完善、加快信息"全国一张网"建设、"双随机、一公开"监管全面推进、失信联合惩戒机制初步建立、监管执法力度不断加大和建立"药安食美"社会共治平台等方面取得了一系列成效，今后应该从全面推行"双随机"抽查、进一步加强事中事后监管、加强企业信用监管、着力解决基层监管方面的问题、加强监管领域的法制化建设等方面进一步加强政府监管。作为实施去产能改革任务的重点省份，河北省在钢铁、水泥、煤炭以及玻璃等行业的去产能任务繁重，去产能改革过程中所面临的企业职工安置、企业债务清偿、金融风险等问题非常突出，一系列的社会稳定问题为河北的去产能进程增加了更多负担，本篇推出了《河北省去产能过程中社会稳定问题研究》，在建立完善的职工安置机制、妥善解决企业的债务纠纷、防止在去产能进程中发生金融风险等方面提出了有针对性的建议，通过建立各部门之间的协调机制，将去产能过程中的负面影响降到最低，有效地维护了社会稳定。

法治省情调研篇推出了《河北省地级市政府信息公开调研报告——以政府门户网站为观察对象》《河北省"六五"普法工作的调研报告》等7篇研究报告，对河北省在政府信息公开、"六五"普法、行政裁决、地方立法等热点难点问题进行了深入调研，并提出有针对性的意见和建议。本篇还重点推出了《基层法院破解"案多人少"困境的裕华经验》及《威县"放管服"改革工作成效及完善建议》两个成功案例的调研报告，深刻剖析成功的深层次原因，并归纳出可推广的经验借鉴。

京津冀法治协同发展篇推出了《京冀奥运协同立法现存问题与解决路径》和《京津冀协同发展的法治障碍及破解之道》等4篇研究报告。河北省在落实京津冀协同发展国家战略中，充分发挥法治的保障作用，在立法、司法和执法方面，都有一些创新性的工作，本篇重点分析了京津冀法治协同发展存在的障碍，并提出了相应的对策。

法治评估篇推出了《河北省设区市法治建设指标体系研究报告》《2016年河北法院阳光司法指数评估报告》和《〈河北省邮政条例〉立法后评估报告》3篇研究报告。近年来，河北省委省政府把法治指数评估作为一项重要的工作来抓，积极推动指数评估工作的进行，在展示成绩、发现问题和促进工作方面取得了较好的效果，对地方法治建设起到了积极的推动作用。

关键词：河北　法治发展　法治评估　京津冀法治协同发展

Abstract

Sincethe CPC 18th National Congress, Hebei Province has been carrying out strategic arrangements of managing state affairs according to law in an all-round way, practices of rule-of-law development has been surging forward with great momentum, transmission of rule-of-law spirits has been proceeding extensively and in-depth, substantial achievements have been made, and profound impacts have been generated. With a view to systematically summarizing practical process and experience of rule-of-law development, in-depth analyzing problems existing in rule-of-law development, having a scientific grasp of regularities of rule-of-law development, getting clear thoughts on rule-of-law development, exploring new approaches of rule-of-law development, summarizing and exptensively applying innovative practices and beneficial experience of the rule-of-law development across the province, and advancing Hebei's rule-of-law development theoretically and practically, we compile and publish *The Rule-of-Law Development Report of Hebei (2017)*.

The Rule-of-LawDevelopment Report of Hebei (2017) is Hebei's first blue book of recording practices of rule-of-law development. Compilation of this book is led by Hebei Academy of Social Sciences, undertaken by Institute of Law, and supported vigorously by the Rule-of-Law Hebei Building Leading-Group of the CPC Hebei Provincial Committee; experts and scholars of provincial departments concerned such as the Standing Committee of Hebei Provincial People's Congress, Hebei Provincial Rule-of-Law Committee, the Legislative Affairs Office of Hebei Provincial Government, Hebei Provincial Department of Justice as well as law schools/departments of universities in Hebei Province make up capable academic teams to make elaborate designs in an effort to formulate a panoramic literature of the rule-of-law Hebei building with high theoretical value and practical significance, with a view to providing the public with overall and accurate

Abstract

information of the process and results of Hebei's rule-of-law development.

The Rule-of-LawDevelopment Report of Hebei (2017) consists of the five parts of General Reports, Survey Reports of Hebei's Rule-of-Law Situations, Special Study Reports, Rule-of-Law Assessment, and Beijing-Tianjin-Hebei Rule-of-Law Collaborative Development, of which General Reports mainly have an overall and comprehensive statement of the rule-of-law development situation of Hebei in 2016, get an overall recording of the process of Hebei's rule-of-law development, and make summarization and forecast of Hebei's rule-of-law development trends and prospects in 2017.

The section of Special Study Reports contains seven study reports. The "delegation, administration, service" reform is a permanent solution and a key move for the Party Central Committee and the Sate Council to cope with the new normal and lead economic and social transformation and upgrading, and has the important role of a move leading to an overall impact. "A Study Report of Hebei's Advancing Transformation of Governmental Functions in 2016" in this book summarizes results achieved in Hebei's governmental supervision, and concludes that a series of results of Hebei's governmental supervision have been achieved in gradual improvement of new market supervision systems, acceleration of building the "a single network nationwide" of information, all-round advancement of the "double 'random', one 'disclosure'" supervision, initial establishment of joint disciplinary mechanisms for not keeping promises, growing efforts in supervision law-enforcement, establishment of social joint-regulation platforms of "food and drug safety", etc., and from now on, governmental supervision should be further intensified in carrying out the "double 'random'" selective examination in an all-round way, further intensifying in-process and after-completion supervision, strengthening enterprise credit supervision, striving to solve problems in grassroots supervision, intensifying the rule-of-law development in the field of supervision, etc.; as a priority province to carry out the reform task of reducing production capacity, Hebei Province has heavy tasks of reducing production capacity in its industries of steel, cement, coal, glass, etc., and is faced with severe problems such as job placement for enterprise employees, enterprise debt discharging, and financial risks in the reform process of reducing production capacity, and a series of problems of social stability have added more burdens on the process of Hebei's reducing production capacity; "A Study of Social Stability in the Process of Hebei's Reducing Production Capacity" in this book puts forward special proposals in establishing good mechanisms of job placement for employees, appropriately settling enterprise debt disputes, preventing occurrence of financial risks in the process of reducing production capacity, etc., to minimize negative impacts in the process of reducing production capacity and effectively maintain social stability by establishing coordinating mechanisms between departments concerned.

The section of Survey Reports of Hebei's Rule-of-Law Situations contains seven study reports including "A Survey Report of Government Information Publicity of Hebei's Cities with Districts" and "A Survey Report of Hebei's 'Sixth Five-Year' Law Popularization", which are in-depth surveys and special comments and proposals concerning Hebei's hot and difficult issues in government information publicity, "sixth five-year" law popularization, administrative adjudication, local legislation, etc.; and an emphasis is placed on the survey reports of two successful cases of "The Problem of More Cases and Less Workers of Grassroots Courts and Experience of Solutions (Yuhua Sample)" and "Work Results of the "Delegation, Administration, Service" Reform of Weixian County and Proposals of Improvement" to profoundly analyze deep-seated causes of such successes, and summarize extensively applicable experience for reference.

The section of Beijing-Tianjin-Hebei Rule-of-Law Collaborative Development contains four study reports including "A Study of Existing Problems and Solving Approaches in Beijing-Hebei Olympics Collaborative Legislation" and "Rule-of-Law Barriers and Cracking Approaches in Beijing-Tianjin-Hebei Collaborative Development". In carrying out the national strategy of Beijing-Tianjin-Hebei collaborative development, Hebei Province gives full play to the guarantee role of rule-of-law, and has some innovative work in legislation, justice and law enforcement; an emphasis is placed on an analysis of barriers existing in Beijing-Tianjin-Hebei rule-of-law collaborative development, and corresponding solutions put forward.

The section of Rule-of-Law Assessment contains the three study reports of "A

Abstract

Study Report of Rule-of-Law Development Indicator System of Hebei's Cities with Districts", "An Assessment Report of 'Sunshine' Judicial Index of Hebei's Courts in 2016" and "An Assessment Report after Legislation of "Hebei's Regulations on Postal Service". In last few years, the CPC Hebei Provincial Committee, and Hebei Provincial Government has been taking the rule-of-law index assessment as a work priority, and vigorously advancing the index assessment, which has generated good results in displaying achievements, finding problems and promoting work, and also given an impetus to rule-of-law development at sub-provincial level and below.

Keywords: Hebei; Rule-of-Law Development; Beijing-Tianjin-Hebei Rule-of-Law Collaborative Development; Rule-of-Law Assessment

目 录

Ⅰ 总报告

B.1 2016年河北法治发展状况与2017年展望
　　……………………《河北法治发展报告（2017）》总报告课题组 / 001

Ⅱ 专题研究

B.2 2016年河北省政府监管取得的成效及完善路径 ……… 寇大伟 / 038
B.3 河北省去产能过程中社会稳定问题研究 …………… 王利军 / 049
B.4 河北省特殊人群服务管理调查报告 ………………… 董　颖 / 061
B.5 河北科技金融法治保障机制的建构与创新 ………… 刘　勇 / 074
B.6 河北省城市出租车行业发展与法治保障调查
　　………………………………………… 蔡欣欣　王　瑜 / 085
B.7 民间借贷案件的特点变化与应对举措 ……………… 骆艳青 / 100
B.8 河北省美丽乡村建设法治保障工作调研报告
　　………………………………… 马一超　闫利平　尚馥娟 / 109

Ⅲ 法治省情调研

B.9 河北省地级市政府信息公开调研报告
　　——以政府门户网站为观察对象 ………………… 靳志玲 / 121

001

B.10 河北省"六五"普法工作的调研报告
　　………………………………………… 河北省司法厅课题组 / 135
B.11 河北省加强和改进行政裁决工作的调研报告 ………… 王 琳 / 144
B.12 河北省地方立法对外交流工作的调研报告
　　………………………………… 张培林 杨 锐 武少霞 / 163
B.13 增加有法治实践经验专职委员比例的调研报告
　　………… 河北省人大常委会选举任免代表工作委员会课题组 / 175
B.14 基层法院破解"案多人少"困境的裕华经验
　　……………………………… 解决"案多人少"问题课题组 / 183
B.15 威县"放管服"改革工作成效及完善建议 …………… 麻新平 / 200

Ⅳ 京津冀法治协同发展

B.16 京津冀协同发展的法治障碍及破解之道
　　……………………… 田文利 孙晓楠 马立民 刘 申 / 213
B.17 京津冀立法协同机制研究报告
　　………………… 河北省科学民主立法与京津冀协同发展课题组 / 226
B.18 京冀奥运协同立法现存问题与解决路径 ……………… 师晓丹 / 241
B.19 环渤海地区经济协调发展存在的潜在法律风险
　　及其防范对策 ………………………… 王宝治 张伟英 / 254

Ⅴ 法治评估

B.20 河北省设区市法治建设指标体系研究报告
　　……………………… "河北省设区市法治建设指标体系"项目组 / 265
B.21 2016年河北法院阳光司法指数评估报告 …… 李 靖 王富贵 / 281
B.22 《河北省邮政条例》立法后评估报告 ……… 立法评估课题组 / 296

皮书数据库阅读使用指南

CONTENTS

I General Report

B.1 The Rule-of-Law Development Situation of Hebei in 2016 and a Forecast for 2017
The Program Team of General Report of the Rule-of-Law Development Report of Hebei (2017) / 001

II Special Study Reports

B.2 A Study Report of Hebei's Advancing Transformation of Governmental Functions in 2016 *Kou Dawei* / 038

B.3 A Study of Social Stability in the Process of Hebei's Reducing Production Capacity *Wang Lijun* / 049

B.4 A Survey Report of Service and Management of Hebei's Special People *Dong Ying* / 061

B.5 Establishment and Innovation of Hebei's Rule-of-Law Guarantee Mechanisms of Sci-tech Finance *Liu Yong* / 074

B.6 A Survey Report of Hebei's City Taxi Industry Development and Its Rule-of-Law Guarantee *Cai Xinxin, Wang Yu* / 085

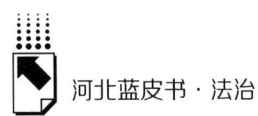

B.7　Changes of Characteristics of Private Lending Cases and Corresponding Measures　*Luo Yanqing* / 100

B.8　A Survey Report of Hebei's Rule-of-Law Guarantee for Beautiful Countryside Construction
　　Ma Yichao, Yan Liping and Shang Fujuan / 109

Ⅲ　Survey Reports of Hebei's Rule-of-Law Situations

B.9　A Survey Report of Government Information Publicity of Hebei's Cities with Districts　*Jin Zhiling* / 121

B.10　A Survey Report of Hebei's "Sixth Five-Year" Law Popularization
　　The Program Team of Hebei Provincial Development of Justice / 135

B.11　A Survey Report of Hebei's Enhancement and Improvement of Administrative Adjudication　*Wang Lin* / 144

B.12　A Survey Report of Hebei's International Communication on Local Legislation　*Zhang Peilin, Yang Rui and Wu Shaoxia* / 163

B.13　A Survey Report of Increasing Proportions of Standing Committee Full-Time Members with Rule-of-Law Practical Experience
　　The Program Team of Work Committee for Deputy Election, Appointment and Dismissal of the Standing Committee of Hebei Provincial People's Congress / 175

B.14　The Problem of More Cases and Less Workers of Grassroots Courts and Experience of Solutions: Yuhua Sample
　　The Program Team of Solving the "More Cases and less Workers" / 183

B.15　Work Results of the "Delegation, Administration, Service" Reform of Weixian County and Proposals of Improvement　*Ma Xinping* / 200

CONTENTS

IV Beijing-Tianjin-Hebei Rule-of-Law Collaborative Development

B.16 Rule-of-Law Barriers and Cracking Approaches
in Beijing-Tianjin-Hebei Collaborative Development
Tian Wenli, Sun Xiaonan, Ma Limin and Liu Shen / 213

B.17 A Study Report of Beijing-Tianjin-Hebei Legislation
Collaborative Mechanisms
*The Program Team of Hebei's Scientific and Democratic Legislation
and Beijing-Tianjin-Hebei Collaborative Development* / 226

B.18 A Study of Existing Problems and Solving Approaches
in Beijing-Hebei Olympics Collaborative Legislation   *Shi Xiaodan* / 241

B.19 Potential Legal Risks Existing and Their Precautions
in the Bohai-Sea-Rim Economic Coordinated Development
Wang Baozhi, Zhang Weiying / 254

V Rule-of-Law Assessment

B.20 A Study Report of Rule-of-Law Development Indicator System
of Hebei's Cities with Districts
*The Program Team of Rule-of-Law Development Indicator
System of Hebei's Cities with Districts* / 265

B.21 An Assessment Report of "Sunshine" Judicial Index
of Hebei's Courts in 2016   *Li Jing, Wang Fugui* / 281

B.22 An Assessment Report after Legislation of "Hebei's Regulations
on Postal Service"   *The Program Team of Legislation Assessment* / 296

总报告

General Report

B.1
2016年河北法治发展状况与2017年展望

《河北法治发展报告（2017）》总报告课题组*

摘　要： 2016年，河北省健全了统筹机制和专门机构，法治建设统筹协调能力明显增强；完善了党委系统依法决策机制，依法执政水平明显提升；加强了重点领域立法工作，科学立法、京津冀协同立法取得了重要成果；率先出台了法治政府建设实施方案，依法行政、严格执法进一步深化；促进了公正司法，司法体制改革呈现"起步晚""动力足""进展快""效果

---

* 课题组组长：李永君，河北省委政法委常务副书记、秘书长，省委法治办常务副主任；副组长：刘永志，河北省委政法委副秘书长、省委法治办副主任；周保刚，河北省委政法委法治建设协调处处长、省委法治办联系人；成员：李振伏、郭红、杨少华、郝利锋、吴文合（各专项办联系人）、王利军、薛静、马一超、王艳宁、麻新平、胡波、朱敏、丁立明（资料与辅助人员）；执笔：周保刚。

好"的态势；完善了法律服务体系，法治宣传和法治创建活动颇有特色。社会各界重视法治、研究法治、推进法治、完善法治的局面正在形成。2017年，河北省将围绕深入落实全面依法治国战略部署，围绕为全省经济社会发展、为京津冀协同发展、为公平高效的市场营商环境提供有力的法治保障，以理念思路创新、体制机制创新、方法手段创新为引领，瞄准薄弱环节和突出问题，深入推进各领域工作，努力建设更高水平的法治河北。

关键词： 河北 "1+5"工作机制 京津冀协同立法

一 2016年河北法治发展的具体情况

2016年，在党中央和河北省委、省政府的正确领导下，河北省各级各部门深入贯彻落实习近平总书记系列重要讲话精神，深入贯彻落实党的十八大和十八届三中、四中、五中、六中全会精神，协调推进"四个全面"战略布局的步伐坚定、举措有力，法治河北建设取得重大成效。

（一）统筹机制和专门机构健全情况

党委领导下的法治建设领导机构、工作机构和工作机制建设是河北省2016年的一项重要工作，为全面推进法治河北建设打下了坚实的基础。

1. 建立健全了专门负责法治建设的领导机构和工作机构

完善了法治建设组织领导机制。河北省委成立了以省委书记为组长的法治河北建设领导小组，调整了组成人员，负责对法治河北建设统一领导、统一部署、统一协调。11个设区的市和省直管的定州市、辛集市紧跟省委决策，先后建立了本级党委法治建设领导小组。

建立了"1+5"工作机制。河北省委法治河北建设领导小组下设办公室（简称"省委法治办"），于2015年底调整设在省委政法委。省委法治办协同领导小组下设的提高各级党委依法执政水平、加强和改进地方立法工作、加强和改进依法行政工作、促进各级司法机关公正司法、推进法治社会建设5个专项小组，分别负责相关专项工作的协调落实。

强化了党委法治办系统队伍。河北省各市县党委法治建设领导小组办事机构先后设在或调整到本级党委政法委。保定市批准建立了市委政法委法治建设协调处，定编2人。邢台市通过购买服务方式充实市委法治办力量，解决了工作人员不足的问题。大多数县、市、区明确了党委法治办设在部门和专兼职工作人员。

2. 建立了党委法治办系统工作机制

河北省委法治办建立了联系人主持、各专项小组办公室联系人参加的联系人工作会议机制，全省建立了法治建设情况信息汇集报送、重点任务督办销账、法治成果汇集报送等工作机制，有力地推动了全省工作的开展。秦皇岛市围绕总结部署、工作推动、机制保障"三个到位"，围绕法治维护民生、维护生态环保能力的专业人员法治素养"三个提升"，做到了借助外脑、借助新平台、借助媒体"三个借助"，全面提升了法治建设能力。

全省党委法治办系统加强了统筹协调和督查督办工作。河北省委法治办梳理明确了2016年度推进的102项重要任务，逐一明确了责任单位。全省党委法治办系统分两次召开"片会"，完善了机制，推动了法治市、县创建活动。组织举办了专题培训班并到民主法治示范村现场教学，提高了工作人员业务素质。张家口市大胆探索将大数据、互联网技术融入法治建设工作，研发了"法治张家口建设决策管理系统"，通过科学分析法治建设数据，有力地服务了领导决策。

3. 建立了科学的法治建设考评机制

各级党委法治办承接了全省法治建设考核工作。《河北省省管领导班子和领导干部年度综合考核评价办法（试行）》规定，法治建设（含平安建设相关内容）是针对省直部门（单位）领导班子和省管干部、各市党政班子和省管干部、各县（市、区）委书记三类对象年度综合考核的一级指标。

作为考核主体的河北省委政法委、省委法治办牵头组织，协调各专项小组办公室、各市县党委法治办推进落实法治建设考核工作，党委法治办系统统筹协调法治建设力度更大。

建立了科学规范的考评机制。河北省委法治办针对省直部门的实施细则，涵盖了落实中央、省委决策部署情况，依法执政、依法决策情况，推进科学立法和接受人大、政协监督情况，依法行政、依法办事情况，促进公正司法工作情况，促进法治社会建设情况。针对各地的考核，设定了统一、量化标准，在全国率先出台了《河北省设区市法治建设指标体系（试行）》，以便全面导引、科学考评设区市法治建设工作。该指标体系中既有法治状况指标也有法治职能指标，既有客观指标也有主观指标，既有内部考核指标也有第三方评估指标，既有评价性指标也有引导性指标，对法治建设工作全部进行了量化。对县（市、区）委书记及全县（市、区）法治建设工作的考核，也在探索优化。

提出了"设区市法治建设指数"理论。目前，全国各地都在构建法治建设指标体系，推行"法治指数"考评机制多处于边探索、边实践、边完善阶段，有关概念存在不同提法，有关机制具有不同侧重点。河北省委法治办和有关同志在全国率先提出的"设区市法治建设指数"理论，是在学习研究有关"法治指数"理论和经验的基础上，结合法治建设突出强调"建设"二字，加以完善和丰富形成的，既反映各地法治状况，又反映各地法治建设工作情况，特别突出了法治建设举措需要不断出台、有关机制制度需要建立落实、有关制度运行成效需要检验推动等实际要求。该理论提出，适当加入一些现阶段完成可能有一定困难的指标，主要目的是引导各地工作的正确发展方向，可以促进法治建设向更高境界发展。在考评方式上，采用内部考核、公众满意度调查、第三方评估"三位一体"考评模式，提升了考核结果的公正性、客观性、科学性。

4. 探索实践了法治典型评选宣传特色机制

举办了第三届法治典型评选活动。2016年9月，由河北省委法治办牵头，省委宣传部、省委政法委、省司法厅、省文明办、省网信办、省法宣办等部门参加,有关部门协办,组织开展了河北省2016年度"十大法治人物、十大法治事件、十大法治成果"评选宣传活动,经社会公众投票、专家组投票、评委分类投票,围绕法治特征、宣传点、影响力等要素,评出了河北省2016年度"法治三个十"。此次法治典型评选宣传引起社会各方面的广泛关注,有关部门、单位推荐候选对象数量远远超过前两届;承办公众投票的河北法制网访问量4000余万次,网络总投票452213票,"网信河北"官微投票点击量2200余万次,微信总投票984718票,对全省法治建设起到了重要的推动作用。

营造了良好的法治舆论氛围。河北省各级法治、宣传部门和广播、电视、网络等媒体以及政法综治部门的自媒体,以宣传法治思维、弘扬法治理念、推介法治典型、崇尚法治方式为重点,对各地经验进行广泛深入的宣传,充分发挥典型示范引领作用,深入传递法治正能量。

5. 完善了法治建设协同创新机制

丰富了协同创新工作队伍。河北省法治实践部门与多所院校协作,先后共建了国家治理法治化、地方法治建设、法治环境研究咨询等法治建设研究基地,在正定县塔元庄建立了民主法治示范村联系点和实践基地、教学基地,支持浙江大学、浙江工业大学成立了中国法治实践学派河北研究基地、法治河北研究中心等跨省域研究机构,支持专家学者推进冀浙法治实践,京津冀和长三角、珠三角区域法治建设比较学研究。

强化了法治智库队伍。河北省法学会专门制定印发了《市县法学会工作规范(试行)》,市县法学会实现了"全覆盖"。召开了县级法学会建设现场会,壮大了法治智库队伍。

京津冀三地法学会建立了协同研究机制。2016年10月18日,河北、北京、天津三地法学会联手,在北京举办了第二届京津冀协同立法专题论坛。2016年11月,河北省法学会联合北京市法学会、天津市法学会,以"京津冀法治建设协作机制的理论与实践"为主题,举办了第七届法治河北论坛。

省内外党委法治部门展开了交流。河北省委法治办与浙江、江苏、江西、河南、甘肃、辽宁、内蒙古、宁夏等兄弟省（区、市）党委法治办或依法治省（区、市）办开展了多方面的工作交流。

（二）依法执政和依法决策运行情况

各级党委、政府、党委部门、政府部门党委（党组）和各有关单位党组织积极落实中央和省委决策部署，有关措施发挥了重要作用，依法执政的机制、制度作用大大加强。

1. 依法决策工作规范进一步完善

制定印发了党委工作规则。地方党委制度是党执政治国的重要组织制度，是党的建设和法治建设的重要内容。按照宪法和党章有关规定完善这项制度是推进国家治理体系和治理能力现代化的重要方面。中共中央印发《中国共产党地方委员会工作条例》后，2016年4月6日，河北省委制定印发了《中国共产党河北省委员会工作规则》，其中对地方党委依法、依规开展工作提出了运行规范，对省党代表大会、省委全会、省委常委会和书记专题会等作出了制度性规范，对省委中心组学习、民主生活会、研究经济工作等分专题提出了要求。各地各部门按照要求完善了党委（党组）工作制度。

完善了常委会议事规则和决策程序。2016年11月28日，河北省委印发了经九届常委会第1次会议表决通过的《中共河北省委常委会议事决策规则》，对省委常委会议事决策原则、职责、程序、实施、纪律及会议组织服务等事宜作出了专门规定和具体规范。该规则的制定和实施，对进一步规范地方党委常务委员会的议事工作、决策工作具有十分重要的意义。各级党委全会、常委会讨论决定重大问题和任用重要干部，实行了票决制、民主集中制。

2. 对法治建设的协调推进进一步加强

将法治建设纳入总体规划。河北省制定、实施"十三五"规划时将法治建设作为重要工作，重点推进了地方立法工作，加快了法治政府建设速度，并将法治环境与经济社会环境一体谋划、一体建设。如在各类综合改革试点中，将推进权力公开运行机制作为重要内容，将推进民主开放的党务工作新机制作为重要内容，推进了决策透明化、运行规范化和监督主体化。廊坊市推出了将法治建设工作纳入政绩考核、纳入总体部署、纳入一票否决、纳入发展规划的"四个纳入"举措，市委组成专班对各地各部门工作进行了专项督查；唐山市出台了《唐山市法治专门队伍正规化、专业化、职业化建设五年规划》和《唐山市法治专门队伍五年培训规划》，健全了法治人才培养机制等。

法治建设决策部署形成了科学的体系。2015年12月1日，河北省委办公厅印发了《全面推进法治河北建设重要举措实施规划（2015～2020年）》，分类规划了8个方面的195条重要举措、484项规划成果，法治河北建设有了"总施工图"。该规划于2016年正式启动实施。各地先后出台了推进本地法治建设的实施意见、实施纲要、实施规划等综合性文件，还结合本地实际开拓思路、创新载体、深化实践，创造出不少亮点。各市县党委积极贯彻党中央和省委决策部署，增强了法治建设谋划的科学性，取得了推动工作的成效。

大力支持地方立法机关工作。2016年1月5日，八届河北省委2016年第1次常委（扩大）会议听取了省人大省会党组关于地方立法工作情况的汇报，强调地方性法规立法规划的制定要围绕省委重大决策部署，紧扣"十三五"规划建议，主动适应经济社会发展的新形势、新要求，要注重与改革决策相衔接。各级党委对人大机关完善立法机制、推进重点领域立法等法治基础工作，给予了大力支持。

大力支持司法机关重点工作。2016年6月24日，八届河北省委2016年第25次常委会议听取了省法院党组专题汇报，原则同意《关于落实"用两到三年时间基本解决执行难问题"的工作意见》。会议强调，各级党委、政府和有关部门要站在全面推进依法治国、依法治省的高度，充分认识解决"执行难"问题的重要性，全力支持配合司法机关的工作，使解决"执行难"工作走在全国前列。

按照统一规划要求承担和推进重点任务。河北省省市县三级党委办公厅（室）、党委组织部门和其他部门（单位）的党委（党组）迅速落实党委法

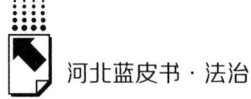

治建设总体要求，按照部门职责明确具体任务台账、任务书、责任表，建立了定期调度通报制度，并将任务完成和工作进展纳入年终述职内容。

3. 健全完善了依法执政相关制度措施

法治思维进一步强化。河北省有关部门先后研究建立了党内法规工作联席会议制度和规章、规范性文件备案审查衔接联动机制，研究探索了县级党委权力公开透明运行机制试点工作，进一步谋划了促进各级党委依法执政的制度化、规范化工作。在制定出台经济社会发展规划等重大决策时，将调查研究、征求意见、法律咨询、集体讨论等作为必经程序。

依法执政工作方式进一步优化。河北省党委系统的党内法规五年规划得到了深入实施推进，由制定到清理各项工作顺利开展。通过建立分工负责机制，全省党委、人大、政府各系统法规部门、立法审查机构各尽其责、协调配合，及时发现和纠正了部分规范性文件中的违法违规问题。市县党委向上级报备规范性文件实现了常态化、规范化。衡水市建立了党政联合发文审查机制，规范性文件备案审查工作较好地推进。

科学领导、政治协商法治建设的工作制度进一步完善和落实。河北省各级党委常委会落实了向本级全会报告年度法治建设工作情况制度。各级党委加强了政治协商工作，完善了向民主党派、工商联、无党派人士和人民团体通报重大事项、重要会议精神和重要工作情况制度。

4. 加强了基层基础工作

推进了农村基层组织建设。河北省委出台了《河北省村级组织工作规则（试行）》等农村组织依法运行系列规范，对农村党组织建设，村民委员会、村民代表会议建设，发挥村务监督委员会作用等33项内容提出了明确要求。宣传部门将基层农村、社区普法与基层精神文明创建结合在一起，积极推进各层级、各领域、各行业市民公约、乡规民约、行业规章、团体章程等社会规范的制定实施，并纳入文明创建测评体系。

开展了大规模的农村干部法治培训。河北省委组织部组织实施了农村干部"万人示范培训"，培训中将农村法治建设和创建民主法治示范村作为重要内容，推进了农村法治建设和平安建设。已完成培训人员2万余人，基层干部依法办事能力大大提高。"六五"普法中,一批村庄被评为民主法治示范村。

规范了社会组织和非公有制企业党建工作。河北省委印发了《关于加强社会组织党的建设工作的实施意见》,组织部门开展了党的组织和工作覆盖集中攻坚行动,并在经费保障方面提供了政策依据。

5. 加强了廉政法治建设

强化了廉政法治建设的机构机制。河北省有关部门强化了依法执纪工作,探索了党委(党组)、纪委(纪检组)主要负责人、领导班子成员责任清单制度。对党风廉政建设"一岗双责"提出了明确要求,在机关作风整顿和"放管服"改革中进行了积极探索。省纪委将省直部门派驻纪检监察机构全覆盖作为一项重点工作全力推进,落实了"四种形态"的机制保障要求。将制度建设贯穿纪检监察各项工作,全面提升了执纪办案的规范化水平。督促各级各部门扎紧扎牢制度的笼子,坚决查处违反制度的"破窗行为"。建立健全了关于廉政谈话、核实谈话、诫勉谈话的规范、程序,增强了"减存量、遏增量"的针对性。

落实了责任追究典型问题的通报制度。河北省各级纪检部门坚持把典型问题通报作为警示震慑的"倍增器",推动了典型问题通报工作的常态化。将通报制度的落实纳入年度重点工作,提出了明确要求,并通过广播、报道和微信等新媒体强化公开通报的社会效果。在重要时间节点专门下发通知,提出针对性要求,不间断地释放了"失责必问、问责必严"的信号。

加强了干部廉政法治的学习教育。河北省各级组织部门、纪检部门充分发挥"组工论坛"等理论阵地作用,邀请专家学者举办法治讲座、做法律辅导。充分利用纪检监察机关、检察机关建立的预防职务犯罪警示教育基础开展学法守法主题教育,强化了党政领导依法执政、依法决策、依法办事意识。《中国共产党问责条例》颁布后,举办了专题宣讲活动,狠抓了制度落实工作。

(三)科学立法和人大监督实施情况

各级人大及其常委会、政府及其常务会、人大系统立法工作机构、政府系统法制部门，积极推进地方性法规立法，政府规章制定、修订和清理工作，科学立法、民主立法要求得到有力落实，全面推进法治河北建设的基础大大增强。

1. 科学立法、民主立法工作机制不断完善

健全了地方立法工作制度。经过认真研究，河北省人大常委会先后完成了包括提高地方立法质量的若干规定、地方性法规清理工作规程、年度立法计划编制规程、法制委员会工作规则、规范出省调研规定等13个方面建章立制工作，科学民主立法的机制保障更加有力。

扩大了公众参与度。河北省人大有关专门委员会及其常委会工作委员会探索实践了立法听证、立法协商、与高校合作开展立法后评估等新模式，落实民主立法要求，进一步拓宽了社会参与立法的渠道。加强了立法程序的统筹协调，在论证会、听证会、座谈会中提高代表参与比例，进一步发挥了人大代表的作用。省政府法制办公室健全了政府立法起草、听证、论证、协调、审议和向下级政府征询意见等制度，率先在立法过程中采用会审、协商、基层联系点等科学立法机制，提高了政府立法的科学性、民主性和前瞻性。唐山市在立法过程中引入了廉洁性评估和辩论机制，强化了人大常委会对规范性文件的审查监督。

加强了立法宣传工作。2016年，河北省人大常委会把立法宣传与立法工作同步谋划、同步推进，统筹安排、互相促进。《河北省大气污染防治条例》表决通过后，省人大常委会组织有关部门负责同志带队、立法专家参加的宣传团，对《大气污染治理法》《河北省大气污染防治条例》进行集中宣传，提高了公众对依法治理污染的认识。举办了农村扶贫开发条例宣传月活动，把立法宣传推向深入。

2. 重点领域立法不断加强

2016年，河北省共制定12件地方性法规，修订1件地方性法规，作出6项立法决定，并对各市地方立法进行了审批和备案。

地方立法增强了针对性、精准性和实效性。2016年，河北省人大常委会对照全国人大和国务院立法计划，结合法规规章清理要求，将省委明确要求制定和修改的法规、社会关注度高的法规、需要抓紧修改的法规项目，全部列入了立法规划。把立法纳入全省改革发展总体布局，在结构调整、污染治理、脱贫攻坚、社会治理等方面科学选题，将重点立法项目列入全省法治建设重点任务，实行党委系统、人大系统共同推进，加快了地方立法的进度。

重点项目选准了突破口和切入点。2016年3月29日，河北省十二届人大常委会第20次会议通过了《河北省食品小作坊小餐饮小摊点管理条例》，成为继陕西省、广东省后，在全国第三个颁布食品安全地方性法规的省份。该条例解决了食品监管部门职责不清、职责交叉的问题，用法律保证了7800万人民群众"舌尖上的安全"。2016年7月29日，河北省十二届人大常委会第22次会议表决通过了《河北省农村扶贫开发条例》，填补了扶贫工作领域的立法空白，实现了三个全国第一。以法治方式规范扶贫开发活动、创新工作机制，得到中央领导和省委、省政府主要领导的充分肯定。2016年12月2日，河北省十二届人大常委会第24次会议表决通过了《河北省志愿服务条例》，鼓励有条件的单位设立专业志愿服务组织，并加大了对志愿者的人身保护力度，以此确保志愿服务活动项目化、专业化、常态化。该条例是河北省首部规范志愿服务的地方性法规。

3. 设区的市地方立法工作稳步推进

11个设区的市全部被赋予立法权。按照修订后的《立法法》要求，由河北省人大常委会法工委牵头，对张家口、承德、沧州、衡水四市的赋权条件、立法需求和立法能力等事项，进行了专项考核评估。2016年3月29日，省人大常委会第20次会议通过了《关于确定张家口等第二批设区的市开始行使地方立法权的决定》，加上《立法法》修改前即具有地方立法权的石家庄、唐山、邯郸等3个设区的市，还有2015年7月省人大常委会批准的保定、邢台、廊坊、秦皇岛等4个第一批可以制定地方性法规的设区的市，全省11个设区的市全部被赋予了立法权。

新赋权的设区的市顺利启动地方立法工作。河北省省市两级人大常委会通过多种形式进行培训、指导，提高了各市人大机关立法工作人员的综合素质。2016年12月2日，省十二届人大常委会第24次会议批准了《保定市

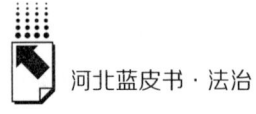

城市市容和环境卫生条例》，这部作为保定市首次立法的地方性法规将于2017年5月1日起施行。新赋权的秦皇岛市、张家口市也起草了有关法规草案，已经进入审议程序。

4. 加强了京津冀立法环节的工作协作

涉及京津冀协同发展的地方立法全程沟通和完整对接。近年来，河北省人大常委会加强了与京津立法机关的协作，在制定国土保护和治理、地下水管理、水土保持等条例过程中，三地在立法宗旨、规范内容、法律责任方面谋求共识、相互补益、实施联动，立法质量和效率明显提高。

大气污染防治立法率先突破。河北省人大常委会依据三地人大常委会2015年3月联合出台的《关于加强京津冀人大协同立法的若干意见》，与京津立法机构协同，在新版《中华人民共和国大气污染防治法》正式实施后，在全国第一个修订了本省大气污染法规。已于2016年3月1日起实施的《河北省大气污染防治条例》规定，对工业污染企业实施阶梯排污收费，并要求县级以上的人民政府要编制重污染天气应急预案并向社会公布。该条例第五章重点提出京津冀要实行联合联控，统一应对大气污染。该条例还建立了生态环境损害责任终身追究制，成为河北省"史上最严"的大气环境治理地方性法规。北京市、天津市立法机关对河北省的地方立法工作给予了大力配合，同时在京津两地有关立法中体现了京津冀协同发展重大战略的有关要求。

京津冀三地有关部门就水污染防治、野生动物保护等进行了协同研究，提出了相关报告，为三地协同立法的发展打下了基础。

5. 创新了人大监督方式

法律实施质询丰富了人大监督的具体形式。2016年9月21日，河北省十二届人大常委会第23次会议提出质询案，就清东陵两起文物被盗案件所反映出的文物保护和管理问题对主管行政部门进行质询，省文化厅厅长到会答复质询。这次质询是河北省人大常委会首次就有关法律法规贯彻实施情况开展质询工作，不仅分析了发生问题的成因，也提出了今后更好贯彻文物保护法律法规的改进措施，有力地促进了文物保护"一法一办法"的贯彻落实。

地方性法规备案审查扎实推进。2016年，河北省共向全国人大报备省级地方性法规184部、市级地方性法规110部、自治县法规32部。对9部政府规章进行了审查和备案。认真开展了规章实施情况督查，省政府首次就规章实施情况进行了专项督查和通报。

（四）依法行政和法治政府建设情况

2016年，河北省各级政府和政府部门以落实《法治政府建设实施纲要（2015~2020年）》为抓手，深化了依法行政考核机制、领导干部学法制度等规章制度，有力地推进了法治政府建设。

1. 法治政府建设的统筹谋划全国领先

法治政府建设加强了组织领导。河北省各级政府和政府部门建立了由主要负责人牵头的建设法治政府领导协调机制，研究部署全面推进依法行政工作的具体任务和措施，协调解决法治政府建设中存在的突出问题。2016年，仅省政府常务会就专题研究部署了依法行政工作23次。

在全国率先制定了《河北省法治政府建设实施方案》。中共中央、国务院印发的《法治政府建设实施纲要（2015~2020年）》使法治政府建设有了"总路线图"。河北省政府专门召开全省依法行政工作会议，就贯彻落实《实施纲要》进行了专题动员部署，就全省推进法治政府建设做出了具体安排。省委、省政府制定印发了《河北省法治政府建设实施方案》，确定了7个方面的主要任务和44项具体措施，明确了全省法治政府建设的"任务书""时间表"：有关任务要求有明确规定时限的，要按时完成；没有规定时限的，在2018年底前要基本完成。省委深化改革领导小组先后两次、省政府常务会议先后三次研究依法行政和法治政府建设问题，谋划了一系列举措。省依法行政领导小组办公室制定印发了《河北省2016年法治政府建设工作要点》，11个设区的市和定州、辛集两个省直管县级市也印发了本地区法治政府建设实施方案。2016年8月，各地按照国务院法制办要求，对《实施纲要》落实情况进行了自查，省政府法制办公室进行了有针对性的现场督查。沧州市总结了黄骅市"阳光政务"、市直部门"阳光民政"的成功

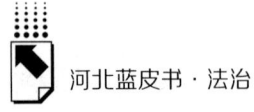

经验,在全市推行了"阳光政务"治理模式。

2.政府法制机构更加充分地发挥作用

在全国率先完成政府规章的衔接清理工作。河北省坚持立改废并举,及时清理省政府规章和规范性文件,经清理,废止5件,修改9件,宣布失效142件。对现行有效的240部省政府规章实施情况进行了专项督查,这是省级政府首次就规章实施情况开展专项督查。对省直58个部门5094条(款)罚没事项依据进行了审核、梳理,确认省本级罚没事项共3961项,实现了罚没事项清单式管理,对杜绝乱处罚现象、营造良好市场环境起到了重要作用。

重大行政决策开始实行合法性审查。2016年8月29日,河北省政府办公厅印发了《河北省县级以上政府重大行政决策合法性审查规定》,明确了县级以上政府重大行政决策合法性审查的范围、内容、结果和责任追究。在涉及重大公共利益或社会公众切身利益的重大事项制定前,决策机关要结合职责权限和实际,确定重大行政决策的事项目录、具体标准,并向社会公布。省体育局建立了重大行政决策听取意见、专家咨询论证等8项制度,重大项目协议、合同上会前全部进行事前合法性审查。

重大行政执法决定必须经过法制审核。2016年8月15日,河北省政府法制办公室印发了《重大行政执法决定法制审核办法》,重点就审核主体、审核范围、审核内容和审核程序进行了规范,明确了重大行政执法决定法制审核是作出决定的必经程序,未经审核或者审核未通过的,行政执法机关不得作出执法决定。此外,有关部门还出台了《行政执法和行政执法监督规定》《重大行政处罚备案管理办法》《行政执法过错责任追究办法》等规范执法的规范性文件,加强了对行政执法活动的规范。

3.政府法律顾问制度得到有效落实

政府法律顾问发挥了重要作用。2016年,河北省各市、县(市、区)政府法律顾问制度实现了全覆盖,制定重大行政决策、推进依法行政的作用明显增强,为政府法制建设发挥了重要的推动作用。据有关部门统计,全省政府系统聘请法律顾问1136人,其中设区的市政府和省直管县政府聘请法律顾问158人，各县（市、区）政府聘请法律顾问597人，各类开发区聘请法律顾问24人，省政府行政执法部门聘请法律顾问147人，乡镇聘请法律顾问210人。2016年，各级政府和部门法律顾问提供法律意见14818条，参与起草、论证规章、规范性文件3440件，参与合作项目洽谈及审核协议、合同8045件，为处置涉法涉诉、信访案件和为重大突发事件提供法律服务7833件，参与处置复议、诉讼、仲裁等法律事务7744件。

政府购买法律服务纳入了预算。凡政府部门聘请的法律顾问，均签订了服务合同。各地法律顾问制度在明确法律顾问的权利和义务的同时，都强调提供经费保障，实行政府购买法律服务。多数政府法律顾问工作经费都纳入同级政府财政预算予以保障，实行专款专用。

4. 依法行政、严格执法机制进一步健全

政府部门行政执法转变了作风。河北省卫生和计划生育委员会完善了卫生计生监督信息系统，全省卫生计生行政执法做到了全程可监控和可追溯。省发展和改革委员会修订了投资项目在线审批监管平台地方与中央平台对接数据清单，按时完成了与国家平台对接任务。省公安厅推出了便民利民"二十项措施"和服务经济社会发展"二十项措施"，赢得了广泛赞誉。省国税局、省地税局统一了税务行政处罚裁量基准，建立了对涉嫌偷税案件的发函证明机制，在开展税收共治方面走在了全国前列。

在全国率先推行了行政执法全过程记录制度。河北省政府办公厅印发了《河北省行政执法全过程记录实施办法》，行政执法的规范化程度大大提高。2016年3月，省政府在唐山召开了推行行政执法全过程记录制度现场会，全面推进行政执法公示、执法全过程记录、重大行政执法决定法制审核三项制度。被中央全面深化改革领导小组列为"三项制度"全国试点，全省已有近500个行政执法单位全面落实。2016年9月，省政府法制办公室印发了《河北省行政处罚案卷评查评分细则》，对执法全过程记录的实施提出了细化、量化的评价标准。

推进了基层行政执法规范化建设。经河北省委全面深化改革领导小组会议审议通过，2016年2月5日，省政府办公厅印发了《关于推进基层行政执法规范化建设的意见》，就理顺基层行政执法体制、加强行政执法人员管理、规范执法行为、规范涉企执法检查、加强保障制度建设等进行了明确。全省地税系统高质量完成了全面推开"营改增"试点工作，全系统207个征收大厅顺利完成税制改革任务。全省农业系统18个农业综合执法机构和2个农业综合执法支队被评定为"全国农业综合执法规范化建设示范单位（窗口）"。

5. 行政审批制度和城市执法体制改革进一步深化

加大简政放权力度。河北省各级政府和政府部门对国务院取消下放的行政审批事项衔接到位，消减和取消了一批行政审批事项。坚持分类处理，严格审核把关，集中清理规范了省政府部门行政许可中介服务事项，对法律法规依据不充分，特别是以规范性文件设定的中介服务事项，一律予以取消。全面清理非行政审批事项和行政许可中介服务事项，共清理省级非行政许可审批事项199项，各市、县对非行政许可进行了全面清理。

行政审批实现了审批与监管分离。河北省进一步推进政务中心建设，全面清理收费基金项目、行政事业性收费项目和行政许可中介服务费事项，推行权利清单、责任清单、负面清单，是河北省法治政府建设的一项具体举措。2016年2月19日，中央编办相对集中行政许可权试点工作座谈会在威县召开，对河北省做法和经验给予充分肯定。截至2016年6月底，18个相对集中行政许可权试点单位行政审批局全部完成组建工作并挂牌运行。

登记制度改革扩展了实行范围。在2015年推进"多证合一、一照一码"登记制度改革的基础上，河北省政府印发了《关于加快推进"多证合一、一照一码"登记制度改革的通知》，扩展了登记制度改革和便民利民的领域。省工业和信息化厅、省人力资源和社会保障厅、省工商行政管理局等部门加大行政管理改革力度，将社会保险登记证纳入了"多证合一"登记范围。

推进了城市执法体制改革试点。2016年6月14日，河北省委、省政府印发了《关于深入推进城市执法体制改革改进城市管理工作的实施意见》，提出：到2017年底，所有市县实现城市管理领域的机构综合设置；到2020

年，全省城市管理法规规章和标准规范体系基本完善，执法体制基本理顺，机构和队伍建设明显加强，保障机制初步完善，服务便民高效，现代城市治理体系初步形成，群众满意度显著提升。2016年，河北省在秦皇岛、衡水、邢台3市和县级的迁安市进行了城市执法体制先期试点。石家庄市组建了城市管理综合执法局，在行政执法部门内部成立综合执法支队，解决了多头执法、交叉执法和执法效率低下等问题。

6. 行政复议和行政应诉能力进一步增强

行政复议案件审理机制进一步健全。2016年3月，河北省政府法制办公室印发了《关于2015年全省行政复议行政应诉情况的通报》，就省政府办公厅2015年12月9日印发的《河北省行政复议调解和解规定》等文件执行情况进行了通报。2016年5月，就行政机关负责人出庭应诉制度提出了完善措施。按照2015年12月4日省政府法制办公室印发的《河北省行政复议行政应诉专家咨询论证制度》，有关部门进一步落实了专家咨询论证相关要求。

行政诉讼工作取得进一步成效。河北省政府法制办公室全年共办理省政府行政诉讼案件278件，出庭应诉206次，案件办理量是2015年的2.4倍，参加行政诉讼案件全部胜诉；新行政诉讼法实施以来，复议后提起行政诉讼的案件胜诉率达到100%。承德市制定了行政复议接待、听证、调解等一系列制度，增加了行政复议的透明度。

7. "两法"衔接机制进一步深化

"两法"衔接成为法治政府建设的重要工作抓手。2016年6月28日，河北省政府首次召开推进全省"两法"衔接工作电视电话会议，强调做好部门职责衔接、工作标准衔接、配套制度衔接和信息共享平台衔接。

检察部门、行政执法部门衔接机制更加完善。河北省检察院与省直60余家行政执法部门加强沟通配合，建立了行政执法与刑事司法衔接机制；与有关部门协作，推动建立了打击侵害知识产权和制售假冒伪劣商品领域信息共享平台，提高了行政执法的质量和"两法"衔接的效率。省检察院与省政府法制办联合开展了行政执法与刑事司法衔接工作督查，在依法打击违法

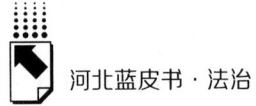

犯罪、保障市场经济秩序、维护人民群众切身利益等方面取得明显成效。

涉税协作推进了"两法"衔接。2016年11月30日,省公安厅、省国税局、省地税局联合建立了公安税务联络机制,警税协作、"两法"衔接进入了新的阶段。

8. 京津冀行政执法协作机制更加完善

2016年,河北省省直政法部门、行政执法部门在已有基础上再上一层楼,进一步深化了与京津的执法协作。如三地食药监局签订了《京津冀食品案件稽查联动工作协议》,为联合办案、证据互用、技术资源共享打下了坚实基础。11月17日,京津冀三地司法行政部门召开推进会,就社区矫正、司法鉴定等合作签订了4个协议。

(五)公正司法和司体改革成效情况

2016年,河北省政法各部门紧紧围绕群众反映强烈的执法司法问题推行执法、司法规范化,推动公正司法工作迈上了新台阶。全省政法机关和有关部门坚持改革导向,推动司法体制改革取得了突出成效。

1. 各级各部门支持司法机关依法独立公正行使职权

"三项制度"得到有力执行。河北省认真落实了中央"三个规定",广泛建立了司法机关对领导干部干预司法活动、插手具体案件处理的记录制度,其中党委政法委对领导干部违法干预司法活动、插手具体案件处理的通报制度,纪检监察机关对领导干部违法干预司法活动以及司法人员不记录或不如实记录的责任追究制度,得到中央政法委充分肯定。有关部门对"三项制度"贯彻落实情况进行了专项督查,针对存在的问题下发了《关于落实中央"三个规定"检查情况的通报》,确保铁规发力、制度生威。

"三类案件"监督减少了执法问题。河北省委政法委切实加强和改善了党委政法委的执法监督工作,对群众反映强烈的民事审判中反复发回重审、公安机关插手经济纠纷、涉及伤害和聚众斗殴等共同犯罪中个别人另案处理等易发执法问题,组织政法部门开展了专项执法检查,组织法律专家进行了案卷评查,督导政法各部门对查出的357个问题逐一整改到位。

重点案件加强了执法监督。在监督方式上，河北省各级党委政法委减少个案监督，强化宏观监督，先后组织开展了判处实刑未执行刑罚专项清理、超审限案件和执行积案清理活动，清理诉讼积案4059件、执行积案1553件，对涉及党政机关的执行积案进行了挂账督办。组织政法部门对重要罪犯减刑、假释、暂予监外执行工作进行了抽查，维护了刑罚执行的严肃性。

涉法涉诉信访化解取得新突破。2016年1月19日，河北省召开涉法涉诉信访工作视频会议，部署了全省涉法涉诉信访工作。一年来，第三方参与涉法涉诉信访案件化解、律师参与涉法涉诉信访案件化解工作在省市两级全面推开，涉法涉诉信访案件评查、治理进京非访和国家司法救助工作取得新突破。

2. 司法规范化、信息化建设成效显著

司法规范化努力前进。据河北省高院向省人大的工作报告介绍，2016年，全省法院坚持有案必立、有诉必理，当场立案率达95%以上，立案难问题从根本上得到解决。有关部门针对重点岗位和关键环节，完善司法制度，细化司法标准，规范司法程序，健全了司法行为监督的"隔离墙""高压线"。省法院和省检察院编写了《河北省高级人民法院司法工作大纲》《河北省检察院依法处理信访活动中常用罪名证据参考标准》等分岗位司法工作大纲，完善了司法工作规程。

司法信息化成效突出。河北省法院自主研发了智审1.0系统，向全省178个基层法院、2009个法庭开放使用，帮助办案一线法官减少了案头工作量30%以上，运用庭审自动巡查系统对全省法院庭审实况的实时检查，实现无时无刻无死角监督，有关经验在乌镇第三届世界互联网大会"智慧法院暨网络法治"论坛上作了专题推介。法院系统裁判文书公开、网络庭审直播范围扩展，研发了与移动办案平台相融合的便携式数字法庭，法庭建设、信息化建设、涉诉信访等工作走在全国法院前列。

以审判为中心的刑事诉讼改革努力推进。河北省政法部门全面落实人权司法保障的法律规定，把严防冤假错案作为坚决守住、不能突破的底线，加强对刑讯逼供和非法取证的源头预防，加强侦查取证工作管理，建立防止冤假错案会商机制，构建了公正司法防护墙。

司法机关公正司法成效显著。2016年8月30日，河北省委政法委在邢台市召开了全省刑事涉案财物集中管理信息平台建设工作现场会，专门推广了邢台市政法部门相关经验做法，推动落实了中央《关于进一步规范刑事诉讼涉案财物处置工作的意见》，为全国规范涉案财物管理工作提供了示范样本。石家庄市法院积极推进了轻刑快判机制改革，进入审判程序案件的平均审理期限较以往缩短12天。各级法院主动服务供给侧结构性改革，妥善处置涉"僵尸企业"案件，依法规范金融秩序，保障了创新驱动发展。全省法院全年新收案件91.40万件、审执结94.64万件，收结案基本实现了良性循环。

检察扶贫网络平台提升了法律监督成效。平山县检察院在全国县级检察院中率先研发了检察扶贫网络平台，对扶贫资金的流向与使用进行法律监督，促进了涉农扶贫单位依法行政。该系统将预防领域职务犯罪和精准扶贫有机地结合起来，实现了检察机关从结果监督到过程监督、从事后监督到事中监督的转变，在全国检察系统引起了强烈反响。

3. 司法公开促进了司法公信力的提升

完善了司法公开考评机制。河北省政法各部门坚持常态化公开与集中公开相结合、现代公开方式与传统公开方式相结合、对外公开与对内公开相结合，建立了融日常监控、年终考核于一体的司法公开动态管理机制。引入群众评价、"第三方"评估、暗访抽查等措施，提高了监督管理的科学性。

部署了司法公开"开放月"活动。河北省三级公检法司各单位依次举办"公开周"，让群众近距离感受司法执法工作。全省检察机关开展了司法公信建设年活动，推动了网上公开信息系统等系列平台建设，加大了检务公开力度。省法院联合省社科院，继续深化了阳光司法指数评估工作。

4. 司法体制改革走在全国前列

2016年是河北省司法体制改革的施工高峰期和成果凸显期，试点取得的经验得到了及时推广。

在第三批试点中带了好头。2016年1月5日，中央政法委批准了《河北省司法体制改革试点工作方案》，明确以沧州市、邯郸市及所属的任丘、献县、肥乡、峰峰矿区等两市四县（区）的12个法院、检察院为试点单位，先行探索、以点带面，稳妥推进司法体制改革。2016年2月28日，河北省委全面深化改革领导小组第十三次会议表决通过《河北省司法体制改革试点工作实施意见》等4个系列文件。2016年2月29日，省司法体制改革领导小组成立，在全国第三批试点省份中率先启动了司法体制改革试点工作。

员额制改革优化了结构、释放了活力。2016年4月8日，河北省法官检察官遴选委员会成立，选举产生了主任、副主任、常务副主任，表决通过了委员会章程和相关工作制度。2016年4月28日，省司法体制改革领导小组审议批准法官检察官员额制改革相关文件。2016年5月8日，沧州、邯郸两地604名法官、检察官走进考场，参加首批拟入额法官、检察官考试。2016年6月20日、21日，省法官检察官遴选委员会组织开展了首次法官检察官入额遴选，首批565名法官检察官通过遴选入额。9月21日即完成了全省法官检察官入额遴选，10月即完成了员额法官检察官职务套改、等级评定和工资制度改革。

司法责任制改革成为重头戏。2016年7月，河北省司法体制改革从试点转变为全省全面铺开，员额制改革、职业保障改革、司法责任制改革"三大攻坚战"整体呈现"起步晚""动力足""进展快""效果好"的良好态势。2016年9月8日，全省法院、检察院全面开展了司法责任制改革。通过改革，司法质量绩效和执法公信力显著增强。与此同时，公安改革加速推进，社会治理机制改革深入开展，人民警察管理制度和警务管理体制改革取得新突破。全省着力推动了法律援助降槛扩面，律师党建等五项工作走在了全国前列。

各级各部门形成了司法体制改革的合力。2016年，河北省司法体制改革领导小组办公室和省直政法部门、省委组织部、省人力资源和社会保障厅、省财政厅等相关部门出台文件27个，全省基本完成了司法人员分类管理、职业保障改革的关键任务和大量基础性工作，符合法院特点的薪酬制度已基本建立，司法责任制改革按要求完成，省以下法院检察院人财物统一管理改革也在扎实地推进。

有关部门积极对接服务协同发展战略。河北省法院与省旅游发展委员会合作，探索了特殊类型案件跨行政区划法庭设置，在秦皇岛沿海岸线、白洋淀、涞水等重点景区建立了执法司法协作机制，在北戴河、山海关等旅游名胜区建立了旅游巡回法庭，及时依法维护旅游市场环境。秦皇岛市市县两级法院成立了6个旅游巡回法庭和16个工作站，统一司法尺度，方便群众诉讼，受理的67起旅游纠纷全部以调解形式及时办结，实现了"零判决、零上诉、零上访"。张家口法院实行新机制，涉冬奥纠纷案件由赛事举办地法院集中管理，快速审执涉冬奥案件数十件，依法保障冬奥会筹办工作顺利开展。

5. 破解"执行难"问题首战告捷

省委省政府高度重视破解"执行难"问题。2016年7月12日，河北省委办公厅、省政府办公厅转发《省法院关于落实"用两到三年时间基本解决执行难问题"的工作意见》，明确了各级党委、法院及相关部门在"基本解决执行难"工作中的责任，并决定将40家省直有关部门协调配合解决执行难的工作任务、时限要求纳入依法治省考核（法治建设考核）。

全省法院系统通过"飓风行动"破解"执行难"。河北省市县三级法院全面贯彻最高人民法院关于"基本解决执行难"工作部署，通过"综合破解、主动破解、高效破解、创新破解、集中破解、规范破解"六大重拳严厉打击拒执犯罪，全年共执结案件22.30万件，破解"执行难"活动初见成效。有关部门加强了与执行工作的协作配合，破解"执行难"形成了合力。长期未执结案件同比下降35.7%，破解"执行难"首战告捷。

审执分离改革在全国推广。审执分离改革是河北省法院系统的一项创新举措。2015年2月，最高人民法院将唐山市法院确定为全国审执分离改革试点单位。试点工作全面启动以来，唐山法院执行工作呈现了结案率和到位率上升、执行申诉信访总量下降的"两升一降"发展趋势，取得了阶段性显著成效，最高人民法院周强院长专门批示要求推广，被中国社科院列为早期基本解决执行难的重要样本。2016年7月31日，河北省委全面深化改革领导小组第十九次会议审议了《关于在全省法院推广唐山审执分离改革经验解决执行难问题的意见》，决定在全省法院推广唐山审执分离改革经验。2016年9月12日，最高人民法院在唐山召开全国法院审执分离体制改革试点工作经验交流会，总结推广了河北省经验。

6. 京津冀地区协作司法机制更加完善

京津冀三地高院共同签署了《环境资源案件审判协作框架协议》，专门就审判机构建设、受理案件范围、归口审理模式、管辖机制、立审执之间协作、审判团队建设、审判专家库、统一的执法办案信息化平台、统计分析制度、协调联动机制、工作宣传等事项达成了共识，并展开了协作。

（六）全民守法和法治社会进展情况

2016年，河北省各级司法行政部门、法治宣传教育领导小组办公室主动作为，协调社会各界加大普法宣传力度，加强法律服务队伍和法律服务体系建设，强化了多层次、多领域社会治理的法治化，法治社会的氛围逐步显现。

1. 领导干部学法活动常态化机制基本形成

省政府领导带头学法。河北省政府印发了《省政府领导干部学法制度》和《关于进一步健全政府系统领导干部学法制度的通知》，2016年，省政府常务会重点学习了《预算法》《立法法》《行政诉讼法》《环境保护法》等法律法规，各级政府和政府部门领导的法治意识和依法行政能力进一步提高。

各级政府领导通过多种形式强化法律意识。2016年，河北省各设区的市政府共开展常务会前学法93次，举办法制讲座24次；县（市、区）政府共开展常务会前学法625次，举办法制讲座419次。据不完全统计，近五年来，各级政府累计开展领导干部学法活动5000余次。通过多种形式的学法，各级政府领导的法律意识进一步增强。

2. 法律服务队伍和服务体系建设进展迅速

进一步加强了基层法律服务队伍建设。2016年，河北省司法行政系统大力加强法律服务队伍建设，县级公共法律服务中心实现全覆盖。2016年11月10日，省司法厅、省编委办、省人力资源和社会保障厅等部门出台了《关于建立法律服务人才跨区域流动机制，充实基层和欠发达地区法律服务力量的意见》。2016年11月21日，省司法厅制定了《关于支持和发展法律服务志愿者组织的实施意见》，鼓励法律服务优秀人才到基层和边远贫困地区支援服务，解决相关地区高端人才不足问题。

律师制度正在逐步深化。2016年8月26日，河北省委办公厅、省政府办公厅印发了《关于深化律师制度改革的意见》。在进一步深化研究的基础上，2016年12月8日，河北省委全面深化改革领导小组第24次会议审议通过了《关于推行法律顾问制度和公职律师公司律师制度的实施意见》，由省委正式印发。

安置帮教工作更加规范。2016年9月18日，河北省司法厅、省综治办等9部门印发了《关于依托社会经济组织全面加强"阳光中途之家"建设进一步推进社区服刑人员、刑满释放人员安置教育帮扶的工作方案》，2016年9月21日，省司法厅、省综治办等10部门联合下发了《关于社会组织参与帮教社区服刑人员、刑满释放人员工作的实施意见》，进一步加强了对社区服刑人员、刑满释放人员的帮教，对社会组织参与帮教作出了指导性安排。

燕赵公证处积极发展现代化法律服务，"掌上公证"模式由"面对面"坐堂办证变成随时随地的"点对点"服务，走在全国前列。

3. "七五"普法全面启动

2016年3月25日，中共中央、国务院转发了中共中央宣传部、司法部《关于在公民中开展法治宣传教育的第七个五年规划（2016~2020年）》，对"七五"普法做出了全面具体部署。对此，河北省进行了认真贯彻。

制定出台了"七五"普法系列文件。在总结"六五"普法经验、起草"七五"普法规划时，河北省从基层基础建设实际出发，针对基层农村、社区群众法律意识现状中的突出问题作出了回应，将依照市民公约、乡规民约、行业规章、团体章程等社会规范开展社会治理的有关要求纳入了"七五"普法规划。2016年7月4日，河北省委、省政府转发了省法治宣传教育领导小组《关于在全省公民中开展法治宣传教育的第七个五年规划（2016~2020年）》，明确了"七五"普法的主要任务和工作要求。2016年7月29日，河北省第十二届人民代表大会常务委员会第22次会议表决通过了《关于在全省开展第七个五年法治宣传教育的决议》，强调突出抓好领导干部带头学法、模范守法、严格执法要求，健全重大决策合法性审查机制，探索建立领导干部法治素养和法治能力测评指标体系。对青少年、农民和企业法治宣传教育，对法治文化建设，对"谁主管谁负责"和"谁执法谁普法"的普法责任制等，也都作出了明确规定。2016年8月31日至9月2日，省"七五"普法培训班在唐山市举办，全省"七五"普法活动正式启动。张家口、唐山、承德等设区的市也分别出台了本地"七五"普法规划。

各地各部门掀起了"七五"普法的热潮。河北省各地结合法治市、法治县（市、区）创建活动要求和工作实际，分别制定了具体创建规划和实施方案，充分发挥了党委总揽全局、协调各方的优势，把方方面面力量调动起来，形成了法治建设的"大合唱"。2016年5月26日，中共中央宣传部、司法部联合召开第八次全国法治宣传教育工作会议，石家庄、张家口、秦皇岛、唐山4个市被评为全国法治宣传教育先进城市，21个县（市、区）被评为全国法治宣传教育先进县（市、区），17个单位被评为全国法治宣传教育先进单位。2016年11月25日，省法治宣传教育领导小组制定下发了《加强农村法治宣传教育助力美丽乡村建设的意见》，要求以"创新、协调、绿色、开放、共享"的发展理念为引领，以"法律进农村"为载体，以12项专项行动为重点，深入开展法治宣传教育，扎实推进依法治理，为建设美丽乡村营造良好的法治环境。

4. 法治创建活动的谋划与推进独有特色

法治创建活动扩展了法治宣传工作的领域。河北省委法治河北建设领导小组办公室协同省法治宣传教育领导小组办公室，对法治建设、法治创建和普法宣传的衔接部署做出了有益探索。两个办公室联合印发的《关于在全省深入开展创建法治市、县（市、区）创建活动的方案》（冀法治办〔2016〕5号），在发挥普法工作作用、巩固法治宣传教育成果上，均独具特色。

加大了法治创建的力度。在组织推进主体上，河北省实行各级党委法治办、法宣办两个系统共同谋划、共同督导、协调推进；在创建内容上，突破宣传教育层面的局限性，忽略全面创建的障碍，明确提出按照重点突破与全面推进相结合原则，全力促进社会治理体系法治化、现代化，全面提升区域法治水平，实现法治建设各领域能力与成效的"八个显著提升"；在考评方式上，实行各专项工作统筹推进，实行与全面推进法治建设重点工作一体督查督办、一体考核评估，对党委、政府、立法工作机构、政法部门和法律服务队伍等方面工作进行全面考评。

5. 京津冀地区法治宣传服务协作机制更加完善

为服务冬奥会筹备工作，京津冀三地签署了《关于成立"三地携手迎冬奥、法治宣传助发展"专家顾问团的合作协议》，共同举办了"三地携手迎冬奥、法治宣传助发展"法治宣传活动，还联合开通了京津冀协同发展法治宣传教育专网。

6. 社会治理法治化开创了新局面

在全国首创了严重精神障碍患者监护人责任险政策。河北省目前有在册的严重精神障碍患者25万人，其中危险性评估在3级以上（重性）的有1.9万人。2016年3月15日，河北省综治办等七部门联合印发了《关于实施严重精神障碍患者监护人以奖代补和监护人责任险的暂行办法》，规定对相关监护人实施有奖监护制度，为登记录入国家卫计系统的严重精神障碍患者监护人购买责任险，并明确把相关资金纳入各市县财政预算。此项工作得到中央综治办的肯定。

妇女权益依法保护力度日益加大。反家暴法施行后，河北省妇联指导石家庄市鹿泉区作为全国首个家庭暴力危机干预试点，发出了首份家暴告诫书。石家庄市裕华区法院反家暴合议庭成为典型，承德县出台了全国首个《关于家庭暴力强制报告制度实施意见》。为保护离婚暴力受害人，在全国妇联支持下，省妇联与北京市妇联协作，协调有关法院发出了全国首份跨省以及首个对精神暴力行为的人身安全保护令，得到了全国妇联高度评价。邢台市妇女土地收益权利司法保护机制经过六年多的实践，取得了实实在在的效果。

防范电信网络诈骗成效突出。经过紧张的筹备和建设，河北省省级和11个设区的市反电信络诈骗中心全部建成并正式运行，公安、银行、通信部门工作人员在中心合署办公、合成作战，24小时一体化运转，形成了打击、治理、防范"三位一体"工作机制，建立了公安查办案件、银行堵截赃款、通信企业阻断诈骗电话的工作格局。据不完全统计，已紧急查询、止付涉案账户12120余个，冻结诈骗资金6512万元，其中成功冻结100万元以上的案件10起，劝阻、制止受害群众达1.1万人。

社会诚信建设和企业社会责任得到加强。2016年9月21日，河北省政府印发了《关于建立完善守信联合激励和失信联合惩戒制度加快推进社会诚信建设的实施意见》，进一步加快推进社会信用体系建设，逐步建立完善守法诚信行为褒奖机制和违法失信行为惩戒机制。省工业和信息化厅与省质量技术监督局协作，组织起草了《河北省企业社会责任管理体系要求》地方标准，并通过了专家论证，为企业主动履行社会责任奠定了法治基础。各级法院与有关部门协作，建立起覆盖全部银行金融产品，以及工商、税务、车辆、户籍等信息的执行查控体系，建立了"一处失信、处处受限"的信用监督、警示和惩戒机制。

矛盾纠纷排查化解成效不断增强。河北省在医疗卫生、征地拆迁等10个领域建立了专业化调解平台，排查矛盾纠纷11.7万多件，调处化解109810件，多元化解矛盾纠纷机制作用日益凸显。依法严厉打击"黑拐抢""盗抢骗""黄赌毒"等刑事案件，人民群众安全感显著上升。

二 2016年河北法治发展存在的主要问题

经过多年的努力和积累，河北省全面推进法治建设各项工作已经步入"快车道"，而且是势头良好、前景光明，但从落实中央、省委的部署和要求，从协调推进全面依法治国的任务和目标，从满足人民群众的诉求和期待角度看，河北省推进法治建设依然存在一些制约因素和薄弱环节，主要表现在以下几个方面。

（一）法治建设的组织领导需要进一步加强

"第一责任人"意识需要强化。河北省委、省政府高度重视法治河北建设。大多数市县党委、政府对本地法治建设有谋划部署、有推进举措、有创新做法、有重大进步。同时，也有个别地方党政领导和有关部门的依法执政、依法行政、依法决策、依法办事意识还不够强，以法治思维和法治方式执政行政、维护稳定、化解矛盾、促进和谐的能力还不够高。中央《党政主要负责人履行推进法治建设第一责任人职责规定》对各级领导提出了明确要求，需要通过理论中心组学习，纳入各级党校、行政学院等培训机构重要培训内容等方式，加强学习、专题培训，需要强化意识、谋划举措，更需要加强督导、全面落实，在贯彻落实上，建议通过制定有关细化实施的专门文件、关于法治建设的责任制和全面推进法治建设的督查督办办法等方式，推动中央重大部署的落地。

对法治建设的组织领导需要加强。从法治建设工作的实效看，一些单位对法治建设工作的重视还没有完全体现出来，说起来重要、做起来次要、忙起来不要等问题不同程度地存在，偏重经济忽视法治、以文对文、以会对会等落实力度不足问题还比较突出。在日常督查和年度考核中，对此应当加大力度。

对法治建设的谋划推进需要加强。"十三五"是深化改革的关键时期，各领域改革的深化和有序推进离不开法治的保障。各地应当强化"四个意识"，协调推进"四个全面"战略布局，做到全面推进法治建设与全面深化改革一体研究、一体推进，增强法治建设对深化改革的服务保障作用。对改革中的重要经验与成果，要加强总结提升，通过立法、转化为规范性文件等形式予以固化和规范。

（二）地方立法的格局变化需要进一步跟进

设区的市地方立法需要制度、力量上的跟进。从各地立法工作实践、法治建设年度考核结果和立法学研究成果看，11个设区的市已经全部拥有了立法权，但一些重要的基础性工作还没有展开。解决这些问题，亟须加强立法机构建设，增加立法专业人员编制，加强立法队伍培训，抓紧出台本地地方性法规、立法规划和立法办法。这应当作为一项重点工作来安排。

立法技术有待进一步提高。强化科学立法、民主立法是地方立法机关服务"十三五"规划的重要任务。各市虽然都有了立法权，但党政领导和立法机关要注意立法权限，注意在宪法和法律的框架内行使地方立法权。从立法技术看，一些牵头单位此前提交的一些草案，在体例上不同程度地存在"贪大求全"和"小法抄大法""后法抄前法"问题，创制性法规的针对性和可操作性需要加强。在防治大气污染方面，河北省率先出台了地方性法规，与京津有了密切的立法、执法协作。在依法治理雾霾上，应当借鉴这些经验，建议研究聚集多学科的专家力量，研究制定防治雾霾的地方性法规和政府规章。

民主立法的公众参与程度有待进一步加强。从群众反映很好的新期待看，民主立法、全社会参与立法的范围还不够广泛。这是一个带有普遍现象的问题，建议更加重视，在既有基础上率先突破。立法机关和政府法制部门均应重视立法工作，无论是地方立法还是重大行政政策的出台，都需要加强法规衔接性、科学性、民主性研究，坚持民主决策与科学决策相统一，在立法环节率先落实专家论证、公民听证、风险评估和规范衔接评估。必须注意到，设区的市立法直接贴近市民生活的方方面面，对公众的影响在一定意义上会超过法律和行政法规的作用。在这方面，应当努力推出更多科学的立法成果。

复合型立法人才队伍建设有待进一步加强。京津冀协同立法将进入加速推进阶段，优化营商环境、完善依法保护产权制度已摆上日程，有多学科背景、多岗位法治实践经验的立法人员需要研究引进和迅速充实。京张联办冬奥会，需要立法环节给予有力保障，具有法学理论功底、法治实践经验、协同发展思维、高超立法技术的专业性立法力量，在其发现、引进和配备上应当有前瞻性。应当抓紧谋划和探索迅速借鉴长三角、珠三角等区域法治成果的机制。

（三）依法行政的具体要求需要进一步推进落实

依法行政意识要进一步强化。少数领导干部重经济发展、轻法治建设，法律风险防范意识不强，运用法治思维方式决策的能力仍有欠缺。一些地方和单位行政决策机制、行政执法监督机制不完善，监督方式缺乏制度保障，"办事效率低""投诉渠道不畅通"问题需要着力解决。

对国务院简政放权要求的落实要加大力度。对各地 2016 年度法治政府建设的第三方评估中发现，一些地方在依法办事上还有较多不足，如一些公共服务事项的办理难度不亚于行政许可的申请难度；一些已明确不作为行政许可依据的政府规章等文件，在一些基层单位还在被作为依据使用；一些地方对部门规章和地方政府规章关于减损公民、法人和其他组织权利或增加其义务的限制，落实不到位。

窗口单位需要提高依法办事、规范办事能力。第三方评估发现，一些地方行政服务大厅、行政审批和行政服务岗位的工作人员业务能力不高、为民意识不强，影响法治政府建设的成效；一些行政执法人员，特别是基层执法人员不作为、乱作为和机械执法、选择性执法还时有发生；一些单位在落实便民利民措施上，还存在"事难办"问题；一些地方行政审批局已经挂牌，但个别部门还没有按照要求衔接设置接待、办事人员，让群众空跑问题需要加强监督，更需要职能部门领导真正重视行政审批机制改革，在内部迅速整改到位。

行政处罚的公平公正性、程序合法性需要提升。现代社会越来越重视程序公正。但第三方评估也发现，一些行政单位的行政处罚内部流程未按既定机制运行，法律法规和行政规范性文件规定的内部监督程序流于形式，群众反映主要在"工作人员素质差""执法不透明"和"执法不作为"等问题上。从评估组抽查的行政处罚、行政复议、行政诉讼的案件看，规范执法、高质量建立案卷的工作能力还有待大大提高。政府法制系统为行政复议设定了一系列的纠错机制，但实际落实有待着力推进。

金融法治建设需要健全。稳定的金融秩序和金融环境是经济发展的重要保障。近年来不断发生非法集资案件、非法吸收公众存款案件，以及以"民间借贷"为幌子的高利贷违法犯罪案件，需要加强金融监管，需要优化金融环境，更需要依法打击违法的金融活动。

法治政府建设要有实实在在的行动和看得见的成效。法治建设有独特的规律，可以说是"三分部署、七分落实"。2017年，法治政府建设各项举措将进入成批推进落实阶段，政府机关权力清单制度将持续深入地推进落实，简政放权、转变政府职能将更加深入民心，各级政府和政府组成部门、政府工作人员要更加注意运用法治思维和法治方式依法行政，注意处理好政府、行政与市场、与社会的关系。市县两级政府法制部门力量需要加强，专业化、职业化的政府法制队伍需要着力构建。

（四）公正司法的体制机制需要进一步丰富

司法体制改革需要爬"坡"过"坎"。司法体制改革是一项艰巨的任务，员额制等基础性工作取得了重大成效后，司法责任制成为一块"硬骨头"，需要科学的顶层设计，需要完善的明责确责、考责评责、问责追责机制来保障。目前，司法责任制改革的顶层设计正在抓紧谋划，职能部门应当主动作为、抢先研究，积极试点、强化推进，巩固此前取得的司改成果。

入额"两官"的办案工作需要科学的机制来保障。员额制改革完成后，入额法官、检察官的绩效评定、动态调整机制需要研究建立，并对新进入法院、检察院的干部做好入额遴选工作。入额人员如何突出办案业绩和能力需要实践检验，员额分配如何更科学，内设机构如何整合需要科学谋划等这些难点、"硬骨头"需要对照问题找差距、围绕差距定措施、围绕措施抓落实。

"两院"管理体制改革需要切合实际。省以下审判、检察机关人、财、物统一管理工作，涉及的部门多、环节多、人员多，可能遇见的阻碍和问题也会很多，有待按照中央部署深入谋划、着力推进。

（五）法治社会的意识需要进一步加强

法治社会建设必须与法治政府建设同谋划、同部署、同推进。从公众对

2016年度各市法治建设满意度的调查数据看,群众对法治社会建设满意度得分较低,这说明群众对身边的事更放在心上,法治社会建设应当成为一项各级各部门都非常重要的工作。比如城市交通的依法管理和"违法"行为记录设备的合法使用,商品房开发、营销的依法监督和违规建设的依法处罚,环境保护措施的依法加强和污染源头的依法打击,物业纠纷等矛盾纠纷的依法调处和有关规则的不断完善,都需要职能部门依法作为、责任单位认真履职、全社会成员提高法治意识。

法治建设与法治创建必须摆在重要位置来谋划推进。一方面,有关部门应当加强法治建设各专项领域重点工作的研究谋划、协调推进;另一方面,各行各业应当积极投身法治市、法治县(市、区)、法治单位、法治社区创建活动,着力推进全省法治进程。在地方法治进程中,一切改革创新重大决策都应当在法治轨道内进行。

全社会法治氛围必须动员各方面的力量参与。地方法治建设必须加强党的领导,必须强化政府的主责意识,同时需要社会各方共同努力。既要谋划部署一些专项整治活动,也要加强对重点人群的法治教育,增强全民守法的观念和依法办事的意识。

(六)法治建设的统筹机制需要进一步整合

法治建设专门力量、专业队伍需要强化。各市县有的已经建立了承担党委法治建设领导小组办公室职能的专门机构,但大多数市还是由其他处室代管,工作人员多为兼职谋划法治建设有关工作。由此,多数地方综合谋划法治建设工作的专门机构、统筹协调法治建设举措的队伍力量相对薄弱,不能满足迅速推进、高效推进和高质量推进法治进程的需要,亟须领导重视,亟须编制、组织、人事、财政等部门研究解决。

法治建设重点任务的推进力度需要加大。以往的成绩是主要的,但一些专项工作还存在推进不得力问题,一些涉及多单位的举措还存在职责不清问题,一些难点重点问题还存在推诿扯皮现象。这些问题不容忽视,否则会影响全省法治进程和法治建设成效。

设区市法治建设指标体系解决了各市谋划、推进法治建设的思路、抓手问题，但落实上级重大要求，需要通过实践来深化，尤其是具体实践层面需要抓紧探索。

法治建设考评机制需要丰富完善。如何推进法治考核的科学化是一项新机制、新任务，也是各级各部门面临的最新重要课题。针对地方法治建设工作的考核机制建立后，要紧紧抓住"关键少数"优化考核内容，瞄准影响法治状况和法治成效的问题，强化考核引导作用，解决好考核指标选择不规范问题，解决好法治建设考核结果运用不科学问题。从全面依法治国的必要性和长远发展眼光看，法治建设考核应当增强针对性，在领导班子和领导干部考核中应当得到重视，其结果应当占据更多的权重。各设区市有关法治建设的重点指标，如公安机关、检察机关、审判机关的执法司法质量指标，在整个法治建设考核的"大盘子"中所占的比重应当进一步提高。

（七）法治智库的协同创新需要进一步发掘保障

牵引全局、撬动发展的综合性研究、突破口研究应当加强支持。全面依法治国不仅仅是党政领导和政法部门的事，全面推进法治建设必须强调重点与全局相结合，注重系统性、协调性、基础性、根本性和战略性部位，在突出侧重点、关键点、切入点、薄弱点的同时，应避免协同不够带来法治建设多个环节之间的内耗。有关研究和试点应当加强。

理论研究服务法治实践工作需要细化、强化。对法治共识的调研、梳理和总结有待作为一项重点安排部署。对全面推进法治进程的理论研究和试点经验有待作为重大课题推进，以取得突破。对法治进程的全面感知和记载有待筛选、分析和提炼。对有力保障京津冀协同发展的重大理论观点和重要工作机制有待持续深化研究和不断形成。

借鉴复制先进经验的机制需要研究建立。法治河北建设有了重大成效，在学习借鉴兄弟省市经验上有了重大进步，还需要进一步开放视野、扩展空间、扩展领域。比如在法治市、法治县（市、区）创建活动的切入点上，需要选好试点、培树典型、总结推广。

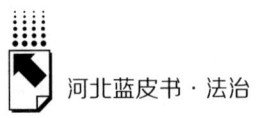

三 2017年河北法治发展展望

2017年,河北省各级各部门将以理念思路创新、体制机制创新、方法手段创新为引领,围绕为全省经济社会发展、为京津冀协同发展、为公平高效的市场营商环境提供有力法治保障,深入推进依法执政、科学立法、严格执法、公正司法和全民学法、用法、守法,加快依法治省建设步伐,努力建设更高水平的法治河北。

(一)强化党委法治办系统统筹协调机制

全面推进法治河北建设的基本支撑已经具备。2017年,各级党委法治办将围绕贯彻落实中央和省委重大决策部署,进一步加强党委法治办机构机制建设,加强法治建设总体工作统筹协调,完善法治建设重点任务督办等工作机制,尽快形成体系科学、衔接紧密、运转高效、规范有序、良性发展,具有河北特色的法治建设工作格局。将把协调督导各条战线重点工作作为主要任务,围绕服务京津冀协同发展、营造良好营商环境等中心工作,协调督导省直部门落实重点任务责任与指导各地开展法治创建活动相结合,坚持加强试点指导、典型培树与加强经验推广、成效宣传相结合,坚持既定任务和新部署、新要求相结合,坚持多方推进与丰富载体相结合,坚持法治智库建设与完善区域法治建设协同机制相结合,协调各有关部门、各有关单位加强法治问题研究、法治单位创建、法治典型宣传,汇聚各方面力量共同推进法治河北建设。将围绕优化营商环境加强协调督导,深化作风整顿各项工作。将结合法治县(市、区)创建活动提出专门针对县(市、区)的考核细则,完善针对"三类对象"的考评机制。

(二)提高各级党委依法执政能力和水平

《党政主要负责人履行推进法治建设第一责任人职责规定》提供了非常好的契机和切入点。2017年,有关部门将把贯彻落实该规定作为推进工作落实的重中之重，制定贯彻落实措施，出台法治建设领导责任制办法、法治建设督察办法等系列举措，加强对党政一把手推进法治建设工作情况的督导检查。将出台全范围培训措施，纳入党校、行政学院、干部学院培训内容，促进各级各部门牢固树立抓法治就是抓发展、促和谐的理念和思路。将协调进一步把社会主义核心价值观融入法治建设。

（三）加强和改进地方立法工作机制进度

科学民主立法的指导思想和配套成熟的机制打下了坚实的基础，设区的市立法工作将稳步推进。2017年，地方立法工作机构、政府法制部门将进一步加强地方性法规、政府规章的制定、修订、清理和研究工作，将围绕协同发展、结构调整、污染治理、脱贫攻坚、社会治理等方面，完成一批重点立法项目。将围绕立法中涉及重大利益调整形成论证、咨询工作的相关规范。有关部门将支持部分市立法工作先试先行，指导各设区的市选好立法项目，保障新赋权设区的市顺利开展地方立法工作。京津冀三地协同立法将在顶层设计和制度安排上进入新的发展阶段，三地将重点围绕道路运输管理、环保等方面实施紧密型立法协同。

（四）加强和改进依法行政工作制度落实

党的十八大以来，河北省政府工作的法治特色日渐浓厚。2017年，在政府立法方面，将着力抓好全面深化改革、推动京津冀协同发展、促进生态文明建设、保障和改善民生、筹办冬奥会以及推动法治政府建设等方面亟须制定或者修订的地方性法规、省政府规章项目，年内力争完成《河北省消费者权益保护条例（修订）》《河北省水污染防治条例（修改）》《河北省奥林匹克知识产权保护规定》《河北省自然灾害救助办法》等19项重点立法项目；将着力推进省级行政许可事项消减，省级35项、市县级13项审批事项将全部衔接取消；将相应调整部门行政权力清单和责任清单，并及时向社会公开，接受群众监督。在落实法治政府建设实施方案方面，将狠抓《纲要》贯彻落实，促进服务政府、诚信政府、廉洁政府建设。在深化改革方面，将围绕圆满完成重要改革任务，深入开展"三项制度"试点工作，着力优化河北营商环境。在服务中心工作方面，将围绕提高行政决策水平、严把合法性审查关，切实维护公民权利和市场主体权益。在依法行政方面，将围绕提高行政执法水平，加强行政执法监督，着力推进行政执法规范化建设。在维护和谐稳定方面，将围绕有效化解矛盾纠纷、加强行政复议和行政应诉工作，努力维护和谐稳定的社会环境。在法治宣传方面，将围绕营造浓厚法治氛围、拓展政府法制宣传渠道，扩大政府法制工作影响力。

（五）促进司法机关公正司法的体制改革

经过近一年实践检验的组织协调机制，为员额制等三项改革成果的深化、巩固，为司法责任制改革的全面推进打下了基础、提供了经验。2017年，有关部门将在法官检察官单独职务序列改革、司法责任制改革、省以下法院检察院人财物统一管理改革等方面继续推进，通过强化庭审功能、健全审判监督职能，提升审判质效。各级政法部门将精准对接发展所需、基层所盼、民心所向，促进司法为民、公正司法，不断满足人民群众日益增长的多元司法需求。将依法打击违法犯罪，加强产权保护，维护契约自由，激励诚实守信，努力营造公平、公正、透明、稳定的法治环境。将加大依法执行力度，协调建立全覆盖的网络执行查控体系，强化对失信被执行人实施联合惩戒，推进解决"执行难"问题取得突破性进展。政法机关和有关部门将借助社会诚信体系建设，持续开展执行专项行动，狠抓执行规范化。司法信息化建设将更加全面地推进。

（六）推进法治社会建设和法治创建活动

全社会的法治思维和法治遵循感日益强烈，法治宣传教育各项要求将深入实施，成效将逐步显现。省委法治办和省法宣办联合部署的法治市、法治县（市、区）创建活动，特色鲜明、要求具体且已得到各级各部门重视，2017年，将加大法治创建活动推进落实力度，各级各部门将加强督导检查，通过创新抓手、典型培树、经验交流等方式，予以推进落实。

将深化律师制度改革，积极推行公职律师制度，进一步推进法律服务体系建设。

（七）发挥法治建设协同创新机制的作用

2017年，各级法学会、法治研究机构的作用越来越突出。法治智库建设将加快推进，各个领域、各条战线将更多地借助法学专家加强重点课题研究，充分利用法学研究机构与法治实践部门协同创新的成果，推进全社会形成法治共识。结合省委关于深化作风整顿的有关精神，法治建设各条战线将强化争先创优意识，以优良的作风和优秀的成绩展示法治建设系统的风采。

（八）为雄安新区规划建设提供到位的法治保障

法治保障是推进雄安新区建设发展的必要条件，必须谋在新处、抓在实处。有关部门应当提高认识，将法治建设各项工作与雄安新区的规划与建设相融合，处理好改革创新与法治保障的关系，处理好重大决策、重大举措与法治思维的关系，处理好综治维稳与法治方式的关系，处理好顺利开局与法治秩序的关系，为雄安新区的规划、建设、发展提供坚实有力的法治保障。新区建设中，应做到法治建设工作与经济社会发展一并谋划、统筹兼顾，既要及时排查化解雄安新区规划、建设中的各种不稳定因素，及时做好应急处置准备，又要及时地依法打击突出违法犯罪，及时开展法律服务和法治宣传，有力地维护社会秩序。要充分发挥法治建设协同创新机制的作用，及时开展对新区建设法治问题的调查研究，对雄安新区的法律定位，与深圳特区、浦东新区等国家级新区的区别，法治保障系统的构建，法治工作体制机制的创新，中央决策、省委部署与符合雄安新区政策的立法确认，推进建设和发展中的严格执法、公正司法，以及雄安新区的交通网建设、生态环境保护、产业结构优化升级中的法律问题等，应做出系统的谋划部署，提出高质量的对策建议。

专题研究

Special Study Reports

B.2
2016年河北省政府监管取得的成效及完善路径

寇大伟*

摘　要： 党的十八大以来，河北省在"放管服"改革方面已经取得了很大成效，各项工作都在顺利开展，为"大众创业、万众创新"创造了良好的营商环境，市场主体大幅增加。目前，虽然河北省在政府监管方面取得了一定成绩，但依然在"双随机、一公开"监管、事中事后监管、信用监管、基层监管等方面存在诸多问题。解决上述问题，应当采取全面推行"双随机"抽查、进一步加强事中事后监管、加强企业信用监管、着力解决基层监管方面的问题、加强监管领域的法制化建设

---

* 寇大伟，河北省社会科学院法学研究所助理研究员、政治学博士，主要研究方向为政府治理、区域公共政策。

等对策举措。

关键词： 政府监管　法治政治　河北

"放管服"改革是党中央、国务院应对新常态、引领经济社会转型升级的治本之策、关键一招，具有牵一发而动全身的重要作用。党的十八大以来，河北省在"放管服"改革方面已经取得了很大成效，各项工作都在顺利开展，为"大众创业、万众创新"创造了良好的营商环境，市场主体大幅增加。在政府监管方面，河北省取得了很大成绩，同时也存在一些问题。

一　河北省政府监管方面取得的成效

河北省在政府监管方面取得了一系列成效，具体体现在新型市场监管制度逐步完善、加快信息"全国一张网"建设、"双随机、一公开"监管全面推进、失信联合惩戒机制初步建立、监管执法力度不断加大、建立健全公众监督投诉机制、大力推动"双公示"工作、建立"药安食美"社会共治平台等方面。

（一）新型市场监管制度逐步完善

河北省以省政府文件的形式印发了《关于"先照后证"改革后加强事中事后监管的实施意见》（冀政发〔2016〕3号），编制了涉及47个部门605项审批事项的《河北省市场主体行政审批后续监管清单》，制定了《河北省工商登记后置审批事项目录》。印发了《关于进一步做好"双告知"工作的通知》，全面履行"双告知"职责，加强证照衔接，推进协同监管。

（二）加快信息"全国一张网"建设

河北省建立了政府主导、59个部门参加的公示系统建设联席会议制度，以省政府名义召开了推进会议，印发了《河北省政府部门涉企信息统一归集公示管理暂行办法》《河北省法人单位信息资源库建设及共享应用实施方案》及《关于梳理政府部门企业信息统一归集资源目录的通知》。建成了以"河北省经济户籍管理系统""河北省法人库共享应用平台"和"河北省市场主体信用信息公示系统"为架构的国家企业信用信息公示系统（河北）。按照工商总局的建设标准，不断完善升级现有系统，圆满完成公示系统建设阶段性目标，截至2016年底，已归集31个省直部门的涉企信息1752万条，向社会公示市场主体登记备案信息3000多万条，行政处罚信息6.8万件，公示系统累计访问量达20亿人次，查询量达6.6亿次，日均访问量达200万人次。2016年12月7日，河北省公示系统顺利通过国家工商总局的验收。

（三）"双随机、一公开"监管全面推进

河北省制定了《河北省人民政府关于推广"双随机"抽查规范事中事后监管的实施意见》和《河北省工商局市场主体"双随机"抽查管理暂行办法》，建立健全了"一单两库一细则"，2016年以来组织随机抽查7次，抽查市场主体13.58万户，抽查结果全部依法公开。全省11个设区市、2个省直管市、169个县（市、区）工商和市场监管部门实现了"双随机、一公开"抽查方式全覆盖。省直48个重点推行部门中，42个部门制定了实施方案、43个部门制定了随机抽查事项清单，40个部门完成了检查对象、执法人员名录库建设，31个部门制定了抽查工作细则，36个部门实质性开展了"双随机"抽查。各设区市全部完成了方案制定、建立组织、会议推进等工作，56%的市直部门开展了"双随机"抽查。在石家庄、邯郸、承德、秦皇岛、衡水等5市开展了部门间联合"双随机"抽查试点工作，建成了河北省企业事中事后监管平台，完善制度机制，加强督导考核，取得了积极成效。国务院推进职能转变协调小组办公室简报刊登了河北省推行"双随机、一公开"抽查的工作经验。

（四）失信联合惩戒机制初步建立

河北省大力加强企业信息公示工作，全省2015年度企业年报公示率达

到91.65%,在全国位居前列,夯实了信用监管基础。制定了《企业经营异常名录管理实施办法(试行)》,11.29万户企业被列入经营异常名录,其中2.35万户受到失信惩戒后主动纠正错误并申请移出。认真落实国家38个部委签署的联合惩戒备忘录,与省人社厅、省财政厅、省住建厅、省国税局、省地税局签署了《失信市场主体联合惩戒备忘录》,与省发改委等31个部门建立了对失信企业联合惩戒机制。截至2016年底,公示重大税收违法案件当事人、环境违法企业"黑名单"、恶意拖欠农民工工资企业名单等信息98条,对"老赖"实施任职限制6796人次。"一处违法、处处受限"格局初步形成。

(五)监管执法力度不断加大

河北省加大监管执法力度,先后开展了集中整治公用企业限制竞争、打击制售假冒伪劣和侵犯商标专用权、整治虚假违法广告、红盾网剑、红盾治污、合同格式条款整治等专项行动。2017年以来,全系统共查办各类案件21207件,开展行政约谈6201次,行政指导9876次,其中查处公用企业限制竞争工作在全国名列前茅。

(六)建立健全公众监督投诉机制

河北省建立健全公众监督投诉机制,畅通投诉渠道。省食药监局建立了集中受理、网络交办的全省12331投诉举报省市县一体化平台,极大地提高了投诉举报的受理与办理效率。依据"有诉必接、有接必查、有果必复、查实有奖"的原则,各类投诉举报接收登记清楚、办理及时、运作高效。

(七)大力推动"双公示"工作

河北省大力推动行政许可和行政处罚信用信息"双公示"工作。为进一步推进食品药品行政许可和行政处罚等方面的信用信息公示工作,省食药监局食品药品安全信用平台的行政许可信息和行政处罚等信用信息,已经实时与信用河北、河北省网上政务服务中心、河北省食品药品监督管理局政务网站等文件要求的相关公开网站对接，保障数据的实时性、准确性。

（八）建立"药安食美"社会共治平台

河北省食药监局以食品药品追溯体系和诚信体系数据为核心，以移动互联网技术为支撑，以群体智能为保障，深刻挖掘和理解社会共治的内涵，基于"互联网+"和多源数据聚融技术，于2014年推出了"药安食美"社会共治平台，有效地满足了社会公众对于快速了解饮食用药安全信息和食品药品监管部门提升监管效能的需求。平台推出两年来，下载量达到28.7万余次，访问量达到480万余次，成效显著。

二　河北省在政府监管方面存在的主要问题

河北省在政府监管方面存在的问题主要表现在"双随机、一公开"监管、"事中事后监管"、"信用监管"、"基层监管"等方面的问题。

（一）"双随机、一公开"监管方面的问题

一是监管执法工作需要进一步适应"双随机"抽查要求。在工商部门具体执行中，存在着以下两个问题：首先是行政成本增加。工商部门实行属地监管制度，工商分局具体负责辖区内市场主体日常监管工作。开展"双随机"抽查后，便会出现甲分局监管人员到乙分局辖区完成监管任务的情况。由于甲分局监管人员对乙分局辖区具体情况不了解，致使将相当一部分时间花费在寻找市场主体住所（经营场所）上，再加上有的分局辖区之间相隔较远，在一定程度上增加了跨区域检查的行政成本。其次是人员素质有待提高。"双随机"抽查是一项全新的工作，涉及面广，要实现部门内部各业务岗位的统一联合抽查，就要求检查人员要全面掌握信息公示和经营行为等多方面的监管知识，在随机检查中，有些检查事项涉及的专业性强，基层部门检查人员少与检查对象多、监管要求较高与执法水平偏低的矛盾较为突出,存在检查人员现场核查能力不足、对抽查对象行为认定因人而异等问题。

二是部门协同联动需进一步适应"双随机"抽查要求。各部门工作开展参差不齐。有的部门虽然制定了实施方案,但是没有按照方案的要求组织具体的抽查活动;有的组织了抽查活动,但抽查结果还有待公示公开;有的还在起草实施方案征求意见阶段,没有明确具体的实施时间等,部门联合抽查工作尚未开展。由于各部门的监管对象和监管行为不同,部门之间的联合抽查需要政府层面的统一协调。

三是信息化建设需进一步适应"双随机"抽查要求。实行"双随机"抽查需要信息化建设的有力支撑,市场监管信息平台亟待搭建,各部门抽查结果互联共享有待积极推进,目前各部门的企业信息尚未归集到企业名下。有的地方和单位的"两库一单"还没有建立,有的还采用比较原始的随机方法,比如抓阄、乒乓球摇号等方式随机指定检查人员。

四是"双随机"抽查需要通过立法进一步规范。"双随机"抽查涉及监管方式转变,这一新的监管方式和传统监管方式的关系,是取代还是结合;与其他法律法规的适用关系;实行"双随机"抽查后监管责任的落实以及对"双随机"抽查进行统一、明确、具体的规范;等等,都需要通过立法来解决,从而为"双随机"制度的深入推进提供更有力的法律支撑。

(二)"事中事后监管"方面的问题

一是一些部门重审批、轻监管的观念根深蒂固。在过去,重审批、轻监管造成了审批难而审批后质量方面无法保障等严重的后果,尤其是在食药和环保等重点领域。在改革以前,食药领域一旦审批通过,生产与销售环节的监管可以忽略不计;建设项目一经审批通过,则不会考虑其对环境污染的因素。目前这种情况已经有了很大改观,但依然不是非常理想,应加强"事中事后监管"的观念。

二是对依托互联网衍生出的新模式缺乏有效监管。"金融+互联网"越

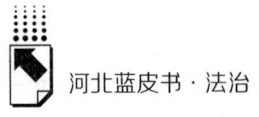

来越成为人们选择的投资方式，比如 P2P 投资模式，但是由于这种投资模式是全程网上操作，要对其监管难度很大，也往往成为监管的死角。

（三）"信用监管"方面的问题

一是各部门掌握的企业信息还未完全归集于企业名下。由于涉及职能部门众多，各部门信息化建设水平参差不齐，部门间协同推进企业信息归集的力度仍需进一步加大。

二是信用约束和联合惩戒还需进一步深入推进。河北省虽然对违法失信企业初步展开了信用约束和联合惩戒工作，但还不够系统和全面，实施联合惩戒的部门数量还有待进一步增加，适用的领域还有待进一步拓宽；各部门在贯彻落实国家发改委、工商总局等 38 个部门《失信企业协同监管和联合惩戒合作备忘录》方面，还需进一步加大工作合力和机制建设力度。

（四）"基层监管"方面的问题

一是基层监管力量严重不足。基层，尤其是县级监管部门的监管人员严重不足，并且存在"权力有限、责任无限"的问题。以 A 市的 B 县为例，此县环保局共有在编人员 50 名，其中监测人员 20 名、监察人员 20 名、行政人员 10 名。除去退居二线和借调外单位的人员，只有 30 人在岗，其中监察人员只有 8 名在岗。在辖区面积较大（1212 平方公里）、工业企业较多（几百家工业企业）以及日益严格的环境管理要求的情况下，8 名在岗的执法人员实在难以保证正常监管任务的完成。在现有体制机制下，为保证监管工作的正常运转，只好选用了部分大学生公益岗和见习岗人员。但是大学生公益岗和见习岗存在两方面的问题，一方面是这些大学生在监管方面并没有经过严格的专业素质训练，不具备执法资格，在监管的过程中不能保证监管的质量；另一方面是这些岗位待遇低，容易造成流动性大、人心不稳等问题。

二是基层在承接能力上存在问题。国家、省、市均把大量监管职责和权力下放到县一级，由县级相关监管部门（如工商、食药、环保等部门）进行监管，这种体制存在一定的弊端。有些相关的监管部门往往不能承接技术含量高的监管职能,而这些监管权力事项在下放之前并没有做到和县级相关部门的沟通与协调。从而造成某些监管权力事项由市里下放到县里时,由于县里承接不住,又收回到市里。

三是行政体制变动带来监管方面的问题。全省各县(市、区)均已设立了市场监督管理局或食品和市场监督管理局,县级市场监督管理局一般是由原来的工商局、食药监局以及质监局三局合并而成,或由原来的工商局和食药监局两局合并而成。市级有四个设区市进行了合并,衡水市和秦皇岛市的工商局和食药监局合并后称为食品和市场监督管理局,承德市和保定市的工商局和食药监局合并后称为市场监督管理局。这样就形成了县里的一个局要受市里的两个或者三个局的工作指导,"上面两条或三条线,下面一根针"的局面。同时存在部门合并之后执法服装不统一、执法证不统一等方方面面的问题。

三 河北省加强政府监管的对策举措

河北省在今后,应该从全面推行"双随机"抽查、进一步加强事中事后监管、加强企业信用监管、着力解决基层监管方面的问题、加强监管领域的法制化建设等几个方面来加强政府监管,最终实现河北省在"放管服"改革过程中取得优异成绩的目标。

(一)全面推行"双随机"抽查

一是进一步统一思想。各相关部门应当充分认识到"双随机"抽查工作的重要性和必要性,在各自岗位和职位上发挥好各部门作用,尽最大努力将"双随机"抽查工作落实到位,从而保证"放管服"改革工作的"监管"环节起到承上启下的良好作用。

二是由省级政府统一部署调度。"双随机"抽查工作涉及部门多、工作面广,需要省级政府统一部署,加强督导调度,为工作深入推进和取得实效提供重要保障。

三是将随机抽查与社会信用体系建设结合起来。建立健全市场主体诚信档案、失信联合惩戒和黑名单制度。将随机抽查工作与市场主体的信用情况结合起来考虑,采取针对性强的监督检查方式,将随机抽查结果纳入市场主体的社会信用记录,增加"失信者"的违法成本,达到让失信者"一处违法,处处受限"的目的。

四是编制"双随机"抽查事项清单。为了将"双随机"工作更好地落实到位,应当在梳理相关法律法规的前提下,结合日常监管的需要,编制包括抽查依据、抽查主体、抽查内容、抽查方式等在内的"双随机"抽查事项清单,为各级部门推进"双随机"抽查工作提供精确参考与依据。同时对抽查事项清单实行动态管理,根据法律法规规章修订和实际工作进展情况,及时进行调整,并主动向社会公开。

五是推行跨部门、跨行业联合随机抽查试点。相关部门要及时总结企业年报信息"双随机"抽查试点的经验,同时将企业信息公示和企业经营行为一并纳入"双随机"抽查范围。选择部分市县作试点,开展跨部门、跨行业联合随机抽查,总结经验认为可以推广后,以点带面在全省进行推广。

六是建议国家级层面提供法律保障。加强"双随机"抽查的顶层设计,在汲取地方经验后,国家层面适时出台关于"双随机"抽查的法律法规,对这一全新监管方式的法律地位、与其他法律法规的适用关系、抽查行为的具体要求以及实行"双随机"抽查后监管责任等内容进行明确规定,进一步提高其法律层级,为工作深入开展提供法律保障。

(二)进一步加强事中事后监管

完善信息平台,建立信息互联共享机制。大力推进部门间信用信息互联共享,进一步完善河北省法人库共享应用平台,为相关部门提供数据接口。省工商局依托河北省法人库建设,与省工信厅、省法制办、省编委办、省民政厅联合印发了《河北省法人库单位信息资源库共享应用建设实施方案》,为部门间加强信息互联共享提供了制度保障,这是一个很好的榜样。

积极探索实行部门间联合"双随机"抽查。通过政府主导、部门负责、企业参与，积极推动部门间联合"双随机"抽查。将尽可能多的相关部门纳入部门联合"双随机"实施范围，建立健全跨部门执法联动响应和协作机制，探索实行违法线索互联、监管标准互通、处理结果互认，不断将"双随机、一公开"推向深入。

实行全程监管。对于食药和环保等涉及人们饮食健康和生活环境质量的重点领域在加强事中事后监管的同时，要实行全程监管。最终达到食品药品、环境污染源实现可追溯的效果。

（三）加强企业信用监管

一是依托法人库建设，加强企业信息归集共享。开发建设河北省法人库应用共享平台，通过"两库一网"构建河北省的企业信息归集共享机制。"两库"即经济户籍和法人库，"一网"即公示系统。河北省法人库上线运行后，相关审批部门、行业主管部门和其他部门将通过政府政务外网实现与河北省法人库的连通对接，法人库接收有关部门的企业信息后，通过数据清洗归集到经济户籍库中的企业名下，之后再通过户籍库同步到公示系统向社会公示。

二是完善失信联合惩戒机制。进一步落实国家发改委、工商总局等38部门联合印发的《失信企业协同监管和联合惩戒合作备忘录》，一方面主动推送经营异常名录等数据，充分发挥工商数据的价值，积极与相关部门联系，在投融资、招投标、政府采购、荣誉称号授予等工作中，将信用信息作为重要考量因素。另一方面，根据其他部门推送的数据和书面提请，依法责令违法企业办理变更、注销登记或吊销营业执照，实施法定代表人任职限制，全面落实"一处违法、处处受限"。

三是积极推进社会共治。充分发挥行业协会商会、行规行约重要作用，在信用评价、咨询服务、法律培训、监管效果评估等方面推进监管执法和行业自律的良性互动。充分发挥公众、舆论、市场专业化服务组织的监督作用，畅通群众投诉举报渠道，引导社会力量广泛参与，构建"企业自治、行业自律、社会监督、政府监督"的社会共治格局。

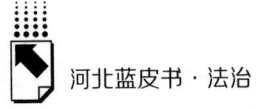

（四）着力解决基层监管方面的问题

一是要增强基层监管力量。为使基层监管部门接得住、管得好，需要进一步加强基层监管能力建设，主要是基层监管队伍人员配备、素质提升和装备设施的购进与使用等。改变现行"倒三角"的行政体制，即改变越到上级政府，部门设置越精细、人员编制越多的人员结构，达到人员编制应向基层倾斜的目的。在人员配备上，要招聘具有相关专业技术能力的执法人员，并要采用高科技手段等强化监管手段。

二是要整合内部机构。整合部门之间的资源和管理权限，把每个部门的职责分为许可、监管、服务三部分，将相关职权集中整合到相应的部门，比如将行政许可权集中到行政审批局，将监管职能整合到综合执法局等方式，可以解放部分人员从事核心工作。

（五）加强监管领域的法制化建设

在国家层面，继续做好相关规章和规范性文件的立改废工作。对于取消和下放的行政审批事项，要及时废止或修改相关的法律法规，保证这些行政审批事项的取消与下放有法可依；同时要细化监管标准，改进监管手段、监管方法和监管程序。加快监管领域的立法进程，做到事中事后监管有法可依，确保审批、监管职权法定、责任明确。在省级层面，省政府要加快对省政府职能部门依据法律法规规章拟对有关行政权力事项进行动态调整的审批进度。在基层层面，要尽快出台与下放权力相关配套的细则和制度，使具体工作有法可依、有章可循；出台尽职免责制度，使基层工作人员的责、权、利相匹配，最终达到做好本职工作、没有后顾之忧的目的。

B.3 河北省去产能过程中社会稳定问题研究[*]

王利军[**]

摘　要： 作为实施去产能改革任务的重点省份，河北省在钢铁、水泥、煤炭以及玻璃等行业的去产能任务繁重，尚有很多需要处置的"僵尸企业"。而钢铁、煤炭等行业的自身特点，使得河北省在去产能改革过程中所面临的企业职工安置、企业债务清偿、金融风险等问题更加突出，一系列的社会稳定问题为河北的去产能进程增加了更多负担。因此，在河北省去产能、处置"僵尸企业"的过程中，要明确改革的指导思想，通过建立各部门之间的协调机制，将去产能过程中的负面影响降到最低，建立完善的职工安置机制，妥善解决企业的债务纠纷，防止在去产能进程中发生金融风险，从而维护社会稳定，促进河北省的去产能改革。

关键词： 去产能　职工安置　"僵尸企业"

中央经济工作会议把去产能列为2016年五大结构性改革任务之首，国务院总理李克强同志在2015年12月召开的国务院常务会议上明确提出，对

---

[*] 本文是河北省社会科学基金"河北省村镇银行的发展策略与法制创新"（课题号：HB14FX031）的阶段性成果。
[**] 王利军，河北经贸大学法学院副院长、教授。

不符合国家能耗、环保、质量、安全等标准和长期亏损的产能过剩行业企业实行关停并转或剥离重组,对持续亏损三年以上且不符合结构调整方向的企业采取资产重组、产权转让、关闭破产等方式予以"出清",清理处置"僵尸企业",到 2017 年末实现经营性亏损企业亏损额显著下降。这为去产能定下了任务表和时间表。去产能首先涉及的是钢铁、煤炭、水泥、玻璃、石油、石化、铁矿石、有色金属等八大行业,这些行业中的去产能任务很重,很多"僵尸企业"将退出市场。2016 年 2 月,国务院相继发布了关于钢铁行业和煤炭行业化解过剩产能实现脱困发展的意见,对这两个行业的去产能工作作出了具体要求和详细部署,其他行业的政策也将陆续出台。

河北省去产能的任务繁重,按照"6643 工程"的要求,到 2017 年要压减 6000 万吨钢铁、6000 万吨水泥、4000 万吨煤和 3000 万标准重量箱玻璃,压力很大。据河北省人力资源和社会保障厅初步测算,到 2017 年化解过剩产能,涉及职工 54.7 万人,其中钢铁 42.6 万人、水泥 6.5 万人、平板玻璃 5.6 万人。仅唐山钢铁到 2017 年计划减产 4000 万吨粗钢、2800 万吨铁,经测算就将直接影响 10 万人就业。总体上说,在去产能过程中涉及职工安置、企业债务清偿、金融风险等社会稳定问题值得我们注意,解决好"人往哪里去,钱从哪里来,债务谁来担"的问题,是化解过剩产能的重点和难点所在。针对此问题,课题组到省发改委、省国资委及各地市进行了调研。

一 河北省去产能过程中可能影响社会稳定的问题

(一)职工安置问题

国务院《关于钢铁行业和煤炭行业化解过剩产能实现脱困发展的意见》明确指出,要把职工安置作为化解过剩产能工作的重中之重,避免引发社会不稳定。前面引述的省人力资源和社会保障厅的数据,到 2017 年化解过剩产能,涉及职工 54.7 万人,这还不包括由于去产能而影响到供应链上下游企业的职工就业,如果都算上,将达到百万人上下。调研发现,这些职工的特点是：男性为主，年龄较大、文化程度不高、培训难度大、转岗能力差。因此，在化解过剩产能中这些职工的再就业难度非常大，解决该群体的再就业问题，是未来几年内将持续面临的难题。

（二）企业债务问题

被淘汰的落后企业和"僵尸企业"往往背负大量负债，包括大量的银行贷款、企业拆借资金甚至是民间借贷。企业设立时投资较大，如建成一个年产1万吨钢的企业，整体需投资2000万元以上，现在因产能过剩淘汰时国家的各种补偿只有100多万元，对于已投产多年的企业还好，对于刚成立不久的企业则亏损较多。企业债务纠纷处理是去产能、清理"僵尸企业"工作中无法避免的难题，债务纠纷如不能及时处理或者处理不当，将导致债务纠纷诉讼案件激增和集体上访讨债、暴力讨债等诸多社会问题。如何妥善处理去产能引发的债务纠纷所带来的社会问题是提升社会治理能力、维护社会稳定的新课题。

（三）金融风险问题

被淘汰的企业多借有银行贷款，一旦企业倒闭，将导致银行不良信贷资产增加，目前银行的效益较前几年大幅度下滑，经营困难，再加上由于去产能而增加的不良贷款，银行的压力较大，存在一定程度的金融风险。

二 在去产能、处置"僵尸企业"过程中维护社会稳定的措施与建议

（一）明确指导思想、加强整体规划

1. 要明确政府和企业的定位

国务院《关于钢铁行业和煤炭行业化解过剩产能的意见》中提出，充分发挥市场机制作用和更好地发挥政府引导作用，用法治化和市场化手段化

解过剩产能。企业承担化解过剩产能的主体责任，地方政府负责制定落实方案并组织实施，中央给予资金奖补和政策支持。[①] 政府要有一定的政策储备和资金预算来支持化解过剩产能，稳妥地处理职工安置、企业债务和银行贷款问题。一些企业去产能的成功案例，有一个共同特点，就是"一企一策"，要做到"精准"去产能。政府要为去产能过程中的员工安置问题兜底，解除企业转型的部分后顾之忧。

2. 加强组织领导，建立健全协调机制

省政府要成立领导小组，制定去产能的实施方案并组织实施。任务重的唐山、邢台等市要建立去产能工作领导机构和推进机制。要建立淘汰落后产能工作协调小组，统筹协调并健全沟通渠道，确保政府部门、落后产能企业和企业职工之间沟通畅通，及时解决问题。人力资源和社会保障部门、发展改革、财政、经济和信息化、国资、监管、煤炭和工会、金融机构等部门各司其职，齐抓共管。

3. 要尽可能多兼并重组、少破产清算

合理解决企业的负债，并妥善安置职工，以减少对社会的冲击，降低经济和社会稳定的风险。鼓励企业吸纳安置淘汰落后产能和兼并重组企业的职工。

4. 将处置"僵尸企业"所带来的下岗等负面影响降到最低

建议政府细化各年度职工安置的工作目标，将其列入政府考核内容；实行专人负责制与问责制，指定具体人员负责各阶段职工安置工作，统筹各个政府部门，落实到人。有关部门和企业要认真落实职工安置所涉及的各项政策措施，职工安置方案未经职工大会或职工代表大会审议通过、社会保障办法和资金费用未落实，不得进入安置的实施阶段。在操作中要注意：一是坚持循序渐进，对于特定企业的处理要提供一定的缓冲时间，保证债务重组、下岗员工再就业时间充足；二是加强国家、企业与员工之间的互动，国家为失业员工多提供职业培训与就业指导的机会，减小下岗压力。

---

① 参见《国务院关于煤炭行业化解过剩产能实现脱困发展的意见》（国发〔2016〕7号）。

5. 加强失业人员的检测工作

河北省各级人力资源和社会保障部门要切实加强组织领导,加强失业动态监测工作,扩大检测范围,并随时掌握受影响职工下岗失业及安置信息,对涉及职工人数较多的行业,要实施重点监控,采取积极有效的措施化解矛盾,为政府决策提供有效依据,将失业风险降到最低。

6. 法院要依法稳妥处置"僵尸企业"案件

人民法院处置"僵尸企业"的指导思想是:多破产重整、少破产清算。① 对"僵尸企业"分类评估、分别处置,对能救治的企业进行重整、和解,对不能救治的企业及时进行破产清算,依法维护国家利益,保护职工、债权人、投资人的合法权益;要建立破产企业重整信息平台机制,运用现代信息化手段最大限度地促进企业重整成功;② 要建立企业破产工作统一协调机制,加强党委领导,相关职能部门要大力支持,保障处置工作有序推进;要依法处理好职工工资、国家税收、担保债权、普通债权的清偿顺序和实现方式。要建立清算和破产案件审判庭,建设一支专业化的破产审判队伍;要探索对破产案件建立单独绩效考核标准。

7. 充分发挥相关产业行业协会的作用

要树立社会共同治理的理念,政府要放一些权力给行业协会,发挥钢铁协会、煤炭协会等行业协会熟悉各自行业、了解企业优势,及时反映企业情况,传递企业信息,调解企业纠纷,促进合并重组,反馈各项政策的实施情况。

8. 完善措施,加快钢铁等行业"走出去"的步伐

"走出去"分两方面:一是在全球范围内开展钢铁等商品的销售贸易;二是在境外投资建厂。目前,河北省已经加强了这方面的工作,取得了成效,但还存在不少问题,如资金不足、不了解外国的法律制度等。我们建议:一是要建立统一的工作机制,协调发改委和商务厅在"走出去"这个

---

① 杜万华:《稳妥处置僵尸企业 服务供给侧改革》,中国法院网,http://www.chinacour。
② 《依法处置"僵尸企业"服务供给侧改革》,法制网,http://www.legaldail。

工作中的各自职责，加强配合，共同完善对钢铁等企业"走出去"的支持政策。二是要简化境内企业境外融资核准程序，鼓励境内企业利用境外市场发行股票、债券和资产证券化产品。加大出口信用保险对自主品牌、新兴产业的支持力度。加强对企业"走出去"的融资支持，用好"丝路基金"等筹资渠道，进一步加大"两优"贷款支持力度，支持生产型海外项目建设。鼓励中国企业采用政府和社会资本合作（PPP）模式开展境外项目合作。

9. 加强舆情监督，维护社会稳定

随时了解报刊、广播、互联网上有关去产能的信息，尤其是网上的信息，对可能影响社会稳定的信息要采取必要措施给予回应，对谣言要严厉打击并及时澄清，加强对各种政策的宣传和解读，去产能的标准和结果向社会公示，接受社会监督，回应社会关心的问题。政府的信息不但要在传统媒体上发布，也要在官方微博等新媒体上发布，这样才能及时地把信息传达给各类人群，塑造良好的舆论环境。

（二）切实做好职工安置工作

1. 去产能对就业的总体影响（不会引发"下岗潮"）

随着去产能、处理"僵尸企业"的不断推进，一些人开始担心是否会引发新一轮"下岗潮"。对此，我们认为，处置"僵尸企业"带来一定的下岗问题是难免的，但这只是阵痛，并不会引发所谓的下岗潮。从理论上说，需要达到一定的人群规模才能界定为"潮"，20世纪90年代数千万国企职工下岗失业才可称为"下岗潮"，而据新华社报道，本次的去产能对失业率影响"很小"。未来2~3年，预计将造成裁员300万人，相当于城镇就业的0.3%，小幅推升失业率，还够不成"下岗潮"。而且，现在中国经济能够吸纳就业的能力比上次下岗潮时强很多，民营企业也相对发达，可以容纳一批下岗员工就业。

在钢铁和煤炭两个行业中，国有企业和民营企业占比大多数也是一半一半。很多民营企业的经营也不会找政府，倒闭也不会找政府，而且这些企业的员工多为农民工，企业解散他们就自谋生路去了。现在问题比较突出的就是一些中央企业和地方国有企业的部分员工，因为都是历史延续下来的固定职工或者合同制的职工，他们所在的企业如果产能需要压减的话，就会产生再就业的问题。

河北省在过去几年已经进行了淘汰落后产能的工作，积累了一些经验。2014年河北全省产业结构调整涉及企业3182家，涉及企业职工43.75万人。已明确在企业内部转岗留用21万人，参加转岗培训5.05万人，待岗、辅助性岗位安置和尚未明确去向的人员8.89万人，向社会排放失业人员8.81万人，其中，80%以上的人员实现了再就业。截至2015年10月底，产业结构调整涉及职工51.8万人，其中企业内部转岗留用24.87万人，占比接近一半。没有造成大规模的失业。但不能忽视的是，职工安置任务越来越重，我们要吸收并改进近几年职工安置的经验，做好2016～2017年去产能过程中的职工安置工作。

2. 千方百计地妥善安置职工

国务院《关于钢铁和煤炭行业化解过剩产能实现脱困发展的意见》中，提出要把职工安置作为化解过剩产能工作的重中之重，避免引发社会不稳定。坚持企业主体作用与社会保障相结合，细化措施方案，落实保障政策，维护职工合法权益。① 并制定了一票否决的机制，即安置计划不完善、资金保障不到位以及未经职工代表大会或全体职工讨论通过的职工安置方案，不得实施。

（1）挖掘企业内部潜力

①发放补贴，稳定岗位。采取协商薪酬、灵活工时、培训转岗等方式，稳定现有工作岗位，对采取措施不裁员或少裁员的生产经营困难企业，通过失业保险基金发放稳岗补贴。② 另外，重视企业内培训，储备人才，缓冲下岗。在企业技术改造或者转产时，新设立岗位面向在职员工公开招聘，减少安置人员的数量。②支持创业平台和自主创业。落实各项创业扶持政策，培

---

① 参见《国务院关于煤炭行业化解过剩产能实现脱困发展的意见》（国发〔2016〕7号）。
② 参见《国务院关于煤炭行业化解过剩产能实现脱困发展的意见》（国发〔2016〕7号）。

育创业创新载体，尽可能提供小额贷款，实行税费优惠，引导职工自主创业。③转岗分流模式。对因产能严重过剩陷入亏损的企业而言，安排员工转岗成为一种常态，可成立一些保安公司、家政公司等实体，也可利用原岗位的技术，成立相关的技术服务类公司，提供转岗分流职位。

（2）对符合条件的职工实行内部退养

对距离法定退休年龄5年以内（含5年）的职工经自愿选择、企业同意并签订协议后，依法变更劳动合同，企业为其发放生活费并缴纳基本养老保险费和基本医疗保险费。职工在达到法定退休年龄前，不得领取基本养老金。①

调研中了解到一些"僵尸企业"往往长期拖欠职工的养老保险费和医疗保险费，一个企业的欠缴金额就达上亿元，要实行内部退养，就得先补缴这部分费用，企业和职工都难以承担，这就需要政府从多方筹集资金帮助解决，否则内部退养的政策很难落实。我们建议：根据实际安置职工人数，暂停社保遗留欠费清缴，免除各种社保欠费产生的滞纳金和利息，维持各项社保业务办理，特别是离退人员的社保业务。

（3）依法解除劳动合同，做好失业保险

企业与职工解除劳动关系，应依法支付经济补偿，偿还拖欠的工资和社会保险费用。失业人员可申请领取《就业失业登记证》，享受各项就业扶持政策，符合条件的享受失业保险待遇。

（4）做好再就业帮扶

①积极促进再就业。抓住京津冀协同发展的契机，为下岗失业职工提供更多的就业平台。另外，加大技能培训和职业推荐力度，帮助失业人员就业。符合救助条件的应及时纳入社会救助范围，保障其基本生活。对就业困难人员建档立卡，提供"一对一"就业援助。②大力发展服务业。服务业成为吸纳失业人员的重要载体，因此，要大力发展服务业，政府出资对失业职工进行培训，引导他们向服务业转移，组织开展订单式培训，

---

① 参见《国务院关于钢铁行业化解过剩产能实现脱困发展的意见》（国发〔2016〕6号）。

提高业务技能。③提供社会公益岗位。"40""50"人员受年龄限制，很难找到适合自己的工作岗位，政府可以采取购买的方式，增加面向失业职工的社会公益岗数量，解决部分失业职工因年龄及技能原因很难再就业的问题。

（5）协调职教机构，做好失业人员的培训工作

大量需要再就业的职工由于职业技能有限，被限制了再就业的可能性，建议采取灵活培训方式，盘活主流职业教育资源，破除入学门槛，尽量吸纳再就业职工进入职教体系，灵活合理安排时间，提供晚课和周末课。同时，建议考虑教育培训机构的连锁经营模式，由职校在化解落后产能的工业园区等相对集中区域，开设集中教学点。积极推进继续教育成果认证、积累与转换探索工作，使再就业人员在获得技能培训的同时，通过学科积累获得学历证书，利于今后就业。

3. 安置职工所需资金的来源和使用

第一，国家将设立为期两年1000亿元的工业企业结构调整专项奖补资金，用于解决淘汰落后产能企业职工安置、转岗、技能培训等问题。河北省作为去产能任务繁重的省份，应积极争取中央的财政性补贴。

第二，省内各级财政要安排一定规模的资金，对去产能、处置"僵尸企业"给予适当支持。要转变观念，认识到与其年年拿钱补助"僵尸企业"，不如补助职工，长痛不如短痛，彻底解决问题。

第三，制定专项奖补资金的使用办法。这里要注意的是，河北省已经开展了一段时间的淘汰落后产能的工作。有些地区没有将中央和省拨付的淘汰落后产能专项奖补资金用于职工安置，而是用在了转型升级和化解企业债务上，导致原本就不充足的职工安置资金更加短缺。因此，要制定具体办法，严格使用中央和各级财政的专项奖补资金，各级人力资源和社会保障部门要认真审查企业的职工安置方案，做好监督工作。加大对专项资金的审计力度，实现专款专用。

4. 盘活土地资源，做好职工安置

对一些"僵尸企业"来说，其最有价值的资产可能就是企业的土地

了，利用好土地资源，对做好职工安置和化解债务具有重要意义。去产能退出后的划拨用地，应依法转让或由地方政府收回，地方政府收回原划拨土地使用权后的土地出让收入，可按规定通过预算安排支付产能退出企业职工安置费用。去产能退出后的工业用地，可用于转产发展第三产业，地方政府收取的土地出让收入，可按规定通过预算安排用于职工安置和债务处置。[①]

调研发现，目前被淘汰企业和土地管理部门、规划部门对土地的处置有时会产生分歧，再加上各种复杂的审批程序，导致企业已经倒闭了，土地却长期闲置不能变现，职工得不到妥善安置，引发上访等群体性事件。因此，针对此次大规模的淘汰落后企业，省政府应制定专门的企业土地处置办法，简化审批程序，加快处置进度，最大化实现土地价值，所得收入要优先用于安置职工。

5. 法院妥善处理"僵尸企业"的破产工作

法院在处理"僵尸企业"的破产案件中，要把职工安置问题作为重中之重。面对渐趋增加的破产案件，沿用过去的经验难以应付，因为原来破产企业不多，一个案件涉及上百名职工，采取一些办法能够解决，现在破产企业一下子增加许多，涉及职工成千上万，产生了风险叠加的问题，这就需要研究制定新对策，我们建议，对破产的国有企业，可以在合法的情况下，吸收一些原来政策性破产的措施，企业资产优先安置职工。

（三）积极化解企业债务纠纷

企业之间的债务纠纷不仅需要公检法等司法部门加大办案力度、提高办案效率和效果，也需要其他各部门和各种社会力量的配合与协作，具体体现在以下几点。

首先，公安机关要加大对恶意放贷和暴力讨债等行为的打击力度，积极引导经济纠纷通过法律途径解决，防止经济纠纷案件转化为刑事案件。

[①] 参见《国务院关于钢铁行业化解过剩产能实现脱困发展的意见》（国发〔2016〕6号）。

其次，法院要研究制定僵尸企业破产新举措。充分利用信息技术建立"僵尸企业"案件检索平台，针对每个"僵尸企业"的诉讼建立专门信息库，成立专案组进行分析研讨，针对每个企业的不同情况，采取不同司法对策。在法律规定的框架内，灵活处理，综合分类，全面妥善解决每个"僵尸企业"债务诉讼纠纷，做到案结事了。

再次，检察机关要全面做好法律监督工作。关注清理"僵尸企业"工作中涉及的债权人、债务人及其他各利益相关方面的权益保护，努力实现政治效果、法律效果和社会效果的统一。

最后，地方各级政法委组织牵头成立"僵尸企业"债务纠纷处置工作小组。成员除相关公检法机关人员参加外，可以吸纳社会上的法律、金融等专业人员参加，共同研究如何更好地处理债务纠纷的对策措施，并及时逐级上报本辖区内发生的情况和处理措施。政府部门划定"僵尸企业"及处理清单后，各"僵尸企业"应首先列出本企业的债权债务清单并及时上报当地政法部门的工作小组，以便政法部门能够提前掌握每个"僵尸企业"的债权债务状况，预判可能引发的诉讼和社会风险。

（四）防范金融风险

1. 完善金融机构对"僵尸企业"的监管机制

金融监管部门要指导金融机构做好"僵尸企业"债务风险管理，督促金融机构加强对产能过剩行业和"僵尸企业"等重点风险领域的风险排查，做好金融风险防范与化解机制预案。运用好市场化手段，落实财税支持政策，实行不良资产批量转让，完善风险监测体系，及时处置化解风险隐患，守住不发生区域性、系统性金融风险的底线。

2. 建立债务重组与不良资产处置的协调机制

各市县政府要建立企业金融债务重组和不良资产处置的协调机制，支持金融机构做好债务重组以及不良资产的处置工作，做好"僵尸企业"信贷退出。运用好金融信用信息基础数据库，健全部门间联合惩戒机制，用好现有核销政策，充分发挥资产管理公司的作用。

参考文献

巴曙松、余芽芳:《当前去产能背景下的市场化并购与政策配合》,《税务研究》2013年第11期。

龚刚:《论新常态下的供给侧改革》,《南开学报》2016年第2期。

魏杰、杨林:《实施供给侧改革,优化供给结构》,《财税论坛》2016年第2期。

任森、王大威:《供给侧结构性改革分析》,《银行家》2015年第12期。

李智、原锦风:《基于中国经济现实的供给侧改革方略》,《价格理论与实践》2015年12期。

林卫斌、苏剑:《供给侧改革的性质及其实现方式》,《价格理论与实践》2016年第1期。

郭艳红、胡国鹏、郑小霞:《中国经济的"去产能"之困》,《银行家》2016年第3期。

韩国高、胡文明:《去产能对中国工业投资效率的效应分析》,《管理现代化》2015年第6期。

任泽平:《去产能的风险与机遇》,《股市动态分析》2016年第7期。

肖兴志、李少林:《能源供给侧改革:实践反思、国际镜鉴与动力找寻》,《价格理论与实践》2016年第2期。

邵宇:《供给侧改革——新常态下的中国经济增长》,《新金融》2015年第12期。

李翀:《论供给侧改革的理论依据与政策选择》,《经济社会体制比较》2016年第1期。

B.4
河北省特殊人群服务管理调查报告

董 颖*

摘　要： 特殊人群主要包括刑释解教人员、社区矫正服刑人员、吸毒人员等。2015年以来，河北省相关职能部门加强对特殊人群的服务和管理，提升法治化、专业化管理水平，推进工作理念和工作模式的创新，并在全社会范围内加大宣传力度，特殊人群的服务管理相关法规进一步完善，促进特殊人群回归社会，社会组织参与特殊人群服务管理工作不断取得突破。社区矫正重新犯罪率一直处于较低水平，对特殊人群的帮扶在社会治理大背景下取得了良好的社会效果。经济新常态下，面对社会治安出现的新问题，特殊人群管理还应探索新的工作模式，使服务和管理更加适应现代社会的要求。

关键词： 河北　特殊人群　社区矫正　社会治理

特殊人群主要包括刑释解教人员、社区矫正服刑人员、吸毒人员及其他有报复社会倾向的人员。在不同时期特殊人群体现出不同特征，反映出特定历史时期的社会历史状况及社会治理特点。总体来说，特殊人群是长期存在的群体，造成这一群体存在，除个体原因，还有社会原因。与正常人群相比，特殊人群处于失意状态，生存和融入社会存在一定困难。对特殊人群的

---

* 董颖，河北省社会科学院法学研究所研究员，研究方向为犯罪学、刑法学。

管理、服务和帮扶,体现出社会的宽容程度。本报告主要考察河北省特殊人群中刑释解教人员和社区矫正服刑人员及吸毒人员的治理模式及预期目标方案。

近年来,作为维护社会和谐稳定的长期性工作,河北省一直重视特殊人群的服务管理,安置帮教工作已积累了多年经验,并创造出符合自身特色的服务管理模式。作为开展社区矫正试点工作较早的地区,社区矫正工作不断摸索经验,从实践探索中逐步走向法治化轨道。为使社区服刑人员成为守法公民,促进他们更好地融入社会,"大教育、大帮扶"理念始终贯穿其中。社区服刑人员在矫正期间的重新犯罪率一直处于0.15%的较低水平,取得了良好的法律效果和社会效果。

一 河北省特殊人群管理工作成效显著

(一)全面推进社区矫正工作

截至2015年6月,河北省11个设区市、158个县(市、区)已依法设立社区矫正专门工作机构。目前,全省累计接收社区矫正人员103050人,在册40071人,再犯罪率仅为0.15%。近两年来,河北省在社区矫正工作中取得了明显的成绩。

1. 工作模式不断创新

社区矫正中,教育培训是重要环节,经过不断探索,河北各级司法所教育培训已形成制度,教育内容也不断创新,涵盖了心理健康教育和个别教育内容。其中一大工作亮点是打造三大教育平台,在集中入矫教育、警示教育和劳动教育方面都能依托教育平台进行。目前,河北省11个设区市全部建立了社区矫正教育培训中心,全省共举办培训班75期,参训人员达5093人。各县也逐步建立依托监狱和看守所的警示教育基地,定期组织社区服刑人员开展集中警示教育活动。目前,20个县(市、区)依托监狱、40多个县(市、区)依托看守所建立了警示教育基地,组织开展警示教育530场次,受教育社区服刑人员达到2.6万余名。

各地根据实际情况,实施了不同层次的工作模式探索和创新。邯郸市复兴区司法局于2015年10月开通了河北省首家社区服刑人员心理矫正系统。秦皇岛市海港区在政府购买专业服务方面探索长效机制,联合"七彩社区"心理咨询中心,邀请有关专业人士,对社区服刑人员进行心理疏导。这项工作一直坚持专业化和人性化,通过专业的心理测评,建立科学的心理健康档案,发现问题及时干预,引导形成健康人格,并对矫正机构提出有针对性的建议,契合了社区矫正个性化矫正的理念。承德市司法局与监狱联合制作5名再犯罪社区服刑人员忏悔纪录片,在培训班上播放该纪录片,对其他服刑人员起到良好的教育效果。

2. 信息管理平台不断完善

管理人员不足是各级司法所和社区面临的问题之一。因此,社区矫正信息管理平台的建立,是缓解管理人员不足的有效手段。通过定位监控,社区矫正部分功能可通过远程定位监控,并进行档案管理,可以在网上办理的事项也实现网上告知、网上考核,提高了监管效率。全省大部分地区司法所配备了"面部+指纹识别"考勤管理机,实现了社区服刑人员"面部+指纹识别"考勤管理系统全覆盖,有效提高了对社区服刑人员准确身份识别和验证的效率,对防止社区服刑人员脱管、漏管起到良好的作用,对规范社区矫正工作的监管机制、提高信息化管理水平也具有重要意义。一些地市还创新实行社区矫正"定位+微信"管理,合理确定纳入微信定位管理的人员。一是各县区司法所社区矫正管理人员及司法行政取得心理咨询师的工作人员,以微信管理群"群主"的身份纳入微信管理系统;二是将在册的社区服刑人员以微信管理群成员的身份纳入微信管理系统;三是将社区矫正组织认为需要纳入的安置帮教人员和社区矫正帮教小组的相关成员,在自愿基础上纳入微信管理系统。

廊坊市研发升级了集电信、联通、移动三家平台于一体的社区矫正信息管理系统,研发集数据传输、日常考核等多功能于一体的手机App软件,缩短定位频率至5分钟/次,使定位管理更加高效、便捷、准确,同时推进社区矫正执法监控的媒体系统研发,通过专用信息渠道对基层执法活动进行调度指挥。

3. 司法所人员配置得到充实

2015年,河北省委组织部、省人社厅、省公务员局联合下发了《河北省2015年度招录公务员省市县乡四级联考公告》,决定为全省司法所招考录用公务员419名,其中:保定市94名、邯郸市70名、衡水市64名、承德市38名、唐山市32名、邢台市31名、沧州市28名、张家口市18名、廊坊市16名、石家庄市13名、定州市13名、辛集市2名。有效解决了司法所任务过重而人员不足的问题。

(二)切实加强安置帮教工作

对刑满释放人员衔接管理和安置帮教是我国司法行政部门一个良好的传统。结合社区矫正的实施及劳教制度的废除,河北省对刑满释放人员的安置帮教不断在实践中探索新的做法,切实加强对刑满释放人员的安置帮教工作。做到在刑释前提前介入,衔接管理,尽早进行教育和帮扶,解决刑释人员回归社会后面临的困难和问题。一是开展对社区服刑人员及刑释人员的职业技能培训;二是对刑满释放人员实现无缝对接,不留缺口;三是依托中间服务平台,对刑满释放人员实行过渡性安置。

河北省近年来不断打造各种安置培训基地,为刑释人员提供过渡性安置帮教基地。通过每月组织开展社区服务和职业技能培训,提高即将回归社会的刑释人员的谋生技能和生存能力,帮助其逐步恢复正常社会状态,为回归社会奠定心理基础和职业技能基础。各地创新工作机制,逐步实现由松散的帮扶模式过渡到制度化帮扶模式。

2016年10月,河北省司法厅等九部门联合出台"阳光中途之家"建设方案,大力推进社会经济组织参与帮教社区服刑人员、刑满释放工作。各地积极创造条件,整合社会资源,创建集"教育矫正、监督管理、技能培训、心理矫治、帮困扶助、过渡安置"等功能于一体的安置帮教综合性基地,如2015年11月11日,石家庄市桥西区司法局建立的阳光教育基地正式投入使用。阳光教育基地具有多方面的功能，依托原社区服刑人员梁某开设的安和驾校建成，具备了中途之家应有的功能，不仅可为社区服刑人员进行法律教育、社会教育，还能使服刑人员开展社区服务，接受心理矫治，并进行劳动技能的培训，在此地过渡的安置帮教人员学习驾驶的费用由司法局给予补贴，并拓展到帮助就业，具有较强的过渡安置特色。阳光教育基地配备了电脑、投影仪、幕布、音响、学习桌椅等，并聘请了较高水平的培训教师授课。阜平县人民检察院、司法局依托县劳动局建立了安置帮教基地。该基地由司法行政部门牵头组织，由县检察院、劳动保障局等部门协调配合，同时，还调动社会力量广泛参与，将社会力量纳入安置帮教工作体制之中。为保证安置帮教工作的常态化，县司法行政部门及县劳动保障局就刑满释放人员安置帮教工作签订了协议书，根据协议，双方的权利义务和责任等内容得到确认。

各地明确了专职人员，通过结对帮扶等形式，将帮扶工作落到实处。在刑满释放人员信息管理方面，各地都加强了信息的动态管理，随时了解刑释人员的最新信息，为衔接做好准备。有些司法局探索了刑释人员就业市场化，增强社会有关部门的责任感，为刑释人员自谋职业提供支持，并协调工商、税务、金融、劳动等部门，进行培训指导，就地安置，并推荐符合条件的刑释人员到企业就业。同时为"三无"或特别困难人员协调联系到过渡性安置帮教基地就业。

（三）加强对吸毒人员的管控和挽救

2015年6月至2016年6月，河北全省破获毒品刑事案件591起，缴获毒品58公斤，抓获嫌疑人698名。全省已登记吸毒人员3.9万名，实际吸毒人员据估算已经超过10万名，且近两年以年均约30%的增幅继续增加。因毒品问题引发的治安和刑事案件、"毒驾"问题直接殃及广大群众社会安全感和幸福感。从贩毒活动来看，河北省地处环京津区域，陆海空邮交通物流发达，成为一些贩毒分子运输毒品的中转地和集散地。石家庄、唐山、廊坊一些重点区域利用互联网进行吸贩毒、利用物流寄递渠道运送毒品活动不断增多。①

面对严峻形势，戒毒管理局按照"围绕中心、守住底线、规范创新"的工作思路，强化安全稳定第一要务，全面落实教育戒治中心任务，实现了"六无"目标，各项工作取得新进展。戒毒工作坚持规范管理，着力提升民警素质，打造专业能力强、素质过硬的执法队伍，使戒毒工作在专业化、科学化前提下进行。为从源头上遏制毒品危害，最大限度地压缩全省毒品消费市场，2016年7月20日起至11月20日，全省公安机关组织开展大排查、大收戒、大管控吸毒人员专项行动。

各地戒毒管理部门根据自身特点，创新思路，取得了工作时效。如唐山市强戒所开展病房拓展训练，对戒毒人员严格依法、文明管理，同时在医疗上对戒毒人员以关怀为先，实行科学戒毒。通过对体育馆进行改造，配备了各类运动场地和运动器材，使戒毒人员通过体育锻炼，尽快恢复身心健康。心理康复对吸毒人员尤为重要，通过设立心理健康辅导室、音乐欣赏室，为戒毒人员心理康复提供帮助。同时，省强戒所还举力创业培训，对即将出所的戒毒人员进行职业技能培训，并与劳动就业服务局合作，解决就业等实际问题。

（四）对危险人员的防控

对具有反社会倾向的人员、有暴恐倾向的人员、精神病患者的防控，也是特殊人群管控的重要内容。由于近年来反恐怖斗争形势严峻，河北反恐怖工作也成为一项紧迫任务。将恐怖活动抑制在萌芽状态，需要对相关人员及时排查，近年来，河北省一直着眼于平安河北建设的大局，建立稳定的常态化机制，将反恐工作纳入社会经济发展的长远规划，立足于防范，专门机关和群众齐抓共管，落实领导责任，通过明确各部门职责，确定主体责任，并将反恐工作纳入各级党委、政府考核绩效。对工作落实不到位的情况严格查处，依法依纪追究责任，取得了明显成效。

---

① 《河北省将最大程度管控收戒吸毒人员》，河北新闻网，hebei. hebnews. cn/2016 - 06/23，2016年6月23日。

(五)重视社会组织在特殊人群管理中的作用

社会组织在特殊人群管理服务中的作用日益得到重视,并形成制度,以保障、鼓励和引导社会组织参与社区矫正及刑满释放人员的安置帮教。2016年9月21日,河北省司法厅联合省综治办、省民政厅、省财政厅、省人社厅、省国税局、省地税局、团省委、省妇联、省关工委等十部门出台了《关于社会组织参与帮教社区服刑人员、刑满释放人员工作的实施意见》。《意见》明确了社会组织参与帮教工作的性质和地位,提出要根据河北省实际,力争用3~5年时间在河北省扶持培育一批热心帮教、运作规范、功能完备、作用明显,能够承接帮教"两类人员"工作的社会组织;形成党委政府领导、综治部门牵头协调、司法行政部门组织实施、各相关部门密切配合、社会组织广泛参与的工作格局;努力实现各类社会团体、基金会、社会服务机构、基层自治组织、社会工作者、社会志愿者等多元社会力量广泛参与帮教工作的目标。

(六)在重要的时间节点开展专项整治活动

根据《河北省社区矫正安全隐患排查整治专项活动实施方案》要求,河北省司法厅在2016年6月13~17日,对"暑期""世园会"及首都周边地区社区矫正安全稳定工作进行了专项督导检查。专项活动对3市10个县(市、区)的12个司法所、2个中心、3个基地进行了实地查看,特别是对唐山路南、路北、丰南3个"世园会"中心城区,秦皇岛市北戴河、抚宁区、山海关区3个"暑期"旅游人口密度较大的城区及廊坊市的三河、香河等环京县(市)安保工作情况进行了督导检查。在这一行动中,采取事先不打招呼、不定时间、随机抽查、临时集合的方式,直接与管理对象接触,以得到更真实的信息。专项督导中,从重点和难点入手,有的放矢,强调提高全局意识和风险意识。在细节方面,检查了社区矫正日常工作、执法记录、手机定位情况,规范执法情况以及信息管理等内容,及时纠正管理缺位的问题。另外,在风险研判、隐患排查、重点人员管控等方面,明确部门协作及执法责任，提高应对风险的能力。一些地市工作亮点突出，如秦皇岛市在暑期排查中，发现重点情况由市局亲自督办协调，对社区服刑人员无故外出、不参加教育学习等问题，下发《督办函》，对所长和社区矫正工作人员提出处理意见；对社区矫正管理薄弱的问题，主管局长亲自到出现问题的地区与区委常委、政法委书记交换意见，予以协调。唐山市以"世园会"安保为中心，动员全部力量开展安保工作。下发了《关于做好"世园会"期间社区矫正人员稳定工作的通知》《关于进一步规范社区矫正工作的意见》，并进行重点人排查，共排查出63名重点人员，进行重点监控、重点管理，并加强与公检法等部门联系，每半月核对社区矫正人员信息，及时通报工作情况。

二 河北省特殊人群管理中存在的问题

（一）基层司法所人手不足的问题仍有待解决

河北省近年来一直积极推进对特殊人员的管理服务，适应经济社会发展的变化需求。然而，由于全省社区服刑人员数量逐年增长，工作任务和监管压力不断增加，人手不足的问题尚未彻底解决。特别是基层司法所，承担着法制宣传、人民调解、法律服务、法律援助、社区矫正、安置帮教等繁重的工作，一人分管数项工作，分身乏术，因此，下一步仍需补充基层司法所工作力量。

（二）已形成的制度尚未完全得到有效落实

社区矫正实行以来，随着法律法规和各项规章制度的建立和完善，河北省社区矫正工作逐渐从探索实践向有法可依、有章可循过渡。但工作中仍然存在着工作机制不够完善、执法水平不够规范等问题，社区服刑人员脱管和漏管现象也有发生，个别社区矫正工作人员因此被追责问责，社区矫正安全稳定也受到一定影响。如全省已实现了社区服刑人员手机定位管理，但在河北省司法厅社区矫正管理局通过信息管理平台对全省社区服刑人员手机定位落实情况进行抽查时，发现有些地方手机关机、停机现象严重。这种现象不但造成资源浪费，更是影响了对矫正对象的监管效果，应引起高度重视。作为平安建设的重要组成部分，对特殊人群的治理需要在总结经验的基础上找出问题的症结，使这一工作更加制度化、科学化和专业化。

（三）各部门衔接配合需探索更加有效的工作机制

社区矫正与安置帮教工作充分体现出社会治理中分工合作、相互协调的特征。社区矫正工作本身就涉及司法行政、公安机关、法院、检察院、社会保障等多部门，通常司法行政机关充当协调人的角色，但在多头管理中机制尚未理顺，司法行政机关的权威也未得到应有的确认，特别是在实际工作中，公安机关和司法机关同为执法主体，衔接和沟通产生一定困难，下一步需立法加以规范。

（四）社会力量参与特殊人群服务管理仍有很大空间

社会力量参与特殊人群服务管理，作为社会治理的重要内容日益受到重视。但由于宣传力度不够，公众对社区矫正、安置帮教等仍有很多片面认识，或基本不了解社区矫正的理念，实现法律手段和专业矫正的对接面临问题。河北省建立的阳光中途之家等过渡性安置基地，也基本为政府主导，缺乏民间的主动参与。社会团体和民间组织还未发挥出应有的作用。因此，在社会组织的定位、性质和工作权限方面，还应进一步加以明确。

三 完善河北省特殊人群管理服务的建议

（一）进一步健全法规和各项制度

2016年10月11日，习近平总书记在全国社会治安综合治理创新工作会议上指出，要提高社会治理社会化、法治化、智能化、专业化水平。而社区服刑人员逐年增加，人员配备不能应付现有的工作需要，出现了工作上的漏洞，因此各类制度要进一步健全，体现出社区矫正刑罚处罚的特征。为防止出现脱管现象、引发对社会的潜在危害，人员管理要落实到人，如出现无故不参加集中教育活动，除对服刑人员进行相应处罚，还应追究管理人员的责任，定期排查，消除隐患，制度落实到位，严格执行社区矫正方案。

（二）充分利用现代化信息手段，加强对特殊人群的服务管理

目前，由于各地经济社会发展水平不均衡，各司法所或强戒所科技信息化程度不同。对特殊人员服务和管理难度较大，并在一定程度上具有不确定性。因此，远程探视系统、GPS定位系统等科技成果的应用，能够在很大程度上提升工作效率。河北省特殊人群管理职能部门应加大信息建设力度，有效整合资源和信息，实现对特殊人员管理服务的资源共享。监管措施不应流于形式，要防止社区服刑人员人机分离、脱管。社区矫正中，管理和教育同样具有重要意义，运用现代信息手段，对社区服刑人员实现精确化、高效化的管理，可有效预防管理漏洞，防范脱管者给社区带来不安定因素。因此，检查抽查工作不能松懈，一旦发现，应立即进行专项整治，明确专人负责。对于手机是否保持畅通，应随时检查，对违规者及时处理，情节严重的，依法进行相应处罚。

（三）加强各部门间的衔接配合

社区矫正工作需要各部门密切配合，协调管理。为此，最高人民法院、最高人民检察院、公安部、司法部等于2016年9月发布了《最高人民法院　最高人民检察院　公安部　司法部关于进一步加强社区矫正工作衔接配合管理的意见》。《意见》进一步对加强社区矫正工作衔接配合明确了具体指导原则。一是强调了在社区矫正适用前需要评估的，要依法进行评估，二是指出对社区服刑人员交付执行的各个环节，应确保过程严谨，不能出现脱节现象。《意见》第10条规定，社区服刑人员在社区矫正期间脱离居住地社区矫正机构的监督管理下落不明，或者虽能查找到其下落但拒绝接受监督

管理的,属于脱管。因此,应加强这一环节的工作,防止造成脱管漏管。各部门在社区矫正从接收到监督教育、矫正帮扶、回归社会的全过程,都应环环相扣,不出现漏洞,这样才能保证矫正方案的实施,保证矫正效果的落实。继续实行联席会议机制,通过这一机制,对社区矫正工作人员进行督促和教育,时时明确职责纪律,提升执法能力。河北省司法行政部门每月在机关网站发布社区矫正动态、疏理工作重点、通报工作情况,是一个很好的做法,不仅使社会公众了解社区矫正工作运转情况,增加执法透明度,也是各部门沟通协调的方式。

(四)完善督查机制和回访机制

建立良性运转的督查机制。在社区矫正前、中、后三个环节中牢牢把关,各部门之间相互监督和制约,及时发现工作漏洞,在前期主要检查有社区矫正对象的评估及接收手续是否完备;中期主要检查日常管理是否到位,电子设施等是否配备并正常使用,确保矫正对象活动都在监管范围之内,防止重新犯罪。发现脱管漏管的,应及时通报公安机关;后期除评估矫正的效果,如未出现应依法收监执行的情况,还应落实安置帮教工作,注重培训技能,为回归社会作准备。

(五)加强对重点人员的排查管控

近年来,河北省不断创新社会治理模式,网格化管理成为工作亮点。对重点人员的管理服务,首先建立在对信息的掌握和对重点人员的排查方面,这样才能更好地管控和服务。随着河北省社会治理中网格化管理的推行,利用较为严密的网格化系统,对特殊人员进行网格化排查,在排查中对各类重点人员进行排查梳理,对有反社会倾向人员、违反社区矫正管理规定的人员、脱管在逃人员、吸毒人员、有暴恐倾向的人员及精神病人等纳入重点排查范围,对排查出的重点人员,由司法行政机关重点管理并层层落实,确保有专人负责。对可能造成的隐患及早干预,制定有效的教育矫正和帮扶措施,才能做到防患于未然。

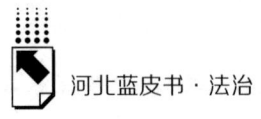

（六）加大宣传力度

社区矫正实施以来，这种新的服刑方式已逐渐被公众认知。但仍有相当一部分社区居民对社区矫正知之甚少，甚至存有一定的恐惧心理。因此，宣传工作应长期开展，不但加深社会公众对社区矫正的了解，而且是法制教育的过程。只有获得了较高的认同度，才会取得理解和支持，并吸引更多的社会力量参与社区矫正。对刑满释放人员的安置帮教、对吸毒人员及其他有反社会倾向人员的管理和帮扶，也是在不断宣传普及的过程中，消除人们的疑虑，促使观念更新，使全社会以良性的心态接纳特殊人群，给予特殊人群更多的关怀，以早日使被破坏的社会关系得到修复。

（七）完善社会救助机构

目前，我国各级司法行政部门承担着社区矫正、安置帮教、重点人群管理、基层治理等工作职能，工作任务繁重，人员配备因各地经济社会发展水平不一而参差不齐。社会力量参与社会治理，应在现有条件下给予更多的财政、人员等多方支持，提高社会力量介入社区矫正工作的专业化程度，并依法明确社工和志愿者的工作职能和法律地位。对精神病人员、吸毒人员的管理服务，应与医疗机构、民政机构协调，提高医疗保障和社会救助水平，并吸纳社会资金，建立更多的救助机构和康复机构。

（八）进一步重视社会组织在社会治理中的作用

由于现代社会的社会问题日益复杂化，仅靠政府进行治理已无法满足人们对公共服务的需求。对特殊人群的治理，更体现出分工负责、良性互动、优势互补的重要性。因此，从政府角度来说，应有更开阔的视野、更开放的心态，平等对待各类社会主体，不断创新各类新的合作模式，吸纳社会力量参与特殊人群的治理工作。就河北省来说，政府购买服务也已在多地有良好的实践。但实现真正的共治，还应精心培育公益性、互助性社会组织，进一步更新观念，通过购买服务、项目外包等方式，通过市场手段吸引各类人才，积极参与特殊人群的治理。同时，应继续发挥群众自治组织的作用，吸纳更广范围的社会公众参与新型社区治理体系。因为特殊人群是社会治理中的重要环节，关系到社会的安全与和谐，也是一项基础性工作，自治组织在这项工作中大有可为，不但可以承担风险和矛盾的提示与化解工作，也是做好教育、辅导、帮扶工作的核心，同时还是开展社区法制教育的良好契机。

B.5
河北科技金融法治保障机制的建构与创新

刘 勇*

摘　要： 法治对科技金融起到了引导、促进和规范作用。近年来，河北加快推进科技金融法治建设，为科技金融提供最基本的法治保障，但仍然存在很多亟待解决的问题。对此，应大胆创新，加快政策、制度和法律的转化与供给，并优化河北科技金融领导体制机制。

关键词： 河北　科技金融　法治保障

科学技术是第一生产力，而金融是经济发展的命脉。"科技金融是促进科技开发、成果转化和高新技术产业发展的一系列金融工具、金融制度、金融政策与金融服务的系统性、创新性安排，是由向科学与技术创新活动提供金融资源的政府、企业、市场、社会中介机构等各种主体及其在科技创新融资过程中的行业活动共同组成的一个体系。"科技金融在国家层面早已备受重视。早在2006年2月，国务院发布的《国家中长期科学和技术发展规划纲要（2006~2020）》就已明确提出"科技金融"概念。

河北省"十三五"规划纲要强调"推动科技与金融深度融合"。深化科技金融创新、积极引导金融资源向科技领域配置、促进科技和金融结合，是

---

* 刘勇，河北省社会科学院法学研究所助理研究员，中国政法大学博士，研究方向为经济法。

加快河北科技成果转化、实现经济提档升级的强大动力，也是河北建设经济强省的战略选择。

法治是迄今为止人类所能找到的最好的治国模式。党的十八届四中全会已将全面推进依法治国提升到一个新的战略高度，河北应全面启动和加快推进科技金融法治建设，为科技金融提供最基本的法治保障。

一 通过法治促进科技金融发展的必要性

科技金融法治或法治化，包括科技金融法律制度、执法、司法等，贯穿"事前预防，事中控制，事后修正"全过程，内容非常丰富，涵盖极为广泛，体系十分复杂。

（一）法治建设对科技金融起到了引导、促进和规范作用

科技金融错综复杂、千头万绪，多种利益分化、多元价值碰撞、多元主体冲突的现象比比皆是。法律具有规范性、强制性，通过立法来约束人们的行为，特别是对科技金融活动进行规范，对违法行为予以惩罚和规制，是调节社会关系与定纷止争的最权威机制，可以促进科技金融工作的有序开展，保障科技金融工作目标的实现。

（二）科技金融现状需要从法治视角进行检省

法治建设是保障科技金融发展的重要条件。党的十八大指出，要"提高领导干部运用法治思维和法治方式深化改革、推动发展、化解矛盾、维护稳定能力"。法治思维是治国理政者的基础性思维，科技金融管理者和从业人员也应牢固树立法治思维，运用法治思维审视科技金融现状，通过法治方式推动科技金融改革。

（三）科技金融难题需要通过法治手段加以破解

科技金融领域存在的一些深层次的矛盾，以及来自各方面的难题和挑

战，需要用法治手段来破解。科技金融发展创新，起于法，成于法，定于法。历史经验表明，要改革，先变法；变法成功，改革就成功。这是法治的优势所在。发展科技金融，不是"过去式"，而是"现在进行时"，更是永不停顿、永不懈怠的在路上的"接力赛"式"长征"。这需要科技金融价值的弘扬和理念的认同，更需要充分利用法治手段破解难题和巩固改革成果。

二 科技金融法治保障的着力点

法治保障是全程式、立体式、全方位的保障，与其他治理方式比较起来，有其独特的着力点，有其发挥法治保障作用的独特途径。实现科技金融的法治保障，需要从以下几个方面切入。

（一）通过法律配置科技金融职权，确定科技金融主体的职责

职权法定是法治的基本要求，法定化职权是进行有效治理的必要条件，因此，科学配置各相关部门的科技金融相关职权是法治保障的第一着力点。为此，要做到把对科技金融规律的认识和把握体现到法律中，据此科学配置各相关部门的科技金融职权，并通过法律明确划分各相关部门的科技金融职权。同时，加快政府职能转变，使政府与市场、社会之间形成一个功能互补而又不相互掣肘的关系结构，在三者之间科学配置科技金融资源。

（二）通过法律确定各种科技金融行为实施的条件及效力

科技金融最终表现为一种行为和过程。通过法治保障科技金融的加强和创新，基本方式就是类型化，将科技金融这个笼统概念分解为不同类型的具体行为，如科技贷款、科技担保、天使投资、风险投资、科技保险等等。类型化的好处在于可以有针对性地进行规范，通过法律明确各种具体行为的实施条件和效力，使科技金融的活动开展可以有精细化的、可操作性的法律依据。

（三）通过法律规范科技金融社会组织的行为并保障社会组织有序参与

要通过法律的规范作用重点培育和优先发展科技金融领域的社会组织，保障科技金融社会组织的健康发展和有序参与，实现政府行政管理和科技金融社会组织管理的有效衔接和良性互动。同时，科技金融社会组织承担了参与科技金融的公共职能，如果放任不管也会导致权力滥用，所以需要通过法律对其行为进行有效监管。要建立科技金融社会组织行为的监管体系，引导科技金融社会组织完善内部治理结构，提高自律性。

（四）通过法律防范和惩治妨害科技金融的行为

良好的秩序是科技金融工作顺利开展的前提。因此，要最大限度地激发科技金融主体活力、最大限度地减少不和谐因素，保持良好秩序，有效应对风险，为科技金融发展营造良好环境。当然，在强调科技金融的秩序价值的同时，也要注意，塑造秩序的方式和落脚点是公共利益、金融安全、科技创新得到保护。

三 河北科技金融法治现状和存在的主要问题

改革开放三十多年来，河北科技金融法治建设在改革中起步，在创新中发展，逐步覆盖了科技金融的一些重要领域。

（一）河北科技金融法治现状

1. 地方性法规和规章

早在1995年，河北省为了推进科教兴冀战略，加强科普工作，制定了《河北省科学技术普及条例》。1997年，河北省为了规范技术交易行为，加强技术市场管理，推动技术市场沿着法制轨道健康发展，建立更加有效的技术市场运行机制，推进科技与经济的结合，制定了《河北省技术市场管理条例》。同年，颁布了《河北省专利保护条例》。1999年，为规范著名商标的认定，保护河北著名商标注册人和消费者的合法权益，维护市场经济秩序，出台了《河北省著名商标认定和保护条例》。为加强河北高新技术产业开发区的建设和管理，为高新技术企业提供良好的法治环境，河北省于2002年3月通过了《河北省高新技术产业开发区条例》。为了实施科教兴冀战略，促进科技成果转化，规范科技成果转化活动，河北省于2003年7月通过了《河北省促进科技成果转化条例》，并于2016年9月修订了《河北省促进科技成果转化条例》。2011年河北省根据《科学技术进步法》制定了《河北省科学技术进步条例》。2012年11月河北省第十一届人大常委会通过了《河北省技术市场条例》。

2. 规范性文件

规范性文件是指法律范畴以外的其他具有约束力的非立法性文件，也就是由行政机关发布的对某一领域范围内具有普遍约束力的准立法行为。这类行政规范性文件数量多、涉及面广，是行政管理权和行政强制力的体现，直接关系到公共利益、社会秩序和公民的切身利益，因而日益受到公众的关注。由于制定规范性文件的对象明确、措施具体、程序便捷，再加之河北地方政府和政府部门受立法权限限制，因此将规范性文件作为科技金融管理的行政手段。

2009年1月，河北省科技厅出台了《河北省科技型中小企业创业投资引导基金管理暂行办法》。该暂行办法明确了河北省科技型中小企业创业投资引导基金的支持对象、投资模式和管理与监督措施。2014年10月，河北省科技厅、省知识产权局、省金融办、省财政厅与中国人民银行石家庄中心支行联合制定了《河北省专利权质押贷款管理办法》。该管理办法明确了专利权质押贷款的用途和条件，专利权质押贷款性质、额度、利率及期限，专利权质押贷款申办程序。2015年8月，河北省政府审时度势，制定了《关于促进科技金融深度融合的意见》，为河北科技金融的发展作出了全面的战略部署。该意见旨在构建河北科技金融创新体系，促进河北科技金融深度融合，提出了加大科技企业融资力度、拓宽科技企业融资渠道、完善科技金融服务体系和强化督导激励机制的一系列措施。2016年7月，河北省科技厅、省财政厅联合制定了《河北省科技型中小企业贷款风险补偿实施细则（试行）》。该实施细则对河北省科技型中小企业贷款风险补偿的对象与条件、奖励资金和补助资金的标准、资金的申请及受理程序、补偿资金的使用和监督进行了详细规定。

（二）河北科技金融法治存在的主要问题

河北科技金融法治建设虽然已经取得阶段性成果，但仍然存在很多亟待解决的问题，有些甚至已经成为深化改革的障碍，形势非常严峻。主要表现在，对新形势下科技金融重大法律问题的应对比较滞后；部分法律法规在结构设计和内容上日渐陈旧，法律体系与制度建设缺乏新突破；相关法律责任规定不够明确，执法手段匮乏，执法效能长期受困。上述问题的存在，造成科技金融法治建设难以适应新形势发展要求。究其原因主要是科技金融法治建设缺乏科学的规划设计，科技金融立法缺乏体系化的建构思路，以致科技金融立法较为零乱，科技金融法律体系的完整性、科学性、有效性仍有待完善，严重影响了法律实施的效果。

1. 科技金融基本法缺失

河北现行科技金融立法尚未形成完整的科学体系，多为单项法规，缺少基本法的统领。《河北省科学技术进步条例》《河北省促进科技成果转化条例》等法律法规都仅局限于促进科技进步、规范对象的局限性和调整手段的单一性，使其无法起到科技金融基本法的作用。缺乏科技金融基本法，导致河北科技金融法律法规呈现彼此孤立的法群状态，在实践中无法自行解决法律间自身的矛盾和冲突。

2. 科技金融立法规划亟待制定

河北省立法机关和省政府法制部门未能从河北科技金融管理与服务的实际角度出发，对全省一定时期内科技金融的立法工作作出总体设计，很难科学合理调控科技金融立法进程，影响了科技金融立法工作的有序推进和健康发展。

3. 科技金融立法滞后于实际需求

科技金融的新情况、新问题很多，急需法律法规支撑，实践证明，现行的《河北省科学技术进步条例》《河北省促进科技成果转化条例》等法律法规难以进行全面有效的调整。例如，河北省至今仍未出台科技型中小企业信用评级办法，在一定程度上制约了河北科技型中小企业信用体系的建设和发展，造成了河北科技型中小企业融资比较难。又如，河北省科技保险制度建设滞后，科技保险相关问题长期得不到有效解决，严重影响了河北科技保险的健康有序发展。

4. 缺乏部门整合及协调机制

目前，科技主管部门与金融办系统是河北科技金融发展的双牵头单位，金融监管部门驻河北分支机构均介入科技金融的服务及监管，科技金融管理工作归属不明确，科技主管部门、财政部门、金融办及金融监管部门缺乏科技金融服务及监管的合作机制及协调平台，各"条条"单位关注的重点和领域不尽相同（如科技创新、发展规模、风险控制等）。河北科技金融领导体制机制呈"碎片化"格局，缺乏在全省范围内打造科技金融领导体制机制的顶层设计、上下贯通的推动机制，科技金融领导体制机制重复建设、功能重叠分散、边界不清，职责定位宽泛而矛盾、风险监控不力、管理"扯皮"。科技主管部门、金融办、发改委及财政部门等与金融监管部门之间，"一行三会"与金融办之间甚至出现"龙多不治水"的局面。尽管各"条条"单位对科技金融的重视程度、投入力度都在加大，但各方资源处于分散状态、事倍功半，产生整体效益低下及应对国际、国内竞争乏力等弊端。

5. 科技金融风险监测和预防体制机制不健全

科技金融存在的风险日益受到各级政府、职能部门和社会各界的重视和支持。然而，河北科技金融风险监测和预防管理水平在整体上还未能适应鼓励发展和防范风险相结合的现实需求，面临着提升水平、加快发展的迫切需要。科技金融风险监测和预防应有一套管理体系，主要包括监测和预防制度的建立、管理组织的体系和机制、操作层面的技术准则和规程、监测数据的评估机制和应用机制、后续行动的约束机制和执行机制。河北科技金融风险监测和预防体制机制不健全集中体现在三个方面：一是相关管理机构的责权利不明晰，没有建立专门的监测中心。二是科技金融风险监测和预防运行机制的不健全。河北科技金融风险监测和预防还缺乏相应的体制、机制和约束力，仍处于探索示范阶段；部分相关管理机构按照科技金融特点和技术能力开展监测，多为自发行动，监测活动缺乏系统性和持续性。三是由于科技金融风险监测工作的目的性和针对性不强，再加之监测数据缺乏综合收集和研究反馈，数据准确性有待大幅度提高，造成监测与风险管理、与决策严重脱节的"两张皮"现象，监测结果并未真正派上用场。

四　完善河北科技金融法治建设的建议

加快推进河北科技金融法治建设，迫切需要建立科学规划、有效推进、动态完善的科技金融法律制度体系，紧紧抓住影响科技金融管理的重大问题和关键环节，集中精力破解法制保障依然薄弱、监管依然零散、制度依然模糊等难题，大胆创新，加快政策、制度和法律的转化与供给。

（一）尽快启动河北科技金融基本法立法

科技金融基本法是形成科技金融法律体系的龙头和基础。为了将河北省委、省政府的科技金融决策部署制度化、法律化，将河北省科技金额的发展目标、发展方向、发展路径固定下来，通过立法引领科技金融的发展，确保在法治轨道上推进科技金融发展，应加快启动河北科技金融基本法立法，尽快将《河北科技金融促进条例》列入省人大立法规划。《河北科技金融促进条例》是从整体上促进河北科技金融发展的框架法、基础法，具有纲领性作用。一是聚焦"促进"主题。促进河北省科技金融发展是《河北科技金融促进条例》的出发点、落脚点和立足点，应围绕"引领、推动、规范、保障"四个词展开，通过建立健全组织领导机制、保障激励机制、监督考核机制以及责任追究机制，促进河北科技金融目标任务实现。二是强化政府责任。《河北科技金融促进条例》应明确全省各地各部门促进科技金融发展的职责，在制定发展规划、加强资源整合、提供财政保障、纳入政府考核等环节，对政府的责任作详细的规定，同时应规定未履行上述职责应承担的相应法律责任。三是健全督查考评机制。督查和考评是推进科技金融的两个轮子。《河北科技金融促进条例》应强化督察职能，健全督查机制，做到河北科技金融工作每一个环节都有可落实、可核实的硬性要求，发现问题要及时明确责任、挂账整改。

（二）抓紧制定河北省科技金融立法规划

科技金融立法的规划性十分重要，不能盲目地走一步看一步，必须"谋定而后动"，依规立法，方能获得最佳的经济与社会效果。首先，制定和实施《河北省科技金融立法规划》，可以促进构建完备的科技金融法律体系。其次，制定和实施《河北省科技金融立法规划》，可以促进立法、执法、司法、守法和法律监督之间的协调统一。最后，制定和实施《河北省科技金融立法规划》，可以促进法的理论与实际紧密结合。

制定《河北省科技金融立法规划》，要深入调研、科学论证，充分听取河北省科技金融工作一线和政府部门、科研院所、高等院校、专家学者、科技企业和金融机构的意见建议，广泛调动社会各界的热情，积极吸收全社会的智慧，充分彰显专家的参与建言作用。

（三）逐步完善河北科技金融其他法律制度

河北科技金融法律制度基本仍处于初始阶段，所以，加快河北科技金融法律制度建设，是一个不容忽视的现实问题。一是提升科技金融的法律层次。现行的科技金融相关法规多以政府法规政策为主，立法层次较低，同时存在规范性、权威性和稳定性较差等不足，当前迫切需要建立起具有规范性、权威性和稳定性的科技金融法规体系。二是要制定和完善促进河北科技金融发展的专项法律制度。围绕科技型企业信用评级、科技保险、科技信贷、创业投资、风险投资、科技金融服务平台等领域，形成比较完善的科技金融法规体系。明确政府、企业、金融机构等多元主体在科技金融中的定位，鼓励金融机构以多种形式参与到科技金融领域，提高科技金融的供给效率。三是增强河北省科技金融法律制度的可操作性和可适用性。法律的生命力在于执行和遵守。天下之事不难于立法，而难于法之必行。应注重河北省科技金融法律规范的可接受性、实施资源的配套性、法律执行的可操作性。法律条款该原则的原则，原则性条款不能空泛无力，要有刚性要求；该具体的具体，具体条款要目的、主体、责任明确，执行程序、标准、方式明确，使法律便于操作、利于执行。四是健全科技金融技术标准、工作标准和基础标准，有效发挥标准在科技金融工作中的规范引领作用。科技金融标准制定体系庞大，任务繁重，应以工作亟须为重，严格程序、反复论证，但不能没有时限、久拖不果。河北省各地市和省直有关部门也可结合保护实践多制定些科技金融地方标准或技术规范、工作手册先行试点，积累经验。

（四）优化河北科技金融领导体制机制

政府部门职能交叉问题是发展科技金融亟待解决的"顽症"。应借鉴中央部际联席会议制度，建立河北科技金融厅际联席会议制度，解决科技金融配置"碎片化"和多头管理等问题。河北科技金融厅际联席会议的主要职责是在河北省政府领导下，统筹协调河北科技金融建设工作。一是加强对河北科技金融建设工作的宏观指导，二是研究河北科技金融工作的重大方针政策和工作思路，三是指导、督促、检查河北科技金融政策措施的落实，四是协调解决河北科技金融建设中的重大问题。河北科技金融厅际联席会议由省科技厅、省财政厅、省金融办、河北银监局、河北证监局、河北保监局、省发展改革委、省人力资源和社会保障厅、省工商局、省教育厅、省商务厅、省知识产权局、人行石家庄中心支行等部门组成。河北科技金融厅际联席会议由河北省科技厅主要负责同志担任召集人，河北省金融办分管负责同志担任副召集人，其他成员单位有关负责同志为联席会议成员。河北科技金融厅际联席会议办公室设在河北省科技厅，承担联席会议日常工作。此外，河北科技金融厅际联席会议还应设立专家咨询委员会，其职责主要是为河北科技金融发展提供战略、顶层设计、重大政策、重大问题等方面的咨询，为厅际联席会议提供决策参考。专家咨询委员会由来自省内外科研机构、高等院校、大型企业的知名专家组成。

（五）加快河北科技金融风险监测和预防体系建设

河北科技金融风险监测和预防体系建设可谓千头万绪，范围广、起点高、难度大、任务重，应在制度建设、机制完善、能力建设、平台搭建上下功夫。一是尽快出台河北科技金融风险监测和预防相关法律法规或规范性文件，明确河北科技金融风险监测和预防的主体、程序和责任，完善以属地管理为基础，完善省、市和县三级管理的监测和预防工作机制；将监测和预防的概念、规则、程序、内容、机制进一步细化，使其具有可操作性；探索建立覆盖面广、针对性强，兼顾科技保险、科技信贷、创业投资、风险投资特性和深度要求的科技金融风险监测和预防监测技术标准、工作规范，在全国率先出台《科技金融风险监测和预防工作操作手册》。二是完善科技金融风险监测和预防机制。进一步分清科技主管部门、财政部门、金融办及金融监管部门在科技金融风险监测和预防工作的职责，加快建立和完善定期监测和巡视工作机制；加强专家咨询机构、第三方机构的建设，建立科技金融风险监测和预防活动的评估框架和后续行动机制。三是建立科技金融风险监测和预防的信息管理、数据统计和预报体系。按照"统一架构、分层设计、集成共享、实时监管"的原则，建设覆盖全面、功能齐全、指标完整、运行高效的科技金融风险监测和预防信息系统，实现动态监测和预警管理，实现各类监测信息源的共建共享和集成管理，避免重复建设、资源浪费。四是设立科技金融风险监测和预防专员。各级政府及科技金融相关主管部门应发挥好科技金融风险监测和预防中的专家参谋作用，聘请具有社会影响力的退休官员或科技界及金融界知名人士担任科技金融风险监测和预防专员。遵循"交换、比较、反复"的原则，认真听取、切实理解、综合分析专家意见，不敷衍应对、不照单全收，辩证批判地采纳专家意见，做出正确的判断和科学的决策。

B.6 河北省城市出租车行业发展与法治保障调查[*]

蔡欣欣 王瑜[**]

摘　要： 由于城市规模及市民出行需求的变化，出租车行业成为现代城市交通体系的重要组成部分。通过对河北省出租车行业保有量、从业人员现状、消费群体等方面发展状况的分析，河北出租车行业存在打车难、空驶率高、"黑车"多、受网约车冲击、行业服务意识有待提高、罢运事件仍有发生等问题，河北省出租车行业发展面临四个方面瓶颈——政府数量管制、经营权交易转让制度不健全、公共设施建设滞后、监管不到位；出租车公司缺乏品牌意识、管理工作落实不到位；驾驶员安全行车意识、服务意识淡薄；消费者在塑造出租车行业形象、监督行业发展等方面未发挥重要作用。通过法治保障手段——完善相关法律制度和配套制度，严格执法，提高行业整体水平，建立多层次、多元化监督格局，解决河北出租车行业瓶颈，推动河北出租车行业发展。

关键词： 河北　城市出租车　法治保障

---

[*] 本文为河北省法学会2016年课题"河北省出租车罢运与政府管制法律问题研究"的最终成果。
[**] 蔡欣欣，河北省社会科学院法学研究所副研究员，研究方向为行政法；王瑜，河北省文学艺术界联合会当代人杂志社编辑。

随着城市规模的扩大以及市民出行需求的不断增长,越来越多的人选择出租车作为交通工具出行,出租车行业担负起了城市公共交通系统有益补充的责任,成为现代城市交通的重要组成部分。河北出租车行业在市民日常出行中的作用日益显著,在促进城乡经济发展、方便人民群众出行、扩大就业数量、树立城市形象等方面发挥了重要作用。在河北省开展"2016利剑斩污"专项行动中,有的市区及各县市城区实行机动车限号措施,出租车因其方便、快捷、舒适和服务面广等特点成为城市公共客运交通系统中最活跃的交通方式之一,得到了人民群众的青睐。但在公交优先、地铁建设、大力发展城市公共交通、网约车合法化、私人小汽车数量迅速增长的大背景下,河北省出租车行业出现了很多新的情况和问题,其发展面临着更大的压力和挑战。

一 河北省出租车行业发展状况

(一)河北省出租车行业保有量

截至2016年6月底,河北省共有出租汽车公司399家。其中,设区市140家、县级259家,出租车7万余辆(见图1),平均每千人拥有出租车0.97辆。多数运营车辆停留在随叫随停、沿街拉人的原始运营模式上,伴随着出租车运营调度技术的发展,有的城市推出了出租车电召电话服务,取得了良好的效果。河北出租车行业的运营模式90%以上为个体车挂靠公司经营。挂靠经营模式下,车辆产权与经营权归个人车主所有,挂靠在出租车公司名下,并定期向挂靠公司交纳管理服务费,公司为车主组织提供相关培训、协助开展车辆年检等相应服务。这种经营模式保证了出租车司机的相对独立性,能够自主经营、自负盈亏,从而有利于实现出租车司机的收益最大化,保障出租车司机的获得报酬权。在河北,各地政府根据本地经济社会发展水平、城市形象、出行需求等多种因素,综合考虑确定出租车车型。在各地,一般确定2~3种车型供经营者选择,各地的主流车型均不相同。如省会石家庄的第一批出租车车型主要有捷达、富康、桑塔纳、伊兰特,目前,石家庄出租车车型主要有捷达、桑塔纳、伊兰特、爱丽舍，并且所有的出租车都是环保型汽车，使用的燃料是天然气。保定市的出租车车型主要是夏利、长城、威志、伊兰特。

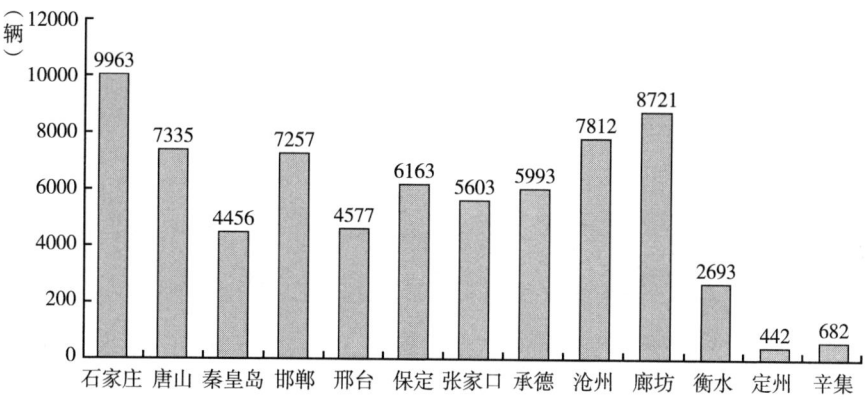

图1 河北省各市出租汽车营运数量统计

资料来源：河北省城市客运管理局内部调研数据。

（二）河北省出租车行业从业人员现状

目前，河北省出租车行业有从业人员12万余人。近几年，河北省出租车行业中，以此为职业养家糊口的从业人员有所增加，车主直接从事经营活动的比例有所增长，从业人员结构已趋于稳定。新增从业人员多为下岗转岗职工及周边郊市县入城务工的农民，其他人员较少，但各地市也不尽相同，有所差异。河北省出租车行业从业人员都是取得相应准驾车型机动车驾驶证且具有3年以上驾龄，没有交通肇事犯罪记录、危险驾驶犯罪记录、暴力犯罪记录、吸毒记录、酒驾记录，最近连续3个记分周期内未记满12分的驾驶员。总体来说，河北省出租车行业从业人员学历普遍不高。河北省出租车驾驶员基本实行白班、夜班双班倒，白班和夜班根据个人喜好决定，基本无节假日。出租车公司不为其缴纳社会保险，一般自行参加城镇居民基本医疗保险或新型农村合作医疗。

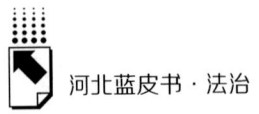

（三）河北省出租车的消费群体

河北出租车行业在公共交通系统中扮演着相当重要的角色，在缓解公众出行难方面发挥了极为重要的作用。出租车已成为人们出行的基本选择之一，其消费群体为一般人群和特殊人群，用于一般人群的特殊出行和特殊人群的一般出行。作为个性化、差异化出行方式，河北省出租车主要以居民的应急出行、弹性出行、商务出行、流动人口、旅行为主。河北出租车行业的营运价格采用的是固定费率制。河北各地都能落实《价格法》和关于"实现明码标价和收费公示双覆盖"要求的具体举措，出租车明码标价。当地物价部门综合考虑当地出租汽车运营成本、居民和驾驶员收入水平、交通状况、服务质量等因素，确定出租汽车运价的计价方法和标准，并报当地人民政府。如石家庄，在出租车车厢内部都张贴石家庄市物价局和石家庄市交通运输局统一监制的明码标价签，公示了起步价、每公里运价、空驶费、等候费、往返租车费、夜间加费、过桥和过路费等收费规定，乘客能够一目了然其打的费用支出。在2015年，河北省出租车行业的客运量达到了12亿人次，在促进河北城市经济发展等方面起到了推动作用。

二 河北省出租车行业存在的问题

（一）打车难与空驶率高同时存在

早晚高峰与雨雪极端天气打车难一直以来都是出租车行业的老大难问题，也是河北不少城市的顽疾，主要是因为早晚高峰两个时段堵车严重、雨雪极端天气行驶缓慢。根据驾驶员反映，即使停车也打表收费，仍赚不到钱。为了提高收益，出租车司机通常选择人员密集、人流量大的主干道和车站、商区、医院等区域候车拉活，忽略了偏远地区和客源少的地方，造成了这些地区的打车难。除早晚高峰期外，由于出租车客运需求大多是随机出现、随机分布，造成了其他时间出租车空驶率较高，增加了油耗支出。2016

年底由于河北多数地区采取了限号限行措施，公交免费，城市公交车成了出租车的替代品。在这样的总体环境下，多数人抛弃出租车，改乘公交车，分流了出租车部分客源。这也间接加剧了出租车的空驶率，造成社会资源的巨大浪费。

（二）"黑车"屡禁不止

"黑车"属于非法营运车辆，没有合法运营资格而为乘客提供有偿服务。与正规出租车相比，"黑车"经营成本只有购买车辆时所支出的费用，不缴纳税金、管理费，无需各项手续，几乎没有投入成本。"黑车"可以低价揽客、无等候费、定时定点随叫随到，没有地域和时间限制，其拥有的低运营价格、低风险、低成本等优势可以助其与出租车分利。因此，多数民众能够接受也支持"黑车"的存在，而对于"黑车"的危害，少数民众认为对出租车行业存在影响，于己无害。"黑车"分享了整个出租车行业的平均利润，其利润空间远远高于正规运营的出租车。"黑车"运营灵活、自主性强，对乘客选择出行方式产生了很大影响，抢占了出租车客运市场，冲击了出租车的正常运营。河北的"黑车"总量很大，且数量还在快速增长，多聚集在偏远地区小区、旅游集散地等。非法运营人员构成复杂，主要有外来务工人员、失业人员、利用业余时间从事营运的上班族等，摩托车、三轮车、私家车都成为出租车的替代品，加入了"黑车"行列，扰乱了客运市场秩序，影响了居民安全出行。

（三）受网约车冲击巨大

随着"互联网+"时代的到来，打车软件这种创新型服务形式兴起，可以有效解决乘客与出租车司机之间的信息不对称，使打车更加便捷、支付方式更为快捷，极大地改变了人们的出行方式，缓解了打车难问题，适当优化了社会交通资源。电商巨头的"烧钱大战"不仅补贴了司机，还吸引了大量的使用者，撬动了传统出租车市场，给出租车市场带来了新的冲击，导致新旧矛盾交织，利益关系碰撞。对乘客而言，用智能手机就能"下单"

并完成支付,带来了多样化的乘车新体验,既方便又省心。出租车行业属于劳动密集型行业,都是驾驶员单兵作战,其利润贡献不需要高新技术的投入,而是来自无数的出租车驾驶员,但出租车驾驶员无法通过降价来吸引乘客。出租车驾驶员使用打车软件,一方面可以有效降低空驶率,节约燃油成本;但另一方面易分散注意力酿成交通事故。出租车驾驶员认为,打车软件抢了其饭碗,严重影响了自己的收益,纯收入较几年前有所降低,反对打车软件,只接就近单、机场单、加价单。出租车驾驶员的医疗、养老等社保问题都由自己负责,这无形中也减少了出租车司机的收入,多数驾驶员需要每天超负荷工作才能抵消支出压力,保证自己的纯收入。

(四)行业服务意识有待提高

由于出租车个人经营的行业特点,出租车驾驶员的收入水平随着主班和副班营运时间和营运收入的不等而存在不同,但都是用同样的价格、同样的竞争手段、提供同样的服务。出租车驾驶员为了多拉客达到利润最大化,整日疲于奔命,不得不延长劳动时间,提高劳动强度,引发了司机健康问题和疲劳驾驶问题,司机或多或少都患有职业性疾病。加上道路拥堵、行人不遵守交通规则、非机动车在机动车道行驶等造成的烦躁情绪,个别出租车司机甩客、绕路、倒客、宰客、拒载,甚至为抢拼客源违章、随意调头、停车,阻碍交通秩序,不仅影响了公众的行车安全,随之也出现服务质量差等一系列问题。出租车经过层层转包后,"车辆能跑就行、能给租金就开",出租车服务质量也有所下降。对于乘客来讲,不能通过"合载"与"搭客"减少交易费用,不能与司机自行议价。空驶费、等候费、过桥过路费等均由消费者承担,还不找零,消费者是堵车的受害者,但还要为堵车"埋单",将消费者的成本加大,乘客普遍认为出租车价格过高(见表1)。加上社会发展带来的生活水平的提高,乘客对出租车服务的需求提高、利益诉求增加,对出租车服务水平较之以前也有了更高的标准。同时,出租车行业准入条件相对较低,出租车驾驶员大部分文化水平不高,整体素质偏低,乘客享受不到优质的服务,投诉率上升。

表1 河北省内各市出租车价格

城市	起步价	每公里运价	空驶费
石家庄	8元/3公里	1.6元	超出6公里加收基本运价50%
唐山	6元/2公里(1.8L以下) 7元/2公里(2.0L)	1.5元(1.5L以下) 1.6元(1.6L) 1.8元(1.8L) 2元(2.0L)	超出6公里加收基本运价50%
秦皇岛	5元/2公里 (加收1元燃油附加费)	1.6元	超出5公里加收基本运价50%
邯郸	6元/2公里	1.2元	超出4公里加收基本运价50%
邢台	6元/2公里	1.3元	超出5公里加收基本运价50%
保定	8元/3公里	1.5元	超出6公里加收基本运价50%
张家口	6元/2公里	1.2元(1.4L以下) 1.4元(1.4~1.6L) 1.6元(1.6L及以上)	超出6公里加收基本运价50%
承德	6元/2公里 (加收1元燃油附加费)	1.4元(1.5L以下) 1.8元(1.5L及以上)	超出5公里加收基本运价50%
沧州	6元/2公里	1.3元	超出6公里加收基本运价50%
廊坊	6元/2公里	1.6元	超出5公里加收基本运价50%
衡水	5元/2公里	1.4元(1.6L以下) 1.6元(1.6L及以上)	超出4公里加收基本运价50%

资料来源:《全省出租车起步价,2元6公里是主流》,http://www.hbqnb.com/html/2014/bendi_0724/22730.html?&index=m42go,访问时间:2016年12月19日。

(五)罢运事件仍有发生

出租汽车行业既是一个重要的具有竞争性的服务行业,也是一个特殊敏感行业,具有很强社会影响力,关系到城市形象与社会和谐稳定。由于出租车驾驶员认为打车软件对出租车市场逐步蚕食,套牌车、假出租车、外地出租车异地运营,"黑车"等,扰乱了正常的出租车市场秩序,招手打车的乘客数量不断下降,利益分配机制不合理导致其收益与付出的劳动不成比例。出租车驾驶员于是通过罢运这种过激的方式表达其需求的多元化,造成行业发展不稳定。如2016年3月12日,唐山人的微信朋友圈被"出租车申请休假"的消息刷屏,唐山市出租车酝酿"休假"维权;2016年3月13日,唐山人的朋友圈又出现了一封唐山出租车的"致歉信",唐山出租车将在3月15日集体罢工休假;从2016年3月14日上午9点左右,在唐山市主干道新华道与站前路上,出租车开始罢工,占据半个新华道,从站前路堵到光明路①。但没有出现拦截、打砸正常营运出租车的事件,还是选择了相对"温和"的诉求方式。正是在同一天,交通运输部部长杨传堂提出,支持顺风车、拼车出行,深化出租汽车改革,鼓励网约车等新业态,出租车新老业态要公平竞争。此次罢运事件虽然没有引起巨大反响,但影响了当地公众的正常出行,也给当地的公共交通服务、公共安全造成了较为恶劣的影响。

三 原因分析

出租车行业主要涉及政府、出租车公司、出租车驾驶员和消费者四类主体。政府负责制定政策、对出租车进行监管;出租车公司负责出租车的日常管理工作;出租车驾驶员执行运送任务;消费者按照个人意愿向出租车驾驶员购买个性化的交通服务。因此,导致河北省出租车行业出现问题的原因也有以下四个方面。

(一)政府方面

1. 数量管制使"黑车"、网约车进入市场

河北也实行出租车总量控制,对出租车准入进行数量管制。数量管制有着浓厚的计划经济的影子,是政府根据出租车行业市场进行预测、估算而强制制定某一区域在一定时期内投放的出租车数量。数量控制的初衷具有一定的合理性,可以避免车辆过多引起环境污染、道路拥挤、资源浪费、空驶率过高等,可以避免过分竞争,保证了出租车经营者的利益,助力出租车市场的良性长远发展。但与当前经济发展相比,数量管制具有明显的滞后性,这

---

① 《唐山:出租车全体休假了?! 这样真的好吗?》,http://www.wtoutiao.com/p/15exwjc.html,访问时间:2016年12月18日。

一制度安排已成为出租车行业发展的瓶颈，严重影响了公平竞争。经济在发展、人口在增长、城市规模在扩大等翻天覆地的变化都带来了明显的运力需求，出租车供给数量不足，无法满足公众潜在的出行需求，与社会需求严重脱节，供求关系长期不平衡，长期供少于求。在现有的数量管制模式下，河北人均出租车占有率低（见表2），已经造成了较大的供求偏差，出租车供给不足，异化为出租汽车行业的垄断市场。不仅排斥了潜在的竞争者经营，使出租车经营权的需求旺盛，出租车经营权成为一种稀缺资源，其价格十几倍暴涨，还直接衍生了服务质量差、公众打车难、"黑车"猖獗、网约车产生等与数量管制密切相关的外部效应。如作为公共交通工具的必要补充，河北省省会石家庄万人拥有出租车数量最低，且17年以来没有投放新的运力[1]，出租车数量总体上并不能满足市民的出行需要，远没有达到1995年由住建部主导出台的《城市道路交通规划设计规范》里规定的城市出租车数量的指导性标准[2]，与伦敦每万人拥有出租车60辆、东京拥有80辆更是相去甚远。

表2 河北省内各市出租车人均拥有量

单 位	营运车数(辆)	人口数量(万人)*	出租车拥有量(每千人)
石家庄	9963	1007.11	0.99
唐 山	7335	780.12	0.94
秦皇岛	4456	307.32	1.45
邯 郸	7257	943.30	0.77
邢 台	4577	729.44	0.63
保 定	6163	1034.90	0.60
张家口	5603	442.17	1.27
承 德	5993	353.01	1.70
沧 州	7812	744.30	1.05

---

[1] 《石家庄出租车万人拥有量省会城市最低 17年未增1辆》，http://hebei.sina.com.cn/news/m/2016-08-09/detail-ifxutfpf1580372-pZ.shtml，访问时间：2016年12月16日。

[2] 大城市每千人不少于2辆；小城市每千人不少于0.5辆；中等城市在其间取值，不少于0.5~2辆。

续表

单 位	营运车数(辆)	人口数量(万人)*	出租车拥有量(每千人)
廊 坊	8721	456.32	1.91
衡 水	2693	443.54	0.61
定 州	442	115.99	0.38
辛 集	682	61.60	1.11
合 计	71697	7419.12	0.97

* 《河北省 2016 最新人口数据出炉》，http://help.3g.163.com/0415/16/0316/09/BI949JPS0415007R.html，访问时间：2016 年 12 月 15 日。

2. 经营权交易转让制度不健全

政府没有对具有稀缺性的出租车经营权转让加以管制，出租车经营权可以在个体间进行有偿转让。在出租车经营权买卖方面，只需买卖双方符合经营资格，且达成协议，经行业管理部门批准，由出租车公司作为中介到相关部门办理相关手续即可完成出租车经营权的私下转让。政府没有建立转让出租车经营权的交易平台，也没有健全交易机制，为出租车市场的不稳定埋下诸多隐患。由于政府人为制造了短缺，市场规律没有对出租车经营权价格起到调控作用，在交易过程中政府也没有进行有效的行业监管，使得出租车经营权带来巨大的超额利润诱惑，出租车经营权价格直线上升。出租车经营权所有人凭借对经营权这种稀缺资源的合法垄断地位获得短期暴利，人为炒高出租车经营权价格，出现了出租车牌照的过度竞争、稀缺的出租车牌照价格大幅波动等问题。这成为相当普遍的炒卖出租车营运证等不良现象的导火线。对于新加入的经营者来说，为了寻求牌照，不得不花费高价购买出租车经营权，增加了投入成本，增加了出租车行业的从业风险以及经营者的经济负担，成为影响出租车行业发展的潜在根源。由于出租车的特许经营模式并不是市场竞争形成的结果，无法体现出租车经营权的实际价值，导致市场乱象丛生。出租车经营服务也偏离了其存在的意义，成了某些人投资理财的工具，出发点仅是为了赚取投资过程中的利益。另外，经营权的频繁变动也导致政府监管效率不高，有可能造成出租车行业市场失序。

3. 公共设施建设仍滞后，缺乏科学性

如今，虽然道路交通通车里程快速增长，交通设施越发完备，道路交通安全设施日臻完备，道路交通管理的科技化、智能化水平不断提升，人民群众出行日益便捷；但从总体上看，由于河北城市向外延扩张，新城区不断出现，河北的公共大容量交通设施仍不完善，老城区道路网密度低、路面狭窄，断头路多、交叉口多、瓶颈路多，加上限行、限速、限停措施与乱行、乱停、乱放问题并存，城市公共运输系统建设的发展无法满足公众激增的出行需求。出租车驾驶员普遍抱怨交通状况混乱且拥堵，有的出租车在车流间隙见缝插针，难免会发生剐蹭事故。另外，城市建设缺乏综合协调和规划布局，数量得当、布局合理的出租车固定服务站点、出租车候车位和停车位明显不足。这为非法营运车辆提供了很大的生存空间，填补了合法营运车辆和现存交通系统的空缺。

4. 监管未完善不到位

从全国范围看，由于出租车行业不断涌现的一系列突出问题，政府对其重视程度也在不断提高。但关于出租车行业发展的法律法规在具体实践过程中相对滞后于社会进步和行业发展，许多管理体制和管理流程仍处于探索和完善阶段。尽管河北也在全力治理"黑车"，但对于"黑车"只能依现有相关法律法规进行整治，对查扣非法营运车辆进行罚款处理。"黑车"还在高额利润和低违法成本的博弈中铤而走险，打击"黑车"缺乏显著成效，因此导致"黑车"反弹，恶性循环。另外，还存在执法力量不足，执法人员素质与执法水平与现实要求存在差距，执法经费较少，检查区分难、调查取证难、处罚难、监管联动机制不健全等问题。尽管政府有高度刚性的监管意愿，但对于"黑车"的监管仍处于一种弱监管的状态，难以对非法营运形成高压态势。

（二）出租车公司方面

1. 缺乏品牌意识

出租车公司将零散的出租车集中起来，应具有规模效应，但出租车行业

一直未能实现规模化、集约化发展。出租车公司理应成为给出租车驾驶员提供优良服务的主体，以提高出租车驾驶员对工作的满意度，最终提升消费者对出租车服务的满意度。出租车公司只是名义上的统一经营、统一管理，与驾驶员之间只存在服务与被服务的关系，主要为驾驶员提供关于出租车的包括纳税申报、资格证照办理等事务性的服务。出租车公司完全有能力对出租车的服务质量、营运安全等进行有效的监督和管理，提升自身品牌。但河北出租车公司缺少品牌建设，缺乏做好服务、做大企业的信念，在出租车驾驶员与消费者中并没有耳熟能详的出租车公司品牌。

2. 相关管理工作落实不到位

出租车公司的利润来自服务费，出租车只是在名义上归属出租车公司管理。由于出租车行业驾驶员准入门槛较低，人员流动较频繁，出租车公司缺少对从业人员的素质道德教育和技能的培训与再提升，缺乏针对出租车驾驶员的有效培训体系。加之出租车服务质量的提高对出租车公司的利润率影响不大，因而出租车公司缺乏动力去监督出租车的服务质量。实际上，出租车公司是一个"空壳"，雇几个人，租个场地，与出租车驾驶员并不存在实质上的管理与被管理的关系。部分出租车车主认为，出租车公司没有为出租车驾驶员提供有价值的管理，只负责各种收费。另外，出租车公司也没有真正确立对出租车服务质量的约束和对驾驶员的奖惩机制，造成河北出租车行业管理矛盾突出。

（三）驾驶员方面

出租车驾驶员作为出租车服务的直接提供者，应秉承尊重乘客、"消费者就是上帝"的服务意识，为乘客提供主动、热情、体贴周到的服务，同时要做到诚信经营，不拒载、不绕路、不宰客，在自己力所能及的范围内为乘客提供方便。但由于有的出租车驾驶员受雇于出租车车主，为了"份儿钱"、加气钱和自己的收入，实现自身盈利，安全行车意识和服务意识淡薄，态度生硬粗暴，用语不文明，开车吸烟，使用手机聊天等，影响了消费者的出行感受，降低了出租车行业的整体形象。

（四）消费者方面

消费者接受出租车的服务，并支付费用，理应在塑造出租车行业形象、监督出租车行业发展等方面发挥重要作用。有些消费者维权意识淡薄，对出租车驾驶员的服务态度差、拒载等行为，不向交通主管部门以及出租车公司投诉，而是采取息事宁人的做法，在一定程度上纵容了出租车驾驶员的不良行为。有的消费者对出租车驾驶员的服务态度好、热心助人、拾金不昧等善举吝惜表扬，导致驾驶员的热心遇冷。也有部分消费者对出租车驾驶员缺乏应有的尊重，激化二者的矛盾。还有部分消费者法律意识淡薄，为图便宜图省事搭乘非法营运车辆，不配合执法取证，很大程度上助长了"黑车"的快速发展之风。

四 以法治保障河北出租车行业的发展

以法治保障河北出租车行业发展，不是简单地用法治去保障，也不是将法律作为一种工具去推动和保障河北出租车行业发展。而是要求河北出租车行业的各类主体在遵守法律规定、尊重法治精神、遵循法治逻辑的前提下，坚持以法治精神引领河北出租车行业发展，以法治思维和法治方式谋划河北出租车行业发展，以法律规范促进河北出租车行业发展，以法治标准和法治秩序来评价河北出租车行业发展，最终在法治轨道里实现河北出租车行业发展。

（一）完善相关法律制度和配套制度

法律法规是政府管理出租车行业的重要依据，应根据实际情况及时修改调整。遵循法治程序，解决河北出租车行业发展过程中法律依据不足、制度机制短缺问题，才能为推进河北出租车行业改革科学制定顶层设计，促进河北出租车行业发展。应在梳理和总结管理经验的基础上，针对河北出租车行业的总体发展需要，调整行业法规和行业管理模式。在立法完善、司法完备的环境中,在当前政府治理改革和经济体制转轨的背景下,推进出租车管理体制机制改革,完善出租车市场退出与进入机制,加强服务质量规制,保障出租车驾驶员权益等管理措施和配套制度,并向弱势群体倾斜政策,形成一整套完备的市场规则,解决当前出租车行业客观存在的各类监管难题,实现出租车行业经营服务与管理监督有法可依、有章可循,促进河北出租车行业可持续发展。

(二)严格执法凸显政府主导责任

作为出租车行业的管理者,政府监管行为的公平、公正、透明直接影响着出租车行业的发展稳定。政府有责任充分发挥市场作用,解决全能政府、无限政府问题,打造责任政府、服务政府和法治政府。首先,推进执法体制改革,重视行政管理程序和行政执法程序,避免执法工作的随意性、选择性。其次,加强执法,加大巡察力度,采用多部门联合治理的方法,建立完善的稽查工作体系,采取定时检查与不定时检查、定点检查与流动检查、交叉检查与联动检查、明察与暗访相结合的方法,建立非法营运车辆长效监管治理机制,解决政府"一股独大"和行政成本高、管理效率低的问题,维护出租车行业的营运秩序。最后,从政府补贴、税收等方面给予出租车行业切实的、更大幅度的支持,规范出租车相关设施,实现车辆动态监管全覆盖,降低出租车行业经营性风险,提升出租车驾驶员从业自豪感和获得感,为出租车行业营造一个开放、公平、有序的市场环境。

(三)提高出租车行业整体水平

公众交通需求的多层次性、出租车自身机动灵活性等特点都决定了出租车将作为交通运输系统的一员而始终存续下去,因此提高出租车行业的整体水平显得尤为重要。利用报刊、广播、电视以及互联网等各种传播媒介宣传、贯彻《出租汽车经营服务管理规定》《出租汽车运营服务规范》等,定期组织出租车驾驶员进行行业法规、安全行车、文明服务等方面的专题学习,提高驾驶员自律能力。加强出租车行业服务质量及信誉考核,落实驾驶员聘用、注册、继续教育、等级评定制度，建立出租车公司和出租车驾驶员诚信档案。增加对出租车行业的科技投入，建立健全行业信息共享平台，推动出租车行业服务水平优质化提升。加强行业精神文明建设，挖掘行业亮点，宣传和树立行业中涌现出的见义勇为、好人好事、服务标兵等先进典型和模范，传递正能量，推动驾驶员守法经营、规范作业、优质服务、安全行车。

（四）建立多层次、多元化的监督格局

政府监管和社会监督对出租车行业健康有序发展都能起到关键性作用。消费者是对出租车行业进行监督的主要力量。应充分认识消费者监督的重要性和客观性，做到有诉必应、有问必答，提升消费者监督的积极性。建立出租车行业社会监督员制度，提高对出租车行业监督的参与度。开展第三方机构测评，对出租车拒载、议价、强行拼客、绕道等行为暗访监督，进一步扩大监督范围，确保监督结果更加公平有效。主动引导媒体和舆论通过网络、电视、报刊、广播等媒介监督出租车行业，让公众了解出租车行业真实情况，倒逼政府信息公开。充分发挥出租车行业协会和出租车公司的双重职能和责任，让二者站在出租车行业发展的高度上，从出租车行业整体利益出发，加强与出租车司机和政府部门的沟通交流，协助政府维护出租车行业秩序，扶持出租车行业健康发展。

B.7
民间借贷案件的特点变化与应对举措

骆艳青*

> **摘　要：** 近几年，民间借贷案件高发，涉案金额也越来越大，涉及的当事人也越来越多。本文对民间借贷案件的特点、现阶段发生的一些新的变化进行了归纳总结，对其原因进行了分析，并就应对举措提出了一些建议。
>
> **关键词：** 民间借贷案件　刑民交叉　要素审判

根据现行法律规定，民间借贷是指公民、法人、其他组织之间及其相互之间进行资金融通的行为。[①] 民间借贷案件是指各主体在进行上述活动过程中发生法律纠纷而产生的案件。近几年，受经济形势变化、法律等规范性文件调整、公民法律意识增强等因素的影响，该类型案件发生了新的变化，同时也呈现某些新的特点。

一　现阶段民间借贷案件的主要特点

（一）民间借贷案件逐年上升

数据显示，全国各级法院2012年审结民间借贷案件72.9万件，比2011

---

* 骆艳青，河北省社会科学院法学研究所助理研究员，研究方向为刑法犯罪学。
① 参见孙长江、贺晓彬、刘璇《关于民间借贷诉讼纠纷的裁判锁链构想》，《中外企业家》2015年9月刊。

年提高约22%；2013年审结85.5万件，比2012年高出约17%；2014年审结102.4万件，和2013年相比，提高约20%。2015年审结142万件，同比高出约39%，标的额达到8207.5亿元。①

具体到河北省，近几年民间借贷案件越来越多，2015年河北省各级人民法院审结民间借贷案件4.79万件，高出2014年约80%。② 目前民间借贷纠纷案件已成为第二大民事诉讼类型。

（二）借贷双方关系较为亲密

自然人之间的借贷，大部分发生在亲戚、朋友、同学、邻居等较为亲密的人之间。他们原来比较熟悉，也相互信任，一旦因借贷发生纠纷，不但亲密关系荡然无存，有的还会反目成仇。如石家庄市某基层法院审理的一个案件，原告孙某和被告王某原本是合伙人，共同经营着一家企业。某日，孙某从其父亲名下的银行卡给王某转账60多万元，王某未出具借条。后王某未还款，孙某将其起诉到法院。法庭审理中，王某不承认该笔款项是借款，提出是孙某托其办事的钱。综合考虑案件的一些其他情况，最后，孙某败诉。在案件审理过程中和判决后，孙某的情绪一直比较激动，大骂王某背信弃义，王某也指责孙某无中生有，二人反目成仇，共同经营的企业也清算、关闭。

（三）借款凭证等证据书写不规范，具有很大的随意性

民间借贷案件的借贷双方往往具有较为亲密的关系，出于各种考虑，一部分当事人之间的借贷没有采用书面形式，大部分也只是简单写个借据，寥寥几笔，极不规范，具有很大的随意性。在司法实践中，借据往往表现为"借条""欠条""收条"等三种形式。借条，如"今借××现金××元"还能说明双方之间存在借贷关系。欠条，如"今欠××人民币××元"；收条，"今收到××人民币××元"，如果没有其他证据佐证，双方之间是否

---

① 《2016年最高人民法院工作报告》。
② 《2016年河北省高级人民法院工作报告》。

存在借贷关系都证明不了。另外，在内容的约定上，利息、还款期限、还款方式等借款合同应具备的基本要件往往缺失，或者约定的不明确，给司法审判带来很大的困难。

（四）数额增大，当事人众多

近几年，一方面，私营企业迅猛发展，受金融政策等因素的影响，这些企业通过银行借贷等正规渠道融资比较困难，同时，受经济形势等因素影响，资金的回笼也比较慢，这些企业为了维持或扩大生产，一定阶段内对资金的需求较大。另一方面，民间的游资增多，并且缺乏好的投资渠道。二者相互作用，民间借贷增多。一些企业主并不考虑自身还款能力，能借就借，能借多少就借多少；而出借人并不认识借款方，对这一情况并不了解；加之各种集资（包括非法集资）、非法吸收公众存款等也以民间借贷的形式出现，反映到民间借贷案件上，则形成了案件金额越来越大，涉及的当事人也越来越多的特点。如河北某县人民法院审理的一起民间借贷案件，施某因做生意分别向三个人各借了一笔数额不小的借款，而三个债权人彼此之间并不知情。后施某生意失败，无力还债，只能伪造房产证将自己的一处房产分别卖给了三个债权人，后一个债权人入住，另两个债权人得知后提起诉讼。由于本案涉及一房三卖等情况，有关部门以涉嫌诈骗对施某采取了刑事措施，一起民事案件转变成了刑事案件。

（五）缺席判决多见，执行较难

民间借贷一旦形成诉讼纠纷，相当一部分债务人已无力还款。一部分债务人觉得应诉也还不了钱，从而不应诉；有些债务人因无力还款而躲着不见债权人，甚至有些负债较多的债务人选择"避债跑路"。因此，此类案件，缺席判决的比较多。如河北省某县法院2015年11月25日前受理了民间借贷案件206件，其中缺席判决了185件，近九成的被告没有应诉。同样，因债务人已无力还款，判决执行也较难，相当一部分也只能重新签订一个还款协议了事。债权人不得不自己承担借贷的风险。

二 民间借贷案件多发的原因分析

（一）民间融资活跃是民间借贷案件多发的经济背景

近几年，我国银行业越来越重视风险防范，注重担保，贷款审批手续环节多、时间长；并对企业进行信用评级，贷款主要发放给优质企业。私营企业、中小微企业由于提供不了担保等原因，很难从正规渠道得到贷款。另外，民间游资越来越多，投资渠道狭窄，银行利息又低，游资也需要寻找出路，从而有对外借贷或高息借贷的意愿。并且，民间借贷方式灵活，款项到账快，借款周期短，民间借贷一时出现了供需两旺的局面。而民间借贷的活跃，必然会提高此类案件发生的概率。

（二）监管缺位、征信体系不完善，增加了民间借贷成讼的风险

目前，对于民间借贷我国还没有建立一套独立的监管体系。担保公司、小额贷款公司等从事民间借贷的企业、组织种类繁多，而这些机构的设立、监管又属于不同的部门。有些部门对从事民间借贷的企业、组织进行审批后，缺乏对其运行和经营活动的监管，造成政府相关部门对从事民间借贷运作的企业和组织的监管缺位。对于出借人为自然人（个人）的民间借贷，无论借款人是自然人（个人）还是企业等组织，更是没有任何机构对其进行监管，形成了管理上的真空。监管缺位必然会增加民间借贷发生纠纷的风险程度。

另外，我国没有专门的社会征信体系，比较完善的金融机构的征信体系尚未对社会公开，这样的后果就是出借人没有办法确切了解借贷企业和个人的实际征信情况。这种信息的不对称，使得借贷双方对资金的来源、借款用途、借款人的还款能力、用款计划等信息都无法做到事前、事中的了解，只能是发生纠纷后，做到一些"事后"的了解。这种事前对借款人信息的不了解，大大提高了民间借贷纠纷的风险。

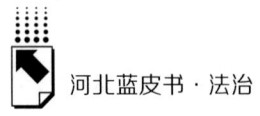

（三）自身特点是主要原因

传统的民间借贷主要是一种"信用借贷"，多发生在亲戚和朋友等熟人之间，借款理由较为广泛，如买房、婚丧嫁娶、子女升学、看病等等。碍于面子等原因，一般没有抵押等担保手续。另外，借款手续也不完备，一部分是口头约定，另一部分是一张简单的借据，对利息、还款方式、期限、违约责任等借款合同应具备的要件没有约定或约定不明确。有些借款人借款后无力偿还，或者是出于各种原因包括道德的原因对借款事实不予认可，从而形成民间借贷纠纷。

近几年，出于前面提到的种种原因，一些企业在生产和经营过程中遇到融资困难的情况，就以高利方式向民间市场寻求资金。在高利诱导下，许多投资者，只考虑到民间借贷时间短、回报率高、见效快等特点，将资金转向民间借贷市场。由于一些企业承诺的利率过高，有的甚至超过了本金，而对此又缺乏相应的监管，当经济下行时，经营不畅，资金周转不开，资金链断裂，陷入了生存困境，有些企业甚至破产，无力偿还借来的资金，从而形成民间借贷纠纷。

可以说，民间借贷由来已久的、自身的一些特点，使其本身就属于一个纠纷多发的高风险领域。

三 民间借贷案件出现的新变化

多年来，我国并没有制定关于民间借贷的专门法律法规，有关法律条款散见各处，直到2015年《关于审理民间借贷案件适用法律若干问题的规定》（以下简称《规定》）的颁布。其是一个重要标志，将以往有关民间借贷的法律法规进行了规范与调整，如对企业之间的借贷予以规范，明确规定了合同效力，明确互联网借贷平台的责任等。

这一司法解释的出台一定程度上也是为了适应民间借贷案件近几年出现的一些新的变化，解决司法审判中面临的一些新的问题。

（一）主体扩大，中介机构、资金密集型企业等商事主体参与其中

以往借贷资金以个人资金为主，但近几年民间借贷的融资渠道和形式已趋于多元化，一方面，随着民间借贷行为越来越多、数额越来越大，一些人开始专门从事民间借贷的中介工作，即从他处低息借入民间资金后再高息借出，从中赚取高额差价。同时，信托公司、咨询公司、融资担保公司、小额贷款公司、典当行、自发性金融与产业协作组织，甚至私募基金、合会或抬会以及具有"高利贷"性质的地下钱庄也参与其中。[①] 其中不乏地方政府设立的融投资公司、财富资产管理公司等。由此民间借贷案件的法律关系就由以往的出借人与借款人之间的双方关系变为出借人、中介机构与借款人之间的三方关系。并且，由于中介机构的介入，跨区域借贷的行为也逐渐增多。

另一方面，金融机构限贷政策的实施，资金密集型企业融资困难时，越来越多地通过民间借贷的方式吸纳民间资本。甚至一部分企业铤而走险，向社会不特定人群吸收资本造成的后果将是资金一旦难以回笼，将引发大范围的债务纠纷，甚至群体性事件。这一现象在全国都不少见，如石家庄舜地案等。

主体的扩大、融资渠道和形式的多元化给民间借贷案件的司法审判带来了巨大的新的困难。

（二）刑民交叉，各方关系难以协调

债务人是个人的民间借贷案件，借款金额也是越来越大，债务人往往同时向多人借贷，借款款项也往往是用于做生意等生产经营领域，生意一旦失败，债务人则无力还款。债权人在向人民法院起诉之前，一般会通过各种途径多次找债务人催债。债务人或是迫于压力，或是想争取时间，以图东山再起，往往会与债权人签订一些内容不实的新的协议（如前面案例提到的一房三卖协议）。在债权人催无可催、债务人拖无可拖之时，债权人或是看收

---

① 参见宋珂《我国民间借贷发展的成因及其影响研究》，《经营管理者》2015年第30期。

回借款无望，为了"出口气"；或是希望通过追究刑事责任迫使债务人还债等，有时会以诈骗等理由"报案"，寻求刑事手段的救济。刑事程序走得不顺利，或是在"报案"的同时，债权人也会提起民事诉讼；甚至在同一起借贷中，有的债权人"报案"，有的债权人提起民事诉讼，从而使民间借贷案件刑民交叉，增加审理难度。并且，到了这个时候，借贷双方已经"撕破脸"，关系紧张，情绪激动，人民法院很难予以调解、协调。

而以商事主体为借款人的民间借贷，特别是向不特定主体借贷的案件，是合法的民间借贷还是非法集资、是集资诈骗还是非法吸收公共存款则更难以界定。以著名的吴英案为例，其定罪量刑引起了学术界、司法界、广大公众的广泛关注和极大争议。通过此案，民间借贷纠纷刑民交叉、难以界定的尴尬可见一斑。《规定》虽对此作了一些规范，但具体操作中将会如何，需要实践的检验。

（三）网络借贷已经兴起，但对其发生纠纷如何处理，法律规定不完备

网络借贷主要是 P2P 形式，是基于互联网平台实现借贷双方的信息对接并完成交易的信贷模式。网络借贷可以通过发挥互联网平台的信息交互、撮合等信息中介服务，有效地降低双方的信息不对称，更加阳光透明。但问题是，对其一旦发生纠纷如何处理的法律前瞻性规定不足。同时，对 P2P 平台的准入门槛、风险管理和信息披露等也需进一步加强管理。不然的话，网络借贷极易发生系统性风险，一旦爆发，又会产生大量的当事人众多、刑民交叉、社会影响大的案件。

四　民间借贷案件多发的应对举措

（一）开展专项法制宣传

针对民间借贷案件的一些特点，有关部门如司法部门等可以加大一些专

项的法制宣传力度。如针对民间借贷本身就是一个纠纷多发的领域，可以对其风险加大宣传力度，提示社会各界，在借贷前对借款人的信息进行多方面的了解；针对借据等证据不规范的特点，可以公布一些借据的样本，提醒社会公众保留资金转移凭证等证据；针对一些企业集资多发的情况，可以对集资后的危害、出借人可能承担的风险等进行宣传；针对网络借贷的兴起，对网络借贷的基本知识、法律规定等加强宣传；等等。宣传的载体可以多种多样，电视电台、报纸杂志、司法机关门前的宣传栏、网站、微信微博等等。宣传的形式，除了一些具体的规定外，应重视案例的宣传，特别是管辖区域真实案例的宣传。身边的真实案例最具有说服性，笔者居住的小区门口曾张贴过某市桥西区人民法院留置送达的一张开庭通知，人们看过后，不由得感慨"借钱之后，不但不还，人都找不到"，对借贷的风险自然提高了认识。

（二）把监管落到实处，加强事前和事中管理

针对小额贷款公司、担保公司等中介机构越来越多的介入民间借贷的情况，国资委、金融办等部门应加大对这些机构的日常监管力度，定期或不定期地抽查，对其经营进行监管。针对资金密集型企业向社会不特定人群吸收资本的情况，在事情开始之时，吸收的规模尚不太大之时，有关部门就要加以过问，"风起于青萍之末"，面向社会大众的集资不可能没有一点动静就形成大的规模。对于网络借贷，则要进一步完善网贷平台的准入、退出机制，信息披露制度，强化其的审查义务、风控机制等。对于个人之间的民间借贷，我们不妨探索一些监管制度，比如鼓励大家到当地的司法所、居委会进行备案，这样，出借人或多或少会增加一些对借款人信息的了解，而且随着这项制度的实行，这样的信息会随着时间的推移而增多。

同时，探索建立联席会议制度，加强各部门间的沟通与协调。通报相关信息，特别是一些大的集资类案件的苗头，以利于其他部门事先加强监管。

（三）积极探索总结民间借贷的审判技巧

针对民间借贷案件高发、大量占用审判资源的情况，人民法院要积极探

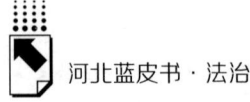

索总结此类案件的审判技巧。比如，开庭前对案件进行总体审查，对当事人是否适格、是否需要追加当事人、证据是否齐全等进行审查，以提前通知当事人。案件最好采取直接送达的方式，慎用公告送达等。

（四）完善正规金融服务，营造良好的投资环境

民间借贷案件多发的根本原因在于近几年民间借贷的井喷式发展，这恰恰暴露了正规金融服务存在的缺陷，如中小微企业融资困难，银行贷款门槛、利率高等。要从源头上解决民间借贷案件多发的问题，就必须完善正规的金融服务，使中小微企业能从银行等正规的金融机构融到资金。另外，要大力营造更好的投资环境，扩大民间资金的投资领域，鼓励、引导民间资金对一些实体项目进行直接投资。民间借贷的正规、有序发展才是解决民间借贷案件多发的根本之道。

B.8
河北省美丽乡村建设法治保障工作调研报告

马一超 闫利平 尚馥娟*

摘　要： 近年来，尤其是2016年以来，河北省美丽乡村建设工作有了很大的进步，成就有目共睹，这与法治保障机制的建立健全、法治保障工作的推进是分不开的。在肯定成绩的同时，也应当充分认识到，实现美丽乡村的全覆盖、实现农村群众的共同富裕依然重任在肩、任重道远。为了美丽乡村建设工作的跨越式发展，我们应当全方位加强与推进法治保障工作。

关键词： 河北　美丽乡村　法治保障

党的十八大以来，习近平总书记就美丽乡村建设提出了一系列富有创见的新命题、新理念、新论断，内容丰富、逻辑严谨、体系完整。习近平总书记指出："一定要看到，农业还是'四化同步'的短腿，农村还是全面建成小康社会的短板。中国要强，农业必须强；中国要美，农村必须美；中国要富，农民必须富。"他强调美丽中国要靠美丽乡村打基础，要继续推进社会主义新农村建设，为农民建设幸福家园。

推进美丽中国建设，生产、生活、生态三者密不可分、互为补充、互相促进。美丽中国建设是集生活、生产、生态于一体的系统工程，不仅要打造

---

* 马一超，河北行政学院副教授，主要研究方向为政府法治；闫利平，河北行政学院教授，主要研究方向为行政法学；尚馥娟，河北行政学院教授，主要研究方向为行政法学。

山美、水美、环境美的生态乡村，而且要打造讲话美、生活美、心灵美的文明乡村。要完成这个系统工程，就必须坚持绿色、低碳、循环发展，坚持走资源节约型、环境友好型的可持续发展道路，杜绝"只要数量、不要质量"的盲目发展；就必须健全完善社会保障和服务体系，在教育、医疗、饮水、供暖、社保等方面有新提高，提升农民朋友生活的幸福指数；就必须高度重视生态环境保护问题，有效治理环境污染，杜绝垃圾围城，实现资源能源的可持续开发利用。简言之，美丽乡村建设既是涉及广大农民切身利益的重大经济问题，也是关乎党的执政基础是否巩固的重大政治问题。梳理河北省近年来美丽乡村建设及其法治保障工作的进展情况，总结其显著成效及存在的问题，提出进一步推进美丽乡村建设的意见和建议，对于实现河北省绿色发展、跨越发展具有重要的意义。

一 美丽乡村建设迫切需要法治保障

近年来，河北省美丽乡村建设稳步推进，年年有进步、岁岁有提高，截至2016年底，已取得显著成效。美丽乡村建设越是向前推进，就越需要法治保障。

（一）提高农民收入、实现共同富裕需要法治保障

法治在提高农民收入、实现共同富裕方面发挥着重要作用。例如，增加公共财政对农村和农业的投入、加快农业科技进步促进农村发展方式的转变、农业合作社的培育和健康发展，都离不开法治的完善与保障。农村集体所有制和农民生产经营自主权及其他合法权益也必须靠法治保障。

（二）完善村民自治、发展农村基层民主需要法治保障

法治与基层民主建设是紧密联系在一起的。村民自治制度的实现、农民权益的保障都需要法律去引导和规范。村民自治制度是基层民主建设的组织形式，其内容包括民主选举、民主决策、民主管理和民主监督。当前，村民

自治的管理模式在实践中还有很多弊端，要保证农民真正具有对村级事务管理和监督的权利，就必须完善村民自治、加强法治保障工作的落实，把村民自治真正纳入法治的轨道。

（三）加强精神文明建设、树立社会正气需要法治保障

多年来，随着经济改革的不断深入，一些价值观念不断冲击着农村长久以来形成的风俗习惯和文化理念。道德失衡、享乐拜金、功利思想在一些农村地区蔓延开来，依靠传统习俗、传统道德去规范约束人们的行为、解决农村矛盾纠纷已经显得有些力不从心。而法律作为以国家强制力为保障的社会规范，可以有效地遏制农村陋习、解决纠纷、树立社会正气，从而能够有力地促进精神文明建设良性发展。

（四）规范农村社会建设、实现农村繁荣稳定需要法治保障

随着市场经济的发展，农村的社会基础结构发生了很大的变化，利益主体呈现多元化的态势。国家、集体、个人作为不同的利益主体，矛盾、冲突不断增加，加之社会转型带来的社会环境的变化，一些农村地区的社会秩序出现了不稳定因素。例如，在一些农村地区，存在大规模上访事件增加、农民与基层政权关系紧张、宗族势力干扰村政、封建迷信蔓延、聚众赌博等现象。农村社会结构的急剧变化及利益主体的多元化，都亟须法治来规范和解决问题，从而维护农民合法权益，让农民平等地享受改革成果，实现农村社会的繁荣稳定。

二 河北省美丽乡村建设的法治保障工作进展情况

2016年，河北省在法治保障制度建设方面，有了突破性的进展，在农民增收、宣传教育、财政体制、金融扶贫、土地确权、土地流转等诸多领域都建立完善了法治化、制度化的保障体制。

在农村改革方面，确权登记完成9177万亩，占"二调"耕地面积的

93.2%；建立了93个县级农村产权流转交易市场，涉农县乡基本建立了流转管理服务中心，搭建了规模经营平台。在财政金融支持方面，116个县启动实施PPP垃圾处理模式，30个县全域推进。省市县三级共搭建融资平台189个，完成立项、调查、审批贷款400亿元；设立农业产业化增信基金、畜牧业贷款担保风险补偿金等财政支农资金使用方式，引导金融和社会资本投资农业；在农民增收方面，发展新型农业经营主体12.8万个，工商注册的家庭农场、农民合作社分别增长61.4%和16.7%；加快农业供给侧结构性改革步伐，编制完成了《河北省休闲农业"十三五"发展规划》，形成了一批具有健康养生、生态低碳、环保循环等多功能的休闲农业园区，休闲农业与乡村旅游年收入超过67亿元；股份合作制经济发展迅速，带动240万农户，年经营收入达到446亿元；启动了农垦改革，以省委省政府名义印发了农垦改革实施意见。

在制度建设方面，省法治宣传教育领导小组制定下发了《加强农村法治宣传教育助力美丽乡村建设的意见》，以此能够充分发挥法治在美丽乡村建设中的保障性作用。《意见》强调，建设美丽乡村，要充分发挥法治宣传的先导性、基础性、保障性作用，瞄准"环境美、产业美、精神美、生态美"的总目标，大力宣传改善村容村貌、保护生态环境、提高农民收入、完善公共服务、维护社会和谐等方面的法律法规，为美丽乡村建设创造良好的法治氛围和环境。《意见》要求，全省上下要在做好法治宣传的基础上，加强依法治理，把美丽乡村建设的各项举措纳入法治化轨道。明确规定要紧扣专项行动推进依法治理，在法治的轨道上推进12个专项行动，着眼农村民主法治建设推进依法治理，针对突出问题推进依法治理，加强法律服务推进依法治理。这些举措，翔实而具体，操作性、指向性强，为河北省美丽乡村建设的长远发展打下了坚实的制度基础。

三 河北省美丽乡村建设法治保障工作中存在的问题

从调研情况看，一些农村地区美丽乡村建设还存在一些问题，在文化建设、教育建设、组织建设、环境建设等方面仍需提高，尤其需要在这些领域加强法治保障工作。这些问题的产生，虽然都有历史的原因，但是也应当引起我们的高度重视。

（一）文化及精神领域存在的问题

从调研的一些农村地区来看，财政支持资金主要流入基建领域，文化建设方面投入不足，一些农民文化生活依然匮乏。目前，制约农民素质提高的一个因素就是文化建设与群众的精神文化需求存在一定差距，文化基础设施比较落后，文化服务供给不足，文化活动相对贫乏。一些地区创办了"文化书屋""文化工作站"，开展了"文化舞台""文化下乡"等活动，对丰富农民的文化生活起到了积极作用，但是相比之下，城乡差距仍比较大，并且长期的精神文化生活匮乏使一些农民养成了一时难以改变的习惯，比如，一些农民的业余生活依旧是打麻将、打牌、打游戏、划拳喝酒等，引发了一些社会问题。

在调研中发现，一些农村地区还程度不同地存在着道德失范的问题。比如，一些农村家庭中婆媳关系不和睦，儿媳妇的家庭地位比公公婆婆高，儿子婚后住正房父母住偏房，不孝敬父母、虐待老人事件时有发生；邻里关系淡漠，邻里之间帮点忙就要求回报，为争夺田间地角的归属问题互不相让；有些村民为快速致富，在农副产品上做文章，注水肉、地沟油的问题屡禁不绝，蔬菜农药残留严重超标。有的村民缺乏奋斗意识，贪图享乐、游手好闲，打架斗殴、喝酒闹事、小偷小摸等时有发生，一些地方存在大搞封建迷信的问题。

（二）组织建设中存在的问题

目前，一些地区农民群众参与美丽乡村建设的积极性、主动性还没有充分调动起来。美丽乡村建设作为一项惠民工程，农民应当起到主体作用。而在政府主导的美丽乡村建设过程中，农民群众参与的积极性还没有充分调动起来，他们的主动参与意识不足。甚至有的村民认为美丽乡村建设是"政府的事""干部的事",主动参与意识不足,积极为村集体谋事、干事的热情不高。尽管建设美丽乡村的资金投入不断增加,但因缺少农民的积极参与和配合,导致部分村庄美丽乡村建设成果难以巩固和持续。

此外,在个别地区,据群众反映,部分村两委工作人员素质较差,存在贿选、作风蛮横、吃拿卡要、以权压人甚至聚众打人等问题。在这些地区,虽然村里的基础设施建设轰轰烈烈,但是村民与村两委干部的矛盾却愈演愈烈。这种情况虽属少数现象,但是在群众当中造成了不良的影响,一定程度上影响了美丽乡村建设的效果。

(三)建设程度及后期发展中存在的问题

在调研中发现,一些地区的美丽乡村建设程度不够均衡。大多数基础条件较好的村庄,美丽乡村建设效果显著。但是,基础条件较差的村庄,尽管有不少优惠政策和美丽乡村建设资金、扶贫资金的支持,但由于改造难度较大,资金缺口过大,致使美丽乡村建设速度缓慢,成效不明显。此外,还有的村庄未得到资金的扶持,面貌依旧。有村民反映说邻村得到的美丽乡村建设资金比较多,而自己所在村未能得到任何美丽乡村建设资金。资金分配不均衡,引起一些村民的困惑。一些地区美丽乡村建设程度不够均衡,很大程度上影响了整体建设效果。

美丽乡村建设不是一时之功,它是一项长期的系统工程,需要循序渐进地长久进行和发展,需要长效机制的保障。从目前情况看,已改造完成的村庄后续管护资金严重不足,除了部分富裕村庄能够继续巩固美丽乡村建设成果外,大多数村庄因无集体经济收入,根本无力支撑村庄的后续管理和维护。如何破解资金难题和建立长效机制,做好村庄的后续管理和维护,继续推进美丽乡村建设,仍是当前一些村庄面临的首要问题。

(四)生态环境治理中存在的问题

由于历史原因,在美丽乡村建设中,河北省农村地区有一个天然的短板,即水资源严重短缺。有数据表明,河北省人均水资源307立方米,为全国平均值的 1/7，远低于国际公认的人均 500 立方米的极度缺水标准，属严重缺水省份。当前，在农村地区，水资源短缺与水污染严重的问题同时存在，这成为制约河北省美丽乡村建设顺利推进的重要瓶颈。近年来，农业、工业用水量不断增加，特别是对地下水多年的掠夺性开采，华北平原已经成为世界上最大的地下水"漏斗区"。河北省一些地区地下水下降过快问题令人忧虑，部分农村打井深度已超过 300 米。以 2015 年为例，全省河流水质总体为中度污染，七大水系中，永定河水系和滦河水系为轻度污染，大清河水系和子牙河水系为中度污染，北三河水系、漳卫南运河水系和黑龙港运东水系为重度污染。由于生活污水、人畜粪便和大量未经处理的工业废水排放，以及随农业灌溉而来的大量残留农药、化肥的渗入，加之对饮用水源地缺乏有效的保护，一些农村地区饮水安全形势颇为严峻。

水资源短缺的同时，一些农村地区土壤污染日益严重，土壤质量下降。调查表明，一些地区分布有污水灌溉渠，常年不合理的污灌引起了严重的土壤污染和重金属污染。另外，反季节蔬菜、反季节水果的大量生产，农药、化肥、农膜的大量使用，在一定程度上造成耕地被污染和土壤有机质下降。以 2013 年为例，全省农用化肥使用量（折纯）为 331.04 万吨，其中氮肥 150.65 万吨、钾肥 27.85 万吨、复合肥 105.99 万吨；农药使用量为 8.67 万吨，农用塑料薄膜使用量为 67776 吨，地膜覆盖面积达到 11197000 公顷。大量使用化肥、农药等化学物质，危害了农业生态环境的平衡，给美丽乡村建设增加了难度。

（五）一些村庄生活环境"脏、乱、差"的问题依然存在

良好的生活环境与群众的生活息息相关，直接关系到群众的生活水平和幸福感受。近年来，经过几轮的改造和建设，相当一部分村庄生活垃圾、生活污水、畜禽养殖和农业废弃物任意排放问题得到了解决，但仍有部分村庄存在生活环境"脏、乱、差"的问题。调研发现，在一些农村，至今尚未建立农村污水处理系统，农村生活污水存在随意排放的问题。一些农村尚未建立生活垃圾收集转运处理系统，有村民将垃圾随意倾倒，有

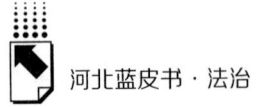

的地方甚至出现"垃圾围村"的现象。一些农村卫生设施不健全,绝大多数农户的厕所、猪圈等没有进行符合卫生标准的改造,农村环境卫生"脏、乱、差"现象依然存在。整治和提升村庄生活环境,打造"生产美、生态美、生活美"的现代新农村,已成为这部分村庄农民群众最强烈的现实需求。

四 河北省推进美丽乡村建设法治保障工作的对策建议

(一)通过立法保障,推进美丽乡村建设的持续发展

美丽乡村建设是一项系统、复杂的工程,需要法治层面上的保障。为了有序推进河北省美丽乡村建设,河北省应尽快将美丽乡村建设工作纳入立法的轨道,尽快出台类似《河北省美丽乡村建设工作条例》的法规性文件,或者在相关的条例中加入有关美丽乡村建设的内容。如果能在省委、省政府印发的《关于加快推进美丽乡村建设的意见》的基础上,通过立法形式,科学引领,适度超前,将河北省美丽乡村建设的整体目标、具体规划、实现途径、保障措施、评价方式等内容进一步明确,对农业、水利、文化、财政、住建、旅游、金融等相关部门提出明确的责任要求,真正树立全省一盘棋的理念,并形成对其工作的法律监督,将大大有利于美丽乡村建设工作的持续、有效推进。

(二)要依法严格保护、有序利用乡村历史文化遗产

历史文化名镇名村作为物质文化遗产的重要组成部分,是河北省悠久历史、灿烂文化和文明历程的具体表现,具有很高的历史文化价值和建筑艺术价值,同时蕴含着丰富的历史文化遗产资源,美丽乡村建设不能没有这些历史文化遗产为依托。

河北省印发的《2016年河北省美丽乡村文化建设专项行动实施方案》提出,在全省确定的100个片区、4706个重点创建村(含200个中心村、

300 个旅游村、450 个贫困地区综合文化服务中心示范村、4256 个重点村)①全面实施美丽乡村文化建设专项行动。这就打响了河北省美丽乡村建设的攻坚战。

河北省有历史文化名村 500 多个，数量众多，牵涉面大。在专项行动中，要严格依照《文物保护法》《文物保护法实施条例》《历史文化名城名镇名村保护条例》等有关历史文物保护法律法规，把历史文化名镇、名村、重点文物、古村落、古街巷、古宅、古树以及特色民居建筑、名人故居、红色遗址等历史文化遗产，列入强制性保护内容，依法采取有效措施切实予以保护。把这些自然与历史文化遗产作为独特的村落历史文化元素，在美丽乡村建设中进一步深入挖掘、有效利用。

（三）发挥法律服务职能作用，构筑安定有序的法治屏障

在美丽乡村建设中，涉及土地流转、征地拆迁等方方面面的法律问题，要注重发挥基层司法所、人民调解委员会的作用，每个行政村（居委会）都要建立健全人民调解委员会，满足基层群众的法律需求，引导群众通过法律渠道合理合法地表达利益诉求。

基层司法所、人民调解委员会要积极为农民群众提供法律服务，对发生在农村的土地流转、征地拆迁、赡养扶养、民间借贷、婚姻关系、外出打工意外伤害等法律问题提供全方位法律服务，使农民的权益受到侵害后能得到及时有效的法律救济。针对民间纠纷存在主体多元化、客体复杂化、规模扩大化、行为激烈化这一难题，探索人民调解、行政调解、司法调解相结合的新途径和新办法，积极排查调处矛盾纠纷，及时依法化解不稳定因素，为美丽乡村建设打牢农村法治文化的基础。

（四）引导农民合作经营，发展集体经济，实现共同富裕

美丽乡村建设的一项重要内容就是实现农村的共同富裕。农民专业合作

---

① 数据合计有误差，但《2016 年河北省美丽乡村文化建设专项行动实施方案》原文如此。

社发展建设,是引导农民实行适度规模经营,是发展现代农业、带动农民闯市场、增加农民收入、推动河北省农村经济快速发展的道路之一。

习近平总书记在黑龙江考察时指出:"东北地区有条件发展规模化经营,农业合作社是发展方向,有助于农业现代化路子走得稳、步子迈得开。"河北省处于华北平原腹地,有条件发展规模经营,农业合作社同样也是发展方向。各地应全面落实《农民专业合作社法》《农业合作社登记管理条例》和《河北省农业合作社条例》,引导农民合作经营。一些农村地区可以借鉴贵州省安顺市塘约村的经验,发挥村集体的作用,走出一条共同富裕的道路。

(五)重点进行农村基础设施及公共服务设施建设,着力解决农村安全饮水和垃圾处理这一民生问题

据统计,发展中国家80%的疾病是饮水不安全造成的,每年因饮水得不到保障而死亡的人数超过800万。就垃圾处理而言,目前我国农村约有6.5亿常住人口,仅生活垃圾如果按每人每日产生0.5公斤计算,一年可产生约1.1亿吨垃圾,但其中有0.7亿吨未作任何处理。因此,保障饮水安全、解决垃圾处理难题,是当前广大农村群众最关心、最迫切、最现实的建设工程之一,是推进美丽乡村建设的重要任务。

当前我国广大农村地区的基础设施及公共服务设施建设还相对比较落后,河北省也不例外。美丽乡村建设中,要着力解决农村安全饮水及垃圾处理两大民生问题。就河北省而言,应全面落实《水法》《河北省实施〈中华人民共和国水法〉办法》和《河北省固体废物污染环境防治条例》。具体建议如下:一是以政府投入为主、其他筹措渠道集资为辅,引进、采用现代先进科技,分期分批、逐乡逐村,解决农村的安全饮水及污水排放问题,改变农村"饮水卫生不达标、污水横流"的现状,提升农村、农民的生活水平。二是采取多种方式分类分级对农村生活生产垃圾进行无害化处理。农村生活垃圾,除了不可降解的部分外,其他很大部分是可回收的有机物,可采取"村收集、镇运转、县处理"的整治模式,建立村垃圾收集点、镇垃圾转运

站、县垃圾处理厂，减少投资成本，美化村庄环境，优化人居环境，使农村卫生保洁形成长效机制。

（六）加大扶贫力度，解决实际问题

加大政府投入力度、精准扶贫是推进美丽乡村建设的配套举措。贫穷的乡村是美丽乡村建设的桎梏之一。美丽乡村建设首先要做的工作就是扶贫。农村扶贫应做到精确识别、精确帮扶、精确管理的"精确扶贫"方式，才能取得工作的实效。因此，需要加大政府投入力度，实现政策下乡、干部下乡，摸清楚农村的真实情况，有针对性地制订扶贫的具体方案和计划，设定美丽乡村建设的专项款，将人、财、物的配置细化，对症供给，做到专款专用、精准到户、责任到人，最大限度地解决农村、农民贫困问题。同时，要注重发挥村集体的作用，引导村民做大做强村集体经济，避免单打独斗，要通过集体的力量摆脱贫困。

（七）加大环境整治力度，保护生态环境

农村生态环境的好坏直接关系到美丽乡村建设的成败。各级党委和政府要全面落实《环保法》和《河北省环境保护条例》，加大环境整治力度，改变发展理念，保护生态环境。目前，农村环境污染主要表现在生活污水、生活垃圾逐年增多，农药、化肥、农膜的使用量大幅增加，畜牧养殖特别是规模化畜禽养殖已成为农村污染的新问题。同时，矿山开采造成生态破坏严重，水源、河流、海域污染加剧等。美丽乡村建设过程中，要依法治理环境污染、依法杜绝环境污染、依法预防环境污染，该处罚的处罚、该关停的关停、该教育的教育，切实保护生态环境。

党委、政府应当引导广大农民群众参与到生态环境保护中来，有效发挥农村群众的积极作用。要健全完善环境保护奖惩制度，对环境举报进行有偿奖励，鼓励广大农民进行环保举报监督。建立农民参与环保会议制度，定期召开农民代表参加的"环保参政议政"会议，由有关部门介绍国家环保政策和本地环保工作情况，认真听取农民代表的意见和建议。地方决策部门和环保主管部门在制定环保政策、规划时，应当征求农民群众的意见，确保农民群众的话语权。

习近平总书记指出："生态环境保护是功在当代、利在千秋的事业。要清醒认识保护生态环境、治理环境污染的紧迫性和艰巨性，清醒认识加强生态文明建设的重要性和必要性，以对人民群众、对子孙后代高度负责的态度和责任，真正下决心把环境污染治理好、把生态环境建设好，努力走向社会主义生态文明新时代，为人民创造良好生产生活环境。"在河北省美丽乡村建设推进过程中，水资源及土壤的情况已经成为制约美丽乡村建设成效的突出问题。虽然这些问题是长期的、历史的原因形成的，但是必须引起我们的高度重视，党委、政府应当从长远的、战略的、全局的思维来考虑这些问题，应当站在关乎全省人民切身利益、关乎全省人民子孙后代长远利益的角度来衡量这些问题。

法治省情调研

Survey Reports of Hebei's Rule-of-Law Situations

B.9
河北省地级市政府信息公开调研报告
——以政府门户网站为观察对象

靳志玲*

摘　要： 本文主要对2016年河北省11个地级市政府门户网站政府信息公开情况进行调研，从中管窥政府在信息公开中普遍存在的问题，并分析问题产生的原因，进而提出相关对策建议，以期对河北省地市级政府信息公开制度的建设有所裨益。

关键词： 河北　门户网站　政府信息公开

政府信息公开是现代政府治理的必要手段。《中华人民共和国政府信息

---

* 靳志玲，河北省社会科学院法学研究所副研究员，研究方向为经济法。

公开条例》是政府信息公开的法律依据，明确规定了政府信息公开的范围、方式和程序；《法治政府建设实施纲要（2015~2020年）》进一步提出政务公开坚持以公开为常态、不公开为例外的原则，推进决策公开、执行公开、管理公开、服务公开、结果公开，完善政府信息公开制度，拓宽政府信息公开渠道，进一步明确政府信息公开范围和内容。在当今高度信息化的时代，各级政府的门户网站已是政务公开的最重要载体之一。它不仅记录着政府权力的运用，也是政府联系群众的桥梁，更是公众监督政府的重要途径。因此，政府门户网站信息公开是建设法治政府的必然要求和重要标准。

一 河北省设区市门户网站政府信息公开情况调查

（一）设区市政府网站的网址

政府信息公开已成为建设法治政府的重要手段，其标志就是河北省11个地级市全部建立自己的政府门户网站，网站以其受众面广、信息量大、更新快的特点，成为政府信息公开的重要途径（见表1）。

表1 河北省11个地级市政府门户网站网址情况

序号	政府名称	政府网全称	网址
1	石家庄市	中国石家庄	http://www.sjz.gov.cn/
2	唐山市	中国·唐山	http://www.tangshan.gov.cn/
3	秦皇岛市	中国·秦皇岛	http://www.qhd.gov.cn/
4	邯郸市	邯郸市人民政府	http://www.hd.gov.cn/
5	邢台市	中国邢台	http://www.xingtai.gov.cn/
6	保定市	中国·保定	http://www.bd.gov.cn/
7	张家口市	张家口市人民政府	http://www.zjk.gov.cn/
8	承德市	中国承德	http://www.chengde.gov.cn/
9	沧州市	中国·沧州	http://www.cangzhou.gov.cn/
10	廊坊市	中国廊坊政府门户网	http://www.lf.gov.cn/
11	衡水市	中国·衡水	http://www.hengshui.gov.cn/

从表1可以看到，政府门户网站的建设存在以下问题：一是网站名称不一致。有8个市的网站名称是"中国+行政区域名"，如"中国石家庄""中国·唐山"等；有2个市的网站名称是"×××市人民政府"，如"张家口市人民政府""邯郸市人民政府"；有1个市的网站名称加上了"政府门户网"，如"中国廊坊政府门户网"。即使8个市的网站名称是"中国+行政区域名"的，网站名称缩写也不一致，有5个市的缩写在"中国"和"行政区域"之间有"·"，有3个市直接就是"中国××"。二是网站的域名也不统一。有5个市的域名是行政区划简称的拼音全拼：唐山（www.tangshan.gov.cn）、沧州（www.cangzhou.gov.cn）、承德（www.chengde.gov.cn）、衡水（www.hengshui.gov.cn）、邢台（www.xingtai.gov.cn），有6个市的域名是行政区划简称的拼音缩写：石家庄（www.sjz.gov.cn.）、秦皇岛（www.qhd.gov.cn）、廊坊（www.lf.gov.cn）、保定（www.bd.gov.cn）、张家口（www.zjk.gov.cn）、邯郸（www.hd.gov.cn）。网站名称、域名的不统一，会给群众的搜索带来不方便。

同时，11个地级市都在政府门户网的主页上设立了"政府信息公开"专栏，即政府信息公开平台，既是政府依法行政的公开展示，也为公众获取政府信息、监督政府权力提供了条件。但也存在有的网站"政府信息公开"与"政务信息"同时设置、信息交叉等问题。

（二）政府信息公开指南

1. 专栏设置状况

11个地级市的政府门户网站在主页或政府信息公开平台上，设置了"信息公开指南"专栏。栏目设置情况很好，达到《政府信息公开条例》的规定要求。其中，有6个市的"信息公开指南"栏目，打开后直接显示的是"指南"内容；有6个市的"信息公开指南"栏目打开后不能直接显示信息指南，而是通过其他栏目间接才能找到，如查找市属某部门的公开指南，需要先点击此部门，再点击"指南"键，才能显示此部门的"信息指南"。即使直接显示"信息指南"的6个市，情况也并不相同：有的显示的

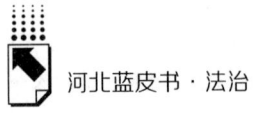

是市政府或办公厅的信息指南；有的显示的是市政府及所属部门的信息指南；有的是市级各部门与县级部门的指南混合设置在一起。

政府信息公开指南栏目设置存在不少的问题：一是按照《政府信息公开公开条例》的规定，编制信息公开指南的情况普遍比较好。但在有的具体市或部门指南的规定并不一致。如有的部门规定每年更新指南，有的部门没有每年或定期必须更新指南的规定，导致信息指南长期没有更新。二是在有的部门信息公开指南中虽然规定每年更新一次指南，但在当前显示并不是2016年更新的最新一次的指南，有的甚至更新显示的是2011年的指南。三是某些市的有些部门信息公开指南不能直接打开显示其内容，而显示的是一个word文档，需要下载后才能看到。四是有的市信息公开指南与其他信息，如信息公开的一般工作信息、信息工作总结、预算表、规划等一同混在指南栏目，显得杂乱。

2. 信息公开指南内容情况

通过测试显示，11个市政府门户网站都能提供政府信息公开指南的文本，指南中能够列明信息公开的方式、时限；依申请公开提出的条件、流程、收费的标准；监督机构的有关信息和救济方式，并都附有可以下载的申请表等，公众能够对政府信息公开有基本了解。

在收集到的11个市政府信息公开指南中也发现以下问题：一是有的指南没有列明公开信息编排体系，因为编排体系规定了使用文档方式编排、记录和存储各类信息，主要含有哪些要素等，只有沧州市和保定市的指南有此项规定。二是对于依申请公开信息的申请流程规定不全，多数指南只规定了申请后如何答复，没有对具体流程做全面规定。只有唐山市、保定市、邢台市和沧州市对依申请公开流程的审查、登记、答复做了规定。三是对监督机构的信息公开不全面。有的指南只笼统地规定可以提出举报的机构为上级行政机关、监察机关或者政府信息公开工作主管部门；有的指南具体指出可以提出举报的机构为监察局、市政府办公厅、市政府等；但只有邢台市的指南公布了市监察局的举报电话。四是大多数指南只公开了依申请公开信息的申请受理机构，一般是政府信息公开协调小组办公室，但沧州市和保定市的指南不仅列明申请受理机构，同时还规定了政府信息公开机构，这样才使公众对政府信息公开机构有比较完整的认识和理解。五是指南的更新不及时。只有沧州市在指南中规定每年对指南进行更新，其他市的指南没有对更新进行规定；有的指南还停留在2008年，以后没有进行过更新。

（三）政府信息公开目录

1. 公开目录专栏设置情况

11个地级市的政府门户网站在主页或政府信息公开平台上，设置了"信息公开目录"专栏。专栏的分类形式显示为两种：一种是将信息分为四种类型分别列出；另一种是将信息分为三种类型分别列出（见表2和表3）。

表2 四种形式目录分类情况

地级市	体裁	主题	专版	聚合
石家庄市	√	√	√	√
承德市	√	√		√
秦皇岛市	√	×	√	
廊坊市	√	√	√	√

表3 三种形式目录分类情况

地级市	目录导航	部门	区县
保定市	√	√	√
沧州市	√	√	√
邢台市	√	√	√
邯郸市	√	√	√
衡水市	√	√	√

唐山市采取的目录形式与上述两种形式不同，是直接列举方式分类：分为政府信息公开、县区信息公开、部门信息公开、公共企事业单位信息公开。

目录多重分类形式，优点是可以方便不同需要的公众查阅，但缺点是对于不熟悉网站情况的公众，需要通过多次点击，一时无法直接查到所需信息；目录分类较为直接的形式，优点是可以直接查到目录列出信息，缺点是对于多重需求的公众来说，查询方式较为单一。

2. 目录信息公开情况

通过观察可以看出政府信息公开目录还有不少问题：一是有的目录更新不及时，甚至某市政府办公室的目录显示更新到 2014 年。二是公开目录中混有其他信息，如责任清单、行政执法公开制度、预算公开、工作总结汇报、公务信息、通知、计划等各种信息，信息放置随意。三是有的市公开目录并不是直接显示目录本身，而是还需要下载一个 word 文件才能看到，查找的不便利影响公开的效果。四是有的目录没有市本级政府目录，只有所属各县、区政府或所属部分机构的公开目录。五是有的市显示市政府办公室的目录与市政府目录一致。

（四）政府信息公开工作年度报告

政府信息公开年度工作报告是政府机关对上年度本机关关于信息公开工作的总结，其内容和公布的时间，《政府信息公开条例》有明确的规定。通过网络观察，11 个市政府都能按照规定要求编制本级信息公开工作年度报告，并按照规定的时间进行了公布。报告的内容一般是对本级政府 2015 年在政府信息公开方面工作的概述，详细列明主动公开政府信息、依申请公开政府信息的情况及相关行政复议、诉讼、申诉的情况，并总结本级政府在信息公开工作方面存在的主要问题，明确进一步改进措施。11 个市的年度工作报告虽然内容比较齐全并能按照规定时间公开，但存在的问题也不少。

1. 政府信息公开工作年度报告专栏设置情况

有 6 个市的门户网站设有政府信息公开年度报告专栏，有 5 个市的门户网站没有设置专栏（见表4）。

表4　信息公开年度报告专栏设置情况

有专栏		石家庄市、唐山市、廊坊市、邯郸市、沧州市、衡水市
无专栏	规划总结→年度报告	秦皇岛市、张家口市、承德市
	规划总结→年度报告、工作总结	保定市、邢台市

在没有设置政府信息公开年度报告专栏的 5 个市的门户网站，年度报告放置情况分为两类：一类是放在"规划总结"目录下的"年度报告"栏目中；一类是放在"规划总结"目录下的"年度报告、工作总结"栏目中。

在设有政府信息公开年度报告专栏的 6 个市的门户网站，专栏情况也分两类：一类是称"政府信息年度报告"，有 5 个市（石家庄、廊坊、邯郸、沧州和衡水）；一类是称"政务公开年报"，有 1 个市（唐山市）。这 6 个市的政府信息年度报告专栏中，不仅有市本级的信息公开年度报告，而且有市政府的组成部门、直属事业机构、垂直管理部门、民生部门、所属县（区、市）的政府信息公开报告。

11 个市的政府信息公开年度报告栏目存在的问题：一是专栏中只显示 2015 年的年度报告，其他年份的工作报告则放置在"规划总结"目录下的"年度报告"中，如唐山市、廊坊市；二是政府有些部门的年度报告更新不及时，有的更新到 2012 年；有的部门则没有公开年度报告；三是有的年度报告不能直接公开显示，只能下载 word 文件后才能看到，给公众查找带来不便。

2. 信息公开工作年度报告内容公开情况

11 个市政府信息公开年度报告内容显示都能按照《政府信息公开条例》规定的内容编制，共同的优点一是对于主动公开信息，尤其是重点领域应公开的信息较为详细；二是有的报告除了文字外，还有图表解释，形式图文并茂易于公众理解。

但各市年度报告内容也存在以下问题：一是年度报告的编写有待于规范化和标准化。《政府信息公开条例》对于政府信息公开工作年度报告的内容做了原则性的规定，但各市对于各项内容公开的程度有不同，有的市公开得较为详细，有的市公开得较为简单；有的在概述部分公开得详细但在其他项目公开得简单，如对依申请公开信息结果处置信息有的简单略过。报告内容差别较大，需要规范化。二是年度报告普遍对于查找出的问题只是简单概括为重视不够、人员素质不高、机制进一步完善等，并没有深入挖掘，有的甚至没有提出问题，不利于工作的进一步推动。三是有的报告对公开信息数量的概述多些，对具体工作的总结涉及较少，与信息公开"工作"报告的要求并不完全相符。

（五）重点领域信息公开情况

1. 专栏设置状况

按照《政府信息公开条例》规定，政府必须公开重点领域的信息，包括财政预算、公共资源配置、重大建设项目批准和实施、社会公益事业建设等领域。11个市的政府门户网站有重点领域信息公开专栏的有衡水、承德、张家口、保定、邯郸、沧州、邢台和唐山。各市重点领域公开的情况各有不同（见表5至表12）。

表5 衡水市政府网站重点领域专栏

目录	显示情况
行政权力运行	行政审批 行政处罚 廉政风险等级目录
财政资金	预算决算 审计结果
公共资源配置	征地出让 农村土地承包经营权流转 房屋征收与补偿 保障性住房 政府采购 工程建设项目
公共服务	高校招生 科技管理与项目经费 医疗卫生 人事人才 城乡低保
公共监管	环境信息 安全生产事故 国资监管 食品药品安全 信用体系

表6 承德市政府网站重点领域专栏

目录	显示情况
行政权力运行	权力清单 责任清单
财政资金	—
公共资源配置	保障性住房 征地
重大建设项目	—
公共服务	社会保险 社会救济 教育领域 医疗卫生领域
环境保护	—
食品药品安全	—
社会组织 中介机构	—

表7 张家口市政府网站重点领域专栏

目录	显示情况	目录	显示情况
行政审批	具体信息	安全生产	具体信息
财政(务)决算	具体信息	价格和收费	具体信息
财政(务)预算	具体信息	征地和拆迁	具体信息
保障性住房	具体信息	教育	具体信息
食品药品安全	具体信息	侵权假冒案件公开	具体信息
环境保护	具体信息	政府采购	具体信息

表8 保定市政府网站重点领域专栏

目录	显示情况	目录	显示情况
公共企事业单位	链接相关部门网站	价格收费	链接相关部门网站
环境保护	链接相关部门网站	征地拆迁	链接相关部门网站
住房保障	链接相关部门网站	食品药品安全	链接相关部门网站
安全生产	链接相关部门网站	财政预算"三公经费"	链接相关部门网站

表9 邯郸市政府网站重点领域专栏

目录	显示情况
行政权力运行	行政审批　行政处罚
财政财务	财政(务)预决算
公共资源配置	征地出让　房屋征收与补偿　保障性住房　政府采购　工程建设项目
公共服务	学(原)招生　科技管理与项目经费　医药卫生　就业　城乡低保
公共监管	环境信息　安全生产事故　国资监管　食品药品安全

表10 沧州市政府网站重点领域专栏

目录	显示情况	目录	显示情况
财政资金	具体信息	价格收费	具体信息
政府采购	具体信息	环境保护	具体信息
食药安全	具体信息	安全生产	具体信息
征地拆迁	具体信息	保障性住房	具体信息
行政审批	具体信息	公共事业	具体信息

表11　邢台市政府网站重点领域专栏

目录	显示情况	目录	显示情况
行政审批	链接相关部门网站	环境保护	链接相关部门网站
财政预决算	链接相关部门网站	安全生产	链接相关部门网站
政府采购	链接相关部门网站	价格和收费	链接相关部门网站
保障性住房	链接相关部门网站	征地拆迁	链接相关部门网站
食品药品安全	链接相关部门网站	公共企事业	链接相关部门网站

表12　唐山市政府网站重点领域专栏

目录	显示情况	目录	显示情况
政府领导	具体信息	应急管理	具体信息
政府机构	具体信息	政策法规	具体信息
政府报告	具体信息	职权目录	具体信息
统计信息	具体信息	物价管理	具体信息
财政信息	具体信息		

注：唐山市除上述公开栏目外，还对其他重点信息单独设置的栏目有政府文件、政府采购、资源交易、招商合作、人事任免、招考信息、安全生产、计划规划。

通过观察，多数网站的重点信息公开领域专栏基本符合《政府信息公开条例》要求，但也存在以下问题：一是有的门户网站没有设置重点领域信息专栏；二是重点领域信息专栏公开的项目有一定的不同，也就是对条例的理解各有不同；三是有的门户网站将重点领域信息专栏放置在首页的最下端，不利于公众的查阅；四是重点领域信息专栏有的是放置在"政务公开"专栏中，有的是在"信息公开平台"，放置不统一也不利于公众查阅。

2.重点领域信息公开情况

通过对重点领域信息公开专栏的观察，重点信息领域公开的信息包含了财政预算、公共资源配置、重大建设项目批准和实施、社会公益事业建设等领域中的重要信息，特别是唐山市的政府网站，不仅设置了重点领域公开专栏，同时集中将其他重要领域信息放置一起，更加有利于政府信息的公开。

存在的问题如下：一是多数网站重点领域的项目栏没有链接，也不能打开，成为僵尸项目。二是除沧州市和张家口市网站外，其他网站的重点领域公开栏目中的项目打开后，不是具体的信息，而是相应的政府部门的门户网站，如"环境保护"栏目，点击后链接的是市政府环保局的门户网站。这样公众如查找环保信息就不能直接获取，还要通过其他网站再次查找，因此专栏信息的便利性不够。三是重点领域信息栏与政府各部门门户网站的直接链接，也与信息公开目录的重合，造成资源浪费。

（六）依申请公开

1. 依申请公开栏目设置情况（见表13）

表13　依申请公开栏目设置情况

栏目状况	地级市
有栏目并且能办理在线申请	沧州、承德、衡水
有栏目但不能在线申请，申请人只能选择下载申请表	唐山
有栏目但不能打开	张家口、邢台
无栏目	石家庄、秦皇岛
栏目显示"此功能目前尚处于研发测试阶段，暂不受理政府信息公开申请"	廊坊、邯郸、保定

2. 在有栏目且能在线办理申请的三个市中，栏目的内容设置也有差异（见表14至表16）

表14　沧州市依申请公开信息栏目的设置情况

栏目	依申请公开指南	申请表格下载	依申请公开平台
栏目内容	依申请公开受理机构	政府信息公开申请表填写提示	主动公开政府信息检索
	申请方式		在线提交申请
	申请的处理		查询办理状态
	收费		

表15　承德市依申请公开信息栏目的设置情况

栏目	依申请公开	申请查询	依申请公开流程	依申请公开制度	申请表格下载
栏目内容	申请人信息	申请状态	流程示意图表	政府信息依申请公开工作制度	word 文档
	所需信息情况	当前受理部门			
	接受申请单位	所需信息内容及用途			
		最终答复			

表16　衡水市依申请公开信息栏目的设置情况

栏目	公民(法人和其他组织)申请	申请表格下载	申请查询	依申请公开指南	依申请公开标准化流程
栏目内容	申请人基本信息	word文档	申请人姓名	受理申请机构	目的
	所需信息内容及用途		信件编号	申请方式	流程
	上传相关附件			申请的处理	标准
	费用免除理由			收费标准	
	获取信息的方式				

通过调查汇总可以看出，11个市只有3个市网站的依申请公开能够实现在线申请，1个市只能下载申请表格，2个市没有栏目，2个市有栏目但不能打开，3个市显示还在测试中。大多数市的门户网站没有实现在线申请，显示政府优化服务的工作还需进一步深入。

在能提供在线申请的3个市中，沧州市网站的设置，可以检索主动公开政府信息，查询办理状态和政府信息公开申请表填写提示，功能性较好；承德市网站的设置，有依申请公开流程示意图和申请查询指示，比较清晰；衡水市的网站设置，有依申请公开指南和标准化流程，比较方便清晰。但仍存在一些问题：如有的在申请人提交申请表中必须选择真实姓名、身份证号、工作单位等个人信息；有的必须选择所需信息用途等，这些做法不利于申请人的申请。

设置依申请公开制度，以满足公民、法人或者其他组织自身生产、生活、科研等特殊需要，人为设置障碍不利于公众方便快捷得到政务信息。

3. 依申请公开信息的结果情况

依申请公开信息的申请形式有当面申请、信函申请、电子邮件申请及在线申请等。申请信息公开处理结果有：公开信息、部分公开信息、不同意公开信息、不属于本行政机关公开、申请信息不存在、告知做出补充更改、告知通过其他途径办理等。据11个市的政府信息公开工作年度报告显示，只有沧州市、邯郸市、衡水市和石家庄市公开了依申请公开信息具体结果统计数目，其他市只是对受理申请信息的数量进行了公开，而对于申请信息的处理结果只笼统地说是按照法律法规的规定进行了处理和答复，没有说明处理结果的具体情况。

二 河北省设区市门户网站政府信息公开中存在的主要问题

1. 对信息公开的认识还不到位

通过对11个地级市的政府门户网站观察后可以发现，出现的问题中有些问题是有法律法规明确规定的，之所以还出现问题只能表明对政府信息公开没有引起足够的认识，如对依申请公开信息的申请人网上提交申请的设置不够方便，就说明对政府优化服务的重要性没有认识到位。

2. 人员素质不够

通过观察，一些网站栏目内容交叉重叠，相关信息的放置随意性强，表现出对政务信息的分类、专门功能等技术性的支持不够，也显现缺乏有关专业素质。

3. 考核问责机制落实得不够充分

《政府信息公开条例》明确规定了不依法履行政府信息公开义务的法律责任，但从政府信息公开制度的实施情况看，依申请公开制度、政府信息公开目录、指南、年度报告等制度都存在没有全面、有效实施的现象，不依法履行政府信息公开义务的法律责任既存在规定不细、不具体的问题，也存在有关部门考核问责机制不充分的问题。

三 河北省设区市门户网站政府信息公开完善建议

第一，进一步落实《政府信息公开条例》以及其他法律法规，以法治思维推进政府信息公开工作。对于政府信息公开的范围、重点公开领域、编制信息公开指南和目录、公开信息工作年度报告、依申请公开信息等，《政府信息公开条例》以及国务院一系列信息公开文件都做了规定，认真落实法律法规，既是信息公开工作的要求，也是依法行政的要求。

第二，加强政府公开的规范化，细化信息公开工作。应当对市级政府门户网站的建设进行规范化，如对政府网站有关公开信息的公开专栏，从信息要素到功能设计，以及网络布局等有相对统一的规定，提高信息公开工作的标准化。

第三，转变理念，政府信息公开应当结合优化服务，以公众的需要为出发点，将政府"端菜"变为群众"点菜"，即公众需要哪些政务信息，政府就应全面、准确、及时、有效地为群众提供。政府应当一方面扩大公开信息的范围，另一方面为公众依申请公开信息提供更加便捷、有效的服务。

第四，引入第三方对政府信息公开工作的评估，促进政府政务信息公开的全面提升。党的十八大以来，第三方评估成为对政府公共政策进展及落实情况全面了解的重要方法与途径。第三方评估之所以引人关注，是因为它在评估过程中较好地彰显了其独立性与专业性的优势。通过引入第三方对政府信息公开进行评估，不仅是对政府信息公开的一种监督，也促进了政府信息工作的全面提升，应当加以应用。

B.10
河北省"六五"普法工作的调研报告

河北省司法厅课题组*

摘　要： 2011年以来，全省各地、各部门深入实施"六五"普法规划，以推进法治河北建设为目标，紧紧围绕党委政府中心工作抓普法，突出重点普法对象抓学法，着眼推进社会依法治理抓用法，采取了一系列行之有效的措施，圆满完成了"六五"普法各项目标任务，总体达到了"三树立、三提高"的效果，为全省经济社会发展营造了良好的法治环境，为做好今后的普法工作提供了有益的借鉴。

关键词： 河北　"六五"普法　"三树立、三提高"

一　河北省"六五"普法工作主要做法和成效

"六五"普法以来，各地各部门紧紧围绕全省经济社会发展大局，以推进法治河北建设为目标，积极探索普法工作的新思路和新途径，扎实推进"六五"普法规划实施，总体达到了"三树立、三提高"（社会主义法治理念进一步树立，全体公民的法律意识和法律素质普遍提高；依法行政理念进一步树立，法治政府建设水平普遍提高；社会治理创新理念进一步树立，社会治理法治化水平普遍提高）的效果，为经济社会发展营造了良好的法治氛围。

---

* 课题组组长：梁洪杰，河北省司法厅副厅长。成员：孙永巍，河北省司法厅法治宣传处主任科员；麻新平，河北省社会科学院法学研究所研究员；执笔人：孙永巍、麻新平。

（一）组织领导不断加强，体制机制更加完善

一是组织领导更加有力。河北省委省政府高度重视"六五"普法工作，将其纳入法治河北建设的蓝图中谋划，融入产业转型升级、京津冀协同发展等中心工作中推进，为普法工作勾画了路线图，指明了重点和方向。各地各部门将普法依法治理作为重要工作任务，纳入本地本单位工作全局通盘考虑，定期召开会议进行研究、调度和部署，并在政策、经费等方面给予大力支持，为"六五"普法规划的顺利实施提供了有力保障。

二是规章制度更加健全。2013年，河北省人大制定实施《河北省法制宣传教育条例》，普法实现了有"法"可依。省委省政府相继出台了《关于认真落实党的十八届四中全会精神推进法治河北建设的实施意见》《关于推进依法行政加强法治政府建设的意见》《河北省政府领导干部学法制度》等制度文件，为全省普法工作提供了有力的政策指导。河北省还出台了《河北省"谁执法谁普法"责任制方案》《关于建立以案释法制度的实施意见》等一系列制度，对普法责任进行了具体的分工和细化。各地各部门认真抓好落实，制定出台了一系列相应的规章制度。全省上下基本形成了层级覆盖的普法制度体系，有效促进了普法工作全面、规范、有序开展。

三是普法组织机构和队伍建设不断加强。调整充实组织机构。2013年和2015年，省委两次对省法制宣传教育领导小组进行调整和充实。各市县全部成立由主要领导或分管领导挂帅的领导小组。"六五"期间，石家庄市领导小组成员增加到36个，秦皇岛市增加到26个，邯郸市增加到30个。各部门各单位也相应成立普法工作机构，明确分管领导和专人负责法治宣传工作。加强普法队伍建设。在加强专职普法队伍基础上，省市县层级重点建立普法讲师团62个，讲师团成员2149名。全省乡村、社区实现了"十户普法宣传员"和村（居）法律顾问全覆盖，总人数达到50多万。同时，积极发动法律服务人员和社会志愿者送法进乡村、进社区，进一步扩大了普法宣传的覆盖面。普法经费投入力度不断加大。"六五"期间，省本级普法经费在"五五"普法的基础上翻了一番，达到了280余万元，大部分市县将普

法经费列入财政预算，平均增长幅度超过了1倍；省直各部门也全面提高了普法经费标准。

四是督导检查更加到位。省法宣办出台了普法工作考核办法，细化量化"六五"普法各项指标，建立了目标考核机制，并采取定期调度、工作抽查、执法检查等多种形式，推动普法工作落实。各级人大每年对行政执法部门贯彻执行法律情况进行专项检查，各级政协每年以提案、调研等方式，对普法工作提出意见建议，有效推动了普法工作的开展。2013年和2015年，省委省政府组织对全省"六五"普法工作进行了检查督导和验收。"六五"普法检查验收完成后，省人大专门听取了全省"六五"普法规划实施情况的报告。

（二）服务经济社会发展，普法工作的基础性、保障性作用进一步彰显

一是积极服务全省经济建设。"六五"普法积极适应河北省经济发展新常态，主动跟进全省中心工作，立足于促进产业转型升级，紧紧围绕转变发展方式、化解过剩产能、知识产权保护等领域，开展专项法治宣传和法律服务活动；立足于推进京津冀协同发展，准确把握河北"三区一基地"的职能定位，联合京津普法机构签署了《京津冀法治宣传教育区域合作协议》，全力服务京津冀协同发展；立足于改善生态环境，广泛宣传《环保法》《水法》《林业法》等法律法规，深入开展"森林城市创建"等主题活动，为全省经济建设提供了有效的法治保障。

二是积极维护社会和谐稳定。坚持将法治宣传融入平安河北建设的各领域、全过程，突出在全国"两会"、APEC会议、抗战胜利70周年阅兵等重要活动和"3·15""6·26"等重要时间节点，突出在环京津地区、城乡接合部、工业园区、校园周边等重点区域，突出在群众关注度高、易引发矛盾纠纷和安全事故的社会重点领域，充分发挥法治在维护社会稳定中的规范、引导和保障作用。

三是积极服务，保障改善民生。紧紧围绕维护群众切身利益和满足群众

法律需求，积极宣传劳动就业、社会保障、社会救助等民生领域的法律法规，引导法官、检察官、警官、法律服务等人员，将法治宣传贯穿于执法执业全过程，教育群众运用法律手段维护权益、化解纠纷，使群众尊法学法守法用法意识不断增强。

（三）突出普法重点对象，全体公民的法律意识和法律素养进一步提升

一是突出领导干部学法用法。紧紧抓住领导干部这个"关键少数"，建立健全学法机制，各级党委政府建立落实了党委（党组）中心组集体学法、政府常务会议会前学法、重大决策先行学法等制度，年度学法时间达到40学时以上；建立健全培训机制，省法宣办出台了领导干部法治培训计划，组织编写了《领导干部学法用法读本》。各地各部门积极搭建干部学法平台，畅通培训渠道，进一步增强了领导干部学法的认识自觉和行动自觉；建立健全考核机制，每两年组织一次全省干部法律知识考试，每次参考干部达80万人以上，省、市领导带头参与，形成了河北干部学法品牌，在全国介绍了经验；建立健全用法机制，全面推行政府法律顾问制度，深化"依法行政示范机关"创建活动，乡镇以上各级政府和部门实现了法律顾问全覆盖。

二是突出青少年学法守法。重点围绕强化青少年法律意识和行为养成，充分发挥课堂教育的主渠道作用，全省175个县（市、区）的中小学基本实现了计划、教材、课时、师资"四落实"，配备法制副校长17930人、法制辅导员2万余名，构建了学校、家庭、社会"三位一体"的法治宣传教育体系。突出青少年法治教育实践，开展"宪法驻心中、法律伴我行""小手拉大手、普法一起走""模拟法庭""检校共建"等活动，在校学生接受法治教育的比例达100%，青少年法治意识进一步增强。截至2015年，全省共建立各类青少年法制教育基地386个，创建"省级依法治校示范校"530余所，有效发挥了典型、示范和引领作用。

三是突出企业经营管理人员学法用法。坚持将法治培训融入企业经营管理实践中。编印了《河北省企业职工法律知识读本》《中小企业法律实务及

案例分析》等普法教材，着力增强企业经营管理人员的依法经营、诚实守信意识；坚持将法治宣传与法律服务统筹推进，各地积极开展"诚信守法企业"创建活动，组织普法讲师团和法律宣传队到企业授课，组织律师、公证员等法律服务工作者到企业开展"法律体检"，为企业职工提供法律咨询和服务。

四是突出农村和社区居民学法守法。以建设"民主法治示范村、民主法治示范社区"为抓手，全面推行"十户普法宣传员"制度，全省"十户普法宣传员"达50余万人，农村社区普法实现了网格化、全覆盖；全面推行村（居）法律顾问制度，全省5万多个村（居）实现了法律顾问全覆盖；积极推行送法下乡制度，各地每年定期组织村（居）干部和普法骨干进行法治培训，定期开展"三下乡"和"送法下乡"活动。河北省农村普法工作走在了全国前列，司法部、全国普法办在河北省召开现场会进行推广。

（四）坚持普治并举，社会治理法治化水平进一步提高

一是以推进法治城市、法治县区创建为重点，深入开展区域依法治理。省法宣办制定出台了法治城市、法治县（市、区）创建指导标准，推进创建活动深入开展。各地也相继出台了相关制度和意见，将法治创建活动纳入党委政府目标考核体系，积极推进各项工作的制度化、法治化、规范化，有效提升了依法管理服务经济社会的能力。

二是以"民主法治示范村"创建为重点，深入开展基层依法治理。制定出台"民主法治示范村"标准和考核办法，强化督查落实，实行动态管理，通过树立典型、示范引领，全面推动基层依法治理深入开展。各地结合本地实际，开展了各具特色的创建工作。全省有120个村和社区被命名为"全国民主法治示范村（社区）"，800个村和社区被命名为省级"民主法治示范村（社区）"。

三是以规范执法为重点，深入开展行业依法治理。各地各行业深入开展以司法和行政执法领域为重点的行业依法治理，积极推进落实执法责任制、

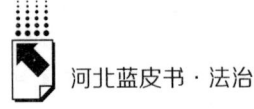

执法公开制和过错责任追究制，各地各部门通过广泛普法、严格执法、专项治理等多种措施，打出了普法依法治理的"组合拳"，行业依法治理不断向纵深发展。

（五）创新方式载体，进一步扩大了普法工作的影响力

一是筑平台。充分利用报纸、广播、电视等媒体，普遍开设法治宣传栏目，形成了覆盖全社会的"荧屏有像、电台有声、报纸有文"的立体宣传格局。河北省广播电视台、《河北日报》《河北法制报》等省内主要新闻媒体，都开设了普法专题专栏，播放刊登法治类新闻、消息等10万余条，为群众普及法律知识。

二是建阵地。强化措施，广泛发动，打造了一批贴近生活、贴近实际的法治宣传教育阵地，全省共建立法治文化公园151个、法治文化广场1485个、法治文化长廊1781个，在全社会营造了浓厚的法治氛围。每年的"12·4"国家宪法日等节点，各地都组织开展主题鲜明、内容突出的集中宣传活动，把法治元素融入群众日常生活。

三是抓文化。积极创新载体和方式，将法治文化融入基层文化阵地建设。截至2015年，全省共建有法治文艺宣传队1326个，法治文化基地638个，以潜移默化、润物无声的独特优势，不断增强法治宣传教育的渗透力、引导力和感染力。

四是拓载体。积极利用网络新媒体、新技术开展法治宣传，加大以网站、微博、微信等为代表的新兴媒体普法力度。省直各部门、中央驻冀单位和大中型企业共建立普法网站170余个，建立普法微博、微信平台1526个，使法治宣传教育与现代信息技术同行，法治宣传教育工作更加生动、鲜活，更具亲和力。

二 河北省"六五"普法工作中存在的问题和不足

普法三十多年来，特别是"六五"普法以来，取得了突出的成效。调

研中笔者也发现普法工作中还存在一些突出的问题，尤其对"六五"普法工作中存在的问题进行了认真的梳理，主要有以下四个方面。

（一）个别单位对普法工作的重视程度有待进一步提高

少数领导干部把普法作为软任务，思想上不重视，措施上不得力，落实上不到位，号召多、实抓少，存在应付检查验收思想。少数地方和单位普法经费的预算或拨付不到位，投入金额相对偏低。

（二）"谁执法谁普法"等制度需要进一步落实

有的基层执法部门和单位，重自身学习，而不注重向管理和服务对象宣传；重专业法学习宣传，而不重视基本法普及，在执法工作中依法行政、依法办事的能力和水平不足。

（三）普法工作发展不平衡

普法工作存在着地区、行业、部门之间的差距，比较而言，经济发达地区好于欠发达地区，市、县好于乡镇，执法部门好于一般单位，机关单位好于企业、市场。

（四）普法工作总结宣传和创新力度不够

部分单位普法工作开展比较认真扎实，普法的内容和形式富有新意，但对工作中好的做法、经验、亮点及取得的成效缺乏总结和宣传；少数单位普法工作创新性不强，在网络、移动互联等新媒体、新技术的应用方面还需进一步加强。

三 做好"七五"普法工作的思路和对策

"七五"普法已经开始实施、"七五"普法工作中必须紧紧围绕"四个全面"战略布局，牢固树立创新、协调、绿色、开放、共享的发展理念，结合全面推进依法治国、建设法治河北的新要求，扎实推动省"七五"普法规划顺利实施，为建设经济强省、美丽河北做出积极贡献，重点做到"五个坚持"。

第一，坚持把防控风险、服务发展作为普法工作的原则和宗旨。切实将法治宣传教育放到全面推进依法治国、建设法治河北、推进产业转型升级、促进京津冀协同发展的战略高度来认识、谋划，以深化"法律八进、法治八建"为抓手，进一步增强法治宣传的密度和广度，有效发挥普法工作在防范政治风险、经济风险、法律风险方面的前置性作用，为经济社会发展保驾护航。按照《京津冀法治宣传教育区域合作协议》，全面加强三地依法治理和法治创建的区域合作，为京津冀协同发展营造良好的法治环境。

第二，坚持把深化改革、健全机制作为普法工作的动力和保障。不断深化法治宣传教育领域的改革，进一步建立健全普法领导体制和工作机制，切实加强领导，更加有效地动员全社会力量开展普法，形成普法工作全民参与、普法成果全民共享的法治局面。指导各级司法、执法部门落实"谁执法谁普法"责任制。进一步加强普法工作者队伍建设，指导建立法官、检察官、行政执法人员、律师等以案释法制度，扎实推进全省法治宣传教育工作的改革与进步。

第三，坚持把突出重点、覆盖全面作为普法工作的目标和任务。紧紧抓住法治宣传教育难以涵盖的人群和区域，特别是针对社会闲散人员、流动人口和偏远贫困地区，不断延伸普法工作的触角，引导和发动各方面的法律人才，深入其中进行宣传。持续抓好领导干部学法用法，认真落实即将出台的《国家工作人员学法用法制度》，把领导干部带头学法、模范守法作为树立法治意识的关键，切实提高领导干部运用法治思维和法治方式的能力。全面深入推进青少年学法用法，完善分类指导青少年普法教育机制，大力开展法治教育和法治实践，强化青少年法治意识和法律行为养成。同时，充分发挥社会各类组织和中介机构的作用，进一步加强村（居）民、企业职工、自由职业者等群体的学法用法工作，真正使法律意识、法治理念成为全社会的一体遵循。

第四，坚持把依法治理、法治创建作为普法工作的拓展和实践。不断推进法治宣传教育与社会治理相结合，深化基层组织和部门、行业依法治理，深化法治城市、法治县（市、区）等法治创建活动。深入开展民主法治示范村（社区）创建，发挥市民公约、乡规民约、行业规章、团体章程等社会规范在社会治理中的积极作用，教育引导基层群众自我约束、自我管理。

第五，坚持把科技运用、创新载体作为普法工作的动力和支撑。积极创新法治宣传教育的载体和手段，在提高实效性、针对性上下功夫，重点加强新媒体、新技术在普法中的运用，推进"互联网+法治宣传"行动，更好地运用微信、微博、微电影、客户端等开展普法活动，增强普法工作实效性，不断提升法治宣传教育的综合能力和水平。

B.11
河北省加强和改进行政裁决工作的调研报告*

王 琳**

摘 要： 行政裁决制度在我国多元纠纷解决机制中占据着重要地位，能够同时达到平息民事争议与完善行政管理的双重社会效果。以河北省各省直部门和各市、县、乡镇行政裁决工作推进情况的问卷调查和分析为例，剖析行政裁决制度存在的深层次问题及其成因，并从完善立法，确保独立性，实行执业准入制、完善奖惩制度，增强程序规制，构建民事附带行政诉讼的行政裁决救济制度性规制，建立健全行政裁决工作机制等六个方面提出了行政裁决制度的完善路径。

关键词： 河北 行政裁决 多元化纠纷解决机制

行政裁决是指行政机关依照法律的授权，经当事人申请，对当事人之间发生的与行政管理活动密切相关、与合同无关的民事纠纷进行审查，并作出居间裁判的行政行为。2015年12月国务院印发的《法治政府建设实施纲要（2015～2020年）》以及《河北省人民政府关于深入推进依法行政加快建设法治政府的实施意见》中都明确提出要"健全行政裁决制度，强化行政机

---

* 本文为河北省政府法制办公室政府法制研究委托课题。
** 王琳，河北大学政法学院副教授、硕士生导师，东北大学文法学院博士研究生，主要从事民事诉讼法、行政法治研究。

关解决同行政管理活动密切相关的民事纠纷的功能"。为了完成上述任务要求，切实发挥行政裁决制度的效能，笔者梳理了河北省行政裁决事项，掌握行政裁决立法与实际运行状况，进而挖掘该制度发展中存在的桎梏，有针对性地进行制度修正。

一 河北省行政裁决工作的现状

为了考察行政裁决制度在河北省的实际运行状况，挖掘制度设计的深层次问题，我们通过问卷调查全面考察河北省内各省直部门和各市、县、乡镇的行政裁决工作实际推进情况，进行行政裁决工作的现状梳理和问题研究。

（一）河北省行政裁决工作调查问卷设计说明

调查问卷主要涉及以下五个方面。

1. 立法层面

现存生效的涉及行政裁决事项的法律、法规、规章或者《指导意见》《实施方案》等规范性文件主要有哪些。

2. 行政裁决实践数据

（1）现全省范围内一共有多少项行政裁决事项，有行政裁决事项的政府部门有哪几个，有哪几个法律、法规授权的组织有行政裁决事项。

（2）近三年（2013～2015年）的行政裁决案件数量、案件类型等情况。

3. 行政裁决组织层面

涉及行政裁决事项的政府部门是否设有专门的行政裁决机构，相关人员配备情况。

4. 行政裁决程序

（1）行政裁决工作是否有明确的程序规定。

（2）行政裁决工作是否严格按程序规定展开。

5. 行政裁决法律监督、救济层面

（1）裁决后，当事人一方不服裁决结果，就原纠纷向法院提起民事诉讼的案件数量。

（2）裁决后，当事人一方不服裁决结果，对行政裁决提起行政复议的案件数量，以及导致裁决结果变更的案件数量。

（3）裁决后，当事人一方不服裁决结果，对行政裁决提起行政诉讼的案件数量，行政裁决机构败诉的案件数量，以及导致裁决结果变更的案件数量。

问卷设计试图掌握在实务工作中具有行政裁决权的主体其权力来源、行政裁决权的行使依据、行政裁决涉及的纠纷类型、行政裁决机构设置与人员配备情况、行政裁决程序、行政裁决救济、行政裁决主体推进该项工作过程中遇到的困难与建议。

（二）河北省行政裁决工作的运行状况

此次调研收集了河北省直属机构与7个城市的调查问卷共455份。其中收集到省政府各相关部门问卷5份；邯郸市政府及所属相关部门问卷32份，邯郸市辖县（市、区）、乡镇政府及相关部门问卷140份；廊坊市政府及所属相关部门、廊坊市辖县（市、区）、乡镇政府及相关部门问卷94份；邢台市政府、市辖县（市、区）、乡镇政府及相关部门问卷27份；衡水市政府及所属相关部门、衡水市辖县（市、区）、乡镇政府及相关部门问卷61份；沧州市政府及所属相关部门、沧州市辖县（市、区）政府问卷42份；保定市政府及所属相关部门、保定市辖县（市、区）、乡镇政府及相关部门问卷42份；秦皇岛市政府及所属相关部门、市辖区、县人民政府问卷12份。

经对上述调查问卷进行初步分析，我们发现有一部分问卷的填写内容本身存在着问题，其真实性存疑。比如，国网冀北三河市供电有限公司在回答调查问卷题目9即"近三年（2013~2015年）本部门或本级政府行政裁决案件数量一共有_件"一题时填写的是"0件"，而在回答调查问卷题目10即"近三年（2013~2015年）来，行政裁决作出后，当事人一方不服裁决结果，就原纠纷向法院提起民事诉讼的案件数量有_件"和题目12即"近三年（2013~2015年）来，行政裁决作出后，当事人一方不服裁决结果，对行政裁决提起行政诉讼的案件数量有_件"两个题目时均回答了"1件"。又比如：河间市人民政府在回答调查问卷题目9即"近三年（2013~2015年）本部门或本级政府行政裁决案件数量一共有_件"一题时填写的是"0件"，而在回答调查问卷题目12即"近三年（2013~2015年）来，行政裁决作出后，当事人一方不服裁决结果，对行政裁决提起行政诉讼的案件数量有_件"一题时回答了"5件"。再比如：河北省保定市涞源县人民政府在回答调查问卷题目9即"近三年（2013~2015年）本部门或本级政府行政裁决案件数量一共有_件"一题时填写的是"12件"，而在回答调查问卷题目10即"近三年（2013~2015年）来，行政裁决作出后，当事人一方不服裁决结果，就原纠纷向法院提起民事诉讼的案件数量有_件"和题目12即"近三年（2013~2015年）来，行政裁决作出后，当事人一方不服裁决结果，对行政裁决提起行政诉讼的案件数量有_件"两个题目时均回答了"16件"。对问卷问题的回答存在前后矛盾的情形，这类问卷我们予以剔除，不计入统计范畴。

经整理，河北省行政裁决工作在省级政府及职能部门以及廊坊、衡水、邯郸、保定、沧州、秦皇岛、邢台7个地区的开展状况如下。

第一，省内各地区行对政裁决工作的重视程度与实际推进情况不尽相同。调查问卷显示，一些地区提交了大量空白问卷，本身具有的法定行政裁决权限没有落实，近三年（2013~2015年）来没有审查裁定一件行政裁决案件，因此，对行政裁决工作推进过程中的实际困难也没有感触和体会，对行政裁决工作的推进没有提出任何意见和建议，比如邯郸市复兴区；一些地区对行政裁决工作比较重视，该项制度在各市直机关和县（市、区）、乡镇政府及相关部门有实务案例，行使了法定职权，对行政裁决制度的完善和实际运作给出的建议均来自实践，比较中肯，值得借鉴，比如衡水市、邢台市、秦皇岛市青龙县、保定市定兴县。

第二，有效调查问卷多产生于省内各级政府、林业部门、国土资源管理部门、工商行政管理部门。上述四大主体承担了河北省绝大部分的行政裁决工作,受案数据及有效建议多来自这四大主体,其在推动行政裁决制度有效运行方面起到了关键性作用。

第三,行政裁决工作涉及的纠纷囊括了问卷所列的全部纠纷类型,即权属纠纷、侵权纠纷、损害赔偿纠纷、补偿纠纷、知识产权纠纷、民间纠纷、其他纠纷。剔除了空白问卷和存疑问卷之后,经统计,被调查对象填写行政裁决案件类型属于权属纠纷的共计183份、属于侵权纠纷的共计54份、属于损害赔偿纠纷的共计43份,属于补偿纠纷的共计77份,属于知识产权纠纷的共计28份,属于民间纠纷的共计75份,属于其他纠纷的共计87份(见图1)①。

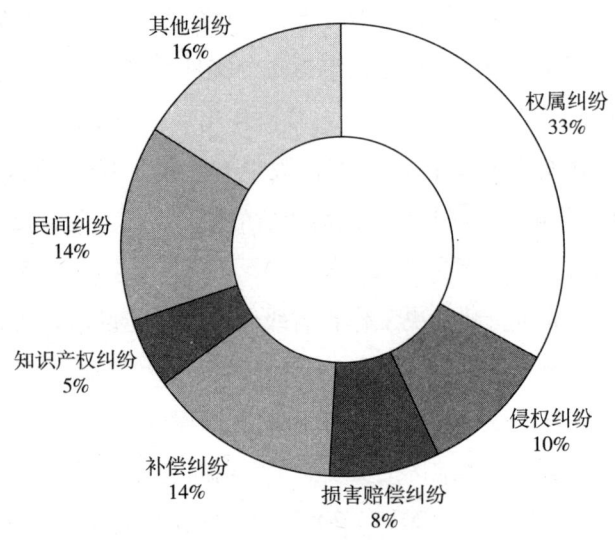

图1 行政裁决纠纷类型比例分布

第四,行政裁决工作所依据的法律、行政法规、地方性法规、部门规章、地方政府规章、规范性文件等基本符合前文所梳理的行政裁决"授权性立法"与"实施性立法"的范畴,但也有一些被调研单位所提及的法律依据与行政裁决制度无关。比如:衡水市安平县人民政府在回答调查问卷第

---

① 数据部分设计的是多选选项,故总数大于问卷总份数。

3题"涉及本部门或本级政府行政裁决工作的法律有_"时,填写了《公证法》《律师法》,这两部法律显然与行政裁决制度的关联性不大,并非行政裁决权的法律来源,也并非行政裁决工作的实施依据。又比如:邯郸市公安交通警察支队在回答调查问卷第3题"涉及本部门或本级政府行政裁决工作的法律有_"时,填写了《中华人民共和国道路交通安全法》,而该法并没有涉及行政裁决的法律条文。再比如:衡水市地震管理办公室在回答调查问卷第3题"涉及本部门或本级政府行政裁决工作的法律有_"时,填写了《中华人民共和国防震减灾法》,该法也没有涉及行政裁决的法律规定。上述被调研单位所填写的自身日常工作中涉及的法律规定与行政裁决工作无关,反映出其对"行政裁决"的概念存在认识错误,对该项工作的理解存在一定偏差。

第五,行政裁决机构设置与人员配备方面,剔除空白问卷和存疑问卷之后,结果显示设置了专门行政裁决机构的被调研单位共98个,未设置专门行政裁决机构的被调研单位共163个;行政裁决人员具有相关专业知识的被调研单位共153个,没有相关专业知识的被调研单位共108个。[①]

第六,近三年(2013~2015年),上述机构和地方启动行政裁决程序的案件共899件,裁决作出后当事人提起民事诉讼的共29件;提起行政复议的共43件,其中导致行政裁决结果发生改变的共4件;提起行政诉讼的共44件,其中行政机关败诉的共10件,因此导致行政裁决结果发生改变的共4件。作为行政裁决救济途径的民事诉讼、行政复议、行政诉讼的启动比例如图2所示。

第七,剔除了空白问卷和存疑问卷之后,上述各地各级政府及职能部门认为其行政裁决工作遵循了统一程序的问卷共有109份,占总数的41.8%;认为行政裁决工作无统一程序的问卷共有152份,占总数的58.2%。问卷显示,被调研主体认为行政裁决程序中启动程序需要改进的122个,主管与管辖制度需要改进的122个,告知制度需要改进的83个,回避制度需要改

---

① 数据部分设计的是多选选项,故总数大于问卷总份数。

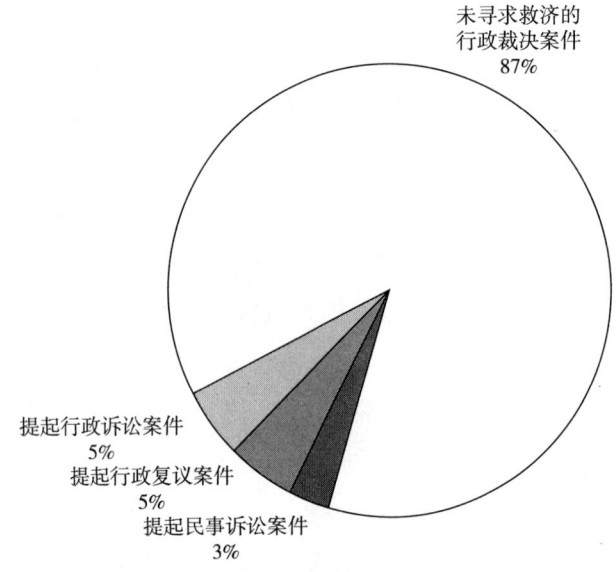

图 2　行政裁决各类救济制度启动比例

进的63个，听证制度需要建立并完善的106个，时效制度需要建立与完善的114个，证据制度需要改进的115个，执行制度需要改进的179个。一线行政裁决机关反馈的、行政裁决程序需要加强的各个环节数据如图3所示。

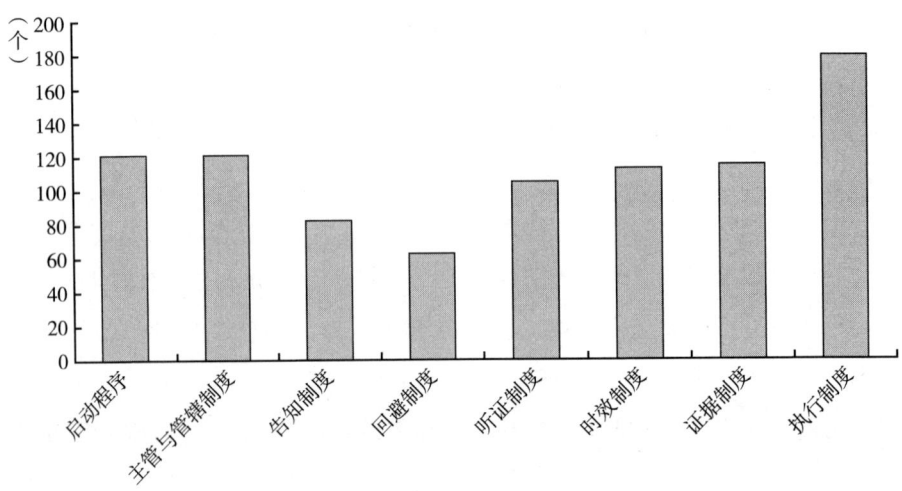

图 3　行政裁决程序有待完善的各环节数据

二 河北省行政裁决工作存在的主要问题

通过对河北省行政裁决工作现状的梳理，笔者发现了其中存在的一些问题。

1. 行政裁决主体、公众对该制度的认同度不高

从近三年来（2013~2015年）河北省各级政府、职能部门行政裁决的案件数量上来看，行政裁决制度的启用率不高，很多有权主体甚至对该制度出现了"零启动"的现象。比如邯郸市工商行政管理局、邯郸市曲周县林业局、衡水深州林业局等。制度启动率低，一方面反映了行政裁决主体对该制度欠缺偏好，另一方面也反映了纠纷当事人对该救济方式的认同度不高。在调研中，有的行政裁决主体提出还要进一步缩减行政裁决的受案范围，比如沧州市青县人民政府、保定市顺平县高于铺镇人民政府。行政裁决的立法总体上呈紧缩的态势，在此基础之上行政裁决主体还在主张进一步缩减该制度适用范围，可见制度运作不畅，效果不好，一线工作人员本身对启用行政裁决制度欠缺热情。有的地方直接指出当事人对政府的裁决结果持怀疑态度，比如保定市顺平县安阳乡政府，久而久之必然削弱当事人对行政裁决制度本身的信心。如何有效提升行政裁决主体和当事人对行政裁决制度的认同感是一项重要课题。

2. 行政主体对行政裁决制度的认识存在偏差

行政主体自身对行政裁决概念的内涵与外延、行政裁决与其他相关行政行为的区别、行政裁决的权力来源、行政裁决的主体的适格、行政裁决的纠纷类型、行政裁决的受案范围等都存在认识不清的问题。

（1）一些本身不属于行政主体的单位也参与了相关问题的调查，反映了其对"行政裁决"的概念认识不准确。比如中国人民银行廊坊市中心支行、国网冀北三河市供电有限公司、邯郸市供销合作社，其都不具有行政主体资格，自然不涉及行政裁决权的行使问题；再比如廊坊永清县法院，其属于司法机关，不涉及行政裁决权的行使问题。

(2) 一些行政主体对自身行使的职权的性质存在认知错误，将其与"行政裁决"制度相混淆，因此提供的数据不准确，不能全面反映行政裁决工作实际。比如廊坊市永清县公安局提供的数据显示2013~2015年度其处理行政裁决案件755件，而其法律依据是《中华人民共和国治安管理处罚法》《中华人民共和国道路交通安全法》等，这就很有可能是将其日常行使的行政处罚权与我们所研究的行政裁决制度相混淆了，该行政主体给出的数据不能被采纳。廊坊市公安交警支队提供的数据显示2013~2015年度其处理行政裁决案件达到了5.4万件，而其法律依据也是《中华人民共和国道路交通安全法》等，如此庞大的数据，再加之法律、行政法规并未赋予交警支队行政裁决权，我们认为廊坊市公安交警支队对何为行政裁决制度认识不清，很可能是将行政裁决与其职权范围内的行政确认、行政处罚行为混为一谈了。又比如邯郸市峰峰矿区农业局将其日常进行的"农业机械事故损害赔偿调解"工作归入行政裁决。再比如邯郸市邯山区人力资源和社会保障局、邯郸市成安县人力资源和社会保障局提交的问卷显示其在2013~2015年处理的行政裁决案件分别是63件和27件，而通过查询相关立法并对照其提交的意见和建议可以推断，上述主体将劳动争议仲裁与行政裁决相混淆。这就出现了"无行政裁决权的主体认为自身具有行政裁决权"的情况。

(3) 一些行政主体对行政裁决事项的具体性质归属不明确。比如在梳理行政裁决工作涉及的纠纷类型时，有87个主体选择了"其他纠纷"这一项，占纠纷类型总数的15.9%。这些数据中就存在着以下三种情况：一是行政裁决主体对其处理的纠纷性质判断不清，直接将其归入"其他纠纷"的范畴；二是不同地区的同一机构对自身日常裁决的纠纷的性质认识不一致，譬如有的认为是"知识产权纠纷"，有的却归入"其他纠纷"；三是本身无行政裁决权的主体将其职权涉及的纠纷与行政裁决纠纷混同，含糊归入"其他纠纷"的范畴，譬如廊坊市教育局、廊坊市人力资源和社会保障局。纠纷的性质不同，行政裁决的主体、手段、程序等都有细微差异，对纠纷性质的含混认识，不利于行政裁决工作的有效开展。

(4) 不同地区的同一机关在对其是否具有行政裁决权的问题上出现认

识差异。比如，廊坊市民政局认为其具有行政裁决权，而邯郸市曲周县民政局认为其没有该项权限；衡水市枣强县司法局认为其具有行政裁决权，而衡水市司法局、邯郸市邯山区司法局认为其没有该项权限；邯郸市磁县农牧局认为其具有行政裁决权限，而邯郸市曲周县农牧局认为其没有该项权限。

3. 行政裁决机构欠缺独立性和中立性，对行政裁决人员执业资格欠缺刚性约束

如前文所述，许多行政裁决主体并未设置专门的行政裁决机构，这也在一定程度上反映了行政裁决制度的受重视程度不够、附属性强的特征。近年来随着公务员入职资格的不断规范，一线行政裁决人员的执业水平有所提升，但行政裁决制度作为一项"准司法性质"的纠纷解决规范，对行政裁决人员的自身条件提出了更高的要求，比如需要对相关法律规范熟悉并运用自如，需要对行政裁决事项非常明了，需要对制度的程序性有足够认知等。遗憾的是，河北省至今没有刚性规定来提高行政裁决人员的准入门槛。

4. 行政裁决制度程序性不强

调研发现，当前大部分行政裁决工作欠缺程序性。如前文所述，我国目前没有统一的行政裁决程序法，各地方的相关立法工作也并不活跃。具体到河北省，只有邢台市在出台的《行政程序规定》第五章第四节中对行政裁决程序有所规制，但细致研读，我们可以发现无论是在法条的数量还是质量上都还存在不尽如人意之处。在实务工作中，行政裁决程序的随意性很大，有的机构适用，有的机构不适用；有的机构适用这种程序，有的机构适用那种程序；甚至同一机构针对相同的纠纷适用不同程序。总体而言，实践的状况是要么没有程序可言、要么各自为政，参照其他行政程序开展行政裁决工作。欠缺统一、稳定的程序规制导致行政裁决结果的不确定性增强，这不得不说也是公众对该制度认同度不高的重要原因之一，同时也极大地降低了该制度的效率。富里兰德曾研究表明"一个不公正的程序会导致严重违抗，或者是阳奉阴违、敷衍了事，这种违抗或不合作还会因为某种权利的专横行使而加剧。"行政裁决的启动程序、主管与管辖制度、告知制度、回避制度、听证制度、时效制度、证据制度、执行程序等各个方面都有可以提升的空间。

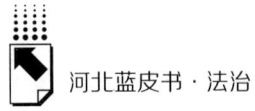

5. 行政裁决救济途径不畅

基于前文的调研数据，我们发现在实践中被启用的行政裁决救济方式主要有民事诉讼、行政复议、行政诉讼三种。近三年来，每种救济方式都有被启用的数据，但与行政裁决案件的总数相比，其比例都非常低。三种救济方式相比，行政诉讼与行政复议的启用频率相对较高，民事诉讼次之，但真正通过救济途径改变原行政裁决结果的却寥寥无几。当然，启用行政裁决救济制度的案件数量多少和推翻原行政裁决结果的案件数量多少并不能够必然地推断出行政裁决救济途径的畅通与否，这里还存在着行政裁决水平较高、裁决结果被公众信服或当事人对权利救济的认知水平较低，没有进一步寻求权利救济的可能。但不可否认，前文的数据结果也必然存在着以下可能：行政裁决救济方式的法律规定含混，立法不严谨、不科学，究竟应该采取何种救济方式不明确；寻求民事诉讼救济，对行政裁决的公定力完全无视，且无法纠正行政裁决行为自身的违法性；公众依据既有经验抗拒"民告官"；提起行政诉讼当事人胜诉概率不大；寻求行政复议救济存在"自体审查"之虞等。

三 河北省行政裁决制度的完善路径

基于对河北省行政裁决工作的调研，我们深刻挖掘了现行行政裁决制度面临的种种困境，为了进一步疏通该制度的发展路径，真正发挥其制度优势，为河北省行政裁决工作的推进乃至该制度在全国范围内的演进提供思路，提出以下建议。

（一）完善行政裁决相关立法

1. 行政裁决的"授权性立法"应限定在法律层面，剔除行政法规与规章的相关立法权限

这一方面是由于行政裁决制度设计的初衷是分流部分本应由司法机关裁决的民事案件，这里涉及授权行政机关替代行使司法机关职权的问题，这种授权只能由法律来设定，即由最高立法机关、权力机关全国人大授权，否则

会混淆权力的边界；另一方面是由于行政裁决权是赋予行政机关的权限，由行政法规、规章设定的话难逃自设权力之嫌，公正性、合法性、合理性都不能得到保证。行政裁决"授权性立法"的法律渊源限定在法律层面，这提升了其立法层级，它既有赖于国家提升对该制度的重视程度，广泛调研、试点运行，自上而下推动立法相关活动，也有赖于地方积极开展实践探索与创新，形成经验，自下而上推动立法动议的形成。

2. 国务院、各部门、各地方积极推进行政裁决的"实施性立法"工作

提升"实施性立法"的法律位阶，有条件的省市直接制定地方政府规章，而不是仅仅停留在"规范性文件"的层面。此外，基于调研发现的问题，我们强调增强"实施性立法"的可操作性，行政裁决制度的实际运转问题绝不是几个条文就能够解决的，切忌立法笼统、原则，并应着重关注程序性规制的设计。此外，行政裁决的"实施性立法"应紧贴各部门、各地方的行政裁决工作实际，从实践中来，能够回到实践中去，并能接受实践的检验，切忌单纯效仿其他部门、地方的相关立法，甚至直接搬抄相关立法。

3. 以立法形式拓宽行政裁决的受案范围

基于我国深刻转型期的大背景，也基于多元化纠纷解决的大趋势，同时基于行政裁决制度自身的制度优势，我们认为行政裁决的受案范围不仅不应该缩减，反而应该进一步拓展。近年来，行政裁决制度的发展日渐式微，应该说与立法不断缩减其受案范围不无关联。行政机关对特定民事案件"以调代裁"固然可以规避被诉的风险，但"因噎废食"，人为阻断行政裁决制度的运行，忽视了该制度在特定领域的优势，有惰性行政之虞，也封阻了当事人在这些领域的民事权利救济途径。鉴于此，我们主张在保留现有行政裁决权限范围的前提之下，在环境保护、消费者权益保护、医疗事故、交通事故、物业管理等领域以立法形式恢复或新增行政裁决权。上述领域民事案件多发、频发，且均与行政管理活动紧密相关，涉及面广，带有公益性质和示范作用，对相关政策的形成和落实具有重大意义。

4. 规范法律术语，统一在相关立法中明确使用"行政裁决"字样

无论是行政裁决的"授权性立法"还是"实施立法"均应统一使用

"行政裁决"这一法律术语,修正以往"裁决""裁定""决定""处理"等多种法律术语混杂的局面。立法上表述的含糊、不严谨,极易造成实践中的认知偏差。因为法律术语使用不规范,一些行政机关把本质上属于行政裁决范畴的规定做否定解释,产生权力推诿;而另一些机关却把本质上不属于行政裁决范畴的规定做肯定解释,产生权力包揽。比如,河北省邯郸市涉县水利局认为《中华人民共和国水法》第56条是其行政裁决工作的法律依据,这就与该法条使用了"裁决"这一法律术语不无关系。而这里的"裁决"是指上一级政府对不同行政区域之间发生的水事纠纷的裁断,不同于一般意义上的平等民事主体之间的民事争议,它涉及行政区划和行政管理的相关问题,本质上并不是对传统民事争端的解决,因此并不属于行政裁决的范畴。地方行政机关,特别是基层行政机关极易对此类法律规定产生错误认知,这也是调研中很多行政机关反映的其自身对行政裁决相关规定就有模糊认识的表现之一。

(二)确保行政裁决机构与人员的独立性、中立性

行政裁决机构与人员的独立性、中立性直接关系着行政裁决结果的公正性,也关系着当事人对行政裁决结果的信服程度,进而关系着公众对行政裁决制度的认可程度。在对河北省进行的调研中我们发现大部分行政裁决机关没有设置专门的行政裁决机构,行政裁决工作由一般行政管理人员来完成。特别是一些乡镇基层政府,一般不设专门的行政裁决机构。比如,廊坊市安次区北史家乡政府就指出:"行政裁决工作基本都是各行政科室按分管业务范围独立进行的。"这种现象并不是河北省所特有的,而是在全国都较为普遍。行政裁决机构和人员独立是该制度发展的世界趋势,英国的行政裁判所制度与美国的独立管理机构制度等都给予了我国重要的启示。但我们认为,基于我国的政治体制,域外的经验需要在我国进行本土化的设计,不可照搬。笔者主张我国当前现实的做法应该是:有权机关内部要设置独立的行政裁决机构,最低的限度是与行政机关的其他执法机构实现分离;在诸如土地、林地权属纠纷等受案率较高的领域组建专门的行政裁决机构,其人事、

经费等方面相对独立，效仿集中审批制度，集中处理一定行政区域内的同类行政裁决案件；行政裁决人员不得兼司其他行政管理事项。

（三）行政裁决人员实行执业准入制，加强职业培训与考核，完善奖惩制度

基于行政裁决的"准司法行为"性质，行政裁决人员必须通过国家统一司法资格考试，并经过行政裁决机关统一的业务培训、考核合格方能执业。将对行政裁决人员的业务培训制度化，法院、上级行政裁决机关、各级政府法制机构要定期对行政裁决人员进行譬如法制宣讲、业务指导、经验交流等形式的业务培训。对成绩突出的行政裁决人员予以通报表彰和其他形式的行政奖励；对敷衍塞责、不履行、不当履行行政裁决权的工作人员将上述情况计入其个人绩效考核体系，造成严重后果的，给予行政处分。

（四）增强行政裁决的程序性规制

加强程序性规制是行政裁决制度得以顺畅推行的重要途径。我们可以将行政裁决程序区分为"简易程序"与"普通程序"两种，对于事实清楚、证据确凿、权利义务关系明确、争议不大的纠纷，可以由行政裁决机关在进行简单调查的基础上，直接采取简易方式进行裁决；对于其他纠纷，参照《民事诉讼法》对民事普通程序的相关规定进行行政裁决程序制度构建。基于对河北省的调研结果，我们主张需要重点架构以下行政裁决程序制度。

1. 行政裁决的启动与受理制度

行政裁决只能依申请启动，类似于民事诉讼中的"不告不理"。当事人申请启动行政裁决程序，可以书面申请，也可以口头申请。当事人书面申请的，要向有权机关递交《行政裁决申请书》及相关证据、材料；当事人口头申请的，有权机关要制作《行政裁决申请笔录》。行政裁决机关在收到当事人申请之日起5日内要对申请及相关材料进行初审，符合下列条件的应当受理：①申请人是案件适格的当事人或其法定代理人；②有明确的被申请人；③该民事纠纷属于法定的行政裁决案件范围；④该案属于本行政机关管

辖；⑤有明确具体的行政裁决请求、事实和理由。对于不符合上述条件的不予受理并应通知当事人，告知其理由。对于单纯是申请书存有瑕疵且可以补正的，行政裁决机关应当加以释明，可责成申请人限期补正后再提交行政裁决申请。

2. 行政裁决的主管与管辖制度

行政裁决机关的案件主管范围严格遵循现行法律的限定，行政裁决机关不能超越立法授权自行裁决，也不能无视立法授权推诿责任。对于行政裁决机关超越或推诿主管权限的行为，当事人可以向其上级行政机关申诉，也可以在提起民事诉讼的过程中附带提起行政诉讼。比照《民事诉讼法》关于级别管辖、地域管辖、专属管辖等规定构建行政裁决的管辖制度。两个以上行政机关对管辖有争议的，由其协商处理；协商不成的，报共同的上一级行政机关法制部门或者政府法制机构指定管辖机关。两个以上行政机关均有权管辖的，由最先收到行政裁决申请的行政裁决机关管辖。对涉及多个部门的矛盾纠纷进行行政裁决的，由政府法制机构指定的部门主办。

3. 行政裁决的释明制度

释明制度是民事诉讼中的一项基本制度，它的本意是指在当事人主张不充分、不正确或者当事人误以为自己提出的证据已经很充足时，主审法官行使释明权，就案件在事实和法律上向当事人进行必要的提示和讲解，使当事人能够有一个改正、补充和充分陈述案件事实及法律的机会。释明制度一方面能够确保双方当事人的地位平等，平衡双方一系列天然差异；另一方面能够提升司法效率，体现法官在诉讼中的地位与职能。在行政裁决中，行政裁决主体与当事双方的关系和民事诉讼中法官与当事人的关系有一定相似度，建议在行政裁决制度中引入释明制度，赋予行政裁决主体释明权。行政裁决中的释明内容包括：①对行政裁决制度概念与性质的释明；②对行政裁决工作相关事项如行政裁决人员、时间、地点等的释明；③对当事人双方权利义务的释明；④对时效的释明；⑤对与此次行政裁决有关的法律、法规、政策以及相关行政管理信息的释明；⑥对行政裁决与其他纠纷解决途径之间关系的释明；⑦对行政裁决救济途径的释明。行政裁决主体进行释明时要注意对等释明、公开释明、法定释明、适度释明。

4. 行政裁决的时效制度

行政裁决具有"准司法行为"性质，它与司法行为相比具有更加快捷、高效的制度优势。因此，我们在设计行政裁决的时效制度时一方面要仿效诉讼时效的相关规定；另一方面还要注意其对"效率"的特殊价值追求。行政裁决的时效制度设计要包含：行政裁决机关收到行政裁决申请之后的审查期限，可以设计为5日；受理之后向被申请人送达行政裁决申请书副本或行政裁决申请笔录复印件的时限，可以设计为5日；被申请人收到上述文书之后向行政裁决机关提交书面答复和相关证据、材料的时限，可以设计为10日；行政裁决机关收到被申请人提交的书面答复后5日内将其副本送达申请人；行政裁决的时限，可以仿照行政复议制度设计为60日；如遇特殊情况，不能在60日内作出行政裁决的，经行政裁决机关负责人批准可以延长30日；仿照《民事诉讼法》，设计行政裁决时效的中止、终止事由。

5. 行政裁决的听证制度

在案件事实不清、影响重大的行政裁决案件中适用"非正式听证制度"。所谓行政裁决的"非正式听证"是相对于"正式听证"而言的，它是指作出行政裁决时，只需给予当事人口头或书面陈述意见的机会，以供行政裁决机关参考，行政裁决机关必须基于记录作出裁决的程序，这种听证也被称为"辨明型听证"或"陈述型听证"。之所以设计行政裁决的"非正式听证"制度，一方面是由于在一些重大复杂，涉及当事人人身、财产较大利益的案件中需要给予当事人陈述与申辩的机会，在此过程中既可以让当事人双方辨明事实与法律问题，也可以帮助行政裁决主体进行理性裁决；另一方面是由于与"正式听证"制度相比，"非正式听证"制度更加灵活、高效，符合行政裁决制度的设计初衷。在设计行政裁决的听证制度时需要强调：①听证程序并非所有行政裁决案件的必经程序；②听证程序依当事人的申请而启动；③除涉及个人隐私、商业秘密、国家秘密的案件外，听证过程一律公开；④听证过程中，行政裁决机关要保持中立，但要积极行使释明权。

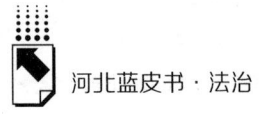

（五）构建民事附带行政诉讼的行政裁决救济制度

对于行政裁决的救济方式可以分为行政救济与司法救济两类。其中，行政救济一般包括了行政裁决机关的重新裁决和行政复议。行政裁决制度的"准司法行为"性质决定了该制度的设置以高效化解某类特定的民事争议为侧重点，因此容易造成案件循环不绝的行政裁决机关内部的重新裁决和以修正行政行为偏颇为目标的行政复议制度都不适合成为行政裁决的有效救济方式。

关于我国行政裁决的司法救济应该采取何种模式的问题，主要的观点包括了行政诉讼说、民事诉讼说、行政附带民事诉讼说、民事附带行政诉讼说、当事人诉讼说等。各种司法救济途径的优劣在许多著述中都有所阐释，此处不再赘述。在对各类诉讼模式进行比较甄别和对我国诉讼理论、行政观念、体制背景进行深刻思索之后，我们认为以民事附带行政诉讼完成对行政裁决的司法救济最能贴合行政裁决的制度定位，也最能破解该制度推进过程中的障碍。

民事附带行政诉讼可以视为对日本"形式当事人诉讼"的一种修正，是对外来制度进行本土化设计的一种尝试。

首先，在民事附带行政诉讼中，诉讼的实质被明确界定为民事诉讼，原、被告为原民事争议的双方当事人，这就在很大程度上能够消除行政裁决主体的被诉恐惧，为其积极、高效地行使行政裁决权去除障碍。英国著名大法官丹宁勋爵曾有精辟论述："任何以法官在行使其审判权时的言行对法官进行的起诉都是不成立的。对受害一方的补救办法是向上诉法院提出上诉或者申请人身保护状，要不就申请再审令或调卷令，或者采取此类步骤以撤销法官的判决。当然，倘若法官受贿或者哪怕有一点点腐化行为，或者法官滥用司法程序，那它将受到刑事法庭的惩处。但除此以外，因为它应该能够完全独立地履行职责而无须瞻前顾后。绝对不能弄得法官一边用颤抖的手指翻动法书，一边自问：假如我这样做，我要负赔偿损害的责任吗？"虽然上述论断针对的是诉讼中的法官，但对于行政裁决这一"准司法行为"同样适用。诉讼性质的明确界定相对于"形式当事人诉讼"来讲,更加易于突破传统诉讼理念的障碍。其次,民事附带行政诉讼可以消除"形式当事人诉讼"无法跨越的"行政诉讼被告恒定"的理论障碍。"形式当事人诉讼"的目的在于解决对等者之间产生的"公法"上的法律关系的争议。依照我国《行政诉讼法》的相关规定,行政诉讼的被告恒定为行政主体,其他公民、法人或者其他组织不可能成为行政诉讼的被告。由此,解决公法争议的诉讼以原民事争议的相对方为被告,这就造成了"形式当事人诉讼"与我国诉讼理论的矛盾。民事附带行政诉讼与"形式当事人诉讼"一样在同一诉讼中做到"官了民亦了",提升效率,同时还能克服"形式当事人诉讼"无法契合我国诉讼理论的弊端。

以民事附带行政诉讼救济行政裁决的做法尚停留在理论探讨的层面,笔者对该救济制度的构建是从应然的角度出发的,围绕着行政裁决"准司法行为"的性质,在构建其司法救济制度时强调以下几点。

第一,民事附带行政诉讼的本质是民事诉讼,原民事争议的双方是该诉讼的原被告双方,人民法院在此类诉讼中应当通知原行政裁决机关以第三人身份参诉。行政裁决机关参诉不依附于任何一方当事人,不与任何一方当事人产生共同利益与义务,其只在附带诉讼中对原裁决作出的合法性附有证明义务。行政裁决机关参诉有利于人民法院及时了解案件的事实和掌握其中的专业问题,提高诉讼效率,降低民事争议解决的成本。

第二,民事附带行政诉讼的诉讼管辖问题,应充分尊重当事人的选择权,除了依据民事争议的相关要素确定管辖法院之外,当事人还可以选择在作出行政裁决的行政机关所在地法院起诉。当事人向两个以上有管辖权的人民法院起诉的,由最先立案的人民法院管辖。

第三,民事附带行政诉讼以民事部分的审理为主、以行政部分的审理为辅。诉讼程序以民事诉讼程序的相关规定为依据,只在附带审理行政裁决合法性问题时参照行政诉讼法的相关规定。

第四,由于民事附带行政诉讼要在同一诉讼过程中同时解决民事争议和行政争议,因此在审判组织的组建上可以参照实践中已有的做法跨庭组建合议庭，即可以尝试组建民事行政合议庭，由民事审判庭和行政审判庭审判员共同审理行政裁决诉讼案件。

第五，民事附带行政诉讼中，人民法院享有司法变更权。在认定行政裁决违法、撤销行政裁决后，人民法院可以直接变更裁决内容，即直接对民事权利义务作出重新分配，不必发回原行政裁决机关作出重新裁决，避免"裁决－诉讼－裁决－诉讼"的循环反复，做到高效定纷止争。

第六，民事附带行政诉讼中不必赋予行政裁决机关单独的上诉权。当民事审理完成后当事人接受审判结果时，就视为已经实现了该诉讼侧重解决民事纠纷的初衷，行政裁决机关没有必要再享有单独的上诉权启动二审程序，使得民事争议再次处于不确定状态。

（六）建立、健全行政裁决工作机制

第一，加大行政裁决工作的宣传力度，完成制度培育。充分利用报刊、电台、电视台、各级政府的门户网站、微信公众号等多渠道、多媒介向公众介绍行政裁决这一纠纷解决机制的概念和外延，展示其程序流程、示范典型案例的裁决过程和裁决结果等，使得公众对该制度有所了解、理解，加强引导，进而使当事人愿意尝试选择这一路径化解相关民事纠纷，实现行政裁决的制度初衷。

第二，建立行政裁决案件的定期汇总制度。各级政府法制机构每年要对各部门行政裁决工作有关数据和情况进行汇总统计、分析评估并定期通报，建议编纂典型行政裁决案例汇编。

第三，建议各省、自治区、直辖市法制机构统一编制并下发行政裁决事项目录、行政裁决文书格式文本。

第四，各级人民政府将行政裁决工作情况作为年度依法行政考核的重要内容，纳入政府绩效考核体系，细化考核指标，明确分值权重。对因组织领导不力、责任不到位、工作不落实等导致争议纠纷突出的单位，要予以通报并限期整改。

B.12
河北省地方立法对外交流工作的调研报告

张培林 杨锐 武少霞*

摘 要: 河北省地方立法的对外交流以研究域外不同国家的法律制度为载体,并为河北省地方立法的发展提供借鉴。目前,地方立法对外交流经过长期实践,积累了一些成功经验,也存在着一些突出问题,诸如,地方立法对外交流意识还相对薄弱,对外交流涉及的国家类型有限,立法对外交流人员外语能力亟待提高等。因此,面对新形势、新任务对地方立法工作提出的新要求,应进一步加强地方立法对外交流工作,汲取域外先进的立法理念与立法制度;对外交流计划要与改革决策相衔接;充分考虑到域外法律的本土适应性;全面提高立法对外交流人员的对外交流能力。

关键词: 河北 地方立法 对外交流

一 加强地方立法对外交流的意义阐释与紧迫性分析

(一)加强地方立法对外交流的意义阐释

"法律是治国之重器,良法是善治之前提"。全面推进依法治国,是解

---

* 张培林,河北省人大常委会法制工作委员会副处长;杨锐、武少霞,河北经贸大学外语教学部副教授。

决党和国家事业发展面临的一系列重大问题，解放和增强社会活力，促进社会公平正义，维护社会和谐稳定，确保党和国家长治久安的根本要求。全面推进依法治国是一个系统性工程，其关键就是"必须坚持立法先行，发挥立法的引领和推动作用，抓住提高立法质量这个关键"。其中，地方立法是宪法、法律、行政法规和国家大政方针得以有效实施的有力保障，是解决中央立法不能独力解决或暂时不宜由中央立法解决问题的重要途径所在。地方立法虽然在整个立法体系中所处的层次不高，但却在我国的法治建设和整个国家、社会和公民生活中发挥着重大作用，对于建设中国特色社会主义法治体系、加快建设社会主义法治国家不可或缺。而要提升地方立法水平、充分发挥地方立法作用，除需强化开门立法、提升人员素质、完善立法制度外，还应积极开展地方立法对外交流，其必要性主要体现在以下几个方面。

1. 有助于提升地方立法科学水平

依托立法对外交流，通过学习借鉴已有成功经验和做法，有助于提升地方立法科学水平，这是地方立法对外交流的最大意义所在。在对外交流中，所学习借鉴的内容是全方位的，包括完备的法律规范、成熟的立法技术、先进的立法观念。在地方立法中，如何确保所立的法律规范内容完整、要素齐备，措辞准确、表述严谨，结构合理、简明扼要，对于落实科学立法原则至关重要，这也是我们学习和借鉴域外立法经验的重点。对对外交流成果进行研究和分析，从而运用到地方立法工作中去，是立法中把好质量关的重要途径之一。地方立法对外交流应当将精细化立法、提高立法质量和效率放在首位，重点围绕增强法规的可执行性和可操作性，将提高立法的科学性、针对性、有效性，确保所立法规有效管用，经得起历史、人民和实践的检验作为出发点和落脚点。

2. 有助于促进社会经济发展

随着市场经济的进一步发展，在世界范围内经济全球化成为一个重要现象，而在国内区域一体化的趋势则十分明显。经济基础决定上层建筑，经济全球化、区域一体化的社会经济发展实践反映在立法层面，就是要加强立法交流、提升立法科学水平，反过来促进社会经济的发展。就河北省的地方立法对外交流工作而言，就是要立足于河北省立法工作实际，借鉴发达国家通过法治保障和促进区域经济发展的成功经验，尝试探讨域外和区域内各省市间相关法律法规的借鉴及创新，在此基础上，分析河北省立法工作现状、存在的障碍及其原因，在此基础上完善地方立法工作体制机制，进一步提升地方立法质量。

3. 有助于增强中国特色社会主义法律制度国际影响力

从地方立法的国际交流来看，其有助于促进不同国家和地区彼此法律制度、法律文化的相互了解和认知，进而求得彼此的认同和尊重。而就我国地方立法国际交流而言，其核心毫无疑问是"引进来"和"走出去"相结合。地方立法的国际交流，不仅有助于更好地了解世界先进国家的立法先进经验、更好地参与世界范围的法律制度与文化的比较分析，而且加强交流宣传，有助于增强中国特色社会主义法律制度的国际影响力。就河北省地方立法对外交流工作而言，其关键是要充分运用对外交流中的各种有利条件和丰硕成果，促进河北省法治现代化发展。

4. 有助于深化立法研究

工欲善其事必先利其器。在立法研究中，也要允分重视比较分析方法的运用，这是立法学研究中重要的分析方法。尽管国与国、地区与地区之间文化传统、经济发展水平、法治文明状况存在差异，但是，立法却具有一定的规律性，而国与国、地区与地区类似法律制度的总结，有利于我们迅速借鉴一些先进立法经验、立法技术和具体内容。因此，依托地方立法对外交流，立足经济社会发展和区域经济发展实际，运用比较分析方法，通过学习发达国家、先进地区的成功立法经验、科学制度设计，把握现代发达国家的法制运行规律，不仅有助于推动法治国家建设，而且有助于促进立法研究工作的深入。

（二）加强地方立法对外交流的紧迫性分析

正如上文所述，在全面推进依法治国的战略背景下，加强地方立法对外交流具有十分重要的意义，而从地方立法的工作实际来看，其亦十分紧迫，亟待加强。

1. 立法任务越来越重

习近平总书记指出："凡属重大改革都要于法有据。在整个改革过程中，都要高度重视运用法治思维和法治方式，加强对相关立法工作的协调。"党的十八届三中、四中全会确定的改革举措对法律法规的立改废释提出了明确要求，立法工作任务重、时间紧、头绪多。就河北而言，河北省逐步推进京津冀区域协同发展国家战略，需要搭建完备的立法协同机制和制度平台，为形成统一的区域制度框架提供优质的法律支撑，以实现区域内制度的融合、利益的整合。就具体立法任务而言，近几年立法任务逐年大幅增加。2013年省本级立法计划12件，通过8件；2014年立法计划12件，加上上年接转的4件，计划外增加1件，共17件，通过14件；2015年立法计划16件，上年接转3件，计划外增加项目3件，共22件，通过14件；2016年立法计划12件，上年接转8件，计划外增加项目3件，共23件。立法任务的急剧增加，给立法工作带来巨大压力。

2. 立法要求越来越高

地方立法需要不断提高立法质量，缔造良法，为全面推进法治河北建设提供优质的法制保障。当前的很多立法项目涉及深层次矛盾和问题，省委高度重视，社会各界和人民群众对立法工作的关注也在不断增强，利益诉求表现在多个方面，经济领域的发展利益诉求、社会领域的民生利益诉求、政治文明领域内的部门利益诉求、生态文明领域的城市管理利益诉求等，再加上京津冀协同发展的持续推进和京张冬奥会的筹备、雄安新区的开局起步，都迫切需要进一步提高立法质量，增强法律法规的及时性、系统性、针对性、有效性。

3. 立法难度越来越大

随着经济社会的不断发展，利益主体日益多元化，利益格局日趋复杂化，立法过程中统筹协调不同主张和利益关系难度增加。立法过程中，涉及重大事项和重大利益调整的立法项目越来越多，如何协调各种不同的诉求和主张，如何调整地方政府部门之间的利益关系难度也逐渐增加，职责不清、权力交叉情况时有发生。如何在地方立法中进行利益衡量，确定各个部门之间利益的轻重，对各方的利益诉求给予适当的兼顾，是摆在地方立法者面前的一个难题。同时，地方立法工作本土性特点很强，需要对地方利益进行调整，利益诉求的对抗性会越发明显。

4. 立法节奏越来越快

协调推进"四个全面"战略布局、加快推进经济强省法治河北建设等中央和省委重大决策部署，对立法的需求十分迫切，立法资源的有限性与改革实践广泛性、改革工作紧迫性之间矛盾凸显，新形势、新任务对立法效率的要求越来越高。目前，每年的立法数量已经由前几届的每年八九件，上升为每年十四五件甚至更多，经常委会两审通过的法规占比不断提升，相对简单的法规案经常委会一审通过的数量也在增加。

二 地方立法对外交流工作的实践调查

（一）地方立法对外交流工作的现状

相关数据显示，2013年全国人大立法工作中，办理157人次的出国报批、护照、签证手续（全国人大常委会法工委办理125人次，地方人大等外单位人员办理32人次），其中组团出访10个团组81人次，随团出访76人次。出访的国家和主题包括：出访德国、希腊，关于环境保护立法考察；出访德国、瑞典，关于消费者权益保护法律制度；出访德国、匈牙利，关于土地管理法律制度考察；出访德国、奥地利，关于立法程序与公众参与立法交流；出访德国，关于刑事法律有关问题调研交流；出访日本，关于完善立法制度情况调研交流；出访澳大利亚、新西兰，关于社会救助法律制度和立法前评估的有关问题调研交流；等等。

2014年全国人大立法工作中，办理133人次的出国报批手续和外联工作（全国人大常委会法工委103人次，地方人大等外单位人员30人次），包括组团出访13个团组108人，其他随团出访20批25人次。出访国家和主题包括：出访老挝，关于中国专家赴老挝讲学；出访瑞士、奥地利，关于著作权法调研；出访日本，关于立法的理论与实践的培训；出访比利时、葡萄牙、西班牙，关于食品安全法调研；出访德国、法国，关于航道法律制度调研；出访德国、土耳其，关于安全生产法律制度；出访爱尔兰、丹麦，关于专利法律制度调研；等等。

2015年全国人大立法工作中，办理157人次的出国报批、护照、签证手续（全国人大常委会法工委125人次，地方人大等外单位人员32人次），其中组团出访10个团组81人次，随团出访76人次。出访国家和主题包括：出访西班牙、荷兰、瑞典，关于慈善事业法调研；出访英国，关于立法的理论与实践培训——以环境保护立法为例；出访比利时、法国、丹麦，关于电影产业促进法调研；出访老挝，关于中国专家赴老挝讲学；出访比利时、英国，关于著作权法调研；出访德国、葡萄牙，关于民法典和行政诉讼法培训；出访德国，关于个人信息和网络安全调研；等等。

通过以上的数据，我们能够看出：

第一，从立法对外交流内容来看，全国人大立法对外交流涉及的内容广泛，包括环境保护法、消费者权益保护法、土地管理法律制度、慈善事业法、立法程序与公众参与立法交流、立法的理论与实践的培训、刑事法律制度问题、著作权法、专利法律制度、航道法律制度、安全生产法律制度、电影产业促进法、民法典和行政诉讼法、个人信息和网络安全等。而河北省地方立法对外交流内容只涉及大气污染防治、志愿服务、居家养老、老年人权益保障四个方面。

第二，从出访人员的构成来看，全国人大立法交流涉及全国人大常委会法工委和地方人大等考察代表，主要包括部级团、局级团，涵盖行政法、民法、经济法、国家法、刑法、社会法等。而河北省地方立法对外交流大多随全国人大出访或培训，且人员较少，人员结构单一，涉及立法领域较窄。

第三，从立法对外交流形式来看，全国人大的对外交流形式主要以域外法律制度的调研为主，也包括座谈交流、中国专家出国讲学、理论学习与实践培训等其他形式。而河北省地方立法对外交流形式单一，主要以座谈交流为主。

第四，从立法对外交流的地区分布来看，全国人大的对外交流地区主要分布在欧洲等法律制度发展较早的国家，如德国、法国、英国、希腊、瑞典、匈牙利、奥地利、瑞士、比利时、葡萄牙、西班牙、爱尔兰、丹麦、荷兰、瑞典等国家，也包括具有先进法律制度的亚洲国家，如日本等，同时包括大洋洲的国家，如澳大利亚、新西兰。此外，还包括东南亚的一些国家，如老挝以及我国的台湾、香港等地区。而河北省地方立法对外交流只有美国、英国、德国以及亚洲的日本和中国的台湾地区。

（二）河北省地方立法对外交流工作的成效

河北省人大立法对外交流工作，2013年随全国人大常委会法工委赴德国参加立法培训1人次；2015年1人参加全国人大大气污染防治法日本考察团；2016年组团赴美国、韩国访问，关于养老和志愿服务立法4人次，随全国人大常委会法工委赴英国参加立法培训1人次。此外，2013年至今，共分5批45人次，就志愿服务、居家养老、老年人权益保障、大气污染防治等赴台立法交流。

经过多年实践，河北省地方立法对外交流工作已经获得了相应的成功经验。针对当前立法制度的热点性和前沿性问题展开调研和考察，需要调研和考察的主题很多。例如，发挥人大及其常委会在立法中的主导作用，强化人民代表大会的立法职能，围绕省委重大决策部署和深化改革重点提供优质顶层设计和制度安排。因此，在河北省地方立法中需要扩大视野，借鉴和考察域外相关制度，在这方面我们获得了许多成功经验。

2015年9月，省人大法工委赴台湾就大气污染防治立法情况进行了为期7天的考察。先后拜会了"社团法人海峡两岸法学交流协会""财团法人环境与发展基金会"，参访了"台中高等行政法院"、高雄市环保局、花莲市环保局，分别与台中高等行政法院、高雄市环保局举行了座谈，了解了环境公益诉讼的程序与实务，就大气污染防治立法相关情况与台湾有识人士进行了全面深入的交流学习，取得了良好的效果，对河北省开展大气污染防治立法给予多方面的启示。

此外，京津冀协同发展上升为国家战略，对京津冀三地特别是河北省而言，既是千载难逢的机遇，又面临前所未有的挑战，迫切需要积极推进京津冀协同立法，为京津冀协同发展提供法制保障，重点在交通、生态环保、产业等重点领域率先实现突破，需要在加强对外交流中借鉴先进的交通环保产业等立法理念和制度设计。围绕这些重点领域，河北省也进行了对外交流的有益尝试。例如关于生态环保方面的域外考察，2015年5月，河北省人大常委会法工委派员随同全国人大常委会法工委考察团，赴日本学习大气污染防治法律制度，调研全国人大法工委与日本JICA协会合作项目，重点学习日本的大气污染防治法与相关法的概要、大气污染防治法方面的经验，在理论方面学习大气污染防治的基本理念、基本原则及主要制度，并具体考察实践操作层面的问题，就公害调停制度考察大阪市律师协会，参观浮岛太阳能及清洁能源的利用。通过深入的调研，收到了良好的效果，对我们开展相关地方立法予以多方面的重要启示。

三 河北省地方立法对外交流工作存在的问题

本届（2013年）以来相对于以往的年份，河北省地方立法对外交流的数量增多、质量提高，但是，相比较全国人大常委会法工委和兄弟省份来说，河北省地方立法中的对外交流活动还相对较少，地方立法的交流过程中还存在以下问题。

1. 立法对外交流人员的外语能力和水平有待提高

所谓的对外交流，是指不同的国家或地区之间相互学习、借鉴的过程，这涉及不同的语言文化背景、风俗文化习惯、地方风土人情、法律制度规范。而对外交流能力是指不同文化的国家或地区的人们理解、掌握另一种文化的能力，并能够与处于另一种文化的人们能够顺利进行交流。日常的交流方式包括阅读、日常交流、听讲座报告、参与学术会议、参考他国或地区的法律制度等。根据调查显示,地方立法对外交流中,交流人员的外语水平不容乐观,能够熟练掌握外语,能够用外语进行交谈、撰写科研成果的人员极少。当遇到直接涉及立法专业具体领域的外文资料时,很多需要借助于外语翻译,而许多外语翻译并不是法学专业出身,对很多的法律制度语义、立法技术表达都存在模糊不清、词不达意的问题,进而很难深入理解其他国家法律制度的深层含义,更难以把握他国法律文化的实质,一定程度上影响了地方立法对外交流的实际效果。

2. 地方立法对外交流意识相对较弱

众所周知,地方立法对外交流需要广泛参与国际交流,与外国法学专家和法律实务部门展开深入的合作,阅读外文文献以开阔学术视野。然而从河北省实际状况来看,受政策所限,因公出访时间短,培训最长时间不超过20天,出访一般在10天以内,短短的时间只能对考察调研的国家有粗浅的表面认识,无法深入了解和学习。而我们知道,国与国之间法治文明状况的差别,不仅仅是基于直观的法律规范条文的差异,更深层次地体现在法律文化上的差异上,短时间无法把握。因此,如果想深入了解一个国家的法律制度,借鉴其先进经验,有必要增强地方立法对外交流意识,更为有效地引进、吸收、采纳、摄取、同化外国的法律制度。

3. 地方立法对外交流涉及的国家类型有限

从上文调查数据显示,河北省地方立法对外交流的国家主要是一些欧洲法律文明起源较早的国家,今后还应该对有地方立法经验的其他国家或地区开展交流活动。地方立法对外交流中,典型国家的选取,应该贴近这一政策目标。以推进城镇化立法为例,当前世界范围有三种不同的城市化:第一种是欧美模式,以欧洲、美国、日本等为代表的城市化;第二种是欧美日以外的广大亚非拉地区的城市化;第三种是中国的城市化类型。欧美日的城市化可谓又快又好,因此在对外交流中经常成为我们学习参考的对象。但同时,广大亚非拉地区也应该成为我们借鉴的对象,因为广大的发展中国家的城市化建设中,都有许多相似性,其中的经验和教训也需要我们借鉴和汲取,例如印度、墨西哥等地区。

四 加强河北省地方立法对外交流工作的对策建议

面对地方立法任务加重、难度加大、节奏加快的新形势，河北省地方立法对外交流，应当坚持问题导向，探索和创新立法对外交流的新途径和新方法，具体提升对策包括以下几个方面。

（一）着重汲取先进立法制度和理念

党的十八届四中全会指出，要抓住立法质量这个关键。中国特色社会主义法律体系形成之后，现在的主要任务是对法律法规进行完善和发展。正如习近平总书记提出的："人民群众对立法的期盼，已经不是有没有，而是好不好、管用不管用、能不能解决实际问题；不是什么法都能治国，不是什么法都能治好国；越是强调法治，越是要提高立法质量。"那么，立法质量从何而来？优质的立法必须有先进的立法技术作为支撑，这包括宏观的立法预测技术、立法规划技术、立法决策技术，也包括微观的对法律规范的立法技术、立法内容的把握，包括法律法规的卷、编、章、节、条、款、项、目等，也包括目录、标题、序号、括号、附录等的制作技术。在具体的地方立法中，除内容部分的考察外，更需要关于法律的总则和分则的制作技术，关于语言文字运用与处理技术等。社会发展和法律演进的不平衡性决定了法律移植的必要性。同一时期不同国家法律发展是不平衡的，比较落后或后发达国家为了赶上先进国家，有必要及时移植先进国家的某些法律，以保障和促进法治国家进程。立法科学性方面，西方法律文化发展早于我们国家，美国和欧盟取得的成就最为突出，这些国家尤其在立法技术的研究与实践方面比我们国家相对成熟，对外交流中应充分运用这些资源和优势。

（二）科学制订对外交流计划

立法是立法者有意识的活动。地方立法对外交流过程中，需要遵循科学原则，与省委改革决策相衔接，进行前期的立法规划，根据立法目标开展对外交流考察。地方立法是一个系统工程,需要尊重立法规律,克服地方立法过程中的主观随意性和盲目性,尽量减少和避免失误甚至错误,降低立法成本,提高立法质量。因此,河北省地方立法对外交流开始前,需要明确具体地方立法任务,制定调研方案,设定调研目标。也就是说,哪些法规的哪些方面需要对外交流经验,需要提前做出规划,予以科学分析,并在此基础上进行实证研究,为今后做好相关领域的立法对外交流工作奠定基础。

(三) 充分考虑域外制度的本土适应性

地方立法对外交流中需要重点把握的是所借鉴的法律的本土适应性,域外制度的借鉴重要的考量点在于,所借鉴的法律是否具有本土的可操作性和可行性,即能否准确反映本地实际,也就是是否立得住、行得通、可操作、能落地。简单地照抄照搬域外法律制度,等于没有考虑到法律移植的同构性和兼容性。"必须记住法律是特定民族的历史、文化、社会的价值与一般意识形态与观念的集中体现。任何两个国家的法律制度都不可能完全一样。法律是一种文化的表现形式,如果不经过某种本土化的过程,它便不可能轻易地从一种文化移植到另一种文化。"地方立法的域外考察不要有从众心理,更不能人云亦云,别人搞什么,我们就搞什么,重要的在于真正体现地方需求,突出自身特色,因地、因时、因势确定对外交流立法调研设计。比如,城乡建设与管理、环境保护、历史文化保护等方面的立法,欧洲国家走在了世界的前列,可以作为对外交流的重点考察对象。在环境治理方面,英国政府经历了强力治理污染的阶段,河北省环境保护等方面的地方立法就可以将英国作为对外交流考察的对象。

(四) 全面提高工作人员的对外交流能力

对外交流,尤其是深层次的交流,语言和文化是不可忽视的两个重要因素。河北省地方立法对外交流中应该坚持原则、严于律己、真诚待人,既有交流成果,又能树立良好形象,需要全面提高立法对外交流人员的对外交流能力。相关部门可以开展培训,邀请外国法制史专家学者,重点讲授相关国家法制发展的历史以及其背后的法律文化,提前了解相关国家法律的前沿动态,增强立法对外交流人员的学术能力,使立法对外交流人员对即将考察的国家法律制度有一个了解与适应的过程,加强对文化差异的认识和理解。邀请高等院校外国语言类专家学者,重点讲授交际外语,提高立法对外交流人员的语言交往水平,从而提高他们在对外交流中的综合能力。做好新时期的地方立法工作,关键在人、在队伍,拓展对外交流的形式和渠道,坚持考察、研修、讲学、参加国际会议、调研总结于一体,开阔对外交流人员视野,培养造就一支高素质、高学养、高水平的人才队伍是我们立法事业的基础,也是当前新形势下加强和改进地方立法工作的迫切需要。

参考文献

中共中央文献研究室编《习近平关于全面依法治国论述摘编》,2015。
贺雪峰:《城市化的中国道路》,东方出版社,2014。
姚建宗:《法理学:一般法律科学》,中国政法大学出版社,2006。
陈公雨:《地方立法十三讲》,中国法制出版社,2015。
张春生、朱景文:《地方立法的理论与实践》,法律出版社,2015。
石佑启、朱最新:《地方立法学》,广东教育出版社,2015。
朱力宇:《地方立法的民主化与科学化问题研究》,中国人民大学出版社,2011。
刘小妹:《省级地方立法研究报告:地方立法双重功能的实现》,中国社会科学出版社,2016。
周实:《地方立法权限与立法程序研究》,东北大学出版社,2011。
闫锐:《地方立法参与主体研究》,上海人民出版社,2014。
张春生:《地方立法的理论与实践(2015年辑)》,法律出版社,2015。
侯东德:《我国地方立法协商的理论与实践》,法律出版社,2015。

B.13
增加有法治实践经验专职委员比例的调研报告

河北省人大常委会选举任免代表工作委员会课题组*

摘　要： 人民代表大会作为我国最高权力机关，其代表和常委会组成人员一直以来实行的是兼职制，这是由我国基本国情和发展阶段决定的。进入21世纪以来，随着我国经济社会的快速发展和人民群众民主法治意识的不断增强，从全国人大到省级、市级人大相继开展了增加常委会"专职委员"的实践。委员专职化使委员不再受兼职时烦琐的事务、职务困扰，全身心地投入人大工作中，使其有更多的时间深入基层，联系选民，了解群众意愿，更好地代表人民行使管理国家和社会事务的权力。本文就河北省人大常委会增加专职委员比例问题进行了调研，并借鉴外省市的有关经验，提出了具体的建议。

关键词： 河北　法治实践经验　专职委员

《中共中央关于全面推进依法治国若干重大问题的决定》中明确提出："增加有法治实践经验的专职常委比例。"落实中央决定要求，不断提高省人大常委会组成人员中有法治经验的专职委员比例，必将有效促进河北省人大及其常委会职能作用的发挥，有利于推动"法治河北"建设。按照法治

---

* 执笔人：李同义、马丽亚、郑晨曦。

河北 2016 年重要任务主要分工方案要求，河北省人大常委会选举任免代表工作委员会就关于增加人大常委会有法治实践工作经验专职委员比例问题，对河北省市两级人大常委会进行了有针对性的调研。

一　增加人大常委会专职委员的政策法律依据

（一）"专职委员"的概念

对于如何划分地方各级人大常委会组成人员中的专职和兼职委员，目前，在法律上没有明确规定。地方组织法规定，省、自治区、直辖市、自治州、设区的市的人民代表大会常务委员会由本级人民代表大会在代表中选举主任、副主任若干人，秘书长、委员由若干人组成。对于所谓"专职委员"，从广义上理解应该是指专门从事人大工作的人大常委会组成人员。也就是说，专职组成人员由以下两部分组成人员组成：一是在人大机关内有职务、在人大机关外无职务的组成人员，如省人大常委会各工作委员会主任。二是在人大机关内外都无职务的组成人员，他们除了人大常委会委员外，没有其他职务，即通常所称的人大常委会"专职委员"。他们不再像兼职委员那样受烦琐事务和职务困扰，可以全身心地投入人大工作中，更好地代表人民行使管理国家和社会事务的权力。而"兼职委员"通常指在人大机关内无职务、在人大机关外有职务的人大常委会委员。这类常委会组成人员比较多，如党委组织部、宣传部等有关部门负责人，各民主党派、人民团体负责人等。

（二）增加有法治实践经验专职委员的政策法律依据

1. 政策依据

党的十八大报告提出要"健全国家权力机关组织制度，优化常委会、专委会组成人员知识和年龄结构，提高专职委员比例，增强依法履职能力"。党的十八届四中全会通过的《中共中央关于全面推进依法治国若干重大问题的决定》明确提出，要"健全有立法权的人大主导立法工作的体制机制，发挥人大及其常委会在立法工作中的主导作用。建立由全国人大相关专门委员会、全国人大常委会法制工作委员会组织有关部门参与起草综合性、全局性、基础性等重要法律草案制度。增加有法治实践经验的专职常委比例。依法建立健全专门委员会、工作委员会立法专家顾问制度"。这是自党的十三大报告后，在党的代表大会报告和决议中再次将委员专职化作为健全国家权力机关组织制度、加强人大制度建设的重要方面作出的重大决策。这就为增加有法治实践经验的专职委员比例提供了政策依据。

2. 法律依据

1979年，五届全国人大二次会议通过了《关于修正宪法若干规定的决议》和地方组织法，决定在县级以上地方人大设立常委会。地方各级设立人大常委会，就是为了改变过去地方国家行政机关集国家权力机关的执行机关与常设机关于一体的体制，完善地方政权组织体系，实现人大行使国家权力的常态化，使地方国家权力机关能够在闭会期间开展经常性工作。而要开展经常性工作，最现实可行的，就是让一部分人大代表"脱产"驻会担任常委会委员，让常委会委员有更多的时间和精力从事经常性的人大工作。因而，增加专职委员符合设立地方人大常设机构的目标要求。

从法律层面上看，虽然宪法和地方组织法没有明确规定提高常委会组成人员专职比例，但就地方人大常委会所处的法律地位及其性质和作用所具有的法定职能看，提高常委会专职委员比例，在本质上符合宪法和地方组织法的规定及精神。我国地方各级人民代表大会通常一年举行一次会议，且会期有限，大量经常性的工作需要由它的常务委员会主持进行。当前，由于相当一部分常委会组成人员为兼职，很难处理好本职工作与常委会赋予的立法监督等工作任务的关系，从而影响常委会的集体作用和法律职能的发挥。因此，要充分发挥常委会的职能作用，一个关键环节就是逐步提高专职委员的比例。常委会组成人员的专职化，不仅符合宪法和法律的规定，更应看成宪法和法律的内在要求。

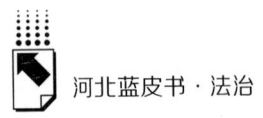

二 增加人大常委会专职委员的实践探索

1982年,时任全国人大常委会委员长彭真在作修宪说明时就提出:"我们要让人大常委会尽量往专职化方面发展。"全国人大设立专职人大常委会委员始于2003年。2003年3月15日,十届全国人大159名新当选的全国人大常委会委员名单中,出现了19名"特别"委员。这些人或是来自政界的司局级干部,或是来自学界的知名学者,他们的共同点是年富力强,具有丰富的经验和法律、经济等专业知识。他们中有10人卸去了各自专业领域有较大影响的职务,将人事关系转到全国人大常委会,被任命为7个相关专门委员会主任委员助理,专门从事立法、监督等工作,而不再只限于参加一年一次的全国人大会议或一年几次的全国人大常委会会议。2008年十一届全国人大坚持这一做法并扩大了"专职委员"的规模。

地方人大也在积极探索实施人大常委会专职委员制度。1998年上海市第十一届人大常委会选举原华东政法学院孙潮教授为专职委员,2000年增为2名,2003年新一届人大常委会中已经有5名专职委员。北京市海淀区人大常委会在2002年首次实行专职委员制度,产生了2名区人大常委会专职委员。2006年12月,北京市海淀区第十四届人大常委会换届后,有7名专职委员,有6名同志是从区政府各部门副处级领导岗位选拔出来的,平均年龄为48.3岁,占常委会组成人员总数的20%。这些专职委员年轻、文化程度高、专业基础牢固,为常委会履职增添了新鲜血液。黑龙江等省市以召开党委人大工作会议作出决定或意见,或者党委批准转发人大常委会党组意见等形式,对人大常委会组成人员中的专职委员应占比例作出了明确规定和要求。

此外,广州、乌鲁木齐、大连、郑州等市人大常委会也都纷纷进行设立专职委员的试点工作,普遍反映效果良好。

三 河北省增加有法治实践经验专职委员的必要性

增加有法治实践经验的专职委员是提高人大常委会依法决策水平,充分发挥立法、监督、人事任免权的重要保证。1980年2月，河北省人民代表大会常务委员会在各设区的市和县（市、区）相继设立后，经河北省第五届人民代表大会选举产生，目前已是第十二届。第十二届常委会于2013年1月由河北省第十二届人民代表大会第一次会议选举产生，由64人组成，其中常委会主任1人、副主任6人、秘书长1人、委员56人。河北省十二届人民代表大会设有法制、财政经济、教育科学文化卫生等专门委员会，根据工作需要，省人大常委会也设有办公厅、选举任免代表工作委员会、法制工作委员会、财政经济工作委员会、教育科学文化卫生工作委员会等办事机构和工作机构。

从省人大常委会近几届情况看，人大常委会专职委员的比例也在逐步提升，十一届人大常委会有16人，专职委员比例为25%，到了十二届人大常委会，截至2015年底，专职委员有22人，占比达到34%；其中，有法治实践经验的专职委员4人，占专职委员比例的18%。但是，在省人大常委会三十多年的发展过程中，尽管人大及其常委会随着国家的发展，履行立法、监督、行使任免权等职能，取得了很大进步，制度建设也不断完善，但随着建设社会主义法治国家进程的加快，仍然存在着兼职委员多、专职委员少，干部委员多、专门人才少，年龄偏大的多、年轻委员少等一些亟待解决的问题。

从河北省人大常委会组成人员的实际情况看，省十二届人大常委会的22名专职委员中有司法实践经验的专职委员数量更少，立法的质量、监督的效果很难保证。随着依法治国进程的加快，特别是京津冀一体化协同发展进程的深入推进，省人大常委会在经济、政治、文化和社会建设中承担的任务更加繁重。要履行好职能不仅需要常委会组成人员有强烈的事业心、使命感，还要有积极进取、勇于担当的精神，还必须有较好的法律、经济等方面的知识和管理经验。这对常委会委员综合素质和知识水平等的要求更高。要提高常委会的议事能力和履职水平，发挥好整体效能，提高专职委员比例更显紧迫。

从国外的经验看，立法机构的议员们不仅是专职的，而且在议会和选区都配备有数十名工作人员或助手。因此，提高人大常委会专职委员比例，增加有法治实践经验的专职委员迫在眉睫。

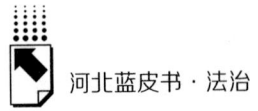

四 河北省人大常委会缺少专职委员面临的困境

(一)不利于人大常委会工作的开展

从河北省情况看,专职委员比例也存在偏低的问题。十一届省人大常委会共有组成人员63人,其中专职委员15人,兼职委员48人;63名组成人员中,有法律专业背景或从业经历的7人,占总数的11%;有财经专业背景或从业经历的8人,占总数的13%。十二届省人大常委会共有组成人员64人,其中专职委员22人,兼职委员42人,专职所占比例为34%。随着省级人大常委会所承担的职责和任务越来越繁重,要成为一名称职的人大常委会委员,需要花费更多的时间和精力来从事人大工作。显然,兼职委员比重偏大给常委会正常开展工作和有效行使职权带来很多不便。

兼职委员一般都有繁重的本职工作,且很多人是单位的主要领导或业务骨干,很难投入较大精力用于人大工作。但随着省人大常委会在行使地方立法权、监督权、重大事项决定权和人事任免权的常态化,人大常委会组织开展的各种调研、视察及执法检查等活动越来越多,兼职委员们的本职工作与人大工作在时间上时常发生"撞车",往往造成开会时请假,参加视察、调研、执法检查等活动较少,有的参加常委会议时,甚至很少发表意见。从实际情况看,有的兼职委员政策法律水平不高,分析问题、解决问题能力较差,语言表达能力欠缺。审议发言时,抓不住问题的实质,提不出建设性的意见和建议。有的兼职委员责任意识不够强,往往把自己的工作岗位看成"主业",把人大常委会的工作看成"副业",认为只要把"主业"抓好了,"副业"好坏也就无所谓了。这必然会影响其履职质量,给常委会的工作带来负面效应,在一定程度上影响了常委会整体功能的发挥。因此,兼职委员过多不利于提高委员的自身素质,不利于委员把主要精力集中到人大工作上来,不利于委员严格依法办事,客观公正地行使职权,不利于更好地坚持和完善人民代表大会制度。

（二）不利于民主政治的发展和推进依法治国目标的实现

以河北省十二届人大常委会委员为例，64名组成人员，全部具有大学本科及以上文化程度，总体上看，文化水平都不低，就知识结构上来看，整体趋同，缺乏角度和独立性，虽然部分人员议政"上水平"，但整体上来看还是"乏合力"。一是表现在知识结构上。目前选配人大常委会组成人员的视野主要局限在党政干部范围内，他们的知识层面、工作阅历、思维定式基本属于同一层次、同一类型，难以构成地方国家权力机关集体议决重大事项所需要的立体式结构。二是表现在专业上。尤其缺乏精通法律方面的人员。以河北省本届人大常委会为例，22名专职委员中，有法律专业背景或从业经历的仅有4人，占专职委员的18%，这种状况难以适应人大常委会依法行使各项职权的需要。三是有法治实践经验的委员少，不利于推进依法治国目标的实现。

五 河北省增加有法治实践经验专职委员工作的建议

（一）认真落实中央关于提高专职委员比例、增强依法履职能力的要求

党的十八大报告要求"提高专职委员比例"，中发〔2015〕18号文件指出，逐步将县级人大常委会专职组成人员比例提高到60%以上。这既是对县级提出的要求，也可以作为对省级人大常委会的要求。落实好中央这一要求将有利于充分发挥国家权力机关在全面推进依法治国中的重要作用。要站在认真落实党中央重大决策部署的高度，提高认识，积极推行人大常委会专职委员制度，增加有法治实践经验的专职委员的比例。

（二）制定专职委员的产生方法

敢于改革，先行先试。加强顶层设计，进一步明确常委会组成人员专职化的任职资格、产生方法、推进进度等，制定具体实施方案，确定任务书和

时间表，以硬性措施推进人大常委会组成人员专职化。党委组织部门牵头，会同编办、财政部门一起研究并出台新的关于人大机关的三定方案，明确人大常委会设专职委员及数量要求。专职委员来自各部门，尤其是从司法部门以及人大机关中遴选。当选为专职委员后，应当与原单位脱离关系，将编制、工资、党关系转入人大常委会机关，其福利待遇由人大常委会机关予以保障。

（三）选配好常委会委员，增加专职委员的比例

推行人大常委会专职委员制度，要明确专职委员既非"虚职"，更不是所谓的"二线"，而是为了适应我国社会主义民主政治建设发展的需要。在选配人员时，既不能把专职委员当作仕途晋升的跳板，也不能把专职委员作为安置党政部门即将退职人员的地方，而是要选拔一批专业结构合理的，尤其是有法治实践经验的人才，让他们能把主要精力放在人大工作上。选任要设立硬标准、严要求，把一些年富力强、有思想且能干事的高学历专业人才选为专职委员可有效发挥他们的专业知识和工作经验。在比例要求上可制订计划逐步将专职委员比例提高到60%以上，有法治实践经验的要达到一半以上。

（四）统筹干部流动机制，使专职委员"能进能出"

把专职委员放在干部调整的大盘子中考虑，建立与政府相关部门干部交流的常态机制。按照地方组织法和公务员法等相关规定，可适当放宽专职委员的职级要求，不一定与正厅级实职挂钩，可以将级别要求放宽到副厅级，明确专职委员与同级党政部门领导和人大常委会内设机构领导人员享受同等行政职级和工资福利待遇。这有利于优秀的年轻干部担任专职委员，促使专职委员能够全身心地投入人大工作中，也便于干部的使用交流。要把人大及其常委会作为强化干部权力来源意识的摇篮，作为培养年轻干部依法行政意识的基地，任期时间上作灵活处理，通过先当"议员"再当"官员"的流程，强化干部的宗旨意识、法律意识。在选拔专职委员时，也要征求人大常委会党组的意见，对适合到党委、政府、司法部门工作的专职委员，也要及时向党委推荐，转任岗位。

B.14
基层法院破解"案多人少"困境的裕华经验

解决"案多人少"问题课题组[*]

摘　要： "案多人少"是困扰许多地方基层法院的一大难题，需要通过对司法权力运行机制做必要的探索和创新来解决。裕华区法院先后探索了婚姻家庭案件特色审判和道路交通事故专业审判模式，试行了民商事案件"1+1+1"审判模式、行政案件"3+2"审判模式，实施了轻刑快判、提高庭审质效的一系列措施。2016年，裕华区法院结合审执规律，积极改革创新，加强审判管理，加强信息化建设，丰富完善特色办案机制，在破解"案多人少"困境方面巩固了成果，具有一定的学习借鉴意义。

关键词： "案多人少"　司法改革　审判模式　特色法庭　裕华法院

随着经济社会的发展，大量矛盾纠纷进入司法领域。但由于管理体制、人员编制、办案机制、司法责任制等原因，一些基层法院的审执人员不能及时、有效充实，如何解决"案多人少"问题成为一个各地法院都不可回避的重大课题。深化司法体制改革，可以解决员额制、司法责任制等体制性问

---

[*] 课题组组长：薛静，石家庄铁道大学文法学院教授、法学研究所所长、硕士生导师；副组长：孔丽华，石家庄市裕华区人民法院法官、审判管理办公室主任；翟玉肖，河北司法警官职业学院副教授、基础教育研究室主任。成员：李松霖、李薇、王琪。

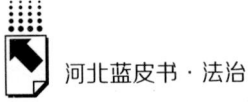

题，同时，基层探索实践的经验做法需要顶层设计时参考，更需要按照法律思维、创新思维深化、完善各种行之有效的审执工作模式，以最优化的体制、机制化解"案多人少"困境。

一 裕华区区位特点与业态特点

（一）老市区与老郊区结合，造成案件种类的多样性、复杂性

石家庄市裕华区地处河北省省会石家庄市区的东南部，区域范围包括老城区东南部一部分，人口成分复杂，文化背景多元，生活习惯各有不同，经济发展差异大，既是老市区与老郊区的接合区，又是市区、城中村与城郊村的接合区。特定的历史人文环境，使得裕华区的民商事案件具有一定的特点。近年来，发达地区的商事案件、老城区和郊区的民事案件以及城乡均有的刑事案件构成裕华区法院受理案件的基本成分。

（二）多种业态聚合共生带来"新兴"案件的多发

裕华区是党政机关、企事业单位的聚集区。近年来，一些行政案件、涉及文化活动的合同纠纷成为裕华区法院受理案件的一个重要种类。

裕华区是省会石家庄重要的交通枢纽集中区。特殊的地理位置和环境特点在带来便利的同时，也出现了交通肇事、交通纠纷、危险驾驶等多种类型案件。

裕华区是居民社区的集中区。由于省会东南方向空气质量较好，地块上新建筑多，城市化使得一大批新建社区先后建成、一批大型社区正在开发。因此，物业纠纷、建筑工程纠纷、集资借贷类案件也成为法院受理案件的一个主要来源。

裕华区是多种新兴业态集中区。在商贸业上，形成了"三圈三区"；在文化产业上，动漫创意、印刷包装、新闻传播、文化、休闲娱乐、教育产业等项目群形成别具特色的娱教综合体，在教育卫生产业上，近20所高校和

一大批名校聚集在这个区,为经济发展提供了有力支撑。一些大中型企业分布于老城区和城乡接合部。近年来,涉高校、涉学生案件呈现多发趋势,医疗纠纷案件有一定数量的增加,与新兴业态有关的治安纠纷、民商事案件、刑事案件也呈现多发、频发的特点。

(三)复杂的社会形势带来一系列的压力

特殊的区位,决定了裕华区法院受理案件的复杂性、多样性,同时也呈现矛盾纠纷总量大、信访形势严峻的特点。尤其是一些涉众型案件,如城中村改造带来的拆迁安置矛盾、拆迁补偿纠纷,民间借贷引发的矛盾纠纷等,一些在其他区域案发的非法集资类案件,也大量涉及裕华区的单位和居民,给案件审执带来巨大的挑战。

二 "案多人少"现实困境及案件审理情况

(一)案件受理数量大幅度增加

基层法院受理案件数量大幅度增加,是近几年各地频频遇到的普遍现象,裕华区法院在这方面尤其突出。据统计,自2012年至2016年的五年间,案件受理数以年均19.4%的比例逐年攀升。其中,2015年比2014年增长了25.7%。2016年共受理了9491件,与2012年相比,增长了141.6%(见图1)。预计2017年将超过万件。从全市区24个基层法院的受理情况比较看,2015年,裕华区法院受理案件总量排在第4位,2016年排名提到了第3位。

从受理案件的类型看,案件增长的主要类型是民事案件。2015年,裕华区法院共受理民事案件5069件,占总收案数的67%,与2014年的3609件相比增长了40%。在民事案件中占比例较大的案件种类,主要集中在借款合同纠纷、离婚纠纷、机动车交通事故责任纠纷、民间借贷纠纷等四类。

如表1所示,2013年,裕华区法院受理的借款合同及民间借贷案件共

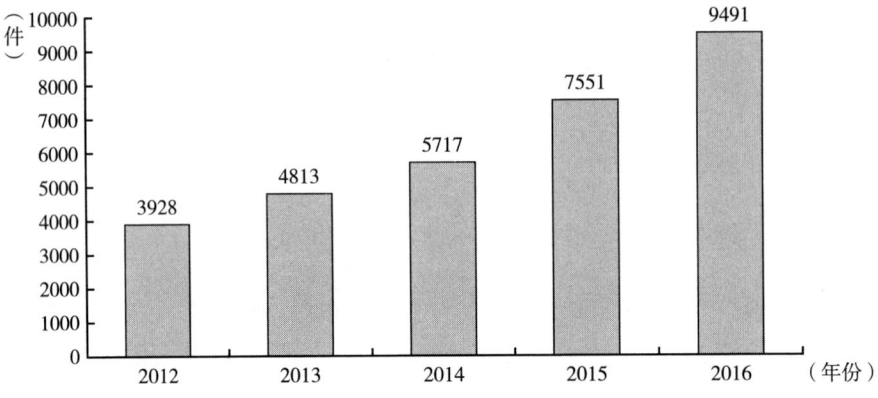

图 1 2012～2016 年法院受理案件情况

计 244 件，占全部民事案件的 8%。比 2012 年受理的同类案件分别增长了 91%、23%。2014 年，借款合同、民间借贷案件分别受理了 275 件、207 件，与 2013 年相比增幅较大，占受理的民事案件的 16%。其中，借款合同案件增长迅猛，与 2013 年相比增长了 220%。2015 年，借款合同、民间借贷案件又有了很大幅度的上升，分别受理了 570 件、421 件，占受理的民事案件的 26%，均呈快速上升趋势。

表 1 裕华区法院新受理四种民事案件的变化趋势（不包括旧案结转的案件）

单位：件，%

项目 案件类型	2013 年			2014 年			2015 年		
	案件数量	占民事案件比重	同比增长	案件数量	占民事案件比重	同比增长	案件数量	占民事案件比重	同比增长
借款合同纠纷	86	3	91	275	9	220	570	15	83
民间借贷纠纷	158	5	23	207	7	31	421	11	91
离婚纠纷	358	11	2	441	14	23	432	11	-4
机动车交通事故责任纠纷	660	20	24	428	14	-35	423	11	-5

从这些数据中可以看出，近几年受宏观经济形势波动较大的影响，民商结合的案件呈多发、高发态势。借款合同及民间借贷案件从 2013 年开

始小幅增长，2014年、2015年案件数量增长快速，尤其是2015年特别突出，受理两类案件高达991件，给办案法官带来了巨大的审判压力。2016年以来，部分借款人由于经营不善，陷入无法"周转"、无力还款境地，导致这两类案件激增。特别是借贷合同案件呈现极强的传染性和扩散性，加上类似案件的法律关系非常复杂，有关金融纠纷立法的相对滞后，给此类案件的及时有效审理带来很大难度，对基层审判工作提出了新的更高的要求。

不仅如此，由于借款合同和民间借贷涉及保全多、送达难等情况，有些案件甚至涉及经济犯罪，案情复杂，清楚明了地查明案情、完整有效地收集证据、准确无异议地适用法律政策的难度大大增加。

（二）法院人员配置增量不足

法院人员编制、流动、晋升问题一直是基层法院面临的实际问题，裕华区法院也不例外。

内设机构调整面临着压力。裕华区人民法院伴随着2001年3月石家庄市的区划调整，由原来的郊区人民法院改建而来，目前设有立案庭、刑庭、民一庭、民二庭、民三庭、行政庭、审监庭、少年庭、执行局及槐底法庭、裕民法庭共11个业务庭室和办公室、政治处、研究室、审判管理办公室、法警队5个综合部门以及纪检监察室共17个职能部门。在2016年度的司法体制改革中，内设机构改革虽然已经有了原则设想，但还未形成可供执行实施的具体方案。

一线办案的审执人员少是最大的压力。2002年机构改革削减编制后，裕华区法院审执人员实有人数长期只减不增。2011年，实有77人；2016年，编制81个，因空编9人，实有72人。业务部门一线法官人员不足一半。2012年一线法官有38名，2013年有33名，2014年有34名，2015年有37名，2016年略有增加，但也只有42名。2016年全省司法改革全面推开，按照法官员额比例，裕华区法院首批法官入额27名。办案数量骤增与办案人员不足形成了巨大的反差。由于队伍老龄化严重，能出任法官助理的人员也寥寥无几，法院审判队伍呈现缺编、缺人、缺员额法官的"三缺"状态，与日益增长的案件工作量不相匹配，成为制约审判质效提升的最大困境。

（三）"案多人少"问题突出

"案多人少"的矛盾显而易见，且逐年严重。法院每年一线法官数量与全年受理案件的比例直线下降，从2012年的9.6‰、2013年的6.86‰、2014年的5.95‰、2015年的4.9‰，到2016年只有4.4‰。"案多人少"使得一线法官不堪重负，直接影响到案件的结案率。据石家庄市中院的情况通报反映，2015年全市基层院平均结案率86.74%，结案率最高的县区院为95.03%，裕华区法院结案率仅为76.17%。2014年、2015年与全市平均结案率均相差10个百分点。如何破解"案多人少"这一问题，一度成为困扰裕华区法院的重大难题。

三 以审判为中心深化改革，破解"案多人少"困境的探索与实践

面对经济社会快速发展、案件数量大幅增长、案多人少矛盾突出、办案压力巨大的新形势，2016年，裕华区法院在继续巩固发扬裕华法院原有经验和成就的基础上，立足本院队伍、案件、管理实际，深入研究分析问题之所在，出台了一系列的举措，从制度建设、机构调整和队伍管理等方面进行了全方位的改革创新。破解"案多人少"的困境初见成效。全年人均结案达到202件，是2012年的2倍。其中，有4名法官结案数超过300件，结案最多的法官共审结395件，年度结案率达到88.95%，比2015年提高了12.78个百分点，结案数量和人均结案比例均达到历史最高值（见图2）。其在提高结案率、提高办案效质等方面的创新经验对河北省其他基层法院具有一定启发意义和参考价值。

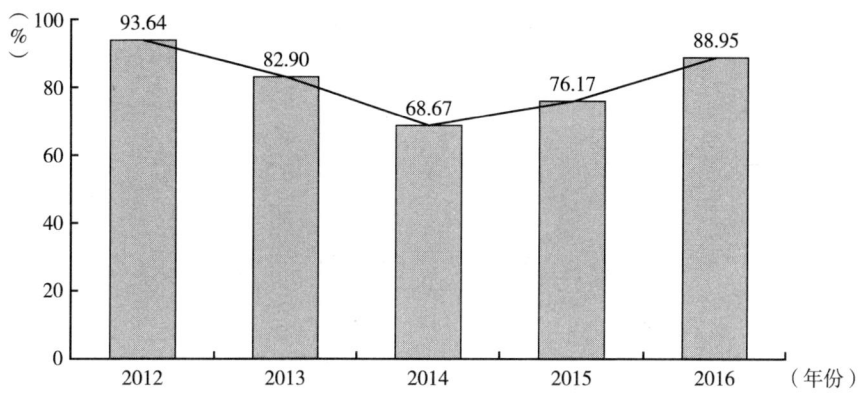

图2 2012~2016年法院结案率情况

（一）坚持夯实基础、抓好重点、破解难点、创新亮点的"十六字方针"

在队伍建设上，从队伍培养、制度建设、专业素质等方面入手，把职业化建设作为队伍建设和法院全面工作的"总抓手"。在重点工作上，兼顾中长期目标，着力追求法院发展的可持续性。在改革措施上，深化办案模式改革，通过司法延伸服务等努力打开思想桎梏、开创审判新局面。在司法成效扩展上，通过专业化审判、特色型模式提升司法能力，彰显了审判的人文关怀，使法院整体的精神面貌、司法能力和审判质效都取得了显著成效。

（二）创新特色审判多种模式

在全国法院实行立案登记制后，裕华区法院践行司法为民宗旨，维护群众合法权益，坚持从人民群众最直接、最关心、最现实的问题入手，探索了民事案件"1+1+1"模式、行政案件"3+2"模式、刑事案件"轻刑速裁"等一系列的特色审判模式。

1. 民事审判"1+1+1"模式

从民商事案件看，2015年法院共受理民商事案件4733件，占全院收案总数的62.68%，结案3340件，结案率仅为70.57%。显而易见，提高法院整体结案率的关键在于提高民商事案件的结案率。针对民事审判采取了一系列措施：将审判任务定量下达到各庭室、各办案人，审管办每周对案件的结案情况进行汇总，主管院领导根据审管办的汇总情况对案件进行督办；成立法官专业会议研讨案件，减少"排队"上审委会研究案件数量，缩短审理周期；推进民事案件简易程序改革，实现瘦身庭审、瘦身判决，审理速度明显加快；增强执行力量，加大执行力度，减少执行积案。这是解决"案多人少"问题的基础。重点推行了"1+1+1"模式，即重新配置审判资源，探索更为高效的审判组合模式，使法官从大量的事务性工作中解脱出来，由一名法官、一名法官助理和一名书记员参加，组成一个个较为固定的审判团队，形成合力办理相应的案件。这是解决"案多人少"问题的突破点和创新点。

裕华区法院推行"1+1+1"审判模式改革的具体做法是：①分工明确，各负其责。在"1+1+1"审判团队中独任法官就像是"火车头"，负责指挥和协调法官助理、书记员，以及整个团队的工作安排、业务指导、各项工作的监督落实以及开庭、撰写文书等；法官助理承担调取证据、主持庭前证据交换、庭前调解、诉前保全、草拟部分法律文书等多种职责；书记员负责庭审准备、记录、案件材料的整理、扫描、装订、归档、案件流程信息的填报等工作。②配合默契，团结协作。以案件的送达为例，一般由主审法官负责第一遍电话送达，这样有利于法官了解被告对诉讼的态度，以此判断案件的难易程度以及是否可以调解。第一遍粗略送达后再将案件分为当事人自取、邮寄、需原告核实被告联系方式等不同情况，由法官助理负责具体落实。对于未送达成功的案件，法官助理再次通知后，由书记员填写送达手续。三个人的工作存在交叉，为提高沟通效率，各自会在卷皮上用便利贴注明案件进展以及需提示其他人注意的情况，便于其他人对案件的了解和处理，极大地提高了工作效率。③注重细节，不留死角。首先，对案件进行梳理分类，根据案件类型和进展的不同阶段、不同情况，分类摆放，便于查询，防止疏漏。其次，注重工作细节。每人准备一个记事本，把每天要做的工作列成清单，程序问题规范、细致，不犯低级错误。此外，除了案件的收结案登记本和上诉移送登记本，还制作了公告案件登记本，对找不到被告的大量借款合同类案件，需要公告送达，为防止疏漏，从当事人何时领走公告到公告何时登报何时开庭均一目了然。④加强学习，提高专业素养。法律的生命在于经验，团队成员各有所长，取长补短，通过阅读、思考、交流与实践积累得来。针对经济社会发展中出现的新案件、新情况、新问题，及时查找资料，检索法律依据，交流办案经验，业务素质不断提高，结案数稳步增加，审判效质不断提升，案件发改率持续降低，取得了"1+1+1"＞3的效果。2016年共审结各类民商事案件5305件。审结交通事故、劳动争议、人身损害赔偿、消费者权益保护等各类涉民事案件3595件，审结商事案件1710件。充分发挥了民事审判定纷止争、化解矛盾，维护公民合法权益，维护交易安全和市场秩序的功能。

2. 行政案件"3+2"模式

发挥行政审判保护行政相对人合法权益、促进行政机关依法行政的功能，裕华区法院探索了行政案件"3+2"审判模式。这一模式是2015年按照河北省高级人民法院《关于印发〈人民陪审员制度改革试点工作实施办法〉的通知》要求进行。具体讲，就是由3名陪审员和2名人民陪审员组成合议庭，在办理行政审判上大大提高了质效。裕华区法院制定了《人民陪审员参审规则（试行）》，从参庭范围、参审程序、评议规则等方面规范人民陪审员的履职行为，成立了人民陪审员改革工作管理办公室。在实现人民陪审工作信息化管理，提高对陪审制度改革的社会认知度，不断完善陪审管理机制以及随机选择、跟踪调研、提供试点经验等四个方面加强和改进人民陪审员工作。2016年完成了人民陪审员第二次增选，人民陪审员增至141名，达到法官额数的4.4倍。全年共抽选人民陪审员2316次，861人成功参审，切实发挥了陪审员的参审职能。

在行政案件审判工作中，院领导高度重视，亲自主导案件办理工作，主管行政审判工作的副院长担任审判长，审理成效得到有力提升。2016年审结行政案件88件，依法审查非诉执行案件122件。

3. 刑事审判"轻刑速裁"模式

充分发挥刑事审判惩治犯罪、保障人权的功能，依法惩治刑事犯罪、维护社会公平正义是裕华法院的一项工作。近年来，裕华区法院审判人员数量和结构没有大的变化，实行员额制后，仍然是3名法官负责刑事审判工作。而该法院受理的刑事案件，每年都以20%左右的速度递增。在犯罪类型上，不仅包括传统刑事案件，还增加了非法集资、诈骗及合同诈骗、危险驾驶、有毒有害食品、职务犯罪、涉毒品等新型犯罪案件。在案多人少、案件复杂的情况下，裕华区法院认真贯彻宽严相济的刑事政策，做到当宽则宽，当严则严。探索出了以审判为中心的"轻刑速判"刑事审判模式。即在坚持以审判为中心的诉讼制度基础上，推进人证出庭制度、庭前会议制度和非法证据排除制度，强化信息化配套管理，刑事速裁，轻刑快判。

公检法联手攻关解决案件流程问题。以审判为中心，与区检察院、公安局一起针对侦查、起诉等审判前程序如何快速、有效地衔接联合制定了《关于严格公诉案件证据审查标准、健全错案防止机制实施细则》，在案件程序性问题及法定证据种类审查标准上作出统一规定，在刑事诉讼整个流程的各个节点明确责任和审查标准，确保侦查、公诉、审判阶段层层把关，避免推诿扯皮，提高庭审质量，最大限度地避免冤错案件，确保公正审判。

通过人证出庭制度确保庭审效果。人证出庭作证是刑事庭审实质化改革的关键，为促进人证能出庭、敢出庭、愿出庭，该院对于存在作证风险的特殊证人，在庭审中采取电子视屏同步作证或者采取遮脸、变声等隐蔽方式解除证人出庭之忧，取得了良好的庭审效果。

实行庭前会议制度和非法证据排除制度，确保庭审高效进行。对于非法集资案件、职务犯罪案件、经济诈骗等证据繁多、疑难复杂案件，在庭前会议和非法证据判处程序上做足了功夫。在开庭前召开庭前会议明确案件焦点，交换证据目录，提交非法证据排除申请和申请出庭证人名单，避免了庭审中证据突袭和举证质证无序，简化庭审流程，确保庭审高效有序进行。排非程序中，法院将其分为庭前说明和庭审调查两个阶段，并明确将排非事项列入庭前会议重要内容，庭前说明与庭审调查阶段有机衔接，对刑讯逼供证据严格审查并予以排除，2015年召开庭前会议25次，启动非法证据排除程序12件，宣告无罪案件4件，保障了当事人的合法权益。

强化信息化配套，刑事速裁，轻刑快判。对于轻微刑事案件，该院根据案件的特点，对于案件事实清楚、证据确实充分、对指控事实无争议的刑事案件适用简易程序审理及轻刑快判程序，同时启动远程视频开庭审判新模式，提高了诉讼效率，避免诉讼拖延，节约了诉讼成本。2016年共审结刑事案件465件，判处罪犯541人。其中，依法审结贪污贿赂类犯罪14件，判处罪犯13人。

（三）专业化审判模式特色鲜明

以特色鲜明的专业化审判模式引领审判工作，提升审判质效，树立司法公信力，成为裕华区法院改革创新的一大亮点。

1. 婚姻家庭特色审判模式

裕华区法院成立了全国首家"反家庭暴力合议庭"，开创了审理婚姻家庭案件的新模式。在"反家庭暴力合议庭"的基础上，及时总结审判经验，拓展审判思路，针对现代婚姻家庭案件特点，在槐底法庭率先成立了"婚姻家庭专业法庭"。

建立了针对婚姻家庭类矛盾纠纷探索特色的工作机制。如建立家事审判"温馨法庭"，将法庭的严肃性和家庭的温馨氛围有机结合，以此缓解当事人紧张和对立情绪，修复家庭创伤，减少当事人对簿公堂所造成的二次伤害。

这一模式的着力点是依靠一系列的制度提升办案质量。如首创了"婚姻考验期制度""离婚风险提示制度""家庭暴力人身保护令""心理疏导和心理干预""家庭财产申报"等配套的办案制度，通过制作"法官调解建议书""情感修复建议书"，倡导当事人正确面对诉讼，理智解决家庭纠纷，最大限度地减少了当事人讼累。这一模式的核心是与有关部门协作形成合力。如在完善诉调对接制度上，与区妇联、区司法局共同出台了《关于进一步健全家事审判合议庭诉调对接机制妥善化解婚姻家庭纠纷的若干意

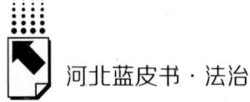

见》；与裕华区公安、妇联、司法等部门联动，探索细化了人身保护令制度，通过《石家庄裕华区人身安全保护裁定实施细则（试行）》做到了规范化运行；在推动家庭暴力告诫制度的出台、运行上，将公安机关的接警记录、告诫书及妇联等部门的申诉接访记录等作为家庭暴力的证据，为执行人身保护令固定证据。

通过设置机构、完善制度、探索创新，裕华区法院有效地破解了婚姻家庭审判中的瓶颈和难题，全庭调解撤诉率从改革前的69%上升到了2016年度的92%，发还改判率降到了1%，创出了自己的特色和品牌。

2. 道路交通事故专业审判模式

针对道路交通事故案件连年多发的趋势，裕华区法院在裕民法庭设立了"道路交通事故专业法庭"，引入道路交通行业专家担任顾问，公布了《道路交通事故纠纷专业审判流程》，在交警大队设立"交通事故巡回法庭"，将诉前调解、诉中审理、判后执行规范起来，强调解、重质量、高效率，取得了良好的社会效果。成立交通事故案件专业审判庭以来，审结案件数增幅达78.6%，案件调撤率增长了147.4%。2011年审结案件435件，调解撤诉211件；2012年审结577件，调解撤诉353件；2013年1~11月共审结案件777件，调解撤诉案522件，调解撤诉率逐年提高，有效化解了矛盾纠纷，案结事了。

（四）司法延伸进基层，"四进服务"少纷争

基层法院处于社会矛盾化解第一线，自然要承担起参与社会管理创新引领者的职责，"司法延伸"是裕华区法院参与社会治安综合治理的创新，其直接效果是将矛盾危机化解在萌芽状态，减少在法院的讼累，客观上缓解了"案多人少"矛盾。

1. 司法延伸到基层，有效减少诉讼案件

司法延伸是基层法院服务社会的一种工作机制，也是新时期缓解"案多人少"问题的有效措施。比如针对受理案件数快速增长、法官队伍受到前所未有的压力，制定了《关于开展司法延伸服务的实施方案》，各庭分包

办事处，定期走访，与辖区基层单位、驻区行政机关建立无诉对接机制，解决可能形成集体诉讼的群体性纠纷，有效地缓解了案件增长幅度带来的压力。对房地产类案件多且多为集团诉讼的状况，城建庭走访了辖区几家大的房地产公司，帮助审查购房合同，提出司法建议，房地产类案件得以大幅度下降；针对交通事故和劳动争议类案件大幅度上升的问题，将司法的触角延伸至辖区大中企业，帮助审核劳动合同，开展法律咨询。

在缓解案件增长幅度的同时，司法延伸服务也增强了法官把握、贯彻法治精神和理念的能力。比如：以强化司法建议为载体，对审判中发现的不规范行政行为和社会管理工作中的漏洞以及群众反映强烈的问题，法官可以以法律人的专业经验和视角向地方政府提出预防和解决的建议，防患于未然，做到了提前预知和及时化解的"无缝对接"，将许多矛盾纠纷解决在法院之外。

2. 树立新理念，"四进服务"网格全覆盖

所谓"四进服务"是指法官将法律专业知识与社会实践相结合，通过"进社区、进高校、进机关、进企业"的四进格局，宣传普及法律知识，提高全社会的法律意识和依法办事的能力，增强行政企事业单位和公民个人的权利意识和责任意识，减少和避免社会争端，推进社会和谐稳定发展。

司法延伸服务不断向规范化、具体化、深层次发展，利用法院开放日让社区群众走进法院，组织旁听参观，加强沟通与了解；以学生为服务对象选择典型案例走进学校，在辖区内的河北师范大学、河北科技大学等大中专院校和中小学校开办法治讲座和法治论坛，培养青年学生崇尚法治的思想意识和法治素养；定期走访行政机关，通过为行政机关举办专题讲座等措施开展法律咨询，参与社会管理；走进循环化工园区等企业，对接企业发展中的法治难题，为企业提供司法延伸的精准服务。此外，按照《裕华区法院门户网站建设暨舆情引导工作管理办法》，通过建立舆情监控台账和重大事项报告制度，运用"舆情秘书"监控软件将监测到的舆情通报所涉部门、人员，并协助业务部门做好处置工作，为化解社会矛盾危机起到了减压阀的作用，在客观上也减缓了法院受案压力。

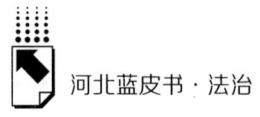

四 以队伍建设和管理为重心，多措并举破解"案多人少"困境

（一）加强队伍建设，为破解"案多人少"困境提供组织保障

打铁还需自身硬。加强队伍建设，提升审判人员素质，提高工作效率，无疑是解决"案多人少"问题重要的组织基础。

1. 建立科学合理的用人机制

裕华区法院对中层干部进行了多次岗位调整，逐渐摸索出具有裕华特色的科学的用人机制。坚持因事定人、量才适用、公开透明、共同提高的用人原则，对每个人的稳定性、适应性、可塑性、适配性、风险性进行综合评估，量才适用。为强化内部监督，先后出台了《廉政档案制度》《诫勉谈话制度》《法官违法违纪投诉中心工作规定》《关于审判人员监督管理的实施意见》等制度，编写了《裕华区人民法院制度汇编》。编发内部刊物《警钟》，对干警进行警示教育。首创了《案件监督卡》和《判后明白卡》，即将"两卡"发放给双方当事人，对案件审理过程实行动态监督，这一举措实现了"从人管人"到"制度管人"的制度转型。

2. 培育深厚的文化底蕴，积蓄人文情怀

打造"书香机关"，营造文化氛围，提高法官综合素养。创办《裕华区法院报》，其以"真实性、原创性、思想性"特色深受干警欢迎。每年编辑一本《跬步集》，汇集干警的作品、论文等，见证法院发展成长历史。为了缓解法官心理压力，丰富法官办案技巧，与专业心理机构合作开设心理咨询师培训网络课堂，开展心理疏导和减压活动，搭建干警学习心理学的平台。

3. 加强职业道德和专业技能培训

以专业化审判为龙头，塑造职业化、专家型法官；强化岗位培训，通过观摩开庭、裁判文书评比等方式，提高审判专业技能；开办"庭长论坛"，充分发挥中层干部的积极性，强化管理意识；开办"法官论坛""法官讲坛"，让学习交流形成习惯,注重实战性、整体性提高;建立学分等级累积制。

4. 规范管理司法辅助人员

司法辅助人员承担着全部书记员职责及大部分后勤辅助工作,是人民法院的重要组成部分。由于政策缺失、管理不规范,这支队伍面临着待遇过低、人心不稳的问题。裕华区法院针对用工方式、权益保障、职业归属、司法责任落实、司法效率和质量保证等诸多问题,加强了招聘培训、管理考核、职务序列、职业保障等各环节的规范管理。对聘用人员进行分类管理,改革工资结构。设置职业序列,各类人员按三级九等序列评定等级并核定工资,结合工作年限、通过技能考核完成了原有人员的等级套改。建立司法辅助人员的工作绩效考核管理制度,促使个人能力提升与单位工作质效提升的良性循环,使司法辅助人员队伍愈加专业化、职业化和稳定化。

(二)加强审判管理,为破解"案多人少"困境提供制度保障

随着审判方式改革的深入推进,裕华区法院在加强审判流程管理等方面进行了积极有益的探索。

1. 加强机构机制建设

成立了由院长任组长的绩效管理工作领导小组,将审判管理工作与新的绩效考评工作有机结合起来;成立了审判管理办公室,对全院审判管理实行动态管理和统筹安排;围绕提升执法办案质量和效率,完善了审判管理新机制。

2. 出台了一系列管理措施

加强了对司法统计信息填报、审限变更、结案报结手续办理、长期未结案件清理四大节点的管控,确保各流程节点环环相扣。以"服务民众、服务法官、服务一线"为审判管理工作的出发点和落脚点,落实了"每周审限通报""长期未结通报""司法公开通报""审判态势分析"四项全方位督促通报制度。从放权与监督入手,探索了专业法官会议等机制。

3. 突出了审管重点

重点加强了法律文书的制作与把关、诉讼程序是否合法完善等方面的针

对性评查,将存在的问题及时反馈至各审执部门。贯彻落实《领导干部干预司法活动、插手具体案件处理的记录、通报和责任追究规定》,最大限度地保障主审法官、合议庭依法独立办案。

4. 促进了审判执行具体工作规范化

坚持问题导向,出台了《关于防范和处理虚假诉讼的工作意见》《关于对被告人认罪、认罚案件从宽处理的若干规定》《关于规范执行案件移送破产审查的若干规定》《法官助手、书记员的职责定位与分工(试行)》,有助于解决实践中遇到的一系列具体问题。

(三)加强信息化建设,为破解"案多人少"困境提供技术支持

信息化是新时期人民法院创新发展的重要支撑和动力,是推进司法改革、落实司法公开的现实需要。裕华区法院建成了包括由网络,软、硬件支撑的完备的信息化体系,实现了"审判流程网络化、庭审活动数字化、卷宗管理信息化、司法信息公开化"的"四化"建设,为破解"案多人少"困境提供了强有力的技术支撑。

1. 信息化硬件建设基础设施完备

以提高审判质效和推进司法公开需求为导向,对新建综合审判大楼的信息化建设进行了整体部署。审判大楼内共设 18 个数字审判庭并自主建设了庭审直播平台,执行指挥中心、外勤移动办公系统、OA 办公系统、12368 语音服务平台均已投入使用;利用云计算、大数据等现代化信息手段,推行网上办公,为全面实行"无纸化"办公提供了有力保障。完成了法院内部局域网和政法网四级法院联网,两大网络既能独立使用又可联结共享,在确保信息交流安全、快速的同时,极大地提高了工作效率。整个法院办公大楼的综合布线实现了语音和数据通信的灵活性和易管理性,为办公自动化系统的高效运转建立了良好的物理通路系统。随着硬件设施的不断完善,与之相匹配的软件建设也在不断地充实,先后建成了包括办公自动化 OA 办公系统、案件流程系统、智能化执行办案系统、数字法庭、司法文书纠错系统、微信便民查询服务系统、门禁系统、上网行为管理系统、视频会议系统、网

络安全系统10大系统，提高了案件审理的科技化、规范化管理水平。

2. 以信息化推进网上办案

着力强化网上立案、卷宗同步数字化工作。法官通过网络平台，足不出户便可进行信息交流与共享、网上庭审直播、远程视频会议及远程视频提讯等活动。民商事审判适用简易程序、刑事"轻刑快判"程序和网上远程视频开庭审理案件的经验做法，逐步扩大适用于全部刑事案件，进一步规范三方远程庭审工作也在有条不紊地进行。结合基层法院实际，研究制定信息化管理的综合性实施细则，梳理节点、责任到位，以信息化工作的现代化切实提高审判质效，有效缓解案多人少矛盾。

3. 以信息化推进司法公开

大力推行网上立案，由审管办会同立案庭、纪检监察等部门对立案登记情况进行专项督查，切实保障当事人诉权。严格执行裁判文书上网，由审管办对各部门庭审直播的全年工作作出具体安排，努力实现科技法庭每个工作日都有庭审直播的工作目标。

4. 以信息化推进司法为民

对照各项具体标准，完成了诉讼服务大厅、网上诉讼服务中心和12368诉讼服务热线"三位一体"的诉讼服务中心建设，为当事人和社会公众提供"一站式"诉讼服务，2016年诉讼服务中心共接待群众131857人次。全楼Wi-Fi覆盖，使进入法院的当事人，通过扫描法院微信、微博、网站、诉讼服务二维码，进行案件查询、浏览诉讼须知、观看庭审直播，及时快捷地获取法院工作动态等，更好地实现了群众与法院屏对屏、点对点的交流互动，全面提升了法院的诉讼服务水平，让案件当事人切实感受到人性化的司法服务。

B.15
威县"放管服"改革工作成效及完善建议

麻新平*

摘　要： 威县按照"简政放权、放管结合、优化服务"的总要求，以创新思维推动改革，着力破除各方面的体制机制障碍，通过整体设计，强化简政放权，创新事中事后监管机制，优化政务服务，探索审批服务新模式，提升了审批效率，充分调动了市场主体的创业积极性，改变了营商环境，促进了威县社会经济的高速发展。

关键词： 威县　放管服　行政审批局

2014年12月，威县作为行政审批制度改革的试点，成立了全国第一家县级行政审批局，随后威县进一步加大改革力度，多项改革走在河北省前列：在全省率先开办了"中介超市"，率先实施"三证合一"和"五证合一"，组建了全省首个县级市场监管局和全省首家县级综合检验检测中心，打造了一批能复制、可推广的经验和样板。近年来，威县县委县政府进一步解放思想，不断深化审批与监管制度改革，提高了审批效能，打造了优质的政务环境，改善了营商环境，促进了社会经济的进一步发展。

---

* 麻新平，河北省社会科学院法学研究所研究员，主要研究方向为经济法。

一 威县"放管服"改革工作的主要成效

(一)强化简政放权

近几年来,威县持续推进简政放权工作,通过全面清理、对内优化、对下放权和对上承接,取得了积极成效。持续的简政放权激发了市场活力,据统计,2016年1~10月,威县新增各类市场主体3291家,同比增长106.59%。

1. 全面清理职权,确保清单之外无权力

一是做好取消下放权力的承接工作。对上级下放的每项行政审批事项,威县都制定相关的接收方案和规范管理措施,明确责任科室,确保衔接到位;对取消的审批事项一律停止审批,并加大事中事后监管力度;对每次承接情况通过政府文件和党政门户网进行公示。

二是完成并公开"三个清单"。2014年,威县在河北省率先编制并公开了县级"三个清单"。"三个清单"包括政府行政权力清单、监管清单和责任清单。其中行政权力清单包括行政许可、行政处罚、行政征收等全部政府行政权力事项,权力清单涉及33个单位、行政职权2695项;监管清单将县本级行政审批事项全部列出,涉及29个单位、监管事项173项,同时还列举出审批依据、申请材料、法定时限、办理承诺时限等内容;责任清单涉及33个单位、主要职责466项(涉及具体工作事项1317项)、交叉职责104项、事中事后监管260项、公共服务事项141项;威县还对"三个清单"进行动态管理,并纳入年度实绩考核。

三是持续向乡镇村进行权力下放。威县先后5次对部门审批服务事项进行清理,共向乡镇下放审批服务事项184项,其中审批事项120项、服务事项64项;向村下放前置审核及代办事项85项,县本级部门行政职权精简为原来的78%。

2. 推进审批体制改革,推动审批集中化、标准化

一是成立行政审批局,实现了"一枚公章管审批"。威县对行政审批体制进行重大改革，从根本上解决了行政许可权分散、涉及部门多的问题。2014年12月，挂牌成立了全国第一个县级行政审批局，实现了"一枚公章管审批"。围绕实现集中审批，行政审批局实现了"三个划转"：①权限划转。结合事项特点、发生频率等因素，把原来分属26个部门的116项行政许可权、35项登记备案确认等行政权力事项，全部从原单位剥离划转至行政审批局。②编制划转。按照"编随事走"原则，行政审批局将各部门需划转人员的编制一并划转。③人员划转。按照"人随编走"原则，通过各部门筛选推荐后的划转人员全部划归行政审批局。通过"三个划转"，审批成为独立职能，切断了审批与原职能部门的联系，形成了职责分工合理、事权相对独立的新型政府部门间关系。行政审批局组建运行以来，审批环节大幅压缩，审批流程日趋优化，审批效率明显提高，极大地激发了市场主体创业的积极性，促进了威县经济的进一步发展。据统计，2016年前三季度，威县生产总值增长10.2%，固定资产投资增长15.97%，规模以上工业增加值增长12%。《人民日报》以《破局开路1000天——我国推进全面深化改革综述》为题，介绍威县行政审批局的经验，《改革内参》和《中国机构改革与管理》等媒体也都相继报道了威县的改革经验。

二是再造审批流程，提高审批效率。①全面推行行政审批标准化工作。行政审批局成立后，梳理制定了《企业设立登记流程图》《企业投资项目审批流程图》《政府投资项目审批流程图》《企业设立一证一码办理流程图》等一系列流程图，基本涵盖了主要经济事务的审批，为行政审批的规范化管理打下了基础。

②根据需要设置功能区。威县行政审批局成立后，打破按政府部门设置审批窗口的常规模式，在办公区共设投资项目服务区、企业设立服务区、涉农事务和交通城管区、文教卫事务区、社会服务区等五个功能区，实现了简单事项立即审批、联办事项一口受理、并联审批一章多效、踏勘验收统一进行。通过功能区的设置，紧密连接了关联事项，减少了审批流程，审批类、核准类和备案类项目分别减免申请或提交材料19项、17项和12项。

③按照一窗受理再造审批流程。威县围绕县域经济发展的需要，按企业

办事事项建立"车间式"管理和"流水线"作业方式，实现"一窗受理、内部流转、限时办结、统一发证"。

④实施并联审批。凡是涉及两个及以上部门审批的事项都实行联合审批，由串联审批变为并联审批，简化了审批流程，缩短了审批时间，企业投资项目由原来的 59.5 个工作日缩减到 25 个工作日，政府投资项目由 65 个工作日缩减到 30 个工作日，审批速度明显加快。

⑤实施五证合一。2015 年 1 月，威县在全省率先开展"三证合一"工作，2016 年又整合社会保险登记证和统计登记证，率先在全省开展"五证合一"工作，2016 年 8 月 15 日，发放了河北省首张"五证合一、一照一码"营业执照。实现"五证合一"企业只需进一个门、到一个窗口、提交一次材料，就能拿到相当于过去五个证照的营业执照，进一步简化了审批手续。以前申报注册企业需要分别向 5 个部门提交 28 份材料，现在只需向行政审批局的一个窗口提交 12 项材料，办理时限压缩了 2/3，方便了市场主体，提高了市场准入便利化程度。

⑥组建中介超市。企业或项目办理审批业务，需要第三方中介机构提供环境评估、安全评估。针对中介机构管理分散、服务效率低影响审批效能等问题，2015 年 6 月，威县行政审批局组建了全省首个"中介超市"，把中介机构集中起来纳入统一管理，使中介服务变垄断为竞争、分散为统一、封闭为公开、指定为竞价，努力构建全面开放、竞争有序、规范高效的中介市场。

中介超市打破地域、部门限制，面向全国吸纳各类中介服务机构入驻。按照"零门槛、无障碍和非禁即可"的原则，拥有 236 项资质的 126 家省内外中介机构入驻，并且把中介机构分为咨询评估、勘察设计、测量、监测等 6 类进行分类管理。中介超市的建立给企业和项目建设方在中介机构的选择以更大的自主权，通过市场化竞争督促中介机构提升服务质量。

制定中介机构统一规范的从业标准。威县行政审批局对入驻"中介超市"的中介机构进行规范化管理，要求中介机构必须执行规范化管理的各项规章制度，对中介服务进行刚性约束。统一服务承诺时间和服务标准，公开收费金额,实行服务承诺制、限时办结制等制度。

强化对中介机构的信用管理。威县行政审批局对入驻的中介机构建立信用档案,对于服务质量较差的中介机构给予"黄牌""红牌"警告,记入信用档案;对严重违反执业规定进入"黑名单"的中介机构,不再吸收入驻。

⑦建立健全相关的工作机制。除上述改革创新之外,威县还建立健全首问负责、一次告知、限时办结、无休日预约服务、联合踏勘等10项工作机制,设计了一次告知单、限时办结卡,实现了审批服务的规范化、制度化和流程化。

(二)创新事中事后监管机制

威县坚持将强化监管摆在与简政放权同等重要的位置,在完善监管机制、创新监管方式上狠下功夫,切实提升监管效能。

1. 积极创新事中事后监管机制

一是明确审批和事中事后监管的责任。为避免审批与监管各自为政、相互脱节的问题,威县明确界定了行政审批局和原职能部门的职责:审批局专职负责审批,监管由原职能部门负责,实现责任分段,职责分明。

二是做好审批与监管协调配合。为确保审批和监管职责"划分得清、衔接得好",实现审批与事中事后监管的无缝衔接和信息共享,威县建立了信息双向反馈机制、县长现场办公机制和信息员互通机制三项工作机制,做好审批局与原单位互相衔接,使审批效率进一步提升,监管力度进一步加大。

2. 探索综合执法机制改革

威县对执法职能相近、内容相同、方式相似的部门进行执法队伍重组,组建了农业综合执法、卫计综合执法、城管综合执法、市场监管综合执法、文化综合执法等5大综合执法队伍,实现了"一个领域一支队伍管执法"。2015年3月,针对市场监管存在的多头执法、重复监管和监管不到位等问题,威县进行县级市场监管体制改革,整合质量监督管理局、工商行政管理局和食品药品监督管理局3个部门的市场监管职能,合并成立了新的市场监管局，对执法力量进行了整合，并理顺了各部门职能，落实了各部门的责任。同时，威县还制定了《威县市场监督管理局行政处罚案件办理程序规范》，实行统一的执法办案文书，规范了执法操作流程，统一了执法证件，再造监管流程，加快市场监管的快速融合。未来，还要探索行政执法、投诉举报平台、服务职能、检验检测机构、基层监管网合等八个方面的融合。

另外，威县还统合市场监管、农业、卫计、水务等5个部门的检验机构和设备，成立了全省首家县级综合检验检测中心，为加强市场监管提供了强有力的技术支撑。

3. 创新监管方式方法

一是积极探索"双随机、一公开"监管机制，努力打造常态化、规范化的事中事后监管新模式。出台了《实施"双随机"抽查规范事中事后监管工作方案》，推进"双随机、一公开"工作，截至2016年底，共有26个部门初步实行"双随机"抽查，制定了实施细则，编制了两库一单，实行抽查事项79项，开展抽查47次。

二是建立健全了市场主体名录库和执法人员名录库。研究制定了"双随机、一公开"实施细则。截至目前，威县在食品药品、农资抽检和市场主体信息公示核查等7项工作中推行了"双随机"抽查工作机制，共抽查市场主体444户，对184户存在问题的市场主体列入经营异常名录，检查结果全部在河北经济户籍系统和威县市场监管局网站予以公示。

（三）优化政务服务

威县坚持把优化政务服务作为第一追求，不断创新服务方式、拓展服务领域，为经济社会发展提供更好的公共服务。

1. 探索集中审批和现场服务的高度融合

为改善政务服务，让群众少跑路，2016年4月威县建成了全省第一家集"集中审批、现场服务"于一体的县级市民服务中心，实现了"一个大厅全服务"。全部完成17个乡镇（区）便民服务中心改造升级，并依托村级活动场所实现村级便民服务站"全覆盖"，搭建起面向基层、服务发展、服务民生的"1+17+522"三级服务平台，营造了便民惠企的政务环境，既解决了过去审批"前店后场"问题，又解决了单纯审批局"服务缺位"问题。

2. 推进便民服务集中化

市民服务中心将原来分散在 30 余个地点的医保、社保、金融、水电气暖等 323 项审批服务事项整合至市民服务中心，基本覆盖了县域全部审批服务事项。

3. 推进服务规范化

制定了《市民服务中心管理办法》，规定各进驻单位（窗口）接受市民服务中心管委会和派出部门的双重管理；制定《窗口工作人员行为规范》《绩效考核办法》等规章制度，明确规定政务服务标准，从行为准则、仪容仪表等方面促进窗口服务规范化。

4. 推进服务人性化

按照服务便利化的原则，根据功能设立了行政审批区、联合办税区、金融保险区、便民服务区等四大服务板块，明确了各区的功能定位，形成了相对集中、相互衔接的运行流程；搭建一站式办事平台，并设置通信费、交通罚款、供暖费等自助缴费终端，实现指尖上的便利服务；依托三级服务平台，开展重点项目全程代办和为民服务全程代办的"两个代办"，对重点项目全程代办制定实施办法和工作流程，通过"提前介入、预约服务、统一受理、集中审批、领办代办"等五个环节，项目整体审批效能大幅提升，核准类项目全流程总耗时压减了 136 个工作日，备案类项目全流程总耗时压减了 150 个工作日。

5. 设立立体化监督监察

威县纪委（监察局）在市民服务中由专人负责对各办事窗口督导检查，设立电子监察室，对县乡村三级服务平台工作人员的工作情况实施远程监控；设立市民服务中心网上投诉平台，对服务态度和服务质量实行在线评议。

（四）探索"网+端"审批服务新模式

1. 建成了集网上预审、查询、审批、监督等功能于一体的行政审批系统和网上办事大厅

网上信息数据不仅实现了本级政府部门"横向贯通"，还通过投资项目在线审批监管平台、工商红盾系统等部门系统，实现了投资项目、企业设立审批、监管信息的"纵向贯通"；网上办事大厅实现了网上预审，工商名称预先核准、生育登记卡等事项实现了网上受理、网上办理。

2. 拓展服务渠道

威县依托"智慧威县"平台拓展服务方式，开创新媒体审批服务新模式。在行政审批局网上办事大厅的基础上，利用互联网优势，设立行政审批与便民事务服务于一体的网上办事大厅，为企业和民众提供高效便利的服务；利用手机客户端建立微信公众号，搭建行政审批为民服务新平台，方便快捷地得到多项行政审批服务；建立便民自助终端，便民事项24小时内可以自助办理，实现了"数据多跑路、群众少跑腿"。

二　威县"放管服"改革存在的障碍及主要问题

威县行政审批制度改革和政府职能转变工作取得了较好的阶段性成果，但必须清醒地看到，目前"放管服"改革仍然不能适应加快转变经济发展方式的要求，尚存在一些改进的地方，政府职能越位、缺位问题依然存在，管理服务能力较弱，行政效能还不够高，进一步推进改革还存在一些体制机制上的障碍，主要表现在以下几个方面

（一）法律上存在制度性障碍

1. 法律法规的规定滞后于改革实践

近几年来，国务院大力推进行政审批制度改革，大量的行政审批项目被取消或下放给地方，但与之相关的法律制度支撑没有跟上，涉及审批的各项

法律制度之间缺乏协调甚至相互抵触，导致基层改革实践难以操作。比如行政审批制度改革后，一些职权没有法律给予明确界定，存在法律授权不充分、执法主体职责不明晰、审管职能划分模糊等问题，由于法律授权不足，很多创新性的改革措施存在合法性与操作性的矛盾，甚至出现"一改革就违法"的尴尬局面。威县在推进行政审批局改革过程中，也遇到了一些法律上的障碍，比如审批专用章的效力问题、执法主体资质定位问题、行政审批局与上级相关部门的协调问题等。现实的解决办法是威县作为改革试点，依靠政策的支持特事特办，但随着行政审批局的进一步推广，就要有明确的法律依据对行政审批局的法律地位予以确认，保障其顺畅运行。

2. 法律法规对审批和监管的规定缺乏可操作性

由于《行政许可法》对各管理领域的监管事项规定得不具体，改革实践中，对下放的行政权力的性质、依据和方式等缺乏法律依据，比如关于吊销证照由谁负责问题，《行政许可法》对许可证的管理，确立的原则是"谁发证、谁监督"，但在审批权与监管权分离的情况下由谁来行使监管，法律没有明确规定，威县采取的做法是，吊销证照是作为监管权之一，应由行使相应监管职权的部门负责，吊销证照后再报行政审批局备案，但是这种改革行为缺乏法律制度的支撑，使得改革缩手缩脚。

（二）"放管服"改革的力度需进一步加大

从主观方面来看，简政放权涉及权力和利益调整，一些部门和工作人员对改革的自主性和主动性不高，在思想认识上存在误区，对于服务者的角色还缺乏明确认知。

从改革实践来看，威县虽然组建了行政审批局，实现了"一枚印章管审批"，但众多服务事项仍分散在各个部门，职能部门对应该而且能够放的一些审批权不愿放，特别是一些"含金量高"的审批权下放的还不够多，企业和百姓总体感觉审批事项还是太多，行政审批标准还不够明确，程序还不够优化，不少审批事项仍然存在互为前置的问题，审批时限还很长，"事难办"的问题依然存在；行政审批远未实现高效便民，服务效率也有待提高，必须加大政务服务平台和市场服务机构资源整合的力度，从而提高政务环境和公共服务供给效率。

（三）事中事后监管有待加强

大批的行政审批权取消下放后，"宽进"使得市场主体和投资项目大量增加，基层职能部门面临的监管任务越来越多，压力也越来越大，监管理念、监管制度及监管人员素质方面都提出了更高的要求，但现实却满足不了这个要求。

1. 监管部门的监管意识有待加强

行政审批局成立后，对市场的监管重点转向了事中事后监管，少数监管人员对职能转变的理解存在偏差，存有"谁审批谁监管"的心态，把事中事后的监管责任推到负责审批的人员身上，对监管工作存在例行公事、走过场的思想，得过且过，影响了监管效果，也不利于维护公平有序的竞争市场环境职能发挥。

2. 监管权责有待明确

行政审批局成立后，部分职能部门剥离审批职能后，从政策层面上尚未将审批、管理职能进行明晰划分，部门间监管存在职能交错、边界不清的问题，造成事中事后监管难。

3. 监管协调问题有待改善

审批和监管职能分离后，二者如何更好地相互衔接、改善和提高服务功能是需要进一步探讨的问题，各级监管部门沟通协调有待改善。威县对市场监管进行了改革，成立了市场监管局，但国家、省、市尚未进行相应的改革，市场监管局与上级部门的信息不共享，标准不统一，大数据监管难，为行政审批局的运转制造了障碍。

4. 基层执法人员素质有待提高

简政放权改革以来，很多原来由上级部门管理的审批事项下放到基层，但是人员及其编制并没有随着审批事项的下放而下放到基层，相同的编制承担了更加繁重的工作，导致基层人手紧张，同时也对执法人员的专业素质和

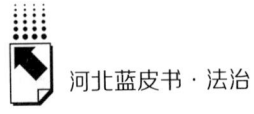

能力提出了更高的要求，有些审批事项需要具有较高专业素质的人员和特定的设备，但基层人员的素质、技术和设备水平不高，不能适应审批工作的要求，如何在有限的人员编制范围内做好审批工作，提高行政审批工作人员的素质需要深入探索。

（四）网上审批模式有待进一步完善

威县虽然在"互联网+政务"方面做了很多尝试，审批资料和数据在本级范围内基本实现了互联互通，但是距离实现即时动态管理还有很长一段路要走，通过电子签章实现审批事项网上流转的管理模式尚未实现，网上审批、网上监督和网上公开的服务管理平台也未实现。目前一些管理数据只是统一放在一个平台，没有进一步应用到管理和动态绩效考核工作中去，数据的开发利用还需进一步深化。

（五）数据共享平台需要进一步整合

审批事项相对集中后，需要采集相关信息并录入行政审批信息系统，但现实情况是：中央、省级相关部门各有各的信息上报系统，且各自为政，各部门共享的主观意愿和技术标准都存在很多障碍，系统间不能实现信息的共享，造成信息二次录入、信息不互通等问题，形成"信息孤岛"，需要进一步加大整合力度，实现信用信息的系统化、规范化。如何推进这些系统间信息的整合与融通，不仅是技术问题，还要进一步解放思想，转变管理理念，更要突破部门利益和行为习惯进行顶层谋划，从更高层面谋求治理之策。

三 威县进一步推进"放管服"改革的对策

"放管服"改革的目标就是要在政府与社会间构建一种新型的合作关系，打破政府部门间的条块式管理模式，打破地域、层级和部门间的限制，重构业务流程，提高行政效率，为社会提供优化的服务。如果说前几年行政审批制度改革关注的是是否改革和改革多少的问题，今后"放管服"改革的重点应该是考量改革的质量和效果，通过不断的探索和实践，让"放"的效果持续显现，"管"的制度不断健全，"服"的体系更加完善。威县进一步推进"放管服"改革需要做好以下工作。

（一）进一步提高政府及工作人员对"放管服"改革的思想认识

"放管服"改革是一场政府的自我革命，实质是要消政府手中的权、去部门的利，放权于市场和社会，通过"放管服"改革，营造出一个公平便利的市场环境，降低交易成本，提高行政效率，从而调动市场主体积极性。目前"放管服"改革已进入攻坚期，将涉及更多利益格局的调整和权责关系的重塑，需要进一步提高各级政府及工作人员对"放管服"改革的思想认识，切实改变"管理者"的思维模式，树立服务的观念和大局观。

（二）强化事中事后监管，优化公共服务

简政放权、放管结合、优化服务是一个相互联系的整体，其中，放是前提，管是基础，服是目的。首先，应明确各监管部门的责任，明确监管范围和监管手段，做到分工明确，责任清晰，确保"放权不放责"；其次，应对事前、事中、事后各环节的管理信息实现无缝对接和信息共享，加强工作协同，实现各部门间的互联、互通、互助，形成监管合力；最后，应创新和完善事中事后监管方式，针对企业和群众的多种需求优化公共服务，激发市场活力。

（三）推进信息共享平台建设，实现平台纵向贯通

针对各地政务服务中心使用的政务服务系统与国家各部门审批系统不能兼容和对接、各地区政务系统之间也存在信息不兼容的问题，必须加强顶层设计，从国家或省级层面大力推进审批系统相关技术的改造，加强中央与地方之间、各部门之间的信息共享，切实解决目前各自为政的部门"信息孤岛"问题，推动不同层级信息平台之间的信息共享、不同系统之间的信息平台共享，减少行政审批环节，提高行政审批效率。

（四）推进网上政务服务功能的开发，为民服务得到实质性优化

加大网上办事服务的宣传力度，提升网上办事大厅的使用率；提高网上服务大厅与实体大厅的结合程度，实现网上办事和实体窗口办事的有效联动，减少办事人到现场次数，缩短办理时限；建立和完善网上预审机制，实现全流程网上电子化审批。对于具备网上办理条件的公共服务事项，都能实现网上受理、网上办理和网上反馈；拓展网上办事服务渠道，构建网络和移动客户端、自助终端等多种形式相结合的公共服务平台，为企业和群众提供方便快捷的服务。

（五）修改完善现行法律制度，为进一步推进"放管服"改革提供制度支撑

要遵循"改革与立法并重"的原则，把法律制度的完善与简政放权、放管结合作为同等重要的任务来抓，进一步加强和完善现行法律制度，对于改革试点中需要突破的法律法规，及时提出修改建议，为改革提供制度支撑；对于已经成熟的经验，要及时制定相关的法律，用法制固化改革成果，确保行政审批制度改革的成果落到实处；对于削减、下放或者转移的行政审批事项，应同步完成相应法律依据的修改。

京津冀法治协同发展

Beijing-Tianjin-Hebei Rule-of-Law Collaborative Development

B.16
京津冀协同发展的法治障碍及破解之道

田文利　孙晓楠　马立民　刘申*

摘　要： 本文在依法治国的背景下探寻京津冀发展的新格局，揭示了当前京津冀发展模式的诸种障碍，提出了新的一体化的发展思路，即从法律的角度提出将《京津冀区域一体化建设法》作为解决京津冀区域一体化问题的总体制度框架。该法为京津冀区域一体化的实现建构了一个组织，并为这个组织配备了一套权力体系，以及一套工作推进机制、项目运行机制和矛盾解决机制，为实现京津冀一体化搭建了一个制度化平台。

关键词： 京津冀　区域一体化　法治障碍

---

* 田文利，河北工业大学教授，研究方向为宪法行政法学、伦理学；马立民，河北工业大学副教授，研究方向为经济法学；孙晓楠、刘申，河北工业大学2015级马克思主义学院研究生，研究方向为马克思主义基本原理。

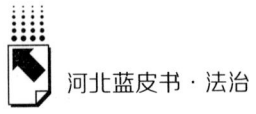
河北蓝皮书·法治

党的十八大之后，依法治国成为国家发展的重大战略。中共中央、国务院印发了《法治政府建设实施纲要（2015～2020年）》，提出："围绕建设中国特色社会主义法治体系、建设社会主义法治国家的全面推进依法治国总目标，坚持依法治国、依法执政、依法行政共同推进，坚持法治国家、法治政府、法治社会一体建设。"在依法治国的宏大背景下，京津冀地区的协同发展也被纳入国家发展战略。这一区域的发展被称为我国改革开放之后继珠三角、长三角之后的第三波。本文的目的在于以法律为制度建构手段提出京津冀的发展模式，将三地发展纳入一个共同的制度蓝图，使京津冀的发展在法治的轨道上稳步有序地进行。

一 京津冀协同发展的法治障碍所在

京津冀协同发展是我国改革开放的重大发展战略，如何以法治理念破解这一理论课题和实践课题，是摆在中央和京津冀三个地方政府面前的一个时代课题。对河北省来说，更要深刻理解京津冀协同发展的内在含义，抓住机会发展河北：找准目标定位，进行顶层设计，以协同为基础，进一步与北京、天津成为一个区域整体，在这个区域整体的一体化的平台上，调整好产业规划，安排好区域发展模式，壮大河北、服务京津，以法律制度为推进机制和实施进制，将京津冀协同发展的目标进行全面落实。

通过调查研究我们发现，目前，京津冀三地都有自己的地方法律体系，体系之间是独立且封闭的，立法的内容、类型、水平都有相当大的差异。三地的政府在各自的管辖范围内，依据各自的地方法规执行法律，执法的效果也长短不一。法律协作的经历并不多见，三地司法体系和各类案件类型也有较大差异。

目前京津冀三地虽然都想在协同发展的大背景下共同发展，但尚有许多限制条件需要克服。

（一）经济利益的局限

京津冀三地都在计算自己的利益得失，如北京的非首都功能外迁，迁到天津的哪里、河北的哪里。河北想融入这个大舞台，但河北省内部也是县市、省管县的分管格局，河北省的各地市县之间怎么统一步调才能跟北京、天津协同？跟天津协同还是跟北京协同？还是把北京迁出来的项目"同"到自己的管辖区里来？迁过来的企业项目愿意不愿意放下北京的身份被河北、天津"同化"？还是带着北京的身份暂时到河北和天津"外放"？

（二）法律制度的局限

京津冀协同发展是中央的新政策，而任何政策要想真正发挥现实作用，必须要通过制度转化过程（即法治化过程）来落实。这个过程只能是通过立法才能完成。目前的模式是三地都有各自的立法权，在这样的格局下是三个地方各自立法还是参照一个模板分别立法？如果是各自立法就谈不上协同，而要共同参照一个模板，由谁来提出这个模板，如果有一个地方不同意这个模板又当如何？可见，我国目前法律体系本身的内在衔接和关联机制使京津冀协同发展受到阻碍。

（三）协同领域的限制

京津冀协同发展是一个包罗万象的时代工程，涉及诸多的产业、诸多的政府权力机关，又跨越诸多的地域、诸多的领域。即使国家下定决心制定一部法律来协同发展，也需要考虑一下所面临的困难：一则我们国家没有制定过一部宏观规划法；二则众多的行政行为、经济行为、民事行为也不可能被容纳进一部法律。

目前，京津冀协同发展在两个层面上推进：在中央层面，已经提出总体战略构想、制定规划纲要，大力号召、推动京津冀协同发展。在地方层面，三地分别在落实政策、落实规划纲要，政府层面已经行动起来。但总起来看，这样的进展与依法治国、依法协同发展的目标还差一个重要的转换机制，即协同发展的立法机制，因为只有通过立法这个转化机制，中央的政策才能转化为制度模式，政党的意志才能成为国家的意志，政府才能执行法律，最终这个战略才能真正成为改革现实的塑造力量。反之，越过法律这个

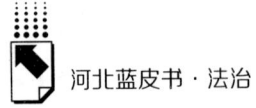

转化层次,直接进入执行操作,一方面会与现实法律规范相冲突,另一方面,政策理国的思想也与依法治国的思想相违背。

可见,中央重大战略调整、稳步推进京津冀协同发展,迫切需要体制、机制创新,需要新的法律来规范协同发展步伐,但新的法律制度又面临诸多的现有制度的障碍。在这样的困难条件下,如果不能使中央的政策制度化,协同发展很可能被虚置于政策层面而不能进入国家法律体系转变为现实制度。

二 京津冀协同发展的新思路

为解决这一制度难题,我们对京津冀协同发展的课题进行了广泛深入的思考和研究,提出如下建设性建议。

(一)寻求新的一体化的建设思路

新的发展模式是协同发展的模式,在多个主体存在的前提下,为共同的目标、共同的利益互相合作。对于京津冀来说,尤其是在当下三地"分灶吃饭"、政府能力不等、发展贫富不均、资源构成各异、环境污染益严重的前提下,协同起来不但缺乏真正的共同利益基础,而且讨价还价又没有标准,最为头痛的是三地政府之间的沟通缺乏常设的制度化平台,谁跟谁对话,谁跟谁协同,协同后怎么行动?与现行地方法规如何协调一致?这些问题都很现实地摆在面前。一体化的思路不同于协同发展的思路,是因为一体化指的是三个地方成为一个整体,而协同发展则是几个主体之间的协调与合作,其发展模式和行动方式都是不一样的。成为一体,意味着放弃自己的利益打算,从整体功能的角度设计自己的定位,就如同一个人,眼有眼的功能,嘴有嘴的功能,头有头的功能,脚有脚的功能,彼此之间不再分高低上下,你的就是我的。以柔性一体化的思路克服京津冀三个主体的纷争与差异,凝聚合力,以重大的、共同的问题为着力点,打破地域限制、制度限制,建构整体格局,以一体化促进协同发展。

（二）构建新的法律规范体系

先建构框架式法律，然后逐一展开一体化领域。我们提出与一体化思路相配套的《京津冀区域一体化建设法》草案。该草案有几个特征。第一，该草案是一部高位阶的法律或者行政法规，其效力高于京津冀三地的地方性法规，这样就可以克服三地协同立法中利益的矛盾与纠结。第二，这部法律草案设计了"一个"一体化的"头"，即京津冀发展协调委员会，由京津冀三地政府和国家发改委共同派员组成，各自代表地方利益和国家利益，其组织机构列于国务院的特别委员会。其优点是可以克服现在的"三头""三体""三心"的缺陷，形成统一的共同意志，使三地政府与中央政府真正成为一个一体的协调机构。法案赋予该委员会具体实施一体化发展的诸种权力，目的在于使其实权化、高效化。第三，该法案是一个框架式结构，任何跨区域、跨领域、跨行业的事项都可以容纳进入这一框架。第四，该委员会实行选择确定一体化领域布局，渐次推行一体化方案。哪个领域需要一体化，则选择哪个领域进行一体化。不需要一体化的领域，则保留现有制度和机制。第五，该委员会实行项目运行机制，设立多样的、灵活的、合作式的项目，多个项目可以同时开展，每个项目独立运行、独立结算，互不影响。第六，该委员会具有调节三地矛盾的司法功能，三地政府可以就公法争议提交京津冀发展协调委员会，由该委员会进行权衡、协调、斡旋及补偿。第七，该法案是一个程序性的法案，具有实体开放性。这一特点使该法可以容纳诸多的实体法，从教育、交通、环境，再到城乡建设、农业、农村和农民及扶贫建设。任何一个具体事项的提出、听证、论证，一直到执行、发标、结算、监督等等，都可以经过该法规定的公开和民主程序。因此，这个程序里可以将任何实体事务、具体问题都摆放进去，其框架十分自由、民主而宽泛。

（三）规划新的发展策略

按照新的《京津冀区域一体化建设法》所提供的制度框架，可以在如

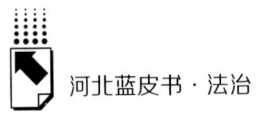

下多个领域里同时提出一体化方案,由京津冀发展协调委员会来统一论证、决策并组织实施。表1仅是简单列举不同发展领域的发展策略与法治方向。

表1 需要制定的立法目录

建设领域	发展策略要点概述	需要制定的立法名录
法律领域	制定《京津冀一体化建设法》的系列立法,为京津冀一体化发展提供制度平台	《京津冀区域一体化建设法》
教育领域	实行教育产业化,开放教育市场,提倡自主教育、终身教育、远程教育,使京津冀三地居民平等享受教育资源 各大学开放网络教育资源,自行招生。凡三地居民均有权通过在校或者网络学习任何一所大学的课程,且可以享受减免学费的待遇 建立灵活多样的学制模式,在校学习可以因创业而暂缓、接续 开创单科结业的实用教育体系	《京津冀一体化教育法》
农村领域	1. 推进家庭经营、集体经营、合作经营、企业经营等共同发展的农业经营方式创新。坚持农村土地集体所有权,依法维护农民土地承包经营权,发展壮大集体经济。稳定农村土地承包关系并保持长久不变,在坚持和完善最严格的耕地保护制度前提下,赋予农民对承包地占有、使用、收益、流转及承包经营权抵押、担保权能,允许农民以承包经营权入股进行农业产业化经营 2. 赋予农民更多财产权利。保障农民集体经济组织成员权利,积极发展农民股份合作,赋予农民对集体资产股份占有、收益、有偿退出及抵押、担保、继承权。鼓励承包经营权在公开市场上向专业大户、家庭农场、农民合作社、农业企业流转,发展多种形式规模经营 3. 鼓励社会资本投向农村建设,允许企业和社会组织在农村兴办各类事业。统筹城乡基础设施建设和社区建设,推进城乡基本公共服务均等化	《京津冀一体化农村建设法》
户口领域	实行京津冀区域户口一体化,三地户口均为京津冀户口,享受同等工作、就业、医疗、教育、保障优惠 户口可根据工作生活地点、生活方式自由流动。不再区分农村户口和城市户口	《京津冀一体化户籍管理法》
交通领域	统筹使用交通建设经费,将京津冀的交通设施建设费用按照一体化的原则共同使用 促进京津冀三地交通一体化设施建设,实现海陆、江河、公路、铁路、航空、港口的合理布局 明确天津港、秦皇岛、黄骅港、曹妃甸几大港口的建设方向	《京津冀一体化交通建设法》
环境领域	克服当前分散治理的混乱模式,实行空气、水源、土地、噪声、垃圾污染物的综合治理,全民动员、全员参与国家山河整治活动,从污染的产生到排污控制及污染治理实行综合治理	《京津冀一体化环境治理法》

续表

建设领域	发展策略要点概述	需要制定的立法名录
文化体育领域	京津冀三地的高校和研究机构占全国的70%。利用京津冀的教育与科技资源优势,大量吸引民间投资在世界各地兴建中国学院,全面系统地向世界介绍汉语知识、中国文化、中国的科技知识及中国的法律制度 开创新的中国文化节、博览会、世界体育项目,举办各种类型的研讨会、比赛、论坛,全面提高京津冀作为一个区域的知名度	《京津冀一体化文化体育事业促进法》
矿产资源领域	1. 明确矿产资源的权属,保障矿产资源的有序开发和利用,禁止乱采滥伐 2. 界定矿产资源开发用地与城市用地及农村农用地的界限,不得突破界限 3. 鼓励企业向国外发展,到国外寻找采矿资源,节省国内矿产资源的消耗	《京津冀一体化矿产资源开采法》
旅游领域	设计新型文化旅游项目,如商务套餐旅游、婚姻塑造旅游、家庭套餐旅游、专题旅游、研讨旅游 使京津冀三地与全世界各地结成多种形式的姊妹城市,一方面将中国的旅游资源向世界开放,另一方面让中国人带着中国的文化、中国的产品走向全世界	《京津冀区域一体化建设法》
养老休闲领域	在河北山清水秀的地方建立高档的老年公寓,建设配套基础设施,将北京、天津的老年人置换出来,让他们在绿色生态环境中颐养天年,同时,将城市空间租给年轻人去开创事业。老年人则用租金保障晚年生活	《京津冀区域一体化建设法》
高新区开发区	统合高新区和开发区的优惠政策,引导开发区、高新区向不同类型发展 对开发区和高新技术企业进行统一优惠待遇,阻止开发区之间的恶性竞争 以行政奖励、行政资助、创客空间促进企业的发展	《京津冀一体化高新技术企业优惠待遇法》

三 制定并实施《京津冀区域一体化建设法》

为寻求新的京津冀一体化的建设思路,落实新的发展策略,笔者以为必须以新的制度建构为破题所向,即由全国人民代表大会常务委员会制定新的法律制度,将京津冀的发展纳入一个规范体系,使三地发展成为一体化、有序化、法治化的过程。下面的《京津冀一体化建设法》即是一个初步的总体发展框架,这个框架的主导机构就是一个由中央和地方四个方面组成的京津冀发展协调委员会，这个委员会可以统一规划、组织协调、筹集资金、监督实施各个领域的项目。在这个框架里可以容纳任何京津冀一体的问题，环境、交通、教育等不同的领域，都可以在框架里按照不同领域的特点进行整体安排。

（一）《京津冀区域一体化建设法》法案说明

1. 立法目的及解决问题

本法的目的是用立法的方法解决京津冀一体化的建设问题。在这样宏大的背景下谁来组织实施、如何组织实施、一体化进程与各自发展模式的关系如何协调以及与原个体行政区之间的关系如何协调，就成为操作层面必须要解决的问题。本法的目的在于运用行政法的模式框架在北京、天津、河北这三个行政区域内逐渐实现经济和社会发展的一体化安排。

本法所要解决的问题在于用立法的形式为实现京津冀的一体化进程提出一个清晰的路线图。第一，用行政组织法设定实施的主体，成立京津冀发展协调委员会，赋予全面的一体化设计实施权力。第二，用合一动态的方式进行整体协调，以行政程序、项目运作机制组织具体实施。第三，用调处手段进行矛盾协调，用协商、斡旋等民主的手段对利益进行多方位协调，保证一体化进程的顺利实施。

2. 立法思路和结构

京津冀要实现一体化，首先要有一个一体化的思路。正如一个头、一个身体、一个人一样，京津冀三个地方就应当被看作是一体化区域。如果从这个最基本的"合一"理念来看京津冀一体化，京津冀的一体化就不是"北京和天津""北京与河北"或者"天津与河北"，而是京津冀三者共同构成宏大的、完整的、独立的新的区域。

在一体化的总体思路下，本法将三地视同为一体化的不同组成部分，共同来运转一套方案，实现一个目标。具体到篇章结构上，本法按照实施主体、主体架构与内部组织、会议程序与制度、建设领域设计、项目运行机制、矛盾协调机制的思路来安排。第一章，京津冀发展协调委员会的管辖区域范围；第二章，京津冀发展协调委员会的架构与内部组织；第三章，京津冀发展协调委员会的会议程序与制度；第四章，京津冀一体化的建设领域；第五章，京津冀一体化建设的项目运行机制；第六章，京津冀一体化建设的矛盾协调机制。

3. 法案主要内容

本法案为京津冀一体化的实现建构了一个组织，并为这个组织配备了一套权力体系，以及一套工作推进机制、项目运行机制和矛盾解决机制，为实现京津冀一体化搭建了一个制度化平台。

所谓一个组织，指的是京津冀发展协调委员会。京津冀发展协调委员会是国务院独立的、特别的行政部门。这个组织是实现一体化调度的最高机构，由四个"极"的政府人员组成，北京、天津、河北三个"地方极"政府，以及一个"中央极"政府。京津冀发展协调委员会设在国务院，委员由国家发展和改革委员会、北京市、天津市、河北省四个方面的人员按照3∶3∶3∶4的比例组成，每位委员的任期为五年。具体人员由各方自行决定委派。该委员会实行主任稳定、副主任轮勤制度，京津冀发展协调委员会的主任由国家发展和改革委员会方面的人员担任，常务副主任由其他三个方面的人员轮流担任，主任不轮换，副主任每年轮换一次。

所谓一套权力体系，指的是京津冀发展协调委员会具有跨区的发展规划制定权、组织实施权、冲突协调权和项目研究权。京津冀发展协调委员会专门负责落实国家整体发展规划，协调京津冀三地关系及中央政府与三地之间的关系。在这些权力当中，既有软权力也有硬权力，软权力可以在硬权力运用之前使用。

所谓一套工作推进机制，指的是会议制度。由于京津冀三地发展模式的差异及利益分配的不均衡，一体化进程中急需一个民主的沟通、协调、决策机制。因此，具有普遍性、灵活性和包容性的会议工作制度就是必不可少的。京津冀发展协调委员会主要的工作方式是召开各种类型和具有不同功能的会议，通过会议突出主题、凝聚民智、创新制度、谋求发展。京津冀发展协调委员会有权视区域发展情形，召开专调查会、研讨会、论证会、听证

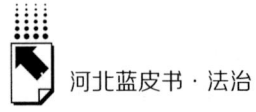

会、学术论坛、发展论坛、高峰论坛等会议。

所谓一套运行机制，包括两个层面，一是领域选择机制，二是项目实施机制。第一，选择一体化领域。京津冀发展协调委员会的性质是一个致力于一体化建设的实务机关，哪些领域适合一体化，哪些领域不适合，首先面临的就是一个领域选择的问题。只有将这个问题摆在桌面上、放在体制里，才能有计划、有步骤地完成。京津冀发展协调委员会可以在各类经济、社会和文化领域里进行一体化选择，在选定后的具体领域里开展工作。第二，以项目制度实施一体化进程。在京津冀的一体化过程中，将工程划分成一个个可以衔接的单元项目，作为政府采购进行招投标，进行宏观的项目布局，卡住项目设计、项目招标、项目监督三大重点环节，这样不但可以吸收各方面的资金，而且可以多个项目同时建设，加快一体化的总体进程。

所谓一套矛盾调处机制，指的是中央和地方之间以及京津冀三地之间发生矛盾纠纷时，专门进行利益调整、纠纷解决的机制。在京津冀一体化的过程中，由于三地的不均衡发展，矛盾与冲突是必定存在的，可以说如何协调矛盾是京津冀能否一体化的关键。京津冀发展协调委员会内设协调司，是专门处理京津冀发展矛盾与冲突的机关，具有矛盾调处的权力。协调司有权主动就发现的各种矛盾和争议事项进行协调处理。京津冀协调发展委员会有权运用协商、斡旋、补偿等手段，也有权采用司法方式进行公开开庭审理，通过调查、听证、裁决等方式进行审理。京津冀协调发展委员会所作出的建议书、实施方案、裁决书具有法律效力，各当事方有义务执行。

综上，由一个组织，一套权力体系，以及一套工作推进机制、项目运行机制和矛盾解决机制，构成了一个推动京津冀一体化的制度建设平台。笔者相信，透过这样一个完整的制度平台，当前京津冀发展的种种问题不但可以呈现出来，而且能够顺利解决。这样一来，就能够用一体化的思路破解三地发展不均衡的难题，进而建构出一片具有整体性、和谐性、智慧性的美丽区域。

（二）《京津冀一体化建设法》的立法亮点

1. 以立法引领经济的创新模式

这是一部区域建设法，采用的是用立法引导现实的思路。用立法引领经济发展的模式具有三个特点：首先，该法也是一个跨行政区域的立法，横跨京津冀三个的行政区域。该法不以地理区域为基本建设单元，而是在北京、天津、河北三个区域内统一按照整体规划进行建设。其次，这一立法不是采用传统的中国特色方式，先从政策上进行试验再进行立法，而是先立法再在法律的框架内进行某个领域的区域一体化合作。最后，最为重要的是，该法具有开放的领域架构，在经济、文化、科技、教育、资源开发等各个不同领域可以设立一体化合作项目。这部法之所以用建设法的形式是因为一体化建设必须在一个统一的、更高的层面上展开，非用建设法的形式别无他法。

2. 架构思路上的创新

京津冀一体化的建设首先要解决一个难点，即一体化建设使京津冀之间的关系是怎么样的，是合作还是成为一体？合作的模式在实践中已经出现了多重矛盾，而一体化又面临行政机构合并的困境。两个方案在操作上都有很大难度。本法采取一种灵活而折中的思路：即一方面肯定一体化合作的方向，给出了一体化的措施和步骤，同时保留了原来的行政区划和地方组织。根本的解决办法是划定了京津冀发展协调委员会与京津冀三地之间的权力界限：在一体化的领域里，用一体化的项目模式来推进一体化的进程，在一体化还没有涉及的领域里，保持原来的管理模式不变。该法规定："京津冀发展协调委员会有权在政治领域、经济领域、文化领域、社会等领域中选择特定产业、特定区域制定发展规划，根据京津冀整体发展规划组织辖区内政府、企业、组织进行合作和建设。"这样的规定使京津冀一体化成为一个可以由京津冀发展委员会掌控的进程，由于本法还确定了京津冀发展协调委员会所作出的决定的效力等级，使得其领域选择、规划执行都具有更高一级的法律效力。这样就可以在一体化的进程下，地方非一体化的建设也同时推进。

3. 组织法上的创新

该法成立了一个独立的组织机构，在京津冀公共事项协调方面具有独立的行政权力，可以做出行政规划、行政决策、行政调解。该法用三个条文解决了这一建设法的管辖地域、机构性质和权力范围，该法规定："本法所称京津冀指北京、天津、河北省两市一省所有的行政区市县所管辖的地理范围。京津冀发展协调委员会是国务院独立的、特别的行政部门。国家设立京津冀协调委员会，负责落实国家整体发展规划，协调京津冀三地的关系。"这些具体的行政权力只有在独立的行政机构存在的前提下才能具备，而强有力的组织行为能力又是这一组织权力配置的直接结果。这一建设法在我国宪政框架体系内，通过成立京津冀发展协调委员会使中央和地方的北京、天津、河北各自作为一极的结构得以形成。

4. 领域选择机制的创新

这是一部可以灵活确定一体化领域的运作机制，不是以地理区域为基本建设单元，而是运用规划在城市建设、乡村建设，涉及经济、文化、科技、教育、资源开发各个不同领域内拣选不同的领域进行一体化。该法规定："京津冀发展协调委员会有权根据社会总体发展需要，选择确定一体化的具体领域。"具体领域可以根据建设规划分步设定，如可以先在大气资源、水资源、土地资源等紧缺的领域设定，然后再在交通、矿产、市场、投资等管理领域设定，最后再选择文化、教育、养老、农业等更为深远复杂的领域设定一体化，完全可以根据一体化的进深程度来掌握，具有很大的弹性。

本法根据一体化建设的特别需要，抛开地域上的限制，跳出行政区划的阻碍，在不同的领域内，采用个体项目机制进行。这种灵活的运作机制既保障了一体化的广度，又保障了一体化的深度。

5. 项目机制的创新

京津冀发展协调委员会的项目运行机制是一项特别的制度设计。在京津冀一体化的进程中可以根据情况设定不同的项目。该法规定："项目运行分别包括项目立项与预算机制、项目人员组织与筹款机制、项目招标机制、项目拨款执行机制、项目结算结项机制。京津冀发展协调委员会可以设计各类项目，作为京津冀一体化的推动方式。京津冀发展协调委员会有权向京津冀三方财政倡议筹集相关项目所需款项。项目所需款项由三地政府在本地财政预算内解决。京津冀发展协调委员会有权根据公平原则对三地政府进行捐款指派。项目款项来源是京津地三地的地方财政。"这里给了京津冀发展协调委员会一项很硬的权力，当三个地方都考虑自己的利益不肯配合的时候，京津冀发展协调委员会有权强制性指派款项。这等于给了一个强大的项目实施权力，极大地保障了行政的效率。

6. 矛盾调处机制的创新

该法规定："京津冀协调发展委员会有权采用行政协调、斡旋、调解、补偿等方式进行处理。京津冀协调发展委员会也有权采用司法方式进行公开开庭审理，通过调查、听证、裁决、补偿等方式进行审理。京津冀协调发展委员会所做出的建议书、实施方案、裁决书具有法律效力，各当事方有义务执行。"从如上条文可以看出京津冀协调发展委员会有两种机制来应对三方的矛盾，一是行政机制，二是司法机制。前者简单直接、灵活多变，后者程序严谨、民主公平。这两种手段可以相互结合使用。赋予京津冀协调发展委员会所作的建议、方案、裁决法律效力，由当事方执行。这样的规定有助于解决京津冀三地长期存在的发展不平衡、不协调的问题。

B.17
京津冀立法协同机制研究报告[*]

河北省科学民主立法与京津冀协同发展课题组[**]

摘　要： 推进落实国家重大战略，应当有正确的方针政策作指引、良好的法治实践作保障。《京津冀协同发展规划纲要》正式出台后，立法机关应按照党的十八大提出的科学立法、民主立法要求，整合立法资源，明确协作路径，创新工作模式，丰富协同机制，努力为京津冀协同发展提供到位的法律保障。

关键词： 科学立法　民主立法　京津冀协同立法

京津冀协同发展是国家重大战略，其推进举措和落实任务涉及诸多方面。依法解决"一亩三分地思想""利益纠葛"等制约区域协同的核心问题，最妥善的路径是按照"四个全面"战略布局基本精神，通过全面深化改革来推进，依靠良好的法治实践来保障。面对前所未有的机遇和挑战，推进协同立法是推行良好法治实践[①]的基础，国家和地方各级立法机关、政府法制部门应当发挥立法职能作用，发挥法律的引领、推动和保障作用，通过

---

[*] 本文为河北地方法治建设研究中心承担的河北省科学民主立法与京津冀协同发展课题的阶段性成果。
[**] 主要执笔人：王利军，河北经贸大学法学院副院长、教授；周保刚，河北省委政法委法治建设协调处处长；郭红，河北省人大常委会法工委办公室主任。
[①] 所谓"良好的法治实践"，应当是在党和国家重大战略所确定的方针、政策基础上，从立法、执法、司法等层面做到彰显法治思维、运用法治方式，全面提高服务和保障发展的能力和水平。

搞好顶层设计、优化制度安排和提供充分法律依据等努力，支持各方面冲破羁绊、消除壁垒、推动发展。

一 京津冀协同立法的切入点和着力点

京津冀协同发展是一个千载难逢的机遇。但是由于历史和区位原因，这一重大工程的推进落实还面临着"诸侯经济"、地方保护、恶性竞争等诸多困难和障碍。我们必须正视现实、查摆问题、分析原因，找准京津冀协同立法的切入点和着力点，保持立法和改革决策的一致性，在法律规定的范围内落实改革决策，保障立法能够适应改革的现实需求，实现社会经济稳定、健康地发展。重点应关注和解析以下问题。

（一）经济社会发展上的现实阻碍

主要包括：三地经济社会发展差距大，经济体量、财政能力人均不平衡，基本公共服务差距明显，区域间利益矛盾突出等。这些制约因素，涉及经济发展、行政管理、公共服务、社会治理和执法司法等多个领域。深层次的原因是京津冀产业同构与恶性竞争、省际市场分割与地方保护、贫富分化与生态恶化、政绩竞争与重复建设等[1]。依法解决这些问题，需要做好市场要素整合、行政壁垒消除、社会事务统筹、法律实施协同等方面的工作。

（二）政策法律依据存在短板

三地经济社会发展严重失衡的根本原因是多个领域的体制机制失衡，诸多重大政策涉及的利益分配原则与机制需要调整。还有一条重要原因，就是有关区域协同发展的法律法规不能满足现实需要，有的甚至是"依法阻碍"。这些问题最终的圆满的解决，既有赖于政策的创新，也有待于对阻碍协同发展的法律规范中的焦点问题、重点问题进行全面审视、梳理和修改，

---

[1] 马兰翠：《为京津冀协同发展提供法制保障》，《人民代表报》2016年11月。

更需要有关支持、保护、引领协同发展的法律规范的创制。《京津冀协同发展规划纲要》的出台，解决了三地协同发展的重大政策缺位问题，也将协同立法的任务引上重要日程——落实协同发展要求迫切需要"坚持立法先行，发挥立法的引领和推动作用"，迫切需要在既有经验[①]基础上，不断填补法律依据上的空白。

（三）法治保障机能需要强化

国家重大战略的推进，必然要涉及很多基本层面社会关系的确认、协调和稳固问题。以往面对各领域纷繁复杂的社会关系，静态法律规范体系和动态法治工作体系都是薄弱环节。因为协作协同机制不健全，三地法治实践各系统协同防控风险、服务发展的工作也就不到位，协同破解难题、补齐短板的作用发挥也难以到位。近年来，三地人大机关建立了区域立法协同机制和制度平台，人民法院和检察机关在履行法律职责过程中，也建立了业务协作机制，都取得了重大突破。但到位的法治保障是一项长期而复杂的系统工程，尤其依法治理工作的推进还有很大的空间。

（四）协同立法机制有待完善

协同立法、执法、司法是解决区域发展不协调的一系列法治对策之一，应当在法制统一框架之内推进。现有的协同立法机制，主要有以下不足：一是主体层次有待丰富。应当按照科学立法精神，按照人大、政府两类立法主体"双轨制"，国家、省和直辖市、设区市和直辖市辖区"三层级"的思路，建立及时沟通立法信息，协同制订立法计划，协同清理法律规范的完备主体、完备职能。二是工作形式有待完善。除了已有的联席会议、临时动议、初级协商等一般性协同形式外，会议协同、省际协议协同、委托立法工作协同、示范法协同、联合立法工作协同等协同形式，都应当纳入日程、尽快推进。

[①] 近年来，在中央和有关中央国家机关大力支持下，京津冀三地通过积极沟通、多方探索，建立了多项协作创新机制和协同工作协议，在具体立法项目上也有了很大收获。

三是协同内涵有待挖掘。应当将已经建立的立法规划、立法计划、起草论证等基础性工作的协同进一步充实,打造为立法主体、立法内容、立法程序、立法完善等多环节全部协同的"全链条"协同模式。四是国家层面的支持有待进一步加强。京津冀三省市均是利益独立的立法主体,在处理重大复杂利益分配上出现三省市无法协调的情况,是一种客观现象,也是一种必然情况。此种境况下,给依法解决原则性、根本性问题提供充分、及时、有力的法律依据,就成为国家立法层面必须面对的现实问题。除了协调、督促中央有关部门给予京津冀三地立法机关及时有力的指导和协调外,建议在中央专属立法、区域重大利益冲突立法等方面,及时研究制定《京津冀协同发展保障条例》等一系列的法律法规,用立法形式消除地方法制间的"内耗",减少"法制内耗"对经济的不利影响,从而营造一个良好的区域协同立法环境。

(五)已有机制成效有待总结提升

2014年,京津冀三地人大就协同立法重要性、必要性取得了高度共识,构建了立法信息交流机制,启动了年度立法计划的协同,并推进了由环保、交通立法的协同延伸到社会保障、医疗卫生等公共领域的对接与一体化立法,成效十分显著[①]。但需要保持清醒的是,落实国家重大战略部署需要不断加大推进立法协同的力度,已有的立法机制和成效还需要不断地总结和完善。比如公众参与立法工作机制中,公众参与的积极性有待提高、质量有待提升、深度广度有待加强[②];区域协同立法中,民主立法要求的落实还有待大力地推进、持续地推进。

[①] 河北省人大常委会《关于建立京津冀立法工作协同机制和制度平台研究的报告》,2015年11月12日省人大常委会第71次主任会议通过。
[②] 河北省自2007年开始,已连续10年落实公开征集立法项目建议工作;2009年,针对《河北省重大危险源安全监督管理规定》,首次开展了立法协商;2013年,省政府法制办公室与省政协社会法制委员会联合发布了《关于建立政府立法协商工作机制的实施意见(试行)》;2015年,省政府出台《关于推行政府法律顾问制度的通知》,法律顾问参与立法是提供法律服务的重要内容;正在报批的《关于推行法律顾问制度和公职律师、公司律师制度的实施意见》,进一步强调了依靠专家提升立法质量相关要求。

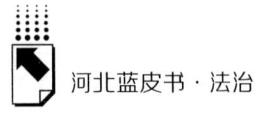

二 京津冀协同立法的主要路径

实现京津冀地区的协同发展，需要创新性政治决策，更需要通过立法为协同发展提供法律保障。《京津冀协同发展规划纲要》明确政策层面的路径后，法制层面的路径应当给予及时明确，相关的工作应当迅速跟进。

（一）明确协同立法的思想

地方性法规对于保障各地协同发展具有关键作用，同时是我国法治体系的重要组成部分，京津冀三地地方立法机关、政府法制部门的协同立法工作格局应当不断强化。应当通过立法环节的工作，建立京津冀法治化的协调机制，在立法方面，实现地区之间立法与重大利益的协调，为一体化建设提供制度保障；在行政方面，实现地区之间行政主体在履行职责中相互协作，打破行政边界的刚性约束，消除地方政府过度保护地方利益的现象。通过建立立法、司法与行政协调机制，促进京津冀在协同发展上更加深入、更加广泛。协同立法应当以降低立法成本、减少立法冲突、服务保障发展为根本原则，以健全区域法律体系、提供法治实践基础为主要任务，以形成统一、和谐、规范、有序的区域法治环境为最终目标。三地应秉持真诚合作精神，与国家立法机关、与另外两地立法机关进行有效合作，做到服从、服务大局，不能再保有"一亩三分地"的思维定式，不能只顾自己利益而无视另外两个地区。

（二）明确协同立法的主体

有关京津冀协同发展的立法，包括国家立法、省级立法和设区市立法。只要与京津冀协同发展有关，有关的工作就应当协同推进，上位法与下位法、一个地区的地方性法规与其他地方的地方性法规都应避免和减少法律冲突。建议建立一个国家层面的协调机构。中央层面支持京津冀协同发展的立法协调工作，可以有一个专门机构具体负责，建议研究在京津冀协同发展领导小组框架下，成立一个京津冀协同发展立法专项协调小组，建立有关部委和地方参加的联席会议机制，支持三地通过协商推进地方法治协同工作①。还可以建立涵盖完善法律规范和法律实施等功能的法治建设专项协调小组。希望国家层面立法机关及时研究重大问题。推进京津冀协同发展是一项特别重大的改革举措，在京津冀协同发展过程中，各地区必然会面临重大利益的协调问题，抑或在有关立法方面，对立法权限、具体法律规定内容等产生分歧。促进京津冀协同发展，全国人大及其常委会、国务院需要根据在协同发展中存在的实际问题，完善相关的法律、法规，为同级地方立法机关的协调提供解决机制，保障各同级地方立法机关能够打破行政区域边界，在相互协调的基础上联合制定区域性地方法规、规章，为推进区域协同立法开辟道路，扫除制度障碍。督促地方规章层面的立法主体更好地发挥作用。根据具体事项，可以明确要求国务院有关部委主持、三地政府法制部门参与，强化地方行政立法工作。如为改善京津冀生态环境，可以由国务院法制办主持，协调三地协同起草《京津冀区域环境污染防治条例》，研究确定统一的监测质量管理体系、统一的污染物排放标准，统筹区域污染治理等。鼓励、支持地方立法层面的立法主体履行职责。三地立法机关和政府法制部门应当确立协作立法会议等必需形式，赋之以对涉及区域协作发展的重要事项进行沟通、协商的权力，进一步加大对协同发展规划实施和经济圈建设的协调力度。按照《立法法》第七十二条规定，应当推进河北省设区市和北京、天津的有关区立法机关发挥作用，在城乡建设与管理、环境保护、历史文化保护等方面切实加强地方立法工作。

---

① 其职责可界定为：围绕京津冀协同发展关键领域，协调三地在立法层面落实党的方针、政策，做好立法保障工作。其工作方法可确定为：（1）组织专家对现有地方性法规、政府规章进行清理，不符合协同发展、协同治理要求的，提出依法废止或修改的专家建议；（2）协调三地有关部门进行立法方面重大问题的专题研究，指导、协调和督促京津冀三地协同立法；（3）协调各级立法机关，通过协商协调方式，就协同立法的基本内容和重要条款形成大致意向，再由三地有立法权的机关按照法定程序来制定、修改、解释和废止相应的立法；（4）支持三地协同立法规划、年度立法计划及其他协同立法工作。

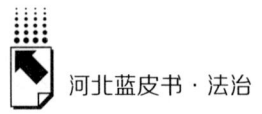

（三）明确协同立法的要求

在京津冀协同发展过程中，立法是一个多方参与利益竞争的过程，各方主体通过立法进行博弈，对协同立法的原则、指导思想及重点环节的工作等，应当提出明确的要求。明确工作原则，强调合作共赢。实现京津冀一体化，促进地区之间协同立法，要求各地立法机关应该根据地区发展的实际情况，创新性地制定地方法规和规章，使得立法能够满足改革和经济发展的需要，从而真正实现立法目的，促进三省市稳定、健康地发展。协同立法应从区域合作共赢角度出发，在法律规范的逻辑构成上确定合理的行为模式和法律后果，使三地地方性法规在所调整的社会关系、所规范的内容与所规范的行为方式等方面做到统一和协调。细化推进措施，完善推进依据。为了从立法层面保障中央《京津冀协同发展规划纲要》等重大政策稳妥地落地，按照法治思维、法治方式积极地推进，建议在立法层面，通过法律的完善，保障中央文件顺利实施和开花结果。可以围绕年度立法计划的制订和实施这一客观性的工作，由三地人大常委会和政府法制工作机构轮流组织，定期举行年度协商例会，在例会上互通各地立法动态，探讨区域内立法焦点难点问题，共同研究如何通过协同工作提高地方立法质量。可以结合国家重大立法征求意见活动，进行专题研讨，商讨京津冀协同立法给予衔接问题，进一步彰显协作立法的前瞻性。建立协同立法机制，提高立法质量。已经完成的三地大气污染防治条例是一个协同立法的范例，其突出特点是，既保持了三地立法应对区域共同问题的协同性，又兼顾了各地的实际情况。这一重点领域重大法律规范的协商、合作、创制流程，具有较强的可复制、可推广性。可以研究建立协同立法考评机制，对各地各部门完善法律体系、协同推进法治建设情况进行评估考核。

（四）完善协同立法的程序

地方立法质量显著提升是河北省全面推进法治建设的"八大显著目标"之一，也应当作为三地协同立法工作共同关注的努力目标。在健全完善自身立法程序上，河北省正在推进明确立法边界、立法权限，健全完善法律冲突审查机制，健全立法起草、论证、协调、审议机制，实行立法调研、立法评估一体模式，实行开门立法、法规规章草案公开征求意见，切实提高地方立法质量，地方立法的科学化、民主化程度有了很大的提升。这些工作建议中央和京津两地给予关注。在人大机关立法协作上，2015年3月，三地人大常委会出台了《关于加强京津冀人大协同立法的若干意见》，京津冀协同立法工作的流程基本确立。《意见》明确，结合京津冀协同发展需要，制定立法规划和年度计划；具体立法项目推进研究时，注意吸收彼此意见；加强重大立法项目联合攻关，加强地方立法理论研究协作，加强立法工作经验和立法成果的交流互鉴[①]。建议全国人大对此机制给予更高的重视和指导。建议三省市人民政府也建立类似机制。建议长三角、珠三角等区域协同发展考察了解该机制的精神与内涵。在法案起草上，根据协同发展战略目标，基于立法工作的现实需求，对于需要三省市共同协同立法的，由三地有权机关共同起草法案，或者在协商一致的基础上，以决议的形式确定立法机关负责法案起草，起草过程中广泛听取各方面的意见。可以设计三种具体方式：一是由全国人大常委会法工委或国务院法制办牵头，组织协调三省市立法机关共同协作，负责地方性法律、规章的起草工作，需要各方在协调论证后，经过不断修改确定最终草案，由各自立法机关通过表决形式决定草案是否通过；二是确定三省市的某一省级立法机关，负责草案的牵头工作，其他各省市有义务进行配合，草案成熟后分别提交各自立法机关表决通过；三是建立各地区之间立法成果共享机制。在三省市立法中具有共性的项目，对于成熟的立法在各地区之间可以共享成果，在立足当地实际情况基础上，对该立法进行修改，使立法符合当地发展需要而加以适用，以此节省立法成本，提高立法工作效率。在法案提案上，建议完善专家提请、社会组织建议等公众参与立法机制，有关草案经人大、政府立法工作机构审读，如基本符合立法条件，即抓紧按法定程序提请立法机关审议。在法案审议上，一般由三地各立法职能

---

① 马兰翠：《为京津冀协同发展提供法制保障》，《人民代表报》2016年11月。

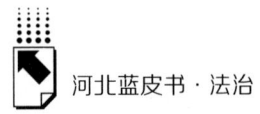

主体,对提请审议的协同立法草案,依照地方立法的一般程序进行审议。为了保障各方能够随时关注立法进展,对于法案的最终审议结果,审议主体应进行汇总并向其他两个省市通报,以便于及时协调可能存在的特殊状况。

三 落实重点领域立法项目

对协同立法的工作机制进行完善后,有关的具体立法工作应当给予更快的推进。首先,应对三地现有的法规、规章协同进行清理,对那些不利于协同发展的地方性法规、规章,应区别不同的情况,逐一提出重新立法或修订的意见建议。其次,可以按照轻重缓急原则,优先出台基础设施建设、产业布局、城乡规划、环境保护、基本公共服务、信息基础网络等方面协同发展的地方性法规、政府规章。再次,对存在诸多不协调之处的市场管理等领域的地方性法规、政府规章,应当结合"市场决定资源要素"原则,陆续进行修改或完善。最后,高度重视法治政府建设工作,按照中央印发的《法治政府建设实施纲要(2016~2020年)》要求,在政府规章、规范性文件和重大行政决策方面贯彻法治思维、体现法治方式,使京津冀三地法治政府建设、依法行政工作走在全国前列。

(一)疏解北京非首都功能方面

主要是制定人口流动管理相关制度,促进人口向中小城市转移流动;制定区域交通一体化(机场、城铁、高速公路、物流园区等)法律法规,推进区域交通发展;协同修改科技成果转化条例,推行区域内科技成果转化和流转;出台承接北京疏解产业优惠政策,确定区域产业发展的方向、区间产业转移的具体规则[①],防止承接北京疏解产业上的不当竞争。有关的举措应当做到法律与政策衔接制定、协同推进。

---

① 对于北京,应侧重制定限入、禁入产业的制度规范;对于津冀,应侧重制定承接北京疏解产业的相关优惠政策与制度规范,如承接园区制度、承接产业基地制度等。

（二）推动产业升级转移方面

推动产业升级转移，按照京津冀产业发展定位，制定规范性法律文件适应当前的改革和经济发展，在区域产业导向和产业转移升级等方面制定专门法规、规章。成熟的立法规范能够为产业升级转移提供法律保障，就现阶段发展情况分析，财政税收制度、迁出地与迁入地间财政利益共享制度、企业税收收入分享办法的实施办法等区域间制度性的规定应该上升为地方性法规。另外，促进企业技术创新、发展循环经济和保护知识产权，需要制定专门的条例；加强地区之间财税监管，修改现有的条例性规定，明确监管主体、目标及内容等，使财政监督制度形成系统性。

（三）推进生态环境保护和恢复方面

应充分考虑三地联防联控、协同治污机制已经初步建立的实际情况，在法律层面固化成果，协同建立一体管理、一体保护的法律体系，使生态环境保护深化改革举措有法可依。[①]

（四）推进公共服务一体化方面

应重点围绕教育、就业、养老、医疗等公共服务一体化，安全生产、食品药品安全、流行性疫病防治等公共安全一体化，基本公共服务均等化等进行立法[②]，尽快扫除异地服务重大差异、难以衔接、不便报账等障碍；建立京津冀区域内统一的公共服务平台，推动落实公共服务关系的跨区域转移接

[①] 京津冀三地环保协同治污机制不应只是一种协调机制，可以考虑依据《环境保护法》《大气污染防治法》等法规，制定《京津冀环境污染联防联控条例》，按照"统一规划、严格标准、联合管理、改革创新、协同互助"原则，建立统一的环境准入标准和退出机制；统一生态环境违法惩治标准，实施综合跨区域治理；出台和实施统一的生态修复补偿办法，按照"谁受益谁补偿"原则实施跨行政区域的水、草、林等生态保护补偿；制定湿地保护条例和绿化条例，建立系统完整的生态文明制度体系。

[②] 上述改革的前提是，优先制定公共服务跨区域转移接续的法律制度，在发展成熟之后再制定京津冀统一的公共服务制度，从而实现京津冀公共服务的均等化。

续，同时建立健全公共服务财政投入与保障机制；制定公共信用信息管理条例、居家养老服务条例，修改保护消费者合法权益条例，让三地人民群众有平等感、同样的幸福感等。

（五）完善财税制度方面

基于三地税收优惠政策不统一、税收征管具体工作存在巨大差异等实际情况，基于这些制度属于国家专属立法权[①]，同时《立法法》第九条、第十三条为区域协同发展法律实施设定了"改革窗口"，为推进京津冀协同发展，建议研究是否由全国人大及其常委会作出决定，授权国务院对部分事项先制定行政法规，或者按照《立法法》第八十一条规定精神授权国务院有关部门联合制定规章，助力京津冀协同发展中的经济发展迅速推进。如针对产业升级转移过程中的财税事项，可以研究通过签订行政协议等方式，明确财政协同体系的主体、内容、方式、纠纷解决机制，探索建立财税协同治理法治体系[②]，或适时提出制定、修改部分法律或条款的意见建议。

四　完善京津冀协同立法工作机制

推进区域协同立法是一个重大课题，必须建立健全体现科学立法精神的协同立法工作机制，建议对以下机制进一步完善。

（一）建立区际协调机制

除了经济发展、产业对接、功能转移上的协调机制外，我们还应当对区际法治建设协调机制给予足够的重视，投入足够的精力。扩展协同推进领

[①] 《立法法》第八条第六项、第九项规定，税收、财政为国家专属立法权，只能由全国人大及其常委会制定。
[②] 行政协议的法律属性值得进一步研究，可以认为是区域立法的重要形式并归入"软法"的范畴。在税收行政体制方面，相关行政协议可以为《京津冀区域横向财政转移支付协议》《京津冀区域财政投融资合作协议》《京津冀区域税收竞争与协调合作协议》《京津冀区域协同预算合作协议》《京津冀区域财政治理风险应对合作协议》等。

域。京津冀三省市协作，一方面，根据三省市发展的实际状况，加强创制性法规、新制定法规的协作，促进地区之间协同发展；另一方面，京津冀实现一体化之后，对于现行有效的规范性法律文件，要保障法规与京津冀定位的发展目标一致，清理出不适应当前协同改革与经济发展需求的法规[①]。促进京津冀的协同发展，实现立法成果共享，提高立法效率，三省市应该建立共享的立法信息库，主要项目包括三地区协同发展的整体立法布局、年度立法工作的安排、各地区立法项目的进展情况、关联度较高立法项目联合攻关进展情况、立法工作经验和立法成果等信息。对现行有效的法规规章及其他规范性文件，也通过"大数据"的模式进行科学化管理。及时总结成型经验，三地协同立法项目——《河北省大气污染防治条例》《天津市大气污染防治条例》是一个典型例证，在立法过程中，从原则性规定到具体规则的制定都体现协同要求，都充分征求和吸收了其他地区的意见。经三地协同，河北省条例专设一章"重点区域联防联治"，天津市条例将"区域大气污染防治协作"专设为第九章。在地下水管理、水土保持、国土保护与治理等重点立法项目上，京津冀三省市也在密切协作。动态通报进展情况，可由区域内有立法权的各省、市人大常委会和政府法制工作机构轮流组织，围绕年度立法计划的制订和落实举行例会，主要商讨拟立法项目、形式、方案等基础性问题，结合本届立法规划和国家重大立法活动，对地区间立法存在的共性问题进行共同协商，实现立法在三省市的衔接，保证科学立法，提高立法质量，通过协同立法适应改革和经济发展需要。可以通过召开临时会议、互寄文件简报等形式，对具体事宜进行磋商。

（二）建立跟踪问效机制

区域立法协作与普通立法活动相比，在目标、流程等方面有明显差异。

[①] 例如，河北省人大常委会专门围绕京津冀协同发展开展地方性法规专项清理工作，先后两次打包修改《河北省水污染防治条例》等11部法规，废止《河北省个体工商户条例》等7部法规。2016年拟再打包修改《河北省实施〈中华人民共和国防洪法〉办法》等8部法规，废止《河北省儿童计划免疫条例》等。

对立法协作进程进行跟踪，可以尽可能地提前发现并处理协作工作中的矛盾，对于立法协作整体机制的优化具有重要的价值。进行跟踪评价的手段应当是多元化的，可以建立在对现有资源的利用上，也可以进行访问调查。评价中应尽量维持中立性和客观性，如由第三方评价从而增强评价的真实性和客观性。

（三）探索交叉备案审查机制

立法协作中的交叉备案审查机制，可以从立法结构角度来促进和保障区域内地方立法的协同。具体做法是，京津冀三省市的地方立法，由一方所制定的事关三地一体化发展的立法文本，均应向另外两个省市的立法机关交叉备案，另外两省市立法机关对所交叉备案的文本，可以进行协同性审查。审查过程中，如发现涉及本地重大利益的，尤其是立法内容损害京津冀协同发展利益或者是其他成员重大利益的，可以针对此立法文本提出异议，要求实现立法协同，由三省市进行协同探讨。实现交叉备案审查机制，保障三地的立法协同，为京津冀区域一体化提供制度保障。

（四）探索联合拟法模式

促进京津冀区域一体化发展，在立法模式上可以采取三地区联合拟法模式，关于立法共性问题、立法动议以及各地区之间利益协同等方面，创新性地探索新的立法模式，打破以往三省市在立法上"一亩三分地"的思想，实现立法协同。探索立法机关联合拟法模式。由三省市共同拟定草案，同步论证、同步提案或送审，除部分条款因本地特色做适当保留外，实现立法文本在整个制定程序中的协同，保障各方的利益诉求，实现协同发展；或者出具书面文件共同委托一方实施立法，其他各方予以配合，以保障京津冀区域一体化在制度上的协同。探索专家联合提出专家稿模式。可以选择一些适合的项目，采取政府购买公共服务方式，设立专门的协同立法专家组，承担专业技术工作，协调解决立法机关协同工作中的争议。专家组成员由京津冀三地专家学者组成，实行一事一派制。由专家组负责起草学者版草案，对三省市的立法项目进行协同调研，再提请三省市各自的人大或政府进行审查。①

（五）充分发挥"软法"及有关法律条款的作用

现代意义上的立法，不仅仅指国家立法。具有中国特色的法治体系，也将党内法规包含其中。在强调法治思维、法治方式时，还应当充分考虑其他种类规范性文件的地位和作用。在立法工作中注意与"软法"相衔接。所谓"软法"，是指"那些效力结构未必完整、无须依靠国家强制保障实施，但能够产生社会实效的法律规范"②。在现代法治体系中，"软法"的地位和作用非常重要，良好的法治实践应当借力于"软法"并与其相衔接。运用法治思维完善"软法"体系。应着眼于京津冀协同发展的需要，保持京津冀行政区划规定不变，并在继续实行现行立法框架的基础上，进一步做好"软法"的制定、修改、实施，做好其与国家法律体系的衔接。在这方面，我们应当加强对长三角、珠三角等区域协同发展中法治建设的研究，进一步提升京津冀协同发展中的法治建设协同水平。③ 可以将运用比较法学的研究方法，对比研究京津冀、长三角、珠三角等区域法治建设的共同性与差异性作为一个新型的重点课题领域给予鼓励和支持。④ 运用法治方式推进"软法之治"。"软法"与"硬法"相互配合、协作，有利于区域经济法制体系的完善，对京津冀协同发展也是一种有效的制度方案。从我国法治实践看，

---

① 2014年，河北省政府法制办与河北大学签署协议，开展了立法合作。2016年7月，河北省立法学研究会成立，搭建了立法学研究的新平台，建立了立法领域学术研究与法治实践协同创新的新机制，更为京津冀立法协作提供了智库支撑。周保刚：《建好立法平台助力区域法治建设——兼论当前河北省立法学研究的背景与方向》，《河北省法学会立法学研究会2016年年会论文集》。

② 李万强：《国际经济法存在与发展的新视角》，《吉林大学社会科学学报》2017年第1期。

③ 2016年初，按照河北省人大常委会办公厅征求十二届全国人大四次会议河北代表团议案和代表建议有关要求，河北省委政法委组织，周保刚、王利军同志负责，起草了《关于建立京津冀法治建设协作机制的建议》，已被全国人大交由有关部门参阅办理。

④ 2016年10月，河北省委法治办支持浙江工业大学建立了法治河北研究中心（依托河北行政学院运行），支持专家学者运用比较方法研究法治浙江与法治河北建设工作，研究京津冀与长三角、珠三角协同立法等法治建设重点工作。

"软法"对长三角、珠三角的区域经济治理发挥了很好的作用。从社会发展实际看,"软法之治"是解决法制发展滞后和实现有效治理的一种重要制度方案。① 如有关京津冀协同发展的各种主体、各个层级和各领域的规划、计划、纲要、方案、意见、规程、指南等,都可以起到规范京津冀合作参与者行为、调整京津冀经济合作关系、促进京津冀协同发展的作用。深入研究、适时适用某些特殊法律条款。对《立法法》第九条、第十三条,尤其是"暂时调整或者暂时停止适用法律的部分规定"②,应当深化研究其立法本意及运用范围,必要时以之为法律依据,扫清区域协同发展中的法律障碍。这一设想,虽然目前还有不少争论,但也不是没有深入研究和推进试行的空间。在具体实践上,国务院根据全国人大常委会授权,于2013年3月对广东,2013年8月对上海,2016年7月对天津、上海、福建、广东等地,将一些行政法规、部门规章的暂时调整和暂停适用,都曾为推进自由贸易试验区发展创造了良好的法治环境。《立法法》第八十一条的规定③,也是一个可以丰富立法协同思路的法律规范。应当说,国务院多个部门可以联合制定规章,特定区域多个地方立法机关、政府法制部门,尤其是列入协同发展国家重大战略区域的立法机关和政府法制部门,也应当积极探索如何进一步完善区域立法协作工作。当然,对这一重大问题,应当按照统一立法体制和立法法基本精神进行深入细致的研究。

---

① 黄茂钦:《论区域经济发展中的软法之治》,《法律科学》2014年第4期。
② 《立法法》第九条规定,"本法第八条规定的事项尚未制定法律的,全国人民代表大会及其常务委员会有权作出决定,授权国务院可以根据实际需要,对其中的部分事项先制定行政法规";第十三条规定,"全国人民代表大会及其常务委员会可以根据改革发展的需要,决定就行政管理等领域的特定事项授权在一定期限内在部分地方暂时调整或者暂时停止适用法律的部分规定"。根据这些规范所透露出的法律精神,对阻碍京津冀协同发展的一些法律,应当可以进行深入研究、逻辑论证,意见成熟的可以提出专家建议,帮助职权部门研究谋划,提请在京津冀"暂时调整或者暂时停止适用法律的部分规定"。
③ 《立法法》第八十一条规定:"涉及两个以上国务院部门职权范围的事项,应当提请国务院制定行政法规或者由国务院有关部门联合制定规章。"

B.18
京冀奥运协同立法现存问题与解决路径[*]

师晓丹[**]

摘　要： 京张冬奥会将于2022年由北京和张家口联合举办，这一跨省域举办的冬奥会的成功，离不开法治的支撑，京冀奥运协同立法是关键的一环。然而实现京冀奥运协同立法并非易事，还存在一系列亟待解决的问题。本文在梳理京冀奥运立法现状的基础上，从显性问题和隐性问题两个方面分若干点逐一分析了京冀奥运协同立法存在的问题与障碍，并从京冀奥运协同立法的实现、在协同立法基础上继承与优化北京奥运经验和填补京冀奥运立法空白三个方面进一步分析了现存问题的解决路径与方法。

关键词： 冬奥会　协同立法　京冀　联合立法

2015年7月，经由国际奥委会第127届全体会议投票，确定北京—张家口获得联合举办2022年冬奥会的资格。京张冬奥会有其独特性，本次冬奥会为北京和河北的张家口两个城市跨省联合举办，且张家口为主项目赛

---

[*] 河北省体育局体育科技研究项目"京冀奥运协同立法问题研究"（项目编号：20073005）研究成果。
[**] 师晓丹，河北地质大学法政学院讲师、中国政法大学国际法学院博士，研究方向为国际经济法。

区，这与2008年夏奥会青岛作为帆船分赛场和香港作为马术分赛场存在本质区别。要保证这样一场空前的冬奥会顺利举办，离不开法治的支撑。两个城市跨地区举办，势必会涉及两地有关奥运立法的冲突与协调。本文在分析研究京冀现有奥运立法的基础上，针对京冀奥运协同立法存在的问题提出了一些可行性建议。

一 京冀奥运立法现状

1.适用于京冀的全国性与区域性立法

自2001年7月13日，国际奥委会宣布北京为2008年夏奥会承办城市之后，我国的奥运立法工作才刚刚起步。在2001年之前，与奥运相关的只有一部法律，即历经8年反复酝酿才终于在1995年颁布施行《中华人民共和国体育法》。2001年之后，国务院、海关总署、最高人民法院陆续颁布了有关奥运的立法，北京市政府、天津市政府与河北省政府还于2008年联合发布过区域性地方规范性文件。前述全国性与区域性奥运立法主要颁行于2008北京夏奥会周期内（含一部阶段性有效立法），夏奥会周期结束后仅在2016年有一部法律文件出台（见表1）。

表1 全国性与区域性奥运立法现状简况

立法主体	效力等级	立法	规范领域	颁行时间
全国人大常委会	法律	《中华人民共和国体育法》	体育事业与体育活动综合性立法	1995年10月1日施行①
国务院	行政法规	《奥林匹克标志保护条例》②	奥运知识产权保护	2002年4月1日施行
国务院	行政法规	《反兴奋剂条例》	反兴奋剂	2004年3月1日施行③
国务院	行政法规	《北京奥运会及其筹备期间外国记者在华采访规定》④	国外记者采访	2007年1月1日至2008年10月17日有效
国务院办公厅	国务院规范性文件	《国务院办公厅关于同意在北京奥运会特许商品上使用国旗图案的函》⑤	奥运知识产权保护	2007年5月23日施行

续表

立法主体	效力等级	立法	规范领域	颁行时间
海关总署	部门规章	《关于核准奥林匹克标志通过知识产权海关备案的补充公告》⑥	奥运知识产权保护	2008年7月15日施行
最高人民法院	"两高"工作文件	《最高人民法院关于为京津冀协同发展提供司法服务和保障的意见》	法治建设	2016年2月3日施行
北京市政府 天津市政府 河北省政府	地方规范性文件	《关于发布北京奥运会残奥会期间极端不利气象条件下空气污染控制应急措施的公告》	环境	2008年7月28日施行

①《体育法》自1995年颁行后，经2009年和2016年两次修订，2009年主要删除了第47条："用于全国性、国际性体育竞赛的体育器材和用品，必须经国务院体育行政部门指定的机构审定。"，2016年主要删除了第32条："国家实行体育竞赛全国纪律审批制度。全国纪律由国务院体育行政部门确认。"
②国务院令第345号。
③《反兴奋剂条例》自2004年颁行后，经2011年和2014年两次修订，均为根据《国务院关于废止和修改部分行政法规的决定》进行的非实质性修订。
④国务院令第477号。
⑤国办函〔2007〕59号。
⑥海关总署公告2008年第49号。

2. 北京奥运立法现状

北京自2001年至今，有关奥运的立法，经检索统计有200余件。其中包括地方性法规2件、地方政府规章1件，除此以外，大量的立法以地方规范性文件的形式存在。北京奥运立法几乎全部颁行于北京夏奥会周期内（含两部阶段性有效立法），夏奥会周期结束后仅一部非《通知》《公告》类规范性文件颁行。前述立法现状如表2所示。

表2 北京奥运立法现状简况

立法主体	效力等级	立法	规范领域	颁行时间
北京市人大常委会	地方性法规	《北京市人民代表大会常务委员会关于为顺利筹备和成功举办奥运会进一步加强法治环境建设的决议》	法治建设	2007年7月27日

续表

立法主体	效力等级	立法	规范领域	颁行时间
北京市人大常委会	地方性法规	《北京市志愿服务促进条例》	志愿者	2007年12月5日
北京市政府	地方政府规章	《北京市奥林匹克知识产权保护规定》	奥运知识产权保护	2001年11月1日施行
北京市奥组委	地方规范性文件	《奥运会建设项目法人招标投标管理办法》	基础设施建设	2002年7月28日施行
北京市地方税务局	地方规范性文件	《涉及第29届奥运会涉税事项售付汇税务凭证开具管理办法》	税收	2004年1月1日施行
北京市政府食品安全办公室	地方规范性文件	《2008年北京奥运食品安全行动纲要》	食品安全	2005年10月27日施行
北京市食品药品监督管理局	地方规范性文件	《2008年奥运会及残奥会药品类兴奋剂规范和治理工作方案》	反兴奋剂	2007年10月29日施行
北京市文物局	地方规范性文件	《迎奥运文物保护单位管理和服务标准》	文物保护与展示	2007年11月1日至2008年11月1日有效
北京市政府	地方规范性文件	《北京市人民政府办公厅关于做好2008年北京奥运会无线电管理工作的意见》	基础设施建设	2008年2月19日施行
北京市卫生局	地方规范性文件	《奥运期间北京市人间传染的病原微生物实验室生物安全管理和生物恐怖防范工作暂行规定》	生物安全	2008年3月13日至2008年10月8日有效
北京市政府	地方规范性文件	《北京市人民政府关于印发奥运会残奥会期间北京城市运行工作总体方案的通知》	城市建设	2008年6月10日施行
北京市朝阳区人民政府	地方规范性文件	《朝阳区有形市场奥运后(2009~2011)规范管理三年规划》	城市建设	2010年1月20日施行
其他《公告》《通知》类的地方规范性文件190余件	—	—	—	

3. 河北奥运立法现状

河北自 2001 年至今，有关奥运的立法，经检索统计近 50 件。其中包括地方性法规 1 件、地方规范性文件 40 余件。河北奥运立法总体数量较少，绝大多数集中在 2008 年 5~8 月临近北京夏奥会举办前颁行，仅有的一部地方性法规虽已于 2016 年 12 月 2 日发布，但尚未施行。前述立法现状如表 3 所示。

表 3 河北奥运立法现状简况

立法主体	效力等级	立法	规范领域	颁行时间
河北省人大常委会	地方性法规	《河北省志愿服务条例》	志愿者	2016 年 12 月 2 日发布 2017 年 3 月 1 日施行
河北省政府	地方规范性文件	《河北省人民政府关于全力支持奥运发展奥运经济的意见》	经济建设	2001 年 8 月 13 日
河北省司法厅	地方规范性文件	《河北省司法厅、河北省律师协会关于充分发挥律师职能作用确保奥运会顺利举办的通知》	法治建设	2008 年 5 月 21 日
河北省建设厅	地方规范性文件	《河北省建设厅关于加强奥运期间城市扬尘管理的通知》	环境	2008 年 8 月 4 日
石家庄市政府	地方规范性文件	《石家庄市奥运会期间极端不利气象条件下空气污染控制应急措施》	环境	2008 年 8 月 8 日施行
张家口市政府	地方规范性文件	《奥运会期间我市公路交通保畅的实施意见》	交通	2008 年 5 月 22 日
张家口市政府	地方规范性文件	《张家口市人民政府关于学习北京冬奥组委〈公告〉做好奥林匹克标志保护工作的通知》	奥运知识产权保护	2016 年 7 月 31 日施行
其他《公告》《通知》类的地方规范性文件 30 余件	—	—	—	—

二 京冀奥运立法存在的问题

基于前述对北京奥运立法、河北奥运立法，以及适用于两地的全国性与区域性奥运立法的梳理，可以看出，目前京冀的奥运立法，就2022年冬奥会的顺利举办而言，尚存亟待解决的问题，立法数量看似很多，但实际难以发挥合力。

（一）显性问题

1. 法律位阶普遍不高

如表1、表2、表3所示，在奥运立法方面，无论是全国性立法、区域性立法，还是地方性立法，普遍法律位阶不高。专门针对奥运的立法最高位阶，在全国立法范围只到了行政法规层面，区域性与地方性立法除3部地方性法规外，几乎全部都是地方规范性文件。总体效力和适用范围均较为有限，容易造成平行法律位阶立法冲突和法律位阶不明确导致法律适用冲突的问题。

2. 规范领域尚在外围，未切入核心

如表1、表2、表3所示，我国自2001年以来，进行的奥运立法活动较为密集，仅北京就能够检索到200余件奥运立法。但是细看这些立法规范的领域，就不难发现，我国目前的奥运立法分布于知识产权保护、经济建设、法治建设、环境、交通、志愿者、食品安全、生物安全、税收、反兴奋剂等领域，而上述这些领域绝大多数属于赛前辅助活动领域，我国奥运立法尚未实质性切入赛事纠纷仲裁、赛事法律规则、赛事风险与防范、体育赛事转播权保护等核心活动领域。

3. 多为框架立法，可操作性不强

前述表1、表2、表3列明的立法中，被称作"公告""通知""意见""函""决议""纲要"的立法，从名称里就透射出了框架性的特点，无须多言。但被称作"条例"的也存在同样的问题，尽管2002年我国就颁布了《奥林匹克标志保护条例》，而北京更是提前一年就颁布了《北京市奥林匹克知识产权保护规定》，但其实法律条文的设计均简单且宽泛。《奥林匹克标志保护条例》共 14 条，自 2002 年颁布之后，再没有修订过，比 2001 年颁布的《北京市奥林匹克知识产权保护规定》还少 3 条，某些条文也还不如《北京市奥林匹克知识产权保护规定》详细。但二者均没有对隐性营销予以规制①，导致在夏奥会的法律实践中，尽管发生了多起隐性营销事件，但没有一例诉诸法律并受到相应惩戒的②。海关总署 2008 年发布的《关于核准奥林匹克标志通过知识产权海关备案的补充公告》明确规定"进出口侵犯上述奥林匹克标志专有权货物的，海关将根据《奥林匹克标志保护条例》以及相关法律法规予以查处"，2016 年张家口发布了《张家口市人民政府关于学习北京冬奥组委〈公告〉做好奥林匹克标志保护工作的通知》，同样局限于 2002 年的《奥林匹克标志保护条例》，延续了可操作性不强的问题。

4. 阶段性立法难以发挥持续效力

如表 1、表 2 所示，《北京奥运会及其筹备期间外国记者在华采访规定》《迎奥运文物保护单位管理和服务标准》《奥运期间北京市人间传染的病原微生物实验室生物安全管理和生物恐怖防范工作暂行规定》等均为阶段有效性立法，过了有效期，就自动丧失原有效力了。但其实，诸如此类的立法，对之后的大型赛事，以及之后的冬奥会或夏奥会均是可以直接移植适用的，简单将其归于失效，从立法资源的角度来看有些浪费。

（二）隐性问题

1. 奥运立法以地方性为主受限于行政区划

如表 1、表 2、表 3 所示，全国性奥运立法有 7 部，而地方性奥运立法，仅北京与河北的总数就已经是全国性奥运立法的 30 多倍，可见我国的奥运

---

① 《奥林匹克标志保护条例》规定了"未经奥标授权人许可，为商业目的（含潜在商业目的）而擅自使用奥标，即为侵权"，虽然这种潜在的商业目的包含了国际奥委会严禁的隐性营销行为，但在判定侵权标准方面，缺乏具体界定（没有划定合理的使用范围，只是以善意和恶意来区分）。

② 武东海、张新萍：《大型体育赛事的立法需求与供给——以北京奥运立法为例》，《武汉体育学院学报》2013 年第 47 卷第 8 期，第 26 页。

立法总体上以地方性立法为主。地方性立法过多，又没有统一的上位法予以宏观规制与协调，导致的问题是，北京自2001年至2008年，在夏奥会周期内积累的奥运立法经验较难推广、移植与适用到其他地域。本次冬奥会，张家口作为主项目所在地，因为其与北京在行政区划上并没有隶属关系，所以北京的地方立法再多再先进于河北，都无法直接适用于张家口，而不得不在河北省或张家口另行制定专门立法。

2. 奥运立法以地方性为主，导致立法碎片化

如表2、表3所示，北京的奥运立法规范领域包括但不限于法治建设、志愿者、奥运知识产权保护、基础设施建设、税收、食品安全、反兴奋剂、文物保护与展示、生物安全、城市建设；河北的奥运立法规范领域包括但不限于志愿者、经济建设、法治建设、环境、交通、奥运知识产权保护。可以看出，第一，地方性奥运立法数量多、涉及面广，几乎分散在了所有领域；第二，京冀的奥运立法规范领域重合度不是很高，各有各的需求和侧重。从某种程度而言，碎片化是地方性立法必然导致的。地方立法是一种以行政区为单位的分割式立法模式，在制定地方性法规时，各地往往只考虑本地的实际情况，而不是从整个区域的角度来立法，从而形成了以地域为中心的法制的"碎片化"现象。①

3. 奥运立法以地方性为主，存在固有冲突

法律是上层建筑的一部分，要受制于经济基础。北京作为首都无疑是全国政治、经济和文化综合实力最强的城市。数据显示：北京2015年全市实现地区生产总值22968.6亿元，GDP增速6.9%，居民人均可支配收入超4.8万元。②而根据国务院扶贫开发领导小组办公室公布的国家级贫困县名单显示，有10个国家级贫困县均出自张家口，本次冬奥会主赛场所在地崇礼更是榜上有名。地域之间经济发展的极度不平衡，导致京冀两地的奥运立法很难在同一个水平面上协调。

---

① 王春业：《区域合作背景下地方联合制定地方性法规初论》，《学习论坛》2012年第6期，第68页。
② 新浪财经，http://finance.sina.com.cn/roll/2016-01-21/doc-ifxnrahr8642164.shtml，最后访问日期：2016年12月20日。

4. 奥运地方立法权不对等导致立法难同步

根据我国《立法法》的规定，北京和张家口享有的立法权是不同的。北京作为直辖市享有独立的立法权，而张家口在2016年3月29日之前，是不享有任何立法权的，其若要进行奥运立法，需要由河北省代为进行。河北省十二届人大常委会第二十次会议上，张家口、承德、沧州、衡水这4个市被赋予了立法权。据此，张家口有权根据本市的具体情况和实际需要，在不同宪法、法律、行政法规和本省的地方性法规相抵触的情况下，对城乡建设与管理、环境保护、历史文化保护等方面的事项制定地方性法规。尽管目前张家口被赋予了立法权，但其立法权是存在限制的，其与北京的立法权仍是不对等的，北京奥运立法的一些事项或领域，有可能是张家口不能立法的范畴，自然也就无从谈起移植适用或者协调同步了。

三 京冀奥运立法现存问题的解决路径

基于上述显性问题和隐性问题的分析，京冀奥运立法现存问题需要在解决根本问题的基础上有针对性地逐一解决单项问题，可以尝试采用以下解决路径：京冀奥运协同立法→北京奥运经验的继承与优化→京冀奥运立法空白的填补。

（一）采用地方联合立法的方式实现京冀奥运协同立法

如上文所述，京冀奥运立法的隐性问题基本都是奥运立法的地方性所导致和衍生的，地方性导致不能突破行政区划，地方性导致立法碎片化，地方性导致无法摆脱地域经济限制，地方性导致无法回避法定的地方立法权限问题，而奥运会本身的地域性又决定了奥运事务本身属于典型的地方性事务，不可能所有问题都上升到中央一级的立法去解决，所以奥运会的地方属性从根本上决定了奥运立法不得不以地方性立法为主。如此与生俱来的矛盾似乎是无解的，若想解决问题就一定要跳出固有的思维模式，以突破和整合为导向去实现京冀两地立法的协同，地方联合立法的方式不失为一个好的尝试。

世界格局正在经历一体化和扁平化，国内社会也在经历区域化和一体化，伴随这样一种进程，大量的公共事务很难局限于某一个地域，跨地域公共事务势必越来越多。而这些公共事务往往高度复杂且超越了既有行政区域，不是单个行政区域内的地方政府所能单独解决的，很多时候此类事务的管理会涉及不同区域的政府或同一个行政区域的多个政府部门，甚至有可能跨越多级政府。[1] 此类跨地域公共事务问题就只能依靠地方联合立法来解决了，本次北京和张家口联合举办冬奥会，就是典型的跨地域公共事务，而京冀的协同立法，也只能靠地方联合立法的方式实现。只有地方联合立法，才能绕开《立法法》的具体规定，最大限度地找齐京张的立法权。其实，区域性联合立法，我国 2008 年在实践中已有过尝试了，如表 1 所示，北京市政府、天津市政府和河北省政府 2008 年 7 月 28 日发布的《关于发布北京奥运会残奥会期间极端不利气象条件下空气污染控制应急措施的公告》就是一个很好的开端。

（二）在协同立法的基础上继承和优化北京奥运立法经验

北京 2008 年夏奥会筹备过程中，积累立法与经验是非常宝贵的，带动了我国奥运立法突飞猛进的发展。这些立法与经验，有一些是可以继承与移植的，也有一些是需要优化后再继承与移植的。

第一，针对河北奥运立法中尚未涉及的规范领域，如果北京奥运立法已有所规定，如基础设施建设、税收、食品安全、反兴奋剂、文物保护与展示、生物安全、城市建设等领域，此时可以分两种情况处理：①如果经研究，发现这些立法不存在滞后与瑕疵，河北是可以直接选择继承与移植的，即在北京立法的基础上，根据具体领域区分，分别由河北省或张家口立法。②如果经研究，发现此类立法存在滞后与瑕疵，那么河北与北京需要共同研讨，并在此基础上优化现有立法，最后以京冀联合立法的方式重新发布优化后的区域性立法。

第二，针对河北奥运立法和北京奥运立法已经分别予以规定的规范领

---

[1] 焦凤君、廖伟伟:《地方政府联合立法及其法律属性分析》,《安徽大学法律评论》2014 年第 1 期，第 141 页。

域，如法治建设、志愿者、奥运知识产权保护等领域，也分两种情况处理：①如果经比较研究，发现两地现有立法不存在矛盾且不存在滞后与瑕疵，可各自继续保留该立法。②如果经比较研究，发现两地现有立法不存在矛盾但存在滞后与瑕疵，或者发现两地立法存在矛盾与冲突，则河北与北京需要共同研讨，并在此基础上优化现有立法，消除矛盾与冲突，最后以京冀联合立法的方式重新发布优化后的区域性立法，或者在有上位法的情况下，直接升级上位法统筹规制。在这一项下，较为突出的一个问题就是奥运知识产权保护的立法优化与移植。如前所述，我国现有的《北京市奥林匹克知识产权保护规定》和《奥林匹克标志保护条例》尚不足以应对实践中频发的侵权问题。对此，伦敦经验[①]非常有参考价值。

（三）在协同立法的基础上填补京冀奥运立法空白

如前文所述，纵观现有的京冀奥运立法和仅有的几部全国性奥运立法，绝大多数都停留在奥运立法核心问题的外围，京冀奥运立法尚存很多空白需要填补。对此，建议以本次冬奥会的三大基本理念：以运动员为中心、可持续发展和节俭办赛为依托，借鉴国际经验，分项填补立法空白，以京冀联合立法的方式颁布，有可能上升为上位法的可以直接以上位法的形式统筹规制。具体建议如下。

第一，以运动员为核心建立与国际体育仲裁接轨的法律制度和运行机制，以上位法的形式明确以下问题的界定：①减少国家体育单项联合会在选拔运动员过程中的自由裁量权，简化运动员对歧视和不公平待遇的举证；②国际单项体育联合会的积分标准适用于奥运参赛选手名额的再分配；③CAS奥运特别仲裁排他管辖内部救济用尽标准；④CAS奥运特别仲裁管辖

---

① 2012年成功申办伦敦奥运会后，英国政府为构建2012伦敦奥运会法律体系，于2006年3月30日通过了《2006伦敦奥运会和残奥会法案》（《伦敦法案》），扩大了《奥林匹克标志保护法案》的保护范围，修订了以往法律文件中表达含糊的相关条款，引入了"伦敦奥林匹克关联权利"即"授权伦敦奥组委利用和开发某些视觉或口头表现形式的独占性权利"。《伦敦法案》明确了对知识产权权利人和侵权行为人的救济途径（行政执法、司法介入、仲裁），并公布了申请救济途径的简易程序。

权的法定有效期；⑤CAS奥运特别仲裁适用奥委会和国际体育管理机构的规则与协议而排除国内法的适用；⑥我国在《纽约公约》所做的商事保留不妨碍CAS奥运特别仲裁庭裁决的承认和执行。国际体育仲裁是目前体育争议最权威的救济手段，体育法国际化的发展也必将会是一种趋势。我国需以2022年冬奥会为契机，在2008年夏奥会经验积累的基础之上，在京冀奥运协同立法的大趋势下尽快建立与CAS仲裁接轨的法律制度和运行机制，提高我国处理体育纠纷的实务能力，同时进一步推进我国依法治体与国际接轨。

第二，借鉴国际经验，建立冬奥会可持续发展机制。在可持续发展方面，历届冬奥会举办城市都比较重视，其制定的措施也各具特色，为我国京张冬奥会提供了丰富的可借鉴资料。冬奥会可持续发展他国经验如表4所示。

表4 冬奥会可持续发展国别经验

年份	奥运会举办地	执行措施
1992	法国阿尔贝雅尔	制定改善环境和地貌的政策；从乡村、自然环境、水资源、自然风险和城市环境5方面评估奥运场馆建设对环境的影响
1994	挪威科勒哈默尔	开展环境监测；与赞助商合作进行环保宣传；场馆、火炬、奖牌等使用环保材料建设或制造；速滑馆由废弃矿洞改造
1998	日本长野	利用现有滑雪场；保护敏感的自然环境、动物栖息地、自然景观，回收计划；环境保护教育计划成立自然保护研究学会，对长野居民进行环保教育；使用环保餐具
2002	美国盐湖城	环境方案设立四项目标：A)零浪费 B)零排放 C)城市林业宣传 D)零误差符合环保和安全性。为开发奥运观光，后期集中改建设施
2006	意大利都灵	制定环境评价战略、监测计划，构建环境管理系统；实施绿色采购、旅游住宿服务生态标签工程、废弃物回收等计划；开展环保宣传，向观众和记者发放环保宣传单，召开环保会议，举办环保展览；赛后引进一系列国际赛事及活动
2010	加拿大温哥华	在奥运村建设节能率40%以上的节能系统；在会议中心建设生态屋顶，减少了奥运会期间近70%的淡水流失；实施"零排放"战略，鼓励智能出行，开展碳排放管理项目；移栽湿地植物保护生物多样性
2014	俄罗斯索契	场馆建筑按照BREEAM标准建设，发布首个国家环境建设标准，规定全国的新建建筑应按减排的环保要求建设；大量使用可再生能源，采用智能管理和照明调节系统；推行水资源优化利用方案；鼓励使用节能交通工具；在建筑物附近建造动物过往通道；转移稀有动植物
2018	韩国平昌	使用环保建筑材料建造节能型场馆；实施土地赔偿方案；建设废水再利用和雨水管理系统；利用再生能源（如风能和太阳能）；修建高铁，扩大对公共交通工具的利用

第三,建立京冀奥运安保与突发事件应对协同机制。随着2022年的到来,北京即将成为世界上第一个既举办过夏奥会又举办过冬奥会的城市,其国际关注度自然是极高的,再加上本次冬奥会由北京和张家口两个城市跨地域共同举办,安保的难度以及突发事件大发生概率也必将是极高的,这对于北京、河北和张家口来讲都将是一场严峻的挑战。尽快完成安保以及应对突发事件的协同机制至关重要。可以考虑由两地人大进行沟通,遵循互相一致原则,在修改完善两地应对突发事件的法律规章及相应制度的基础上,形成冬奥安保与突发事件应对机制,采用京冀联合立法的方式予以颁布实施,以实现统一指挥、分工合作。统一指挥,便于步调一致,形成合力;分工合作,指按区域划分管控,便于高效专注,责任到位。

第四,吸取夏奥会教训,落实节俭办赛制度。由表5可见,2008年北京夏奥会的花费创历史新高,且自此之后再未被突破过。2022年京张冬奥会的三大理念之一就是节俭办赛,所以本次在筹办过程中要吸取夏奥会的教训,以联合立法的方式制定节俭办赛的协同机制。

表5 近7届夏奥会花费

单位:亿美元

奥运会举办年份	奥运会举办地	花费
2012	伦敦	145
2008	北京	400
2004	雅典	150
2000	悉尼	38
1996	亚特兰大	18
1992	巴塞罗那	94
1988	汉城	40

B.19
环渤海地区经济协调发展存在的潜在法律风险及其防范对策

王宝治　张伟英*

摘　要： 经济全球化和区域经济一体化深入发展催生环渤海经济圈后，协同发展成为环渤海地区经济发展的必然趋势。区域经济一体化是一把双刃剑，在协调环渤海地区经济发展的同时，其潜在的法律风险不容乐观。实践中，保障环渤海地区经济协调发展的措施包含政策、规划、合作协议、高层联系协调机制等。然而，众多保障措施中缺乏最有力的法律风险防范措施，因而，需要通过建立环渤海地区法制协调机制、建立防范法律风险制度体系、建立区域间行业自律制度等一系列制度规避其法律风险是当下最佳选择。

关键词： 环渤海地区　经济协调发展　法律风险

一　环渤海地区经济协调发展的由来

环渤海地区经济协调发展源于经济全球化和区域经济一体化的发展，是为适应这一世界经济潮流而产生的。协同发展是环渤海地区经济发展的必然趋势，也是区域经济发展的客观规律。

---

* 王宝治，河北师范大学法学院教授，研究方向为宪法、行政法；张伟英，河北地质大学继续教育学院助理研究员，研究方向为宪法学、行政法学。

（一）经济全球化和区域经济一体化催生了环渤海经济圈

自20世纪80年代末开始，经济全球化成为世界经济发展的重要趋势，其是由发达国家倡导和推进的世界经济活动超越国界的一种新模式，换言之，是将资本、商品、服务、技术、信息等生产要素进行跨国、跨区域流动，形成全球范围内的经济有机体。经济全球化使市场化程度加深、要素配置更加合理、世界经济联系更加紧密，是当代世界经济的典型特征，为世界各国经济发展提供了机遇。经济全球化重塑了全球范围内的经济景观，成为世界各国经济发展离不开的全球背景。

伴随着经济全球化的发展，区域经济一体化应运而生，这是历史发展的必然选择。经济全球化通过区域经济一体化全面加速推进，区域经济一体化成为实现经济全球化的最主要手段之一。最早采用"区域经济一体化"这一概念的荷兰经济学家丁伯根主张，资本主义国家将区域一体化作为倾销剩余产品的一种方式，它既能单纯消除物理边界，又能通过规章制度去管理市场。之后，美国经济学家巴拉萨在1961年提出区域经济一体化既包括消除国与国之间差别待遇的措施之过程，又包括这种差别待遇消失后的一种状态。发展至今，区域经济一体化成了一个经济联合体形成和发展的过程。世界上发达国家或发展中国家均意识到经济的高度发达需要有这么一个区域经济体的方式取代以往传统的独自发展模式，于是，开始建立大量的国际经济合作组织，区域间经济合作已然成为不同区域之间融合区域经济、分享发展成果的重要方式。经过二十多年的发展，一体化经济合作组织成为国家、地区以及企业间相互协作、提高生产力及竞争力的优选方式，区域经济一体化的合作主体、合作范围以及合作机制等方面都发生了巨大变化。

随着区域经济一体化进程不断加快，经济圈成为我国经济发展中最重要的区域经济发展形式，它以其特有的竞争优势受到中央和各地方政府的极大重视。经济圈改变了原有的地理空间限制，消除了区域壁垒障碍，使整个区域内资源、技术等要素与政府的宏观管理联系在一起，组成相对稳固的地域产业配置圈。经济圈使区域经济实力大大增强，也使国际经济竞争力大大提高。纵观我国经济发展水平,北部地区经济一体化过程缓慢,为顺应大时代发展,促进北方区域经济一体化势在必行。环渤海地区恰好具备一体化条件,于是,以京津冀为主,包含辽东半岛、山东半岛、华北平原三大区域板块的环渤海区域经济圈诞生,其与长三角、珠三角并称"中国三大经济增长极"。环渤海区域经济圈的发展不仅承载着环渤海经济区域内各个城市及其整个区域发展的重任,而且承载着国家整体发展的重任。因此,加快环渤海区域融合,大力推动环渤海经济圈快速发展成为当前要完成的重大任务。党的十四大报告明确提出要加快环渤海地区的开发、开放,并将这一地区列为全国开放开发的重点区域之一,对其单独进行区域规划。十八大又把环渤海经济圈中心区域——京津冀的协同发展上升为国家重大发展战略,至此,环渤海经济圈区域联合、优势互补,迅速成长为国内经济增长的先导区域。

(二)协同发展是环渤海地区经济发展的必然趋势和客观规律

1. 协同发展是环渤海地区经济发展的必然趋势

协同论创始人赫尔曼·哈肯将协同定义为系统各部分之间互相协作而产生的整体效应或集体效应。协同概念强调:从状态上看,系统整体协调一致、结构合理顺畅;从效果上看,系统各部分协调起来的效果大于局部各要素功能之和,且能互惠共赢、共同发展。协同现象普遍存在,其发展理论在经济领域更是要遵循的铁律。因此,协同发展自会成为环渤海地区经济发展的必然趋势。在环渤海各区域中,经济发展不平衡,利益博弈导致冲突、矛盾出现,势必影响整个区域内经济发展秩序的稳定,甚至出现混沌无序状态,这必然会阻碍各区域充分发展,继而影响整个区域的经济发展。若环渤海各区域间形成合力,进行区域协同发展,各要素间协同发挥其最大效用,进而形成整个区域的有序状态,便能实现最终效能远超环渤海各地区发展水平产生的效能之和的目标。这是环渤海地区经济发展的必然趋势,也是各区域发展主体共同期待的结果。

2. 协同发展是环渤海地区经济发展的客观规律

环渤海地区经济协调发展是协同发展理论在区域经济发展中的具体运

用，也是经济发展的内在要求和客观规律。环渤海地区中，北京与河北地缘相接，但二者的经济发展水平却有很大差异。在区域一体化过程中，京冀地区各经济要素既相互独立又相互关联，协调发展需要通过一定的方式将各经济要素融合，而后去支配京、冀独立的各个要素，进而主导环渤海地区的发展趋向，使各地区的经济要素互相影响、互相制约，达到既对立又统一的状态。这种协同的过程，既是环渤海地区内原有发展模式向新发展模式转变的过程，又是实现全面、协调、可持续发展的过程。这一过程使经济要素相互流动、相互作用，使环渤海各区域内外经济达到互惠共赢的效果，体现了协同发展的重要性，是经济发展的内在要求，完全符合经济发展的客观规律。

二 环渤海地区经济协调发展的法律保障措施

1. 区域发展政策

为环渤海地区经济发展创造良好政策环境，进一步加快环渤海地区经济协调发展，中央及环渤海各区域均采取了区域发展政策。从"十一五"规划到"十三五"规划，从党的十六大到十八大，环渤海地区经济发展也从最初的一般战略任务上升为国家重大发展战略，被视为"最具潜力的新增长极之一"。李克强总理在河北省召开的环渤海省份经济工作座谈会上强调，要把环渤海地区打造成为中国经济增长和转型升级的新引擎。由此可见，在政策上，中央对环渤海地区经济发展给予高度重视。为贯彻落实党中央的政策指示精神，环渤海各区域纷纷制定有关政策，采取相应新举措，跟进环渤海经济区的发展。以河北省为例，河北省2016年1月制定并出台了《河北省贯彻落实〈环渤海地区合作发展纲要〉的实施意见》。该意见以《环渤海地区合作发展纲要》为基础，结合河北具体情况，提出了2030年前河北与其他环渤海省区市合作与发展的目标。与此同时，各省会城市及地级市等亦不甘落后，及时制定跟进政策，确保环渤海地区经济协调发展，早日实现城市之间互利共赢发展的目的。再如石家庄市、邯郸市等均制定了关于贯彻落实《环渤海地区合作发展纲要》的实施意见。综上可见，为保证环渤海地区经济协调发展,中央及环渤海各级各地政府均制定相关政策予以跟进指导,这些政策的制定对环渤海地区经济协调发展起到了重要保障作用。

然而,作为环渤海地区经济协调发展的保障措施,上述各区域制定的政策具有属地特征。一方面,政策仅考虑本行政区域的特殊性或与上级行政区域的紧密性,欠缺对合作区域关联性的重视。另一方面,政策以地方利益为重,使得地方政府在追求利益最大化的同时,忽略了合作区域的整体利益。区域经济协同发展是既要实现地方利益最大化又要兼顾实现区域整体利益互惠共赢目标。因此,各级政府在制定区域经济发展政策时,应充分考虑本行政区与环渤海区域整体之间的合作与衔接;同时,全盘考虑环渤海地区整个区域的经济利益,整体的经济发展能够带动或促进局部地区的经济发展,同样能够达到局部利益最大化。

2. 区域发展战略规划

为保障环渤海地区经济协调发展,顺利实施各项举措,中央进行了顶层设计,制定了总体发展规划——《环渤海地区合作发展纲要》,明确提出从完善合作机制和加强组织实施两个角度对环渤海地区经济协调发展予以保障。与此同时,中央对环渤海地区的核心——京津冀的协同发展亦进行了整体决策部署,制定并通过了《京津冀协同发展规划纲要》,强调要健全完善督促检查机制、进一步完善协同发展工作机制以及建立健全宣传工作机制以确保京津冀协同发展实现良好开局。为进一步增强京津冀区域协同发展的整体性和协调性,全国第一个跨省市的区域"十三五"规划——《"十三五"时期京津冀国民经济和社会发展规划》诞生,该规划以《京津冀协同发展规划纲要》为基本遵循,结合京津冀三地实际,提出配套政策、落实方法和保障措施等,体现出高度指导性、科学性和针对性。

正是由于中央对环渤海地区经济协调发展进行了总体规划和决策部署,对环渤海地区未来发展的整体性、长期性、基本性问题进行了周密思考和考量,需要环渤海地区各级政府制定具体规划和实施方案,依法落实上述各规划提出的任务目标。于是,各级政府制定的专项规划如雨后春笋般涌现出来。如北京制定了《北京市国民经济和社会发展第十三个五年规划》,该规划提出要综合运用经济、法律、行政等手段围绕规划确定的目标和任务,形成支撑合力,为推动规划有效实施提供保障。作为环渤海地区南翼的中心城市——济南,其《城市总体发展规划(2011~2020年)》也于2016年8月2日得到国务院的批复。该规划将使济南与沈阳、天津形成环渤海地区第二个"金三角",与烟台、大连、天津形成的第一个"金三角"一起共同带动环渤海地区的其他省份整体发展。如此重要的规划,对于保障环渤海地区经济协调发展起到了不可估量的作用。环渤海地区的其他城市如天津市、河北省的石家庄市等都有各自的总体规划,用以大力发展本地经济,力争与环渤海地区的整体发展衔接、互动。

以上中央和地方关于环渤海地区经济发展的诸规划均以政策为先导,以实施为目的,将环渤海区域整体发展与城市发展紧密结合,细致、周密地对其未来发展进行了安排,并直接或间接保障了环渤海地区经济协调、健康发展。

3. 区域合作协议

为适应环渤海地区经济新常态以及实现政府间平等合作的需要,环渤海地区各区域政府争相签订区域合作协议。区域合作协议大量存在,其深度和广度也在不断拓展。典型的如北京市人民政府与河北省人民政府签订的"6+1"战略合作协议及天津市人民政府与河北省人民政府签订的"4+1"战略合作协议:《北京市人民政府与河北省人民政府共同打造曹妃甸协同发展示范区框架协议》《北京市人民政府与河北省人民政府交通一体化合作备忘录》《北京市人民政府与河北省人民政府共建北京新机场临空经济合作区协议》《北京市人民政府与河北省人民政府共同加快推进市场一体化进程协议》《北京市人民政府与河北省人民政府共同推进物流业协同发展合作协议》《北京市人民政府与河北省人民政府共同加快张承地区生态环境建设协议》《北京市人民政府与河北省人民政府共同推进中关村与河北科技园区合作协议》;《天津市人民政府与河北省人民政府交通一体化合作备忘录》《天津市人民政府与河北省人民政府共同打造冀津(涉县天铁)循环经济产业示范区合作框架协议》《天津市人民政府与河北省人民政府推进区域市场一体化合作框架协议》《天津市人民政府与河北省人民政府加强生态环境建设合作框架协议》《天津市人民政府与河北省人民政府推进教育协同发展合作框架协议》。环渤海其他各区域积极合作，达成签署意向，亦签订合作协议，如天津银行济南分行与济南市工商业联合会签订战略合作协议，天津工生所与沈阳同联集团签署战略合作协议及红霉素项目协议。除此以外，环渤海地区各市县区之间的合作也开始迈出坚实步伐，如廊坊市与北京西城区、秦皇岛市与北京海淀区、保定市白沟新城与北京丰台区、北戴河新区与天津东丽区等签署了合作框架协议。

环渤海地区区域合作协议打破了两大壁垒：一是行政区划壁垒；二是政策壁垒。两大壁垒导致环渤海地区发达城市与落后城市之间常常"绝缘"，区域合作协议的鉴定打破了这一僵局，使不同行政区划的政府之间平等合作、资源共享，实现共同协调发展。区域行政协议除设置保障该协议顺利实施的措施外，作为不同区域政府相互合作的创新方式，其本身对促进环渤海地区经济协调发展有着极大的保障作用。

4. 区域高层联系协调机制

环渤海区域高层联系协调机制已经建立，环渤海地区各省市之间、各重点城市之间构建协调与交流平台，将区域发展中的重大问题通过协商解决。环渤海地区各区域政府为加快创新体制机制，注重加强组织领导和顶层设计，建立定期沟通协调机制，高层定期互访。由于环渤海地区享受的政策落差大，制约各产业发展，各区域政府部门开始加强政策沟通、协调与统筹，通过高层联系协调及完善的产业协同发展平台，逐步缩小政策差距，形成常态化协调工作机制，为环渤海地区产业疏解和合作提供组织保障，环渤海地区开始建立产业对接合作机制，如京津冀，三省的协同发展领导小组办公室牵头，组织三省市共同编制产业规划，共同决定产业发展重大事项。环渤海地区各合作区域建立区域联席会议制度，彼此之间加强信息沟通与交流，高层次联席会议制度由发改委牵头，国家有关部门、各省市参加，研究制定相关发展政策，协调解决合作过程中的重大事项，指导经济合作建设和发展。

除此以外，环渤海地区各区域合作政府往往成立领导小组，由各区域政府主管领导（通常是常务副省长或常务副市长）担任小组长，领导小组下设工作组或办公室，由政府分别指定牵头部门负责。领导小组定期召开会议，议定推进事项、交流合作工作情况，有力地推动各项合作任务的落实。

区域高层联系协调机制的建立对共同谋划加快环渤海地区经济协调发展、区域之间合作内容的落实以及对各项工作进行研究、协调和推进发挥非常关键的作用。在这一机制保障下，环渤海地区达成了多项共识，多次成功举办区域间各省市首脑会议，形成了有组织的高层联系协调、定期磋商机制，为环渤海地区经济协调发展营造了良好环境。

三 环渤海地区经济协调发展潜在的法律风险

区域一体化协调发展是一把双刃剑，一方面它是经济发展的巨大推动力量，使区域内各政府间经济协作达到和谐状态；另一方面，由于区域间各政府高度依赖性、合作紧密性，合作过程中不可避免地会因这种高度一体化产生一定的法律风险。

其一，抑制各区域政府的自主创新发展，形成新的封闭圈。环渤海地区是一张经济发展网，各区域间必须团结协作，才能保证整个区域经济发展网的稳定性。于是，彼此之间相互牵制、相互依赖，这一特点恰恰阻碍了环渤海地区各级政府的自主创新发展。而且，无论是正式制度、非正式制度还是自我约束或其他主体施加影响，主体间的相互牵制都会造成协同体系的新的"僵化"，形成新的封闭圈。其二，"一损皆损"是环渤海地区协调发展过程中隐藏的巨大法律风险。区域经济发展网中任何一条线或一个点的损害，皆会破坏整张网的稳定性，换言之，一旦出现部分损害，整体受到牵连。而且，地方政府间协同程度越高，协同风险就可能越大。区域一体化协调发展在国内尚未成熟，缺乏相关经验，现有制度及法律又不完善，在推进环渤海地区的发展过程中难免出现盲目、失误等情况，导致区域内经济严重受损。单个区域的经济波动会殃及其他地区，甚至影响整个环渤海地区或整个中国。这种连锁反应是区域一体化进程中不可避免的现象，加剧了环渤海地区经济的不稳定性，也对我国整体经济发展产生不安全感。

四 环渤海地区经济协调发展进程中法律风险的防范对策

环渤海地区经济协调发展进程中出现的法律风险需要依靠制度来解决。因此，要做到以下几点，才能防范、化解区域经济协调发展过程中的法律风险。

（一）建立环渤海地区法制协调机制

从上述环渤海地区经济协调发展保障措施实践看，环渤海地区经济协调发展严重缺乏法律防范对策。然而，环渤海地区经济协调发展的有序推进、预期效果的实现以及法律风险的防范，均离不开强有力的法律保障。因此，需要从立法方面、执法方面及司法方面着力建立环渤海地区法制协调机制。

1. 立法方面

随着区域经济一体化向纵深发展，环渤海地区进入发展的关键时期。一个无壁垒、无障碍的环渤海区域需要共同的法律制度予以保障。然而，环渤海地区经济发展差异悬殊，各区域政府在对待区域发展中的问题上采用不同立法标准进行立法，这对整个区域经济协调发展严重不利。因此，环渤海地区合作需要立法协调先行，增强各区域法律统一性，减少各区域法律差异性。

立法协调机制的建立可以从以下几点着手：首先，建立立法信息交流平台。环渤海地区立法协调需要有一个信息交流平台，相互沟通与交流立法信息，实现各地立法信息共享。其次，成立立法协调委员会，用来协调解决环渤海地区之间的法规、规章或规范性文件的矛盾与冲突问题。再次，协调立法。对环渤海地区具有共性的问题进行调研、论证，需要立法予以解决的应该及早立法。同时，对于那些可以预见的问题能够提前进行立法的，应该适度提前立法进行协调解决。最后，区域合作协议法律化。这是区域立法协调中最便捷、最有成效的一种方式。区域合作协议本就是合作政府在平等协商的基础上达成的合意，这些合意上升为法律，更有信服力，从而使法律化后的区域合作协议协调起各方利益来效率更高、效果也会更好。

通过立法协调环渤海地区的经济发展，对保障区域规划和政策有效实施、加快区域内各地方的经济发展进程都有重要意义。

2. 执法方面

随着环渤海地区经济协调发展进入实质阶段，其各区域政府之间在执法方面也开始了一定合作，如京津冀之间签订了一些执法合作协议。在此基础上，环渤海地区各政府部门更需要在执法上加强联动和协调，进一步提升区域间执法水平和执法成效。首先，建立执法结果互认制度。各区域政府行政部门牢记"一事不再罚"原则，避免浪费人力、物力和财力，体现环渤海地区对同一案件进行处罚的统一性和唯一性。其次，建立联合执法制度。对于环渤海地区的执法问题，各区域要联合起来，互助合作、资源共享，做到案件信息交换、案情分析共享、异地办案相关部门协助配合等有力合作，进一步提高执法效率。再次，建立区域间联席会议制度。环渤海地区各区域政府行政执法机关之间需要建立联席会议制度，及时沟通、交流各区域内行政执法情况，共享相关行政执法信息，对涉及其他区域的重大行政行为，如行政审批或采取强制措施，应及时向相关地区或有关部门进行通报，征求意见。最后，成立区域间行政执法协调机构。对于重点领域，如知识产权领域、环境保护领域等，需要成立专门的区域间行政执法协调机构，明确协作范围、协作事项、协调方式以及协调程序等，对于区域间的行政执法问题进行全方位、多角度的深入合作，确保环渤海地区行政执法协作过程顺利，执法目的安全实现。

3. 司法方面

京津冀作为环渤海地区的核心区域，已经为区域间的司法协作做出了很大努力。京津冀三地法院联席会议机制目前已建立，并于2016年5月31日在北京召开了第一次会议。这是环渤海地区司法协作迈出的第一步。法院联席会议机制的建立对保障环渤海地区经济协调发展有一个良好的司法环境、加强区域内各地司法机关协作发展、进一步提高司法协作水平有重要意义。除此以外，为更好地拓宽司法协作广度，加大司法协作力度，改变司法协作模式，大幅度提升司法协作水平，还应该做到以下几方面：一是建立健全司法联动机制。在不同区域内送达司法文书或者调查取证要予以配合，通过审判职能协调环渤海不同区域之间的矛盾与纠纷，保障区域内司法公平公正。二是建立区域间法律服务与法律信息共享机制。考虑到环渤海地区法制建设的不平衡现状，应该为法制建设落后地区提供更好的法律服务，实现法律信息共享，确保司法服务优质高效。三是统一司法裁判标准。环渤海地区联系紧密，应杜绝同一地区出现"同案不同判"现象，避免造成缠诉、申诉、上访及其他严重损害司法权威、降低司法公信力情况的出现。因此，在环渤海地区的各级法院，应该采用多种方式、通过多种渠道避免"同案不同判"现象的发生，确保司法公正真正惠及百姓。

（二）构建防范法律风险制度体系

构建防范法律风险制度体系是有效防范法律风险必不可少的对策之一。这一体系的构建需做到：制定并完善环渤海地区内防范法律风险制度，并将制度贯穿执行到日常管理活动中；成立区域防范法律风险办公室，专门负责对区域内法律风险的现状及趋势进行分析、总结，评估风险系数，制定防范措施；建立法律顾问制度，认识法律顾问的重要性并深入推进法律顾问制度建设，重大项目必须由法律顾问把关，让法律顾问全程参与项目的论证、筹划、设计等环节，全程予以法律支持，未雨绸缪，提前防范法律风险的出现。

（三）建立区域间行业自律制度

行业自律不仅靠自觉，还需要有严格的制度予以规范。环渤海各区域政府合作离不开行业自律的约束，自律制度控制行业的不法行为更为有效。这样与防范法律风险体系有效融合起来，做到事前防范、事中控制为主，事后补救为辅，就会减少或避免环渤海地区经济协调发展中出现的任何法律风险。

法治评估

Rule-of-Law Assessment

B.20
河北省设区市法治建设指标体系研究报告

"河北省设区市法治建设指标体系"项目组*

摘　要： 为量化考核、客观评估河北省各设区市法治建设工作，直观反映各设区市法治建设的历史进程，项目组经过调研，借鉴国内有关经验，提出了河北省设区市法治建设指标体系。本指标体系包括了依法执政、科学立法、依法行政、公正司法、法治社会、机构队伍六大板块，基本囊括了法治建设的各个方面，以评估河北省设区市法治建设状况与水平。

关键词： 河北　法治建设　第三方评估

---

* 项目组组长：王艳宁，河北省社会科学院法学研究所所长、研究员；周保刚，河北省委政法委法治建设协调处处长。副组长：刘淑娟、李靖，河北省社会科学院法学研究所副研究员。课题组成员：薛静、胡波、张政、李松林、丁立明、高天水等。执笔人：刘淑娟。

一 研究概述

（一）研究背景

党的十八届三中全会强调，建立科学的法治建设指标体系和考核标准对建设法治中国、推进国家治理体系和治理能力现代化意义重大。党的十八届四中全会进一步强调，提高党员干部法治思维和依法办事能力，把法治建设成效作为衡量各级领导班子和领导干部工作实绩重要内容，纳入政绩考核指标体系，把能不能遵守法律、依法办事作为考察干部的重要内容。河北省委出台的《关于贯彻落实党的十八届四中全会精神全面推进法治河北建设的实施意见》《全面推进法治河北建设重要举措实施规划（2015～2020年）》等重要文件均明确提出，要建立健全包括法治建设成效在内的考核指标体系，同时引入第三方考核，增强考核的独立性。河北省委政法委认为，研究制定河北省设区市法治建设指标体系，建立科学的法治建设指数评价制度，有利于量化考核、客观评估各设区市法治建设工作，直观反映了各设区市法治建设的历史进程。该项研究采用项目建设推进方式进行，河北省委政法委成立课题项目指导组，对课题研究进行指导；由河北省委政法委、河北省社会科学院相关部门同志组成项目执行组，具体承担项目研究工作，该项任务列为法治河北建设2016年重要任务。

（二）研究思路

目前，全国多地开展了构建法治建设指标体系的工作并积累了一定的经验，有力地推进了法治建设进程。但各地对于构建法治建设指标体系存在不同的提法和侧重点，已经存在的指标体系主要包括法治政府建设指标体系、法治社会建设指标体系、地方法治建设评价体系等。从河北省法治建设的目标和任务出发，借鉴其他地区现有的指标体系研究成果，建立河北省设区市法治指标体系的主要思路如下。

首先,将法治建设指标体系评价对象暂时限定在河北省各设区市,不包括省委、省政府各部门。主要出于以下考虑:第一,各设区市与省委省政府各部门法治建设的职责任务不同,不宜适用同一个指标体系进行评价。第二,将评估对象暂时限定在设区市,层次比较单一,方便指标内容及分值的设定。同时,设区市各个机构部门齐全,涉及法治建设各方面,能够全面、客观、准确地反映当地法治建设状况,有利于为省委法治办及时准确地推进法治建设工作进程,提供决策参考。第三,构建河北省法治建设指标体系是一个不断尝试、逐步完善的过程,构建设区市法治建设指标体系,可以为下一步构建河北省委、省政府各部门法治建设指标体系积累经验、奠定基础。在条件成熟时,再构建包括省委省政府各部门、设区市、县(市、区)不同评价对象的多层次法治建设指标体系。

其次,指标内容包括法治建设各个领域。习近平总书记强调新时期法治中国建设问题,要求全面推进科学立法、严格执法、公正司法、全民守法,坚持依法治国、依法执政、依法行政共同推进,坚持法治国家、法治政府、法治社会一体建设,不断开创依法治国新局面。全面推进、共同推进、一体建设,这正是对法治国家、法治社会、法治政府关系内涵的深刻解读。河北省设区市法治建设指标体系内容应当包括立法、司法、法治社会、法治政府、法治建设组织领导、法治工作队伍建设等内容。

最后,考虑到河北省有定州、辛集两个省直管市,直管市的各项考核均参照设区市的标准,原则上将两市纳入评估范围,同时就具体指标进行相应的调整。

(三)设定原则

1. 依法依规原则

《河北省设区市法治建设指标体系》严格依照相关的法律法规,司法解释以及党和国家、地方党委政府相关文件的规定制定。包括河北省委《关于贯彻落实党的十八届四中全会精神全面推进法治河北建设的实施意见》、《全面推进法治河北建设重要举措实施规划(2015~2020年)》、河北省委

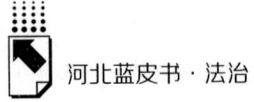

省政府《法治政府建设实施方案》以及河北省法制宣传教育领导小组《关于在全省公民中开展法治宣传教育的第七个五年规划》等文件。

2. 科学客观原则

一是指标内容要力求客观,选取能够反映河北法治建设的典型内容,量化为具体指标;二是数据提取方式客观,采取多种方式和途径收集数据:既不单纯依赖于内部报送数据,也不轻信满意度调查得到的数据;三是引进第三方评估,从专家的视角考察法治建设工作,对内部报送数据及满意度调查结果进行矫正。

3. 可操作性原则

对于规范性文件中的一些概括性、宏观性的要求,从中提取出可以量化的指标;对于无法量化的内容,可以不纳入指标体系,以确保指标体系的可操作性。

(四)学习与借鉴

根据查阅相关文献以及赴江苏、浙江两地实地调研学习搜集的相关信息,各地法治建设指标体系主要分为四类:一是党委政府内部考核体系;二是高等院校科研单位等第三方独立评估体系;三是党政机关放开数据系统,委托第三方独立评估体系;四是党政机关内部考核与外部评估相结合的评估体系。

1. 党委政府内部考核指标体系

目前,各地法治建设均实行年度考核,考核指标体系多数为第一类。该类指标体系注重从各部门工作职能和任务出发设立考核指标,目的在于考核当年的法治建设职责任务完成情况。其优点在于指标设定较为方便,根据当地的法治建设规划、任务分解即可。但是,从效果上来看,并不能真实全面反映当地法治建设的实际水平。首先,其中的制度建立类指标较多,主要考察制度是否建立,并不能直接反映当地法治建设的水平;诸如法治宣传与法治动员的次数、法律知识测评的频率等,也多与法治建设的实际水平没有直接逻辑关系。其次,该内部考核的数据来源主要是管理方制度建立考察和平台数据，欠缺对制度实施效果的考察。最后，考核是从体制内部视角出发，考核结果属于公权力自评数据，缺乏从受众角度对制度运行方面的客观数据分析（例如依申请政府信息公开的回复质量、刑事案件立案期限实地测评、对网站宣传和服务功能考察、庭审直播视频规范度测评等），公信力较低，需要其他视角的评估予以补充。

2. 第三方独立评估体系

第三方独立评估体系是由高校或者科研单位的专家作为独立第三方对某地区或者某部门的法治建设状况进行评估。根据数据采集的方式又分为两种：一种是依据公开渠道收集的数据进行评估。如通过网络平台、各种公开报道等数据进行评估；另一种则是通过调查问卷形式，测评人民群众对某地区或者某部门的法治建设工作的满意度。通过公开渠道收集信息进行的评估相较于内部评估，其客观性更强，但是受限于信息的全面性；使用满意度调查问卷的评估方式侧重对于法治建设效果的评价，弥补了内部评价公信力不足的缺陷，但由于缺乏政府部门客观数据支持，以主观满意度测评为主，测评结果会随问卷内容、抽样对象的改变而变动，随意性较大，在客观性方面存在一定的局限。

3. 党政机关开放数据系统，委托第三方独立评估体系

该种评估方式是由党政机关提供数据或开放数据平台，由相对独立第三方根据双方议定的评估体系进行独立测评，或由被评估单位提供材料，第三方根据这些材料聘请法学专家进行打分，对自评结果进行矫正，同时使用满意度测评，最终得到一个法治指数。该种方式采用了内部与外部评估结合的方式，其评估结果也得到了官方认可，取得了良好的社会效果，《法治余杭量化考核评估体系》可归于这一类，目前越来越多的评估采取了该种方式。近年来，河北省社会科学院受委托进行的阳光司法评估、深化改革"放管服"评估、食药监安全县创建评估等均属于该类评估。

4. 党政机关内部考核与第三方评估相结合的评估体系

该种评估体系结合了内部考核与地方法学专家测评、群众满意度测评，兼顾了内部与外部、客观与主观，又在一定范围内实现了创新。浙江法治政

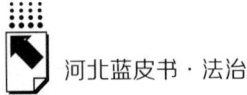

府评估属于第四类。浙江法治政府评估委托了浙江省社科院进行专业评估，发挥了社科院作为省委省政府智囊团的作用，这也是浙江省智库建设的一个重要成果。

项目组研究认为，第一类评估体系和第二类评估体系均存在评估视角单一的局限，第四类评估模式更适合河北省目前法治建设的实际状况。在该体系经运行积累经验，并在时机成熟的条件下，可考虑逐步转变为开放数据平台，完全由第三方独立评估的方式。

二 《河北省设区市法治建设指标体系》框架及主要内容

（一）河北省设区市法治建设指标体系框架

河北省设区市法治建设指标体系分为六个板块（一级指标）：依法执政、科学立法、依法行政、公正司法、法治社会、机构队伍，总分为1000分，具体包括34个二级指标和105个三级指标。其中，考虑到依法行政和公正司法板块内容较多，分值设为各200分，依法执政、科学立法、法治社会、机构队伍板块分值各为150分。前五个板块内部均分为内部考核、外部测评两部分，外部测评包括第三方专业测评和社会公众满意度调查。总的分值方面，内部考核占比70%，外部测评占比30%。内部考核主要采取部门上报材料方式，重点反映制度建立及运行情况，通过资料审核的方式进行；第三方专业测评部分主要采取网站观测、人员暗访、案卷抽查、现场核查、电话访查、提取数据、文件合法性审查、依法申请等多种方式和途径完成数据采集和指标评估，重点在于反映制度实施的客观效果，以及从受众角度考察制度运行的实然状态；社会公众满意度调查则采取分层次立体方式组织调查样本，进行满意度测评。关于第六个板块机构队伍，由于主要内容为法治队伍的建设与监督，与社会公众的直接联系较少，公众的主观感觉较弱，专家测评也存在相当大的局限性。因此，该板块暂未设计外部测评内容。

整个指标体系主要实现三方面功能：①整体是一个综合法治建设指标体系，同时各个板块又独立构成法治建设子指标体系；②无论是整体指标还是各板块指标均可实现横向的测评对比，通过查找地区间的差距和不足，提升和完善当地法治建设水平；③无论是整体指数还是各板块指数均可实现不同年度的纵向比较，直观体现法治建设的进步，提升河北整体法治建设水平。

（二）《河北省设区市法治建设指标体系》指标设置及内容

1. 依法执政

依法执政要求各级党委牢固树立依宪执政、依法执政的理念，依法治省的工作机制健全完善，依法治理水平逐步提高；党员干部特别是领导干部运用法治思维、法治方式推动工作的能力不断增强；党要管党、从严治党得到认真落实。

依法执政板块包括5个二级指标、13个三级指标：党政领导积极履行法治建设责任人职责（25分）；党委（党组）依法决策（45分）；支持人大、政府和政协依法开展工作（25分）；加强改进对政法工作的领导（10分）；依法执政成效显著（专家测评和满意度测评部分，共45分）。

第三方专业测评部分主要是对市委、市委组成部门的文件进行合法性、合规性审查，包括对提交市委（市委常委会）、市纪委（市纪委常委会）审议的规范性文件审议前的专家审查情况进行评估审查，以评估党内文件的合法合规性以及制定过程的程序正当性。社会公众满意度调查主要评估公众对所在地市县两级党委班子及党委部门依法执政状况的主观感受。

2. 科学立法

科学立法要求加强党对立法工作的领导，健全人大主导立法工作的体制机制，健全立法起草、论证、协调、审议机制，健全立法机关主导、社会各方有序参与立法的途径和方式，实现立法调整社会关系、规范权力运行、保障公民权利的功能。

科学立法板块包括4个二级指标、9个三级指标：地方立法体制完善（35分）；科学立法、民主立法深入推进（45分）；重点领域立法及时（25

分）；科学立法成效显著（专家测评和满意度测评部分，共45分）。第三方专业测评部分主要是对人大网站建设情况、信息公开情况、公众参与立法情况等的测评（25分），以评估立法的科学性、公开性和公众参与度。社会公众满意度调查主要评估公众对科学立法的主观感受（20分）。

3. 依法行政

依法行政要求各级政府必须坚持在党的领导下、在法治轨道上开展工作，创新执法体制，完善执法程序，推进综合执法，严格执法责任，建立权责统一、权威高效的依法行政体制，加快建设职能科学、权责法定、执法严明、公开公正、廉洁高效、守法诚信的法治政府。

依法行政板块有8个二级指标、37个三级指标：积极推进政府职能转变（20分）；完善依法行政制度体系（20分）；提升行政决策公信力和执行力（20分）；严格公正文明执法（20分）；强化对行政权力的制约和监督（20分）；依法有效化解社会矛盾纠纷（20分）；全面提高法治思维和依法行政能力（20分）；法治政府成效显著（组织开展社会调查和第三方评估，60分）。

第三方专业测评部分重点包括：通过网上观测与实地调查，对政府信息公开情况、行政执法监督制度建立与运行、网上执法办案及信息查询系统情况进行评估；通过抽查行政复议案卷，重点考察行政管理相对人程序性权利保护程度以及办案质量等。满意度调查主要评估社会公众对政府管理与服务工作的主观感受。

4. 公正司法

公正司法要求完善司法管理体制和司法权力运行机制，规范司法行为，加强对司法活动的监督，努力让人民群众在每一个司法案件中感受到公平正义。

公正司法板块包括8个二级指标、21个三级指标：党政领导大力支持（10分）；司法职权优化配置（35分）；司法公开深入推进（15分）；"执行难"问题逐步解决（10分）；内部监督机制完善（20分）；案件质量管理到位（20分）；执法司法公正文明（30分）；公正司法成效显著（第三方专业测评和社会公众满意度调查部分，60分）。

第三方专业测评部分主要包括对公检法部门门户网站栏目设置、服务功能考察、互动平台建设等情况的测评，对司法公开程度的评估；通过对被评估单位提交的资料（法律文书、案件卷宗、侦查、庭审光盘等），辅以网上观测、抽查，对司法活动的规范度进行评估；根据最高人民法院关于"用两到三年的时间基本解决执行难"的要求，评估各地法院解决执行难工作进展情况。满意度调查主要评估社会公众对司法机关公正司法情况的主观感受。

5. 法治社会

法律的权威源自人民的内心拥护和真诚信仰。人民权益要靠法治保障，法律权威要靠人民维护。法治社会建设要求弘扬社会主义法治精神，建设社会主义法治文化，增强全社会厉行法治的积极性和主动性，形成守法光荣、违法可耻的社会氛围，使全体人民都成为社会主义法治的忠实崇尚者、自觉遵守者、坚定捍卫者。

法治社会板块包括5个二级指标、15个三级指标：宣传教育广泛深入（55分）；法律服务便捷有效（15分）；依法治理深入推进（30分）；市场主体依法经营（5分）；法治创建成效显著（第三方专业测评和社会公众满意度测评部分，45分）。第三方专业测评包括对12348公共法律服务平台的建立及运行情况，社区矫正情况，法律援助情况，法官、检察官、行政执法人员、法律服务人员等以案释法制度落实情况等的测评。满意度调查主要评估社会公众对法治社会建设的主观感受。

6. 机构队伍

全面推进依法治国，要求大力提高法治工作队伍思想政治素质、业务工作能力、职业道德水准，着力建设一支忠于党、忠于国家、忠于人民、忠于法律的社会主义法治工作队伍，为加快建设社会主义法治国家提供强有力的组织和人才保障。

机构队伍板块包括4个二级指标、10个三级指标：机构健全运转顺畅（35分）；法治队伍能力突出（40分）；谋划衔接推进到位（45分）；创造性地推进法治建设（30分）。在创造性地推进法治建设中设置了加分项和减分项。加分项包括：法治建设各项工作得到中央、中央有关部门和省委、省政府、省人大常委会、省委法治建设领导小组表彰，重点工作（不含单位和个人）得到中央领导、中央有关部门主要领导、省以上领导批示肯定，有关经验、亮点在本系统内或在全国、全省推广，以及法治建设总体工作或板块工作得到国家、省级媒体宣传，多项具体工作得到省级以上媒体宣传的，分别按照一定等级分类，按一定分值和比例给予加分。此外设置了1个减分项，包括两种可能发生的问题：一是市县两级政府重大事项决策因合法性审查不到位，影响社会稳定；二是领导干部依法履责、预防违法犯罪工作不力，违法犯罪问题突出，或滥用职权、失职渎职、不当决策、违法行政等造成危害或重大影响的，分别按照一定规则予以减分。

三　《河北省设区市法治建设指标体系》评估方式与计分方法

（一）"三位一体"考核评估方式

河北省设区市法治建设状况的考核评估，采取内部考核、第三方专业测评、社会公众满意度调查相结合的"三位一体"考核评估方式。

1. 内部考核

内部考核以省委法治河北建设领导小组办公室为主导，各专项小组参与对有关职能部门上报的数据进行审核评估，属于党政部门负责的年度考核、政绩考核、专项考核模式，分值占比原则上为70%。各市按《运行方案》和年度考评实施方案、实施细则要求，按时上报自查自评报告，附件提供有影响的资料，重点反映相关制度建立及机制运行情况，通过资料审核的方式进行。

2. 第三方专业测评

为招标委托第三方测评模式，主要采取网站观测、人员暗访、案卷抽查、现场核查、电话访查、提取数据、文件合法性审查、依法申请等多种方式和途径，进行数据采集和指标评估，重点反映制度实施的客观效果，以及从受众角度考察制度运行的实然状态。该部分测评，由省委法治办发出招标启事，有投标资格的单位参加投标，并按委托协议落实测评要求，完成测评任务。

3. 社会公众满意度调查

为直接委托第三方测评模式。采取分层次、立体式组织调查样本，进行满意度测评。原则上，河北省委法治办负责的法治建设调查内容与省综治办负责的平安建设调查内容一体安排、一体委托，分别形成相应的调查结果。

（二）《河北省设区市法治建设指标体系》计分方法

运用本指标体系开展评估工作，计分方法采用多种方式，其原则是在对相应考评点进行量化确定不同分值的基础上，由同一考评主体通过确定的计分方法，根据实际情况得出不同考评对象的得分。一是简单排序法。即按照具体指标，将各考评对象按工作表现，从最好到最差进行排序，分别折合一定的分数。二是比例排序法。即按照具体指标（主要是有完成率要求的指标）完成情况进行排名，然后再根据排名从最高到最低设置对应的分数。三是等级排序法。即将考核对象按成效情况分为几个层次，各对象实际结果落在哪个层次内，就对应哪个层次的分数。四是否决计分法。按是否必须全部完成分两种情形，完成的得满分，未完成不得分。五是完成比例级差法。如设置的考核完成率是80%以上，该项指标权重为5分，完成80%以上的得5分，完成79%~60%的得4分，完成30%~59%的得3分，29%以下的得1分。六是比率法。即用该项指标的实际完成值除以计划值（或标准值）得出百分比，然后乘以该项指标的权重分数。七是扣分法。即针对标准分，执行中有异常情况时按一定标准扣分。如当年设置的完成率为80%以上，则在80%以下开始扣分，完成率每少一定比率就扣一定分数，扣完为止。八是附加项加分扣分法。如创造性地开展工作，得到中央或省领导肯定批示等进行加分，出现重大问题按一定标准扣分。加扣分项均设最高值，该项指标加满或扣完为止。

经过以上各种模式的评估，按照总分1000分，内部考核占比70%、外部评估占比30%的比例得出各市的总分数，以反映各市法治状况、法治水平和法治建设工作成效。并且据此折算出一个法治指数，作为衡量河北省2016年度法治建设水平的重要依据。

四 《河北省设区市法治建设指标体系》的特色及创新

1. 指标体系体例框架具有一定的创新性

《河北省设区市法治建设指标体系》通过建立定性评估与定量考核相结合的评估机制，准确、客观、公平地评价各地法治建设状况。河北省设区市法治建设的考核评估包括内部考核、第三方专业测评、社会公众满意度调查。内部考核以省委法治河北建设领导小组办公室为主导，各专项小组参与对有关职能部门上报的数据进行审核评估。第三方专业测评由法治办委托专家进行评估，重点反映制度实施的客观效果，以及从受众角度考察制度运行的实然状态。社会公众满意度调查采取分层次立体方式组织调查样本，进行满意度测评。从目前来看，采取"三位一体"的考评模式，对各设区市法治建设状况进行多方面、多角度、多层面的评估，这种体例在全国范围内具有一定的创新性。

2. 结构完整、内容全面

本指标体系根据习近平总书记全面推进"四个全面"战略布局重要指示精神，中央和省委关于建立健全法治建设指标体系、考核标准、考评机制重要要求制定。依据省委《关于贯彻落实党的十八届四中全会精神全面推进法治河北建设的实施意见》《全面推进法治河北建设重要举措实施规划（2015~2020年）》，省委法治办、省法宣办《关于在全省深入开展法治市、县（市、区）创建活动的方案》，及其他法治河北建设重要文件筛选评估点，汇集编制成结构完整、内容全面的四级指标体系。

其中一级指标涵盖法治建设六大板块的工作，包括依法执政、科学立法、依法行政、公正司法、社会法治、法治队伍，分别由省市法治建设领导小组有关专项小组和省市委法治办负责协调推进；各客观指标、主观指标分解到各板块，分别按一定比例设定分值；运用中可根据法治建设领域深化改革，推进工作新部署、新任务、新要求，对各板块权重、各二三级指标分值及评估内容、指标解释、计分方法适时进行调整。整个指标体系既突出了党的领导，也涉及了大量与民生有关的内容。

3. 评估主体多样化

既有传统考评体系中有内部考核（即法治办组织下的各地自评与法治对自评材料的审查），也有外部评估。外部评估又分为法学专家的评估和公众满意度测评。法学专家的评估侧重于对法治效果的考察，满意度调查则从公众的角度，反映社会大众对当地法治建设的主观感受。

外部评估部分，除了根据相关文件的规定设定评估点，还依据相关领域的法律，梳理出可以反映法治状况的评估点并予以量化，转化为具有操作性的指标。如根据《政府信息公开条例》设计主动公开、申请公开的评估点；根据刑事诉讼法等法律规定以及司法公开的相关文件，设计诉讼文书公开率、庭审直播率、司法活动规范度等评估点；根据《社区矫正实施办法》，设计有关社区矫正的评估点等。

4. 具体指标的设定注重定性与定量结合，兼具可操作性与价值引导

指标体系细化到四级指标，四级指标是考评点及分值设置，同时设立考评点设定依据，使四级指标量化为可操作、可取得分值的具体标准，同时在指标体系中加入引导性指标，体现河北省法治建设指数的价值取向。法治指数评估不是为了评估而评估，最终的目的是促进各地法治建设工作。适当加入一些现阶段完成可能有一定困难，但作为引导其正确发展方向的指标，可以促进法治建设向更高境界发展。

5. 协调处理客观指标和主观指标的关系

客观性指标和主观性指标在评估法治建设状况时各有其不同的侧重点和优势。客观性指标以其科学性和客观性在指标体系中占重要位置，但过分倚重客观数据可能导致指数异化的结果。同时，法治建设以人民福祉为目的，主观性指标包括的各类满意度调查在法治建设指数中不可或缺。但满意度调查受制于问卷调查中样本选择的科学性、问卷设计的严谨性等因素，容易出现偏见和错误，这也使得在现阶段，人们对满意度调查等主观性指标的认可度较低，因此河北省设区市法治建设指数以客观指标为基础，结合主观指标，力求客观真实地反映法治建设真实状况。在指标体系的前五个板块都设置了满意度调查板块并科学赋值，根据不同调查对象设置不同调查内容，以实现满意度调查的立体丰富。

6. 立足于落实法治河北建设的任务，较多保留制度建立性指标，以适应河北法治建设进程需要

近年来，河北全省深入贯彻落实依法治国基本方略，法治河北建设取得积极成效。但是，同全面推进依法治国的要求相比、同广大人民群众的期待相比、同河北经济社会发展的客观需要相比，法治建设还存在很大差距，任务依然十分艰巨。河北省委明确，到2020年，基本形成完备的地方法律体系、高效的法治实施体系、严密的法治监督体系、有力的法治保障体系，形成配套完备的省委党内法规制度体系。根据《全面推进法治河北建设重要举措实施规划（2015~2020年）》，河北各有关部门及各地方尚需完成一系列制度建设。因此，从推动工作的角度考虑，该体系较大幅度保留了制度建立类指标。在分值设置上，也对内部考核保留了较高的赋值比例。

7. 评估调查方式多样，多种途径采集评估数据

针对具体指标情况，采取网站观测、人员暗访、案卷抽查、现场核查、电话访查、提取数据、依法申请、资料审查、满意度调查等多种方式和途径完成评估数据的采集。采集方式多样并不是作秀，而是针对各具体指标的特点和实际情况决定数据采集方式。例如，制定庭审直播视频观测规范，对法院在门户网站提供的庭审直播录播进行测评；通过依法申请的方式完成对政府信息依申请公开情况的考察；通过调取查阅公检法案件案卷，考察司法行为规范度和对当事人权利保护程度；通过暗访完成对各地政务服务中心、诉讼服务中心设施设备运行情况的考察；等等。

8. 充分利用信息化和大数据结果，实现指标的可比性和可操作性

设立法治建设指标体系的一个重点是科学甄别和选取具有典型性和代表意义的反映该部门法治实际运行状况的具体指标。在信息化时代，不管是党委政府，还是立法、司法、执法机关，各部门在运用信息化提高管理水平和工作效率方面均取得了很大进展，也给客观收集相关数据提供了良好的条件。这些管理数据是各部门法治实际运行情况的反映，具有较强的客观性和可操作性。在设计指标体系时，充分利用信息化和大数据结果，每一板块均设计网上观测的相关内容，并要求实地考察网上互动平台和网上办事、服务功能的运行状况。

五 总结与展望

目前，河北省委法治办已经根据该指标体系开展了2016年度设区市法治建设考评工作。地方法治评估体系是一个复杂的系统，需要不断探索与完善。本指标体系经过实践检验，在考评方式、考评内容、评估主体方面将会进行一系列的完善与提高。现从研究者以及第三方测评的参与者角度，提出以下改革与完善建议。

第一，在保持一二级指标基本稳定的前提下，进一步调整三级、四级指标。一是对于大部分考评对象已经基本完成的任务，尤其是制度设立类指标，以及经过突击可以快速达到的指标，适当进行削减。考核与评估的目的在于促进工作，因此考核目标是动态的，需要及时调整更新。二是适度增加制度的推行以及效果考察方面的指标。制度设立并不能直接反映法治建设的效果，因此应该在减少制度建立类指标的同时，增加制度的推行以及效果考察方面的指标。三是进一步精简三级、四级指标。建立法治建设指标体系的目的在于对当地法治建设进行量化评估，对于定性类指标，要进行科学的抽象概括，转化为定量性指标。要尽量避免设计一些难以量化的考核点，力保提取数据真实客观，确保评估的可操作性。应进一步压缩资料审查的比例，因为资料审查主要是完成对"制度上墙"的考察，而"制度上墙"只是法

治建设的最基础部分。

第二，适当扩大第三方评估范围和分值比例。根据条件成熟程度，适当、逐步扩大第三方评估的范围、分值和比例。目前党委、政府、立法、司法、行政等各部门均有内部的考核体系，只有妥善处理省委法治办主持的考核评估和这些部门内部的考核评估之间的关系，才有利于形成合力，共同促进法治河北建设进程。在2016年度考核评估过程中，依法行政内部考核部分，便是全部使用了省政府法制办的考核结果。探索在内部考核方面充分利用各部门考核结果，同时扩大第三方评估的范围、分值和比例，既节约了内部考核成本，避免重复劳动，又利用第三方视角，弥补内部考核的不足之处，形成内外结合、多视角的考核评估机制。

第三，着手研究建立针对省委省政府组成部门及其他省直部门（单位）的法治建设指标体系，以及县（市、区）一级的法治建设指标体系，协调不同等级、不同层次指标体系之间的关系，以建构多层次、多部门内容完整、体系科学的全方位反映河北省法治建设水平的指标体系。

第四，在评估主体和评估方式上，更加注重第三方评估，适当降低报送材料类的内部考评考核所占权重，形成内部考核、专家学者的第三方专业评估、社会公众满意度调查三种方式、内容有机结合，权重分配科学合理的多层次河北法治建设考核评估体系。

B.21
2016年河北法院阳光司法指数评估报告

李靖 王富贵*

摘 要： 2014~2016年河北法院阳光司法指数评估持续三年，我们对一些数据进行了对比研究。三年来，尽管在评估方式、方法等方面发生了一些变化，在具体指标等方面也有一些微调，但在评估对象和内容上基本围绕河北法院阳光司法评估指标体系进行。2016年评估报告对全省总体测评情况进行了描述，七大板块进行了数据分析。阐明河北省推行阳光司法的亮点工作，同时查找河北省在司法公开方面的一些问题，对完善司法公开工作提出对策建议。

关键词： 阳光司法 司法公开 电子卷宗 河北法院

受河北省高级人民法院的委托，河北省社科院法学研究所成立"河北法院阳光司法指数评估项目组"（以下称评估组），2016年对河北省三级189家（共190家法院，评估189家。保定高新技术开发区法院于2016年组建，不在评估范围内。2015年增加唐山高新区法院，同时宣化县法院撤并入宣化区法院）进行阳光司法指数评估。测评数据的采集时间段主要为2015年11月1日至2016年10月31日。

---

* 执笔人：李靖，河北省社会科学院法学研究所；王富贵，河北省高级人民法院研究室副主任。

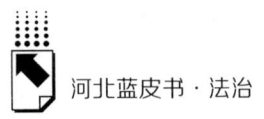

一 关于2016年评估测评的说明

2016年河北法院阳光司法指数评估体系包括7个一级指标（立案公开、庭审公开、执行公开、听证公开、文书公开、审务公开和工作机制）、23个二级指标、51个三级指标。与2015年评估指标体系相比，2016年评估在评估方式上有较大变化，由实地走访并在当地考察纸质卷宗的方式改为充分利用省高级人民法院数据管理系统，通过集中查看电子卷宗、远程查看视频录像的方式来完成评估案卷部分。同时鉴于2014年、2015年评估活动中评估组实地走访了160余家法院，法院在立案公开方面的配套公开设施已经基本建立完善，没有再用实地走访的方式进行立案公开方面测评的必要。至此，评估工作完全可以通过查阅电子卷宗、调取审判管理数据、网站观测、电话访查、视频观测等方式来完成，这是充分利用法院信息化发展的成果，也是法院信息化助力提升司法质效、充分应用司法大数据的进展。

评估组于2016年11月10日至11月25日，在省高院共随机调取全省189家法院的6000余件刑事、民事、行政、执行等案件的电子卷宗，实际查阅电子卷宗4000余件。对近2000件案件进行了电子卷宗与审判管理系统和司法公开平台信息的比对。

二 测评总体情况

1. 总体排名情况

根据七个板块的测评结果以及权重分配，评估组最终核算出189家法院的评估结果。

2016年河北法院阳光司法指数测评的平均值为85.18分，超出2015年平均值1.79分。双滦区法院、隆化县法院、兴隆县法院、宁晋县法院、抚宁县法院、路北区法院、内丘县法院、秦经开区法院、鹰手营子矿区法院、邢台桥东区法院位列前10，其中承德双滦区法院以98.72分高居榜首。进入前20名的基层法院中，邢台地区有6家，承德有5家，唐山有4家，石家庄、秦皇岛各有2家，廊坊有1家（见图1）。

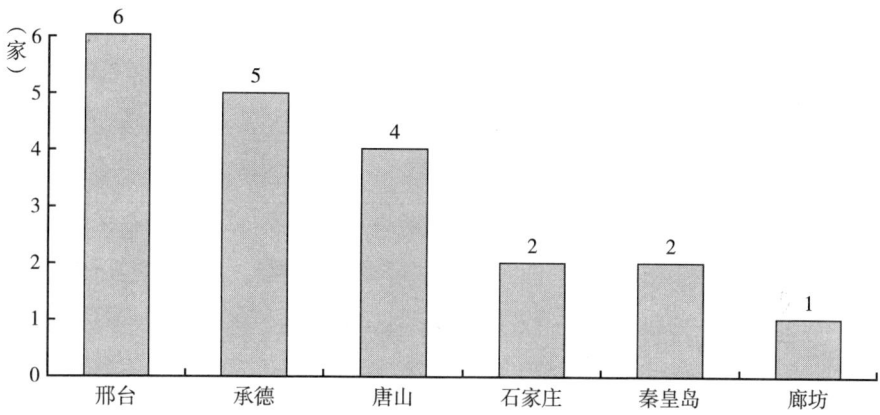

图1 河北阳光司法指数评估前20名基层法院地区分布

2. 高、中院排名情况

各中级法院中跻身前20名的，只有邢台中院。在所有高中院中，邢台中院以93.13分居首位（见表1）。

表1 河北高院和各中院的排名及得分情况

排名	法院名称	分数	排名	法院名称	分数
1	邢台中院	93.13	7	秦皇岛中院	87.51
2	廊坊中院	92.44	8	唐山中院	86.90
3	张家口中院	90.96	9	保定中院	86.60
4	河北省高院	90.56	10	石家庄中院	86.56
5	承德中院	89.05	11	邯郸中院	85.95
6	衡水中院	87.81	12	沧州中院	79.51

3. 各地区平均分排名情况

在各地区法院（含中院和基层院）平均分排名中，承德地区、邢台地区、唐山地区的平均分列前三（见表2）。

表2 河北各地区法院平均分排名及得分情况

排名	地区名称	平均分	排名	地区名称	平均分
1	承德	91.57	7	保定	84.11
2	邢台	91.00	8	张家口	83.97
3	唐山	89.41	9	衡水	83.95
4	廊坊	87.22	10	沧州	79.52
5	秦皇岛	86.66	11	邯郸	78.24
6	石家庄	84.53			

三 评估体系中七大板块测评结果分析

河北阳光司法指数评估体系一级指标由立案公开、庭审公开、执行公开、听证公开、文书公开、审务公开和工作机制7个部分组成。

（一）立案公开部分

立案公开部分分值为15分，2016年全省平均值为14.58分。2014～2016年三年测评中得满分的法院数分别为74、152、142家。2016年得分在14～15分（包括14分）的法院8家，得分低于14分的法院有39家。与2015年相比较，得分低于14分的法院数有所上升（见图2）。

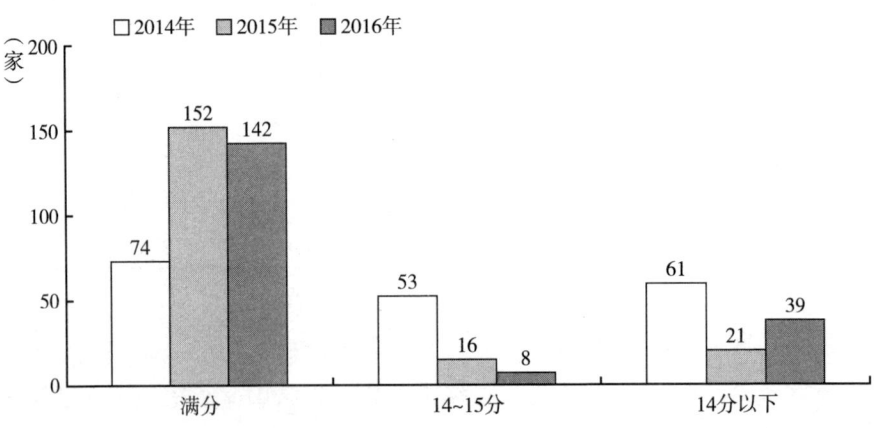

图2 2014～2016年河北阳光司法立案公开部门得分情况

（二）庭审公开部分

庭审公开部分总分值为30分，2014~2016年全省法院该指标平均值分别为23.61分、24分、23.15分。2016年分值达到24分以上（总分的80%）的法院81家，分值在18~24分的法院95家，13家法院分值低于18分（总分的60%）。与2015年相比较，得分在24分以上的法院数有所降低（见图3）。

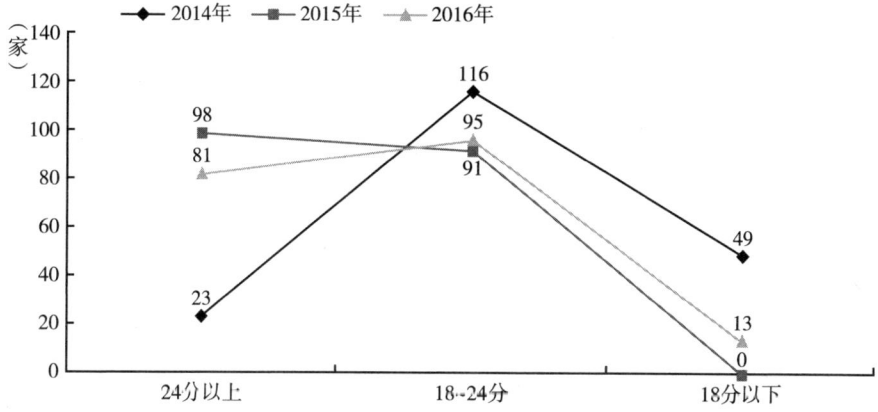

图3　2014~2016年河北阳光司法庭审公开部门得分情况

（三）执行公开部分

执行公开部分总分值为15分。2016年数据显示，得满分15分的法院13家，12~15分的法院124家，9~12分的法院44家，还有8家法院得分低于及格分9分。在执行公开总体方面，2016年情况明显好于2014年，与2015年基本持平（见图4）。

（四）听证公开

听证公开是2015年评估新加入的一级指标，总分值为5分。2016年听证程序透明度指标测评中，共有8家法院提供了2件听证案件，在听证权利

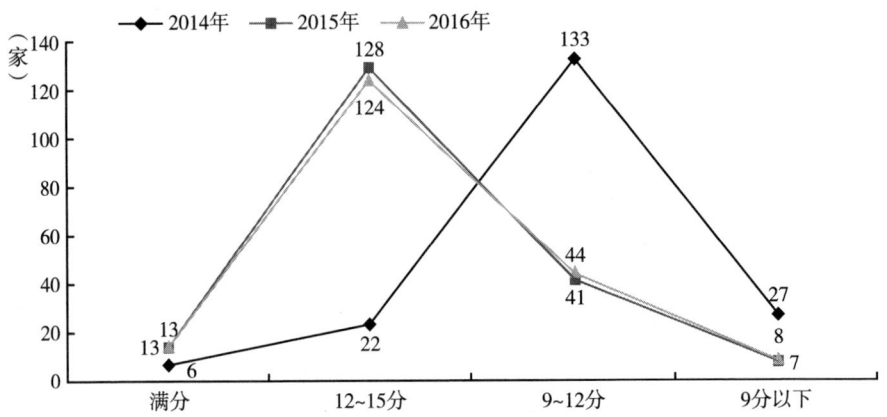

图4 2014～2016年河北阳光司法执行公开得分情况

义务告知、听证公告、听证结果公布等方面符合测评标准，且听证率达到3%以上，占比为4.2%；有26家得分在3～5分，占比为13.8%；有51家法院得分在2～3分，占比为27.0%；有44家法院得分为2分（不含0分）以下，占比23.3%；还有60家法院该部门指标得分为0分，即没有提供听证案件或提供的听证案件不符合听证程序透明度的要求，且听证率1%以下，占比为31.7%。与2015年情况相比较，2016年听证公开情况略好（见图5）。

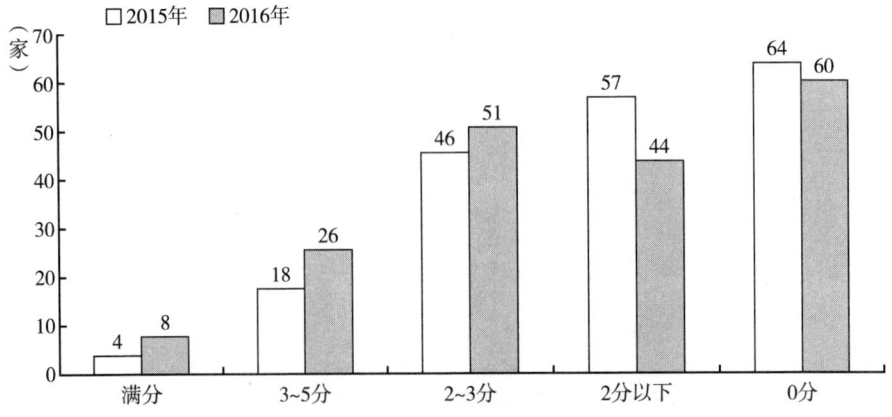

图5 2015～2016年河北阳光司法听证公开得分情况

（五）文书公开部分

文书公开部分的总分值为20分，主要包括裁判文书上网率、裁判文书查询便利度和裁判文书公开规范度三项二级指标。2016年测评结果显示，该项指标全省平均分为18.72分。文书公开中分值达到满分20分的法院92家，分值在16~20分的法院75家，分值在12~16分的法院22家，分值低于12分的法院为0。在文书公开方面2016年取得了一定进步（见图6）。

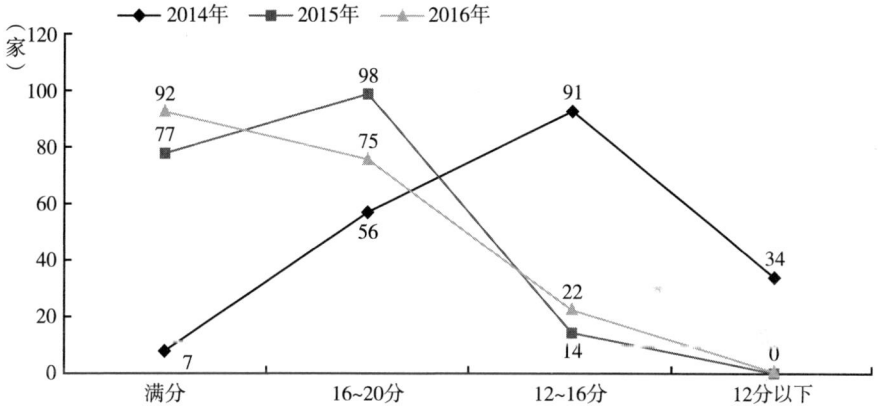

图6 2014~2016年河北阳光司法文书公开得分情况

（六）审务公开部分

审务公开部分的总分值为10分。2016年测评结果显示，得满分的法院19家，9~10分的法院53家；8~9分的法院74家，6~8分的法院38家，6分以下的法院有5家。与2015年相比较，2016年在审务公开方面工作有所提升（见图7）。

（七）工作机制

工作机制部分的总分值是5分，涵盖法院信息化和组织保障。测评结果

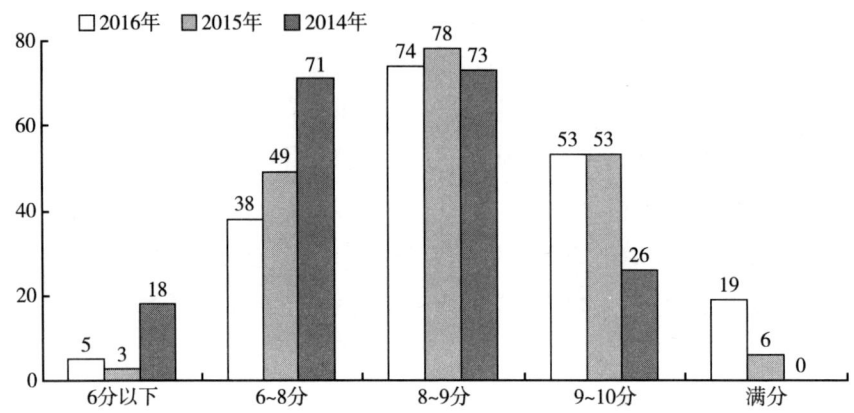

图7 2014~2016年河北阳光司法审务公开得分情况

显示,各法院在信息化和组织保障方面得分均为满分。这主要得益于三年来各法院对司法公开工作的推动。

四 河北法院推行司法公开工作的亮点

1. 三年评估数值相比较,多数板块指标分值有所提升

与前两年相比,2016年阳光司法指数评估在方式上有了重大变化,从实地抽查案卷改为查看电子卷宗。相比过去查看纸质案卷多了一道电子卷宗录入情况的考察,一些法院纸质卷宗情况可能比较良好,但是疏于对电子卷宗的录入和管理,就会造成在该部分测评分值的降低。正是由于上述原因,2016年在涉及电子卷宗考察内容的立案公开、庭审公开板块分值有低于2014年、2015年的情形。但在整体上2016年评估中多数板块指标分值得到不同程度的提升。2016年全省法院阳光司法指数评估平均分达到85.18分,与2014年、2015年相比较,相比提升10.18分、1.79分(见表3)。

2. 各地区整体平均分提升明显

2014~2016年全省平均值分别为75.0分、83.39分、85.18分。2014~2016年各地区法院最高分分别为84.8分(邢台)、89.2分(邢台)、91.6

表3　2014年与2015年5大板块总分及平均分对比

单位：分，%

板块	2014年			2015年			2016年		
	总分值	平均分	平均分占比	总分值	平均分	平均分占比	总分值	平均分	平均分占比
立案公开	15	14.2	94.7	15	14.8	98.7	15	14.6	97.3
庭审公开	35	23.6	67.4	30	24	80	30	23.2	77.3
执行公开	15	10.2	68	15	12.6	84	15	12.8	85.3
文书公开	20	14.9	74.5	20	18.6	93	20	18.7	93.5
审务公开	10	7.8	78	10	8.5	85	10	8.7	87

分（承德）。2014~2016年各地区法院最低分分别是68.05分（保定）、78.15分（沧州）、78.24分（邯郸）。均呈逐年上升趋势。

3. 在一些重点指标上有不同程度的提升

2014~2016年，全省法院数字化法庭有780个、1508个、1885个，三年实现了翻番。正是得益于全省法院信息化建设及省高院对庭审直播工作的有力推动和支持，庭审直播率明显上升。三年庭审直播率满分指标从6%上升到2015年的10%，再升到2016年的15%。直播率和得分情况明显呈上升趋势，三年来庭审直播率全省平均值分别为3.8%、21.4%、37.5%（见图8）。

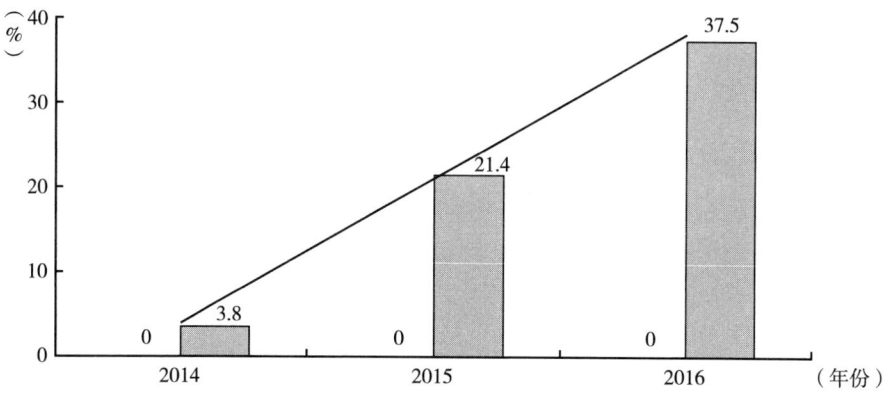

图8　2014~2016年庭审直播率全省平均值情况

庭审直播率反映了庭审直播的数量,那么庭审直播视频观测则主要是考察庭审视频的质量情况。该指标是2015年新加入的指标,主要是因为随着庭审视频在法院各级网站的对外公开,庭审视频成为考量法院庭审水准和质量的重要窗口。该指标分值为3分,2016年该指标全省平均值为2.46分,与2015年平均值基本持平(2.49分)。2016年测评数据显示,得分满分的法院为11家,得分在2.7~3分的法院116家,2.4~2.7分的法院31家,在1.8~2.4分的法院10家,得分在1.8分以下的法院21家。得满分和2.7~3分的法院数超过2015年,同时低于1.8分的法院数也超过上年(见图9)。

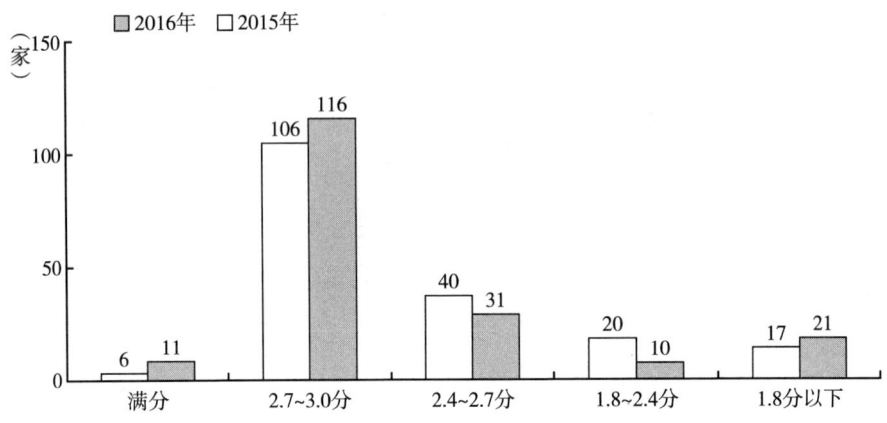

图9 2015~2016年庭审直播视频规范度得分情况

2014~2016年庭审录像率的考察采取了不同的测评方式:2014年主要是各法院以自报数据的方式测评,2015年则采取抽查并实地对比观测的方式,2016年该指标观测采取先抽样,然后各法院上传庭审录像到指定网址的方式。从测评方式上可以看出方法越来越科学便捷,更能如实反映全省法院庭审录像的情况。对比2015~2016年,庭审录像率分值为4.5分,全省平均值从2.21分升至3.60分,庭审录像情况明显好于上年(见图10)。

3. 听证公开情况有一定幅度提升

听证公开指标包括听证程序透明度和听证率两个部分。2014~2015年

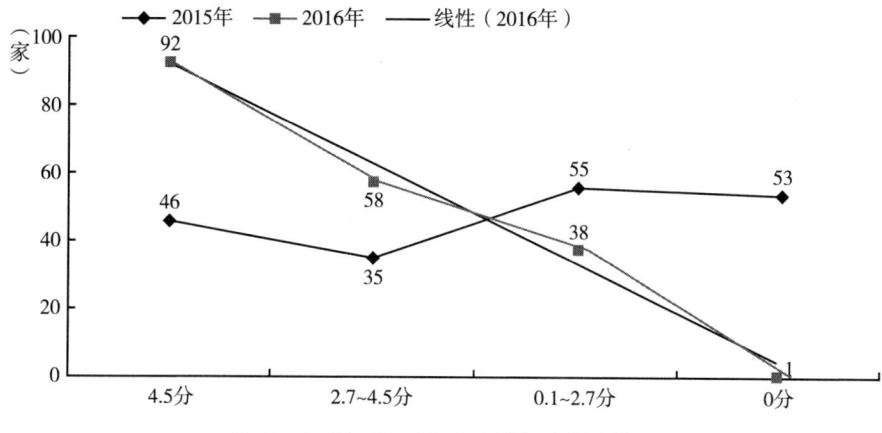

图10 2015~2016年庭审录像率得分情况

听证程序透明度指标全省平均分分别为 0.90 分、1.03 分,听证率指标全省平均分分别为 0.52 分、0.69 分。呈现一定的上升趋势,在整体上提升空间仍较大。

五 评估中发现的问题

(一)各地司法公开工作仍呈不均衡状态

首先是法院之间差异较大,第一名得分 98.7 分,最后一名得分 66.7 分,相差 32 分。前 20 名法院的平均分为 94.8 分,后 20 名法院的平均分为 73.4 分,相差 21.4 分。90 分以上法院共计 46 家,80~90 分的法院 104 家,70~80 分的法院 38 家,70 分以下的法院 1 家。多数法院得分集中在 80 分以上。其次是各地区之间差异较大。2016 年各地区平均分差距,承德地区平均分 91.6 分,邯郸地区平均分 78.2 分,两者相差 13.4 分。

(二)在司法公开内容上的一些短板

1. 电子卷宗制作率较2015年有所降低

2016 年涉及案卷部分的测评主要是通过电子卷宗在网上完成的,数据显示 2016 年电子卷宗制作情况相比 2015 年有所下降。2014～2016 年电子卷宗制作率全省平均值分别为 82.9%、99.1%、88.7%。2016 年随着立案登记制实行，各地案件数呈现增长趋势，电子卷宗的录入工作大量增加，这对电子卷宗管理是一个新的挑战。在实际测评中，一些法院案件的电子卷宗是空白文件夹，或者文件夹中项目无法继续打开。同时由于邯郸、保定地区法院使用通达海管理系统，在系统数据的传输接入上存在一些兼容性问题。

2. 开庭公告规范、权利义务告知程序等指标得分情况较上年有所下降

开庭公告分值为 4.5 分，数据主要来源于两个部分：电子卷宗和审判管理系统公告推送情况。2015～2016 年开庭公告规范全省平均值分别为 3.39 分、2.43 分。开庭公告规范情况较 2015 年有一定程度的下降。权利义务告知程序分值为 6 分，主要是考察案卷中权利义务告知的程序履行情况。2015～2016 年该指标全省平均值分别为 5.5 分、4.6 分，较 2015 年有所降低。

上述几个具体指标都是通过电子卷宗考察得出，法院电子卷宗制作情况的好与不好直接影响了上述具体指标的分值。由于电子卷宗中的一些评估指标在整个阳光司法指数评估中占有较高的分值比重，因此一些法院在电子卷宗管理上存在的问题和差距决定了整个评估得分的高低。

3. 旁听席位公示指标得分较低

旁听席位公示是 2015 年新增加的指标，主要是考察法院对法院旁听席位在门户网站等予以公示公开的情况。2015～2016 年该指标全省平均得分率分别为 42.2%、44.4%，2016 年较 2015 年略微提升，但总体上公开公示情况不好。公开公示的法院大部分只是静态公开法院法庭个数及座位数，只有极少数法院做到了动态公布在一定时间周期内案件排期情况等。

4. 法院网站建设有待提高

评估数据显示，全省 189 个法院基本都有自己的门户网站，也做到了在各个时段能正常打开使用。但是河北省各地法院网站多数面目陈旧，设置栏目简单，且长期不更新，缺乏友好性。距离宣传平台有一定差距，距离服务平台更是有较大差距。

六 完善河北法院司法公开工作的建议

(一)以信息化建设助力司法公开工作

信息化有力地推动了司法现代化发展,近几年河北省高院把信息化作为重要的变革手段,以人民群众司法需求为导向,信息化成果不断应用于审判执行和管理的不同领域,取得了较好的效果。信息化和司法公开工作是分不开的,信息化是促进司法公开的重要基础和保障,是推进"智慧法院"建设的重要抓手。2016年河北省阳光司法指数评估工作改变了过去派出大量人员实地到各个法院进行抽查式评估的方式,变成直接在省高院借助审判管理系统完成大部分评估基础数据收集工作,这也主要得益于法院信息化建设的成果。可以说基本达到了便捷高效、节省成本的目的,当然在法院审判管理系统的使用过程中,也存在一些小的问题。比如不同管理系统的数据对接,省院和各地数据传输的不稳定等,但从整体上看管理系统使用较为顺畅,对河北省法院审判执行、司法公开管理等工作起到重要的推动作用。

(二)继续提升司法公开工作的规范化

建议对涉及司法公开的一些内容制定规则,在全省范围内进行统一规范。主要包括以下几方面的规范。

1. 建立纸质案卷和电子卷宗管理规范

评估组发现,各地法院在卷宗的装订、案卷内容文书格式及摆放顺序、内容等方面都不尽相同。建议根据审判专业特点,按照民、商事、刑事、行政、执行等案卷不同的归类要求,省高院发布全省法院档案归档统一规范和格式。同时加强电子卷宗管理。电子卷宗是把纸质案卷转化为电子文档,是纸质案卷在数据平台管理中的"新身份",是案卷进入数据管理的前提和基础。只有完成电子卷宗制作,才能进一步对卷宗内容和数据进行查阅使用、统计汇总等。因此,电子卷宗制作和应用是法院信息化的重要工作。加强电子卷宗管理，就是保证与纸质卷宗内容完备一致，同时实现便捷使用。

2. 庭审直播视频规范

庭审直播视频规范主要是考察庭审直播视频本身的质量，如声音、图像、完整度等方面，也包括庭审本身的质量，如直播中审判人员、当事人、旁听人员行为等内容。三年来在阳光司法指数评估中，法院庭审直播录播率达满分的要求分别是6%、10%、15%，在逐年提高要求的前提下，2016年河北省庭审直播录播数量依然高于上年。2016年9月，最高人民法院周强院长指出，推进庭审直播，深化司法公开，增强司法透明度，规范司法行为，努力让人民群众在每一个司法案件中感受到公平正义。庭审直播录播视频数量急剧增加无疑对庭审直播录播视频的规范提出更高的要求。目前，各法院将庭审直播录播视频放置在最高院、省级、市级、县区级法院等四级庭审直播平台，供群众选择观看。这代表了各级法院的业务能力和素质水平，庭审中一旦出现不符程序或不规范行为，那么庭审直播录播视频就会将其放大，造成不好的社会影响。这对于庭审法官而言，是一种保护，同时也带来不小压力。建议根据三大诉讼法对庭审行为的规范、法官行为规范、法槌、法袍、法官着装等方面的要求，制定相对统一的庭审直播规范。

3. 进一步规范审判管理系统内容

评估中发现，省高院审判管理中，民刑事案件中过程节点、程序、内容等方面数据较规范，提取相对较容易。但是执行案件数据设置项目和参数较少，例如由于管理系统中执行案件没有设置评估、拍卖等相关选项，导致查封扣押案件数、评估拍卖案件数、采取查控措施案件数等内容信息无法提取。建议规范管理系统中执行案件相关设置项目，对执行案件加强数据管理工作。

（三）深化和细化司法公开内容

1. 加强全省各级法院的门户网站建设

各法院门户网站作为自身的宣传和服务平台，在司法公开工作中处于非常重要的位置。要实现群众看得见、读得懂、用得到。学习和借鉴浙江、上海等地法院网站建设的经验，整合资源优化模式，提升河北省法院门户网站建设水平。例如上海市高院门户网站设置司法智库栏目，涵盖司法改革、司法公开、案例指导、专题研讨、教育培训、研究成果、司法交流等内容。网站首页专门设置减刑假释公示、破产案件公示、知识产权保护等板块。同时应推动各法院进一步延伸微信平台服务和 App 软件平台，逐步实现手机送达、预约法官、手机缴纳诉讼费、手机立案、手机查阅案件电子档案等功能，进一步拓展司法公开和司法便民的广度和深度。

2. 规范网上发布开庭公告

网上发布开庭公告是各法院通过网络方式进行诉讼服务的一种方式。河北省网上发布开庭公告主要通过两个途径，一个是法院各自的门户网站，另一个是河北法院网各法院的司法公开平台。2015 年评估报告中评估组指出，各法院发布开庭公告存在很多不规范的情形。例如有的公告只有日期，案由、案号、案件当事人信息一概全无；或者发布公告只有案号、时间，但无其他信息；还有的只有当事人、时间，但无其他信息等。2016 年评估组再次观测网上发布开庭公告情况，发现上述问题依然存在。浙江法院主要是通过浙江法院公开网发布网上公告，公告分为开庭公告、送达公告、综合公告，采取统一制式，每个开庭公告包括法院、法庭、开庭日期、排期日期、案号、案由、承办部门、审判长、原告（公诉人、上诉人、申诉人）、被告（被上诉人、被申诉人）等内容。开庭公告的查询选项包括法院、原被告名称、审判长名字、开庭时间等，搜索便捷、简单实用。在网上发布公告规范方面值得河北借鉴。

B.22
《河北省邮政条例》立法后评估报告*

立法评估课题组**

摘　要：《河北省邮政条例》立法后评估是河北省地方立法的首次评估，对于开启河北省地方立法的进程，进一步提高地方立法质量具有重要意义。本文运用大量的文字、图表和数据，对《河北省邮政条例》进行了总体评价，指出该条例的立法质量较好，达到了立法预期。并根据不同的评估指标对其进行具体评价，显示其平均得分处于良好水平。在此基础上对该条例中的邮政基础设施规划建设制度、邮政车辆通行便利制度、快递准入审批程序制度等重点制度展开评估，指出其存在的问题，提出要进一步完善各项重点制度设计，修改该条例中与新形势、新情况不相符的内容，补充相关规定。

关键词：《河北省邮政条例》　立法后评估　评估指标

　　为全面了解《河北省邮政条例》（以下简称《条例》）的文本质量和实施情况，以及条例中重点制度设计的科学性与合理性，促进地方立法质量的提高，河北大学政法学院接受河北省人大法工委的委托，按照法工委批准的立法后评估方案，于2015年5月开始，采用文献分析、网上征求意见、发放调

---

* 本文为2016年河北省社会科学基金一般项目"建设社会主义立法体系中的法律论证逻辑研究"（项目编号HB16FX007）研究成果。
** 课题组成员：河北大学孟庆瑜教授、陆洲副教授、孙平教授、伊士国副教授、尚海龙副教授和张琳琳副教授，执笔人为陆洲副教授。

查问卷、进行现场调研、召开利益相关人座谈会、召开专家论证会等多种方法，对该条例进行了立法后评估。该评估是河北省第一次对地方立法进行立法后评估，对于开启河北省立法评估的进程、提高立法质量具有重要意义。

一 对《河北省邮政条例》的总体评价和基本指标评价

《条例》由河北省第十一届人民代表大会常务委员会第29次会议于2012年3月28日通过，自2012年7月1日施行。迄今为止，该条例已经实施3年，并先后经过两次部分修订，在保障邮政普遍服务、加强邮政快递市场管理、加快邮政快递基础设施建设、不断提高邮政快递服务标准和水平、维护消费者合法权益方面都发挥了重要的作用。本次评估立足于七项基本指标，对该条例的文本质量和实施效果进行全面评价，并对几项主要制度进行了重点评估，力求做到评估重点突出，内容全面真实，结果客观公正。

（一）总体评价

总体上看，《条例》的立法质量较好，达到了立法预期目的。立法注重了统一性和协调性，考虑了当时当地的客观需要，制度设计比较合理，权利义务以及权力责任配置较为得当，内容具有较强的针对性、适应性和地方特色性，规范设定的行为模式易于辨识，逻辑严谨，层次分明，术语表达准确，符合立法技术的要求，可操作性强，是一部具有较强实用性和地方特色性的法规。《条例》实施三年来，在保障邮政普遍服务、加强邮政市场监督管理、维护消费者合法权益方面发挥了重要作用，取得了良好的法律效果和社会效果。

（二）基本指标评价

本次评估在调查问卷中设置了合法性、合理性、可操作性、地方特色性、协调性、实效性、技术性等七项基本指标，对《条例》的主要内容进行了综合评价。四个城市共发放700份问卷，回收680份问卷，有效问卷660份，有效问卷回收比例达到94.29%。表1为《条例》后评估的基本指标评分情况。

表1 《条例》后评估内容的指标计分情况

序号	评估要素	具体评估内容	评分说明	平均得分
1	实效性（20分）	该条例是否被大多数人知晓并自觉遵守（4分）	学习过该条例或看过该条例（4分） 仅仅听说过该条例（2分） 基本不知道该条例（0分）	3.12
2		该条例生效之后每年是否被司法审判、行政复议或仲裁适用（4分）	经常适用（4分） 偶有适用（2分） 基本没有适用（0分）	3.55
3		该条例实施后，违法案件的发生率是否降低（4分）	大幅度降低（4分） 有所降低，但不明显（2分） 没有降低（0分）	3.34
4		公众对该条例实施后所产生的经济和社会效益是否满意（4分）	满意（4分） 一般（2分） 不满意（0分）	3.60
5		公众对该条例的主要条款在实践中执行和落实情况是否满意（4分）	满意（4分） 一般（2分） 不满意（0分）	3.15
6	技术性（8分）	立法名称是否精确、统一。法律概念、术语是否准确、统一、规范。是否存在非法律语言表达。标点符号、数字的表述是否符合立法要求（4分）	四项指标均无瑕疵（4分） 四项指标中有一两项有瑕疵（2分） 四项指标均存在瑕疵（0分）	3.48
7		结构是否合理，逻辑关系是否明确、严谨（4分）	符合上述指标（4分） 比较符合上述指标（2分） 不符合上述指标（0分）	3.80
8	合法性（8分）	是否符合河北省地方立法权限，与宪法、法律及行政法规的立法精神和具体条文有无抵触，与《中华人民共和国邮政法》是否衔接（4分）	符合河北省地方立法权限，与上位法无抵触，且衔接较好（4分） 符合河北省地方立法权限，与上位法精神无抵触，具体条文衔接存在瑕疵（2分） 与上位法条文或精神存在抵触，衔接不畅（0分）	3.88
9		创设的行政许可项目是否符合《中华人民共和国行政许可法》的规定。创设的行政处罚是否超越《中华人民共和国行政处罚法》的范围限制。创设的强制措施是否超越河北省地方立法权限。创设的行政事业收费项目是否合法（4分）	四项均符合（4分） 有三项符合（2分） 两项或两项以下符合（0分）	3.73

续表

序号	评估要素	具体评估内容	评分说明	平均得分
10	合理性（20分）	是否因该条例规定的职权不明确、权责不匹配而导致行政机关监管不力或执法不作为（4分）	未发生此类监管不力或执法不作为实例（4分） 偶有此类监管不力或执法不作为实例发生（2分） 常有此类监管不力或执法不作为实例发生（0分）	3.24
11		是否因该条例规定的权利缺乏救济措施，或救济措施规定不周或不当而导致公民无法正当维权（4分）	公民能够依本条例正当维权并有正当维权实例（4分） 未发现依本条例正当维权实例，但不存在救济措施规定不周或不当（2分） 发现依本条例不能正当维权实例，存在救济措施规定不周或不当（0分）	3.25
12		是否因执法程序规定不合理或不具体而给执法程序不公或随意留下空间，从而损害行政相对人的权益（4分）	从未发生因此类原因而损害行政相对人权益的实例（4分） 偶有因此类原因而损害行政相对人权益的实例发生（2分） 常有因此类原因而损害行政相对人权益的实例发生（0分）	2.97
13		执法自由裁量权范围是否适当，行政处罚的种类与范围是否和行政相对人的违法行为相对称（4分）	执法自由裁量权得当，行政处罚的种类与范围与违法行为相对称（4分） 执法自由裁量权不尽适当，或个别行政处罚与违法行为不够对称（2分） 执法自由裁量权过大，行政处罚与违法行为多不对称（0分）	3.12
14		是否明确规定有对行政相对人损害的最小方式，执法机关依本条例执法时是否能够选择对行政相对人权益损害最小的方式（4分）	有明确和详细的规定（4分） 有相关规定，但不明确（2分） 没有相关规定（0分）	2.88
15	可操作性（20分）	是否因该条例的内容解决实际问题缺乏针对性而导致实践中难以操作（4分）	在执法实践中未因条例内容缺乏针对性而导致难以操作现象（4分） 条例内容存在一定的针对性不强问题，但未在执法实践中导致严重的难以操作现象（2分） 因条例内容缺乏针对性而导致执法实践中难以操作（0分）	3.24

续表

序号	评估要素	具体评估内容	评分说明	平均得分
16	可操作性(20分)	是否因该条例的一些重要条款,如基础设施规划制度、通行便利制度、赔偿制度等重要制度过于笼统而导致难以执法和实施(4分)	未发生因一些重要条款的规定过于笼统而导致难以执法与实施现象(4分) 有重要条款存在一定程度的规定笼统情况,尚未发生严重的难以执法与实施现象(2分) 确因一些重要条款规定过于笼统而导致执法实践中难以执法和实施(0分)	3.46
17		是否因该条例规定的程序过于烦琐或程序不完善而导致实践中很难或无法操作(4分)	在实践中未因程序规定不当而发生难以操作现象(4分) 存在程序规定上的一些瑕疵,但未因此而发生难以操作现象(2分) 确因程序规定不当而导致难以操作(0分)	3.22
18		是否因该条例规定的自由裁量权范围过大而导致执法部门对同样案件的不同处理(4分)	从未发生过因此类规定不当而导致执法部门同案不同处理的实例(4分) 偶有因此类规定不当而导致执法部门同案不同处理的实例发生(2分) 常有发生(0分)	3.17
19		是否因该条例中规定的行为模式难以辨识而无法操作(4分)	该条件中规定的行为模式容易辨识,富有操作性(4分) 该条例中部分条款规定的行为模式不易辨识,难以操作(2分) 该条例中很多条款规定的行为模式不易辨识,难以操作(0分)	3.15
20	地方特色性(16分)	作为实施性的地方性法规,是否结合河北省的特点对《中华人民共和国邮政法》有所精细化。是否充分考虑到河北省的地方事务和突出问题(4分)	有精细化条款,并充分考虑到本省的地方事务和突出问题(4分) 精细化不足,没有充分考虑本省的地方事务和突出问题(2分) 没有精细化条款,没有考虑本省的地方事务和突出问题(0分)	3.87
21		与其他省市的邮政条例相比,重复率是否较高(4分)	很低(4分) 一般(2分) 较高(0分)	3.76
22		是否存在片面追求与《中华人民共和国邮政法》的配套性,重复率是否较高(4分)	很低(4分) 一般(2分) 较高(0分)	3.53

续表

序号	评估要素	具体评估内容	评分说明	平均得分
23	地方特色性(16分)	不搞大而全,无宣示性规范(4分)	不存在大而全的倾向,宣示性条款在3款以下(含3款)(4分) 存在大而全的倾向,或宣示性条款在3款以上(2分) 搞大而全,宣示性条款超过5款(0分)	3.68
24	协调性(8分)	是否与《中华人民共和国邮政法》的原则、精神相抵触,或与其具体内容相冲突,导致执法冲突或法律纠纷(4分)	从未发生此类执法冲突或法律纠纷案例(4分) 偶有此类执法冲突或法律纠纷案例发生(2分) 常有此类执法冲突或法律纠纷案例发生(0分)	3.87
25		是否与本地区其他地方性法规或规章不一致或相冲突而导致执法冲突或法律纠纷(4分)	从未发生此类执法冲突或法律纠纷案例(4分) 偶有此类执法冲突或法律纠纷案例发生(2分) 常有此类执法冲突或法律纠纷案例发生(0分)	3.54
合 计				85.60

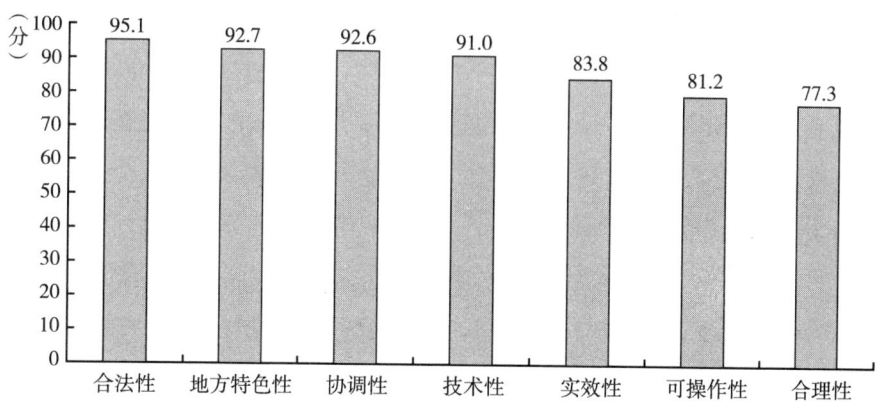

图1 各项指标的百分制分数

从图1数据分析可以看出,基于七项指标,最后回收的所有问卷其平均得分为85.6分,处于良好水平,具体分布如下。

1. 在实效性方面，一共设置五项指标，共20分，平均得分为16.76分，相当于百分制下83.8分

该项主要从宏观上考察条例运行的实际法律效果与社会效果，可以看出，大部分人认为生效之后每年都会被司法审判、行政复议或仲裁适用，违法案件的发生率也有所降低，对实施后所产生的经济和社会效益比较满意，《条例》的实施成本和执法成本也比较合理，但是值得注意的是，通过横向比较，条例是否被大多数人知晓并自觉遵守这一项分值较低。通过调查问卷的结果显示，80%的受访对象对《条例》有一定程度的了解，但其中51%仅仅听说过该条例，学习过或看过该条例的仅占29%，说明对该条例需要进行更多的普法宣传，以使更多公众知晓并遵守该项法规（见图2）。

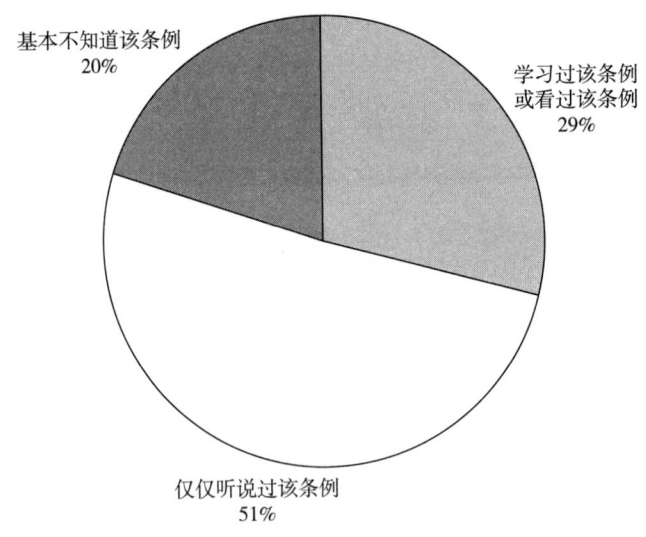

图2 公众对条例的知晓与遵守程度

2. 在技术性方面，一共设置两项指标，共8分，平均得分为7.28分，相当于百分制下91分

该项得分较高，表明该条例结构合理，逻辑清晰。立法名称准确统一，条文表述规范严谨，基本无歧义，标点符号、数字的表述符合立法要求。

3. 在合法性方面，一共设置两项指标，共8分，平均得分为7.61分。相当于百分制下95.1分

该项得分最高，显示出《条例》制定时没有超越河北省地方立法权限，充分考虑了与宪法、法律及其他行政法规的立法精神和具体条文，与《中华人民共和国邮政法》实现了较好衔接。同时，《条例》中创设的行政许可项目符合《中华人民共和国行政许可法》的规定，创设的行政处罚符合《中华人民共和国行政处罚法》的范围限制，创设的强制措施未超越河北省地方立法权限，创设的行政事业收费项目也符合相关法律法规规定。

4. 在合理性方面，一共设置五项指标，共20分，平均得分为15.46分，相当于百分制下77.3分

该项得分在所有指标里处于最低水平，显示出该条例的合理性不足，需要进一步细化。

从图3可以看出，有57.7%的受访对象认为存在因执法程序规定不合理或不具体而给执法程序不公或随意留下空间，从而损害行政相对人的权益。

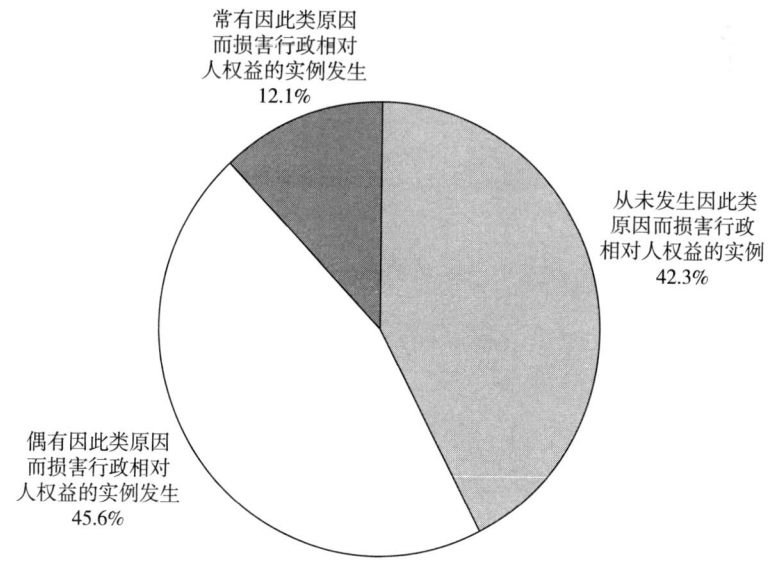

图3 是否因执法程序规定不合理或不具体而给执法程序不公或随意留下空间，从而损害行政相对人的权益

从图4中则可以看出，不同主体对于三个选项的态度也是存在很大区别的。行政机关的邮政管理人员有87.2%认为从未发生因执法程序规定不合理或不具体而给执法程序不公或随意留下空间，从而损害行政相对人权益的现象，但是对上述问题邮政企业人员认为从未发生的占32%，快递企业人员占28%，行业协会占31.5%，其他占41.2%。相反，认为常有发生的也是邮政管理人员最低，占3.5%，快递企业人员最高为28.6%，邮政企业次之为20.8%。认为偶有发生的比例，除邮政管理人员之外，其他的受访对象均超过了40%。可以看出，由于利益原因，行政执法人员和行政相对人对于同一制度的看法是有很大不同的。关于程序不合理的具体表现，在下述重点制度和有关建议中将做进一步阐述。

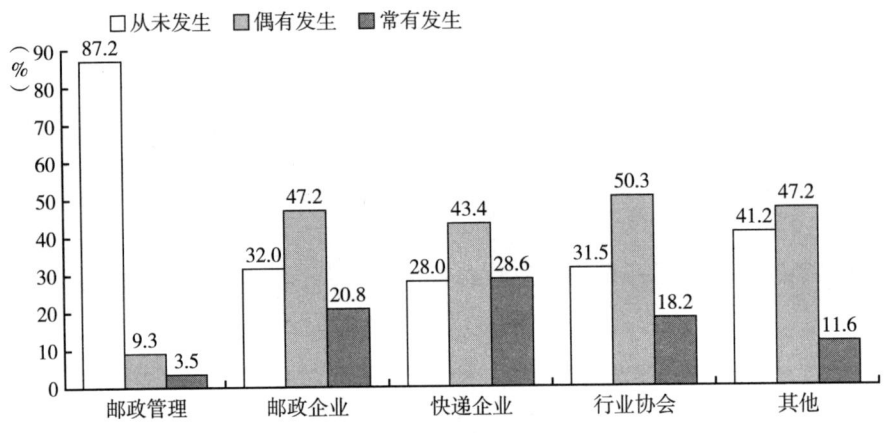

图4　不同主体对图3内容的看法

5. 在可操作性方面，一共设置五项指标，共20分，平均得分为16.24分，相当于百分制下81.2分

该项得分也不高，仅仅高于合理性，说明《条例》在可操作性方面，存在一些瑕疵，需进一步提高针对性，合理配置程序，对重点制度作出更为详细的规定，并对行政机关特别是邮政管理部门的自由裁量权作出具体规定。

图5、图6是对该条例规定的自由裁量权是否范围过大导致执法不统一的调查分析。图5中，从未发生过因此类规定不当而导致执法部门同案不同

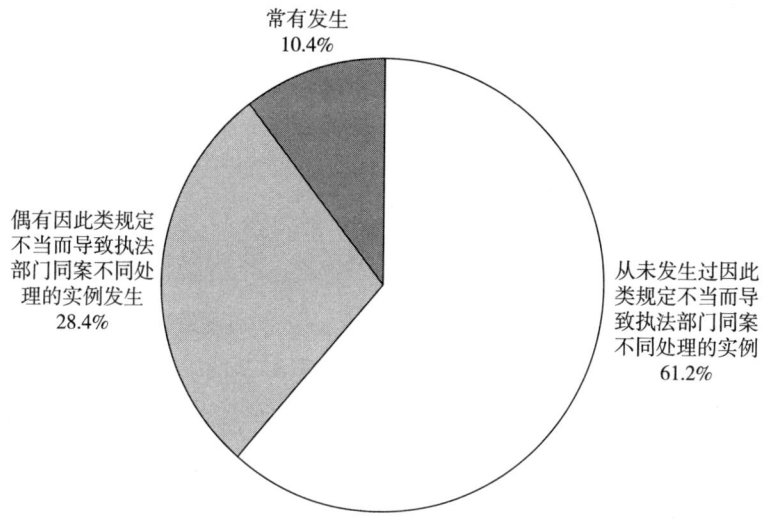

图 5　是否因该条例规定的自由裁量权范围过大而导致执法部门对同样案件的不同处理

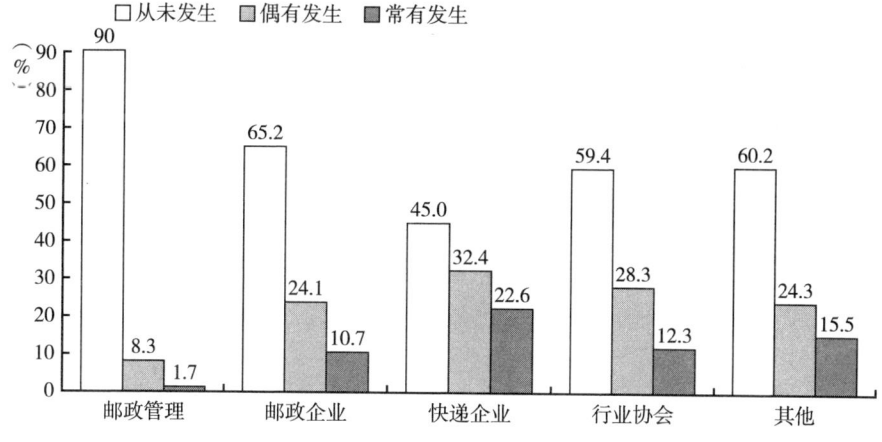

图 6　不同主体对图 5 内容的看法

处理的实例占 61.2%，偶有因此类规定不当而导致执法部门同案不同处理的实例发生占 28.4%，常有发生的占 10.4%，表明实际执法中存在自由裁量权范围过大的现象，但比重不大。图 6 显示不同主体对这一问题的看法，其中邮政管理部门认为常有发生的占 1.7%，邮政企业占 10.7%，快递企业占22.6%，行业协会占12.3%，其他占15.5%。数据表明邮政管理部门认为存在此现象的居于少数，快递企业认为存在的最多，其次是其他人员。在座谈会中，也有部分地区邮政管理部门代表反映，在自由裁量权方面，《条例》中存在个别范围较大的情况，但更多的是对自由裁量权的规定不够具体和详细。下文在具体制度分析时，将会以实例予以证明。

6. 在地方特色性方面，一共设置四项指标，共16分，平均得分为14.84分，相当于百分制下92.7分

该项得分较高，表明该条例作为实施性的地方性法规，结合了河北省的特点对《邮政法》有所精细化，并充分考虑到河北省的地方事务和突出问题。其中，地方特色性的一个重要标志性制度是关于邮政快递车辆的通行便利，这在全国的同类法规中为数不多。图7中显示，有精细化条款，并充分考虑本省的地方事务和突出问题的占85%。精细化不足，没有充分考虑本省的地方事务和突出问题的占11%。没有精细化条款，没有考虑本省的地

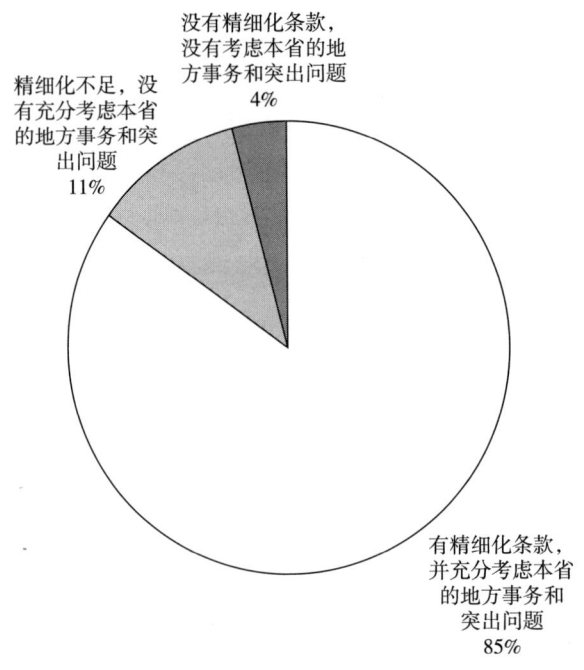

图7 《条例》的地方特色性

方事务和突出问题的仅占4%。在各地座谈会中,也有超过90%的代表认为条例具有较强的地方特色性。

7. 在协调性方面,一共设置两项指标,共8分,平均得分为7.41分,相当于百分制下92.6分

该项得分较高,表明《条例》制定时较为注重法制统一性,与《中华人民共和国邮政法》的原则、精神未产生抵触,与其具体内容也没有发生冲突。同时,该条例也注意到与本地区其他地方性法规或规章之间的协调,尽量避免由于立法冲突导致的执法冲突或法律纠纷。另外,该条例也注重内部的协调性,条文内部之间基本没有冲突。

二 对《河北省邮政条例》重点制度的评估情况

(一)邮政基础设施规划建设制度

1. 制度目的

邮政基础设施规划建设制度是《条例》的基础性制度,其目的在于通过设置强制性条款和政策性支持,加大邮政基础设施的规划与建设力度,以全面提高邮政普遍服务水平,促进快递行业的发展,满足不断发展的社会需要。

2. 评估情况

从调查问卷的数据看出,受访者对邮政基础设施规划建设制度的意见主要表现在相关条款执行和落实情况不力上。

图8是以该条例主要条款在实践中执行落实情况为题的,其中不满意和满意度一般的共占39.8%,满意的占60.2%,显示大部分受访对象对执行情况是满意的,但不满意的比例也不低。图9是不同主体对执行和落实问题的看法,其中邮政管理部门不满意的比例较低,仅占4.3%。邮政企业不满意的占12.5%,快递企业不满意度最高,占23.5%,行业协会占12.3%,其他占12.4%。通过座谈会得知,有92%的代表反映关于邮政基础设施规划建设制度的问题主要是有法不依、执行状况不佳。具体问题包括以下方面。

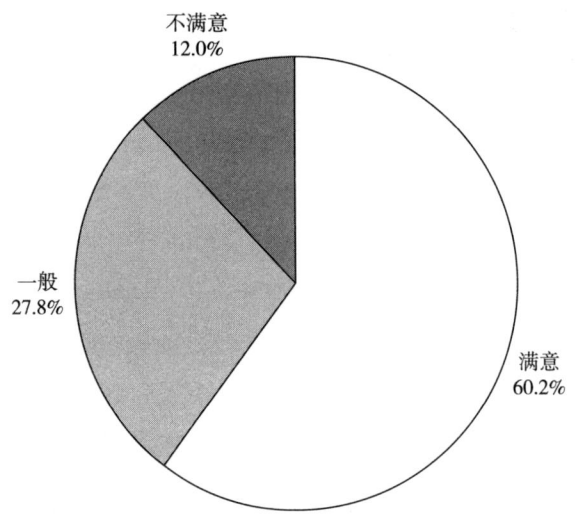

图 8　公众对该条例的主要条款在实践中执行和落实情况是否满意

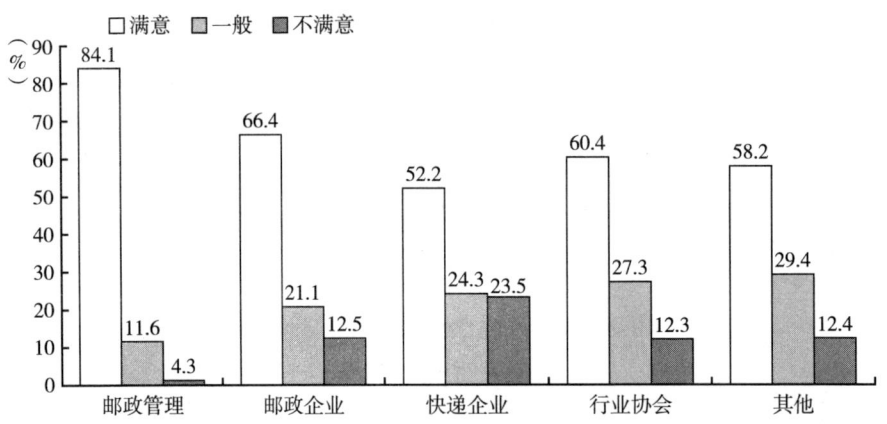

图 9　不同主体对于图 8 内容的看法

（1）信报站（村邮站）的设置、管理问题。《条例》中对村邮站的设置、管理均作出了具体规定，实践中也要求"乡乡设所，村村通邮，户户设箱"，但由于政府资金不到位，现实中村邮站的设置、管理极不规范，大多数村邮站代理人均不愿与邮政企业签订协议，也没有领到相应的报酬。尤其是在边远山区，土地使用、产权划拨、人员费用补助由谁承担的问题，缺乏促进推动的措施和抓手。比如乡乡设所问题，承德地区由于地处山区，"寸土寸金"，土地划拨征用非常艰难；在维护上，经济负担较重，按照规定由中央财政、省级财政、市级财政划拨资金支持，县级无偿划拨土地，但在具体实施过程中，市级资金很难到位，土地产权归属难以确定归邮政所有，使长期设所存在隐忧甚至有到期撤所的隐患，从而会影响到普遍服务。

（2）在信报箱设置的问题上，首先"信报箱"一词涵盖范围不全面，没有包含包裹柜等邮政设施，约束了邮政设施的发展。其次，规划部门"光说不练"，立法中已经有明确的要求，但实践中很难执行。信报箱等邮政设施的规划建设方面，在很多小区邮政管理部门进入了联审联验，但是具体到建设落实却停留在纸面上，甚至有的规划部门的规划图纸上都没有具体标注。按照民政局的文件要求，在小区建设中有一定比例面积的民政用房，而邮政设施用地难以保证，反映了邮政行业的弱势。在验收方面，《条例》规定由建设部门进行最后验收，却没有包括邮政管理部门。同时，《条例》规定信报箱产权归投资人所有，所有者或管理人负责信报箱的管理、维护、更换，也可委托邮政企业，但这里所有者或管理者的主体责任也并不明确。另外，新设备使用率偏低，如集群信报箱覆盖率低，仅有30%，智能储物柜和包裹柜也极少投入使用。

（3）在网点建设上，第一，在新城规划问题上，新城区建设和旧城改造中，在部署邮政企业搬迁过程中，仅仅是下达搬迁任务，没有按照普遍服务的要求进行，缺少和邮政企业的接触，影响老百姓通邮，影响普遍服务半径，与《条例》以人口多少设计服务半径的要求不符。以邯郸为例，整个邯郸市的东区规划就未将邮政配套设施纳入，高开区的邮政所则租房进行营业，而该区域大概有二三十万住户。第二，在旧城改造中，资金上给企业造成损失，且政府进行搬迁规划只考虑城镇建设，忽视老百姓用邮问题。如邯郸旧城改造中，赵都新城周围近十万住户，仅渚河路上有一个邮政所。涉县、磁县旧城改造修路，政府在邮政所拆迁后不能落实新址划拨和资金补偿，邮政企业面临经营困难，但是按照国家规定又不能撤点。第三，根据《条例》规定，火车站、机场、港口、长途汽车站、大专院校、城市社区、旅游景区、大型商场等公众服务场所，应当建设配套的邮政设施。但该条款在实践中很难得到全面实施。很多城市市内大型的商场、写字楼缺乏邮政服务设施，高铁站也是如此。

（4）在对邮政企业和快递企业的规范建设中，存在重邮政而轻快递的现象。《条例》中规定的对快递企业给予的建设、用地、信贷、融资、创业服务等方面的优惠条款，在现实实践中一直没有得到落实。

（二）邮政车辆通行便利制度

1. 制度目的

邮政车辆通行便利制度是《条例》中富有地方特色的制度设计，其目的是在没有严重违反道路交通安全法律法规时，对带有邮政专用标志的车辆以及经邮政管理部门认定的快递车辆给予一定的道路通行便利。该制度规定于《条例》第四十二条中，主要包括两种情况：上述车辆发生一般交通违章和轻微交通事故时的通行便利和上述车辆需要临时占用道路揽收和投递邮件快件时的通行便利。该制度充分体现了邮政车辆通行的公益性，也体现了立法的人性化。

2. 评估情况

这一制度在全国同类法规中属于为数不多的具有地方特色的制度设计。有些省的同类条例中有相似条款，但规定的内容较少，不够具体。譬如《湖北省邮政条例》第三十四条第二款规定：省邮政管理部门和公安机关交通管理部门根据国家规定，对带有标志的快递运输、投递车辆，公安机关交通管理部门及其他有关部门应当根据城市交通状况，采取多种措施，在确保安全的前提下，为快递车辆的通行、停靠提供便利。该条款仅仅做了原则性规定，没有说明提供便利的条件、内容和程序。

从调查问卷反馈的情况看，《条例》的地方特色性分值较高，图10可以提供一些证明。

同时，通过四地的座谈得知，90%以上的与会代表认为该制度设计良好，具有地方特色，也体现了河北省委省政府对邮政事业的重视和扶持。在

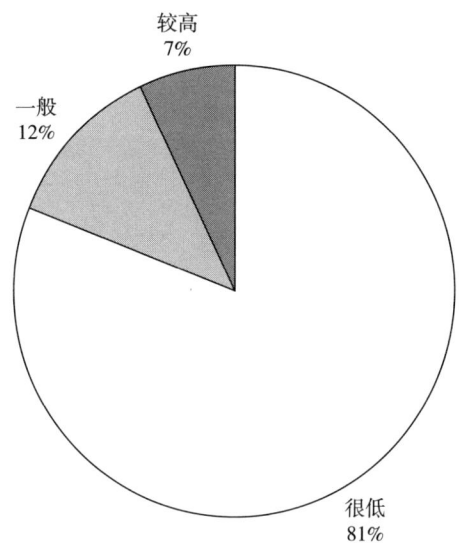

图10　与其他省市邮政条例的重复率

具体执行层面，河北省邮管局也出台了一些政策支持，譬如2011年河北省邮政管理局和省交警总队就曾联合颁发了邮政车辆市区通行证，给予通行便利。在邯郸，当地邮管局起草了《邯郸市邮政快递车辆通行管理办法（草案）》，该办法属于邯郸市邮政管理局与市交警支队联合发文，是地方性政策，在相关地方立法细则出台之前可以保证企业车辆通行正常。并且，在《办法》施行之前，邯郸邮政协会和交警部门进行沟通，办理了《邮政快递车辆通行许可证》，对车辆通行问题进行了有效解决，保证车辆的便利通行。

但是，该制度也存在不少问题，突出反映在制度的执行与操作层面。

（1）各地的执行情况不一致，地区之间存在较大差别。在所走访的四个城市中，只有邯郸市执行情况良好。如上所述，邯郸市邮管局与市交警支队进行了充分沟通，正酝酿出台《邯郸市邮政快递车辆通行管理办法》，并在此办法施行前，已经预先办理了相关的通行许可证，较好地解决了通行不便的问题。但与之相反的是，其他三个城市都反映该条款并未有效实施，甚至在有些地方形同虚设。譬如，有的地区快递企业反映，2011年河北省邮政管理局和省交警总队联合颁发了邮政车辆市区通行证，但是在该地区却得不到交警承认，临时停车也得不到交警配合，以及车标认定均得不到当地有关部门承认和配合。还有的地区快递企业代表认为该条规定的快递车辆的通行便利权未得到有效落实，部分公安机关交通管理部门存在执法随意性，不按照条例的规定给予快递车辆临时占用道路揽收和投递邮件、快件的便利权利，也不对快递车辆在发生一般交通违章或者轻微交通事故后，进行简单处理予以放行的便利。

（2）邮政车辆和快递车辆的执行方式不一致，快递车辆普遍存在被歧视的现象。即使是执行较好的邯郸市，对于轻微违章和一般事故，交警部门也认为快递车辆尚未达到特种车辆的条件，在道路交通法中没有体现，地方法规的效力一定程度上没有发挥作用。有待进一步督促落实。并且，快递车辆特别是快递三轮车一般很难享受通行便利，多地交警部门在查扣快递三轮车后不仅没有放行，而且处理很不及时，直接放在停车场，影响投递速度和效率。在个别地区，三轮车甚至被禁止进入主城区，极大地影响了投递时效。

（3）该条规定的"配有邮政标志以及邮管部门认定的车辆"由谁认定、如何认定需要进一步明确主体，进而解决经常被交警查扣的问题，保证该条能够得到有效运用。

（三）快递准入审批程序制度

1. 制度目的

快递准入审批程序制度是《条例》的重点制度，其目的在于通过设置一定的程序，规范快递行业的准入，从而保障快递行业有序发展、合法经营。

2. 评估情况

快递准入审批程序制度的设计初衷是良好的，希望通过设置一定程序，分别在两个行政部门获得行政许可，以保障有资质、符合条件的快递企业进入市场，从而提高快递行业的规范化水平。但是，这一程序在实际运行中也出现了不少问题。

图11的问卷数据表明，在《条例》的可操作性方面，有12%的受访对

象认为确因规定的程序不当导致实践中难以操作，41.2%的受访对象认为存在程序规定上的一些瑕疵，但未因此而发生难以操作现象，认为在实践中未因程序规定不当而发生难以操作现象的没有超过一半。图12不同主体的问卷表明，快递企业认为确实存在问题导致难以操作的比例最高，占27.4%，邮政企业次之占20.4%，邮政管理部门最低占3.1%。我们可以看出，《条例》中涉及程序的条款存在一些问题，尤其是快递准入审批程序。并且，在召开各地座谈会时，超过95%的快递行业代表反映此类问题存在，且多次向上级反映，没有得到较好的解决。

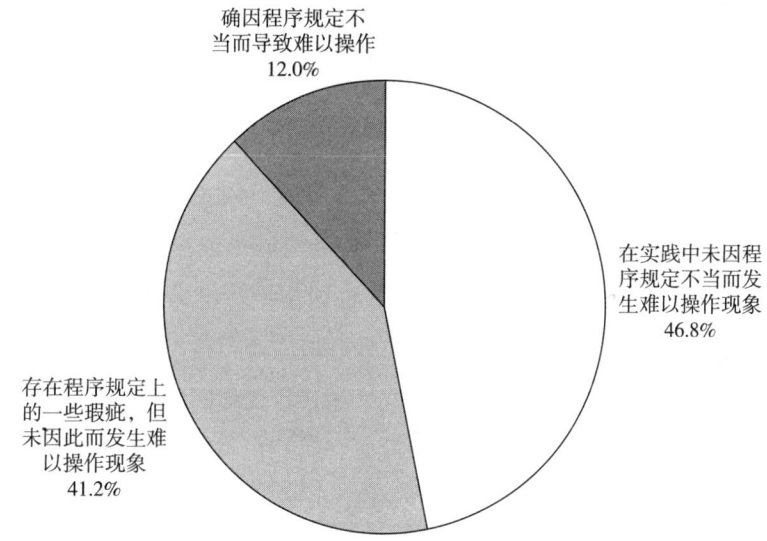

图11 是否因该条例规定的程序过于烦琐或程序不完善而导致实践中很难或无法操作

具体而言，存在的问题主要反映在两个方面。

（1）开设快递行业建设网点，需要邮政服务许可前置，但是实践中审批时间过长，且没有固定期限，影响到网点的铺设和业务的展开。

（2）在准入的程序设置中，部门之间协调不够，出现冲突，对快递行业造成不良影响。多地快递企业代表认为，国家邮政管理局和国家工商管理局的快递准入制度中的审批程序存在衔接不紧密的问题，经常会出现工商局

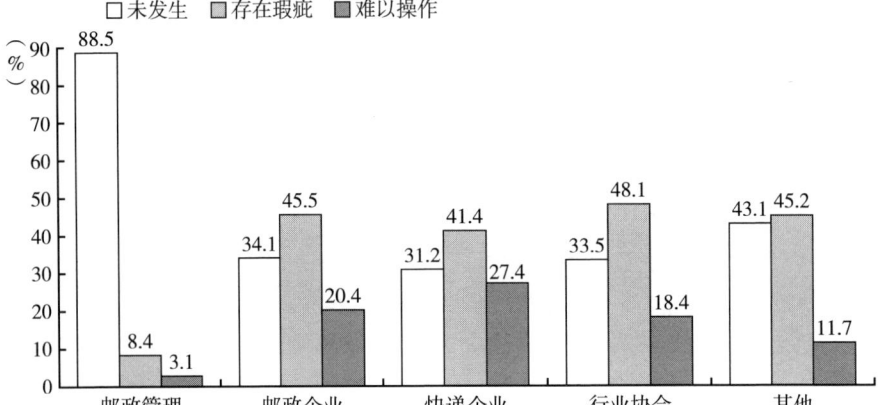

图12　不同主体对图11内容的看法

对正在申请营业执照的快递分支机构进行故意罚款的事件。实践中,《条例》第二十六条第一款规定:"经营快递业务应当依法取得快递业务经营许可证。"第二款规定:"申请人凭快递业务经营许可证向工商行政管理部门依法办理登记后,方可经营快递业务。"也即是说,快递准入程序中,快递业务经营许可证和工商登记缺一不可,并且快递业务许可证是工商登记的前置程序。在实际办理过程中,快递企业必须具备正式的经营场所、人员、资金等要素,才能申办快递业务经营许可证。但是在该证申办之后到申领工商营业执照之前,存在一段空白期。在此期间,工商部门却经常以未申领执照、非法营业为由进行罚款,极大地损害了快递企业的利益。该制度设计初衷是为了加强快递运行的规范化,但是实践中,却由于部门之间的协调不一致对快递行业的利益造成了损害。

(四)有关法律责任的规定

从图13的统计数据可以看出,访谈对象中认为存在因《条例》规定的职权不明确、权责不匹配而导致行政机关监管不力或执法不作为的案例占34.6%,认为未发生此类监管不力或执法不作为实例的占65.4%。在图14不同主体的看法中,邮政管理部门认为常有发生此类现象的比例最低,占

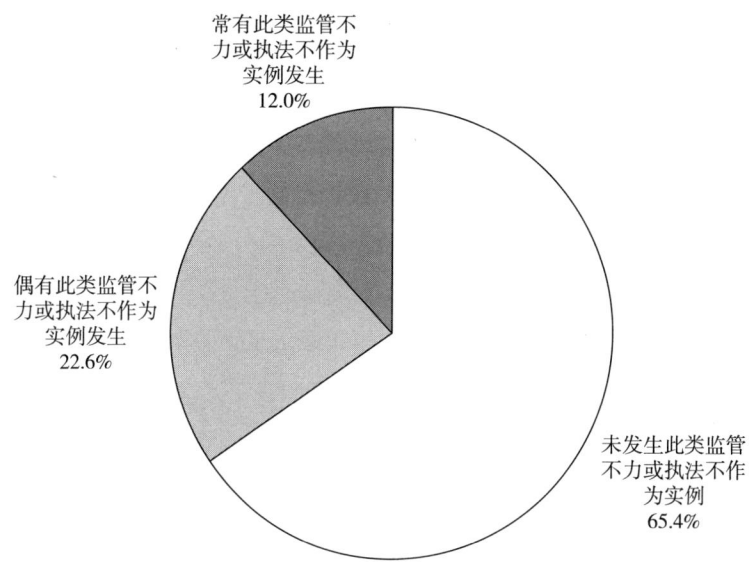

图 13　是否因该条例规定的职权不明确、权责不匹配而导致行政机关监管不力或执法不作为

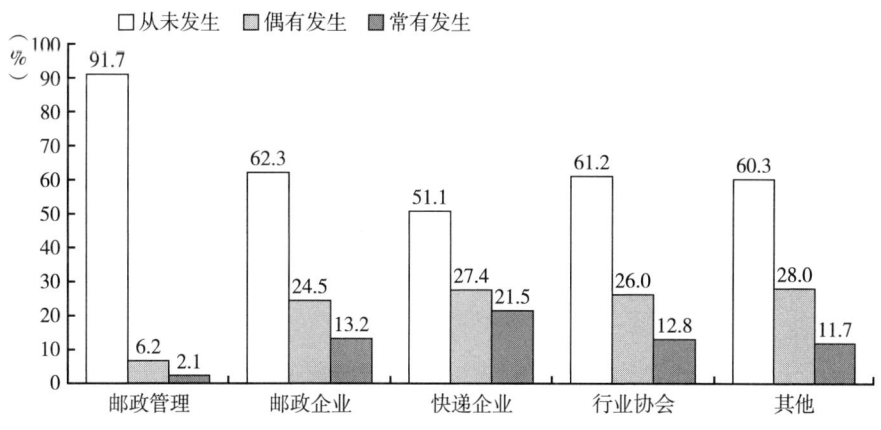

图 14　不同主体对图 13 内容的看法

2.1%，快递企业最高为21.5%，其他分别为邮政企业（13.2%）、行业协会（12.8%）、其他（11.7%）。在各地的座谈会中，有85%的与会代表认为法律责任的规定需要加强，尤其是针对行政部门不作为的责任追究，需更加具体明确。

总的来看,《条例》中对法律责任作出了单章规定,内容较为全面,但也存在一些缺陷,主要反映在以下方面。

(1)《条例》中对企业规定的义务较多,对政府规定的职责比较少,尤其是对政府不履行职责的补救措施更少。例如,第23条规定交通管理部门应按照省有关规定减免带有邮政专用标志的车辆通行费,但未规定不履行职责应当承担的法律责任。第13条第二款规定的"施工图审查机构对没有信报箱设计或者不符合信报箱设计规范的住宅工程,不得发放施工图审查合格书。信报箱的建设应当纳入住宅工程质量分户验收范围,建设单位未按照规定设置信报箱的,不予通过验收,建设行政主管部门不予办理竣工验收备案"。在实践中,施工图审查机构和建设行政主管部门通常不按照规定履行自己的职责,但也没有相应的处罚措施。第42条公安交通管理部门不按规定提供通行便利,也无相应的法律责任。第7条第2款"火车站、机场、港口、长途汽车站、大专院校、城市社区、旅游景区、大型商场等公众服务场所,应当建设配套的邮政设施"的条文中只规定了责任义务,但没有规定违反的认定与所要承担的法律责任。如前所述,在邮政服务基础设施建设中,普遍存在政府不作为的现象,缺乏对行政机关不履行职责的责任追究机制。

(2)现存的一些禁止条款只有禁止内容,缺乏相应的罚则。如《条例》第32条规定的情况没有逻辑关系,并且缺少相应的罚则,或者内容过于概括,缺乏针对性。如第52条规定过于抽象,缺乏对邮政管理部门的监督条款。

三 对《河北省邮政条例》的有关建议

(一)进一步完善各项重点制度设计

1. 加大资金投入力度,明确行政机关的法律责任,确保邮政基础设施规划建设制度的执行落实

(1)加大对各类邮政基础设施的资金投入力度,将其列入每年必备的财政预算之中。邮政服务不是市场供求服务，不同于快递企业，邮政企业某种意义上是在代表政府实施部分公共职能，具有很强的公益性。因此，应当配建但没有配建的基础设施应由政府来出资建设，建议通过相应立法来解决基础设施建设资金不足的问题，如村邮站和信报箱，应当提升到战略高度考虑，一旦国家发生通信中断或者自然灾害，邮政基础设施将会起到至关重要的作用。再如网点建设资金问题，过去由国家支持，随着近年来通信的发展，重视程度在降低，希望重新提高重视。

（2）在设立信报箱问题上，首先，在名称上，《条例》第13条中的"信报箱"涵盖范围不全面，没有包含包裹柜等邮政设施，约束了邮政设施的发展，建议用"信报箱等邮政设施"代替。其次，在设置过程中，通过相关立法规定在房地产销售中"五证俱全"的基础设施建设中应当包含邮政普遍服务设施。同时，为避免规划部门纸上谈兵的现象，建议邮政管理部门积极参与进行把关，邮政企业积极上报，成为规划工作的重要验收部门。将"邮政服务设施是否达标"纳入考核项目，由邮政管理部门进行检查审核验收。验收权的明确，有利于明确邮政管理部门职能，也有利于保证服务设施的完善和建设。在新设备的采用上，较大社区除信报箱外，智能储物柜、包裹柜等新设施应逐步投入使用，同时广泛推行集群信报箱的设立，进一步提高效率降低成本，便利民众生活。

（3）根据邮政条例的规定，火车站、机场、港口、长途汽车站、大专院校、城市社区、旅游景区、大型商场等公众服务场所，应当建设配套的邮政设施。建议在修法过程中，将快递行业加进去。不仅仅局限于狭义上的邮政，而是大的邮政业。同时，从规划和落实两个角度看，《条例》中关于土地利用规划的规定，近年来快递行业发展迅速，企业分拣场所土地需求越来越急迫，土地面积需求随着业务量增加逐年成倍增长。建议在城乡规划土地使用中，将邮政快递并行考虑，适时建立专业化的快递物流配送园区。同时根据城市的人口规模、建设规模，由规划部门作出规划，使园区的建设有章可循。社区服务终端建设，为保证"门对门，手对手"服务的顺利完成，需要完善规划建设，其中快递可以与邮政并列重视，并行列入建设规划。

（4）整体上看，在邮政服务基础设施建设中，政府不作为的现象比较严重，邮政基础服务设施投资建设、主体责任、用地、拆迁建设、使用和维护虽有明确规定，但是缺乏主体责任罚则。建议《条例》在修改过程中能够对相关行政部门的责任进行明确界定，相关人员的法律责任也应该明晰。

2. 进一步完善邮政车辆便利通行制度，保障该制度在实践中全面施行

为保障邮政车辆便利通行制度能够有效实施，建议省人大加大监督力度，相关部门之间也要加强协调。

（1）关于邮政车辆通行便利制度，《条例》第42条已经作出了明确规定，对于邮政企业车辆以及邮政管理部门认定的快递车辆给予通行便利，只是各个地区在认同和执行上尚未达成一致或存在差别。建议省人大常委会在法律评估和修订的过程中加强督促各地公安交管部门和路政管理部门对《条例》遵守落实，各地市邮政管理部门也要加强与交通管理部门之间的沟通协调，邯郸市的先进经验可以推广到全省。

另外，在执行过程中，个别交警执法人员违规操作，故意刁难，执法风气差，建议在法律责任的部分增加相关条款，公安机关交通管理部门执法不作为或乱作为应承担相应的法律责任。

（2）《条例》对邮政和快递分别进行了规定，两者都在为市场和社会提供服务，邮政车辆享受的优惠政策也应该在快递车辆中得到体现，希望通过法律规定提高民营快递企业的地位，实现车辆政策上的对等。对于快递车辆，希望公安交通管理部门提高处理效率，最好是现场处理、及时处理，保证快递派送效率。

（3）对于如何认定快递车辆问题，各地尚未出台配套措施，对于在行业协会备案、提供合法资质的管理部门可以认定。对于电动三轮车，要做到四个统一：颜色统一、车身统一、标志统一、管理统一。由邮政管理部门认定后报到交通管理部门，交通管理部门在该基础上对本条例予以落实，需要两个部门进行充分沟通。鉴于行业的自身情况和邮政管理部门的相对弱势，希望省人大也能自上而下加以督促推进落实，从而促进该问题在全省范围内得以解决。

3. 进一步完善有关法律程序，避免行政相对人利益受损

（1）对于许可证审批期限问题，建议《条例》设置固定期限，明确许可期限，或者变集中审批制度为分散审批制度。在座谈中，有地方邮政管理局代表认为快递行业阐述的问题属于共性问题。对于许可证问题，邮管局有明确规定，之所以会造成许可时间较长，原因主要是涉及逐级上报，而直营企业需要成批次整体办理。各下属企业步调不一致，后报企业耽误了之前提交企业的办理进度。因此，可以考虑设置分散审批制度，以提高办事效率。

（2）在前置程序的问题上，立法中应协调好邮政管理部门和工商部门之间的冲突，避免快递行业的利益受损。建议《条例》中增加相关条款，解决协商好邮政管理局和工商管理局之间审批的间隙问题，妥善地解决邮政管理局核发快递业务经营许可证以及企业分支机构名录和工商管理局核发的营业执照之间的前置程序与后置程序之间的冲突，统一快递企业分支机构的准入审批程序，避免快递企业利益受损，也能够使经济资源得到有效的利用，避免资源的闲置。

（3）进一步完善其他的法律程序，更好地促进邮政快递事业的发展。譬如《条例》第12条"邮政企业设置、撤销邮政营业场所，应当事先向邮政管理部门备案；撤销提供邮政普遍服务营业场所，或者将自办邮政普遍服务场所转为代办的，应当经邮政管理部门批准并予以公告"中规定的邮政营业场所的撤销只需向邮政管理部门备案不太合理，建议修改为由邮政管理部门审批。

4. 完善相关法律责任的规定，对包括邮政管理部门在内的政府机关不履行相应职责进行全面和有针对性的追责

这就要求立法中全面加强对政府机关包括邮政管理部门、公安机关交通管理部门、道路交通管理部门、建设行政主管部门等不履行相应职责的法律责任的追究。首先，在《条例》修订中增加相应的法律责任条款，赋予行政机关职责就应有与之相应的责任追究方式。其次，在法律责任的规定上，内容应当具体详细，不应过分笼统。更重要的是，应配合相应的罚则，从而使得法律责任的追究具备可行性和可操作性。

（二）修改《条例》中与新形势、新情况不相符的内容，补充相关规定

1. 关于《条例》名称的问题

邮政业包含邮政和快递两个重要部分，而邮政企业和快递企业两者并不相互隶属包含。因此，《条例》名称被认为和快递企业无关，不是特别恰当，建议将名称改为《河北省邮政快递条例》，密切快递和邮政的关系。同时，《条例》中关于快递方面的规定相对较少，一共只有八条，和当前蓬勃发展的快递行业不太协调。建议增加相关内容，特别是对快递市场发展的政策支持条款。

2. 日常市场监督执法中的应急管理问题

《条例》第40条规定的应急演练制度很切合实际，具有现实意义，但内容过于笼统，没有对这项制度的具体实施予以规定，不利于实施操作。例如，应急管理的应急演练没有规定应急演练的形式、频次，演练的标准以及邮政管理部门对应急演练的检查、处罚等。同时，大部分企业都制定了应急预案，但是当突发情况发生后，希望得到相关部门协助和支持，希望政府管理部门提供实质性帮助，如作出公告予以保护。

3. 中止业务问题

《条例》第29条中的"快递企业中止经营快递业务，应当提前七日向邮政管理部门报告并向用户公告"的说法欠妥，本条未考虑到因突发事件而造成快递公司被迫中止快递业务。建议《条例》中应当在这种情况下规定出具体的处理措施。例如，规定邮政管理部门的协商机制和企业内部的管理机制等具体措施。

4. 邮政安全问题

《条例》中规定的"安全设施"一词过于宽泛，通常只包括监控设施，

未能将消防设施概括在内，且其他相关法律法规未对邮政快递企业的消防设施的监督主体做出明确规定。建议《条例》把邮政管理部门监督消防设施的职责规定明确，并完善相关处罚职权。同时，安全问题涉及方方面面，必须配备相应设备，必要资金建议由政府进行补贴。《条例》应当明确规定企业内部成立专门组织，设立专门安全人员，同时对相应的安全制度、安全教育、安全培训也应作出明确的规定，提出明确的标准。相应资金补贴问题作出明确规定。

5. 无法投递、无法退回快件的处理问题

在《条例》中没有明确规定关于无法投递、无法退回快件的处理问题，仅在第20条对"无法退回的按无着邮件处理"做了简单规定，未对无着邮件的销毁处理问题作出具体规定，建议把无着邮件的登记、保存时限、销毁监督主体等一系列环节写入《条例》中。

6. 从业人员岗前培训问题

《条例》第50条规定了从业人员岗前培训的相关内容，但条文过于简单概括，应当建立从业人员岗前培训制度，对从业人员进行背景调查、安全培训、职业技鉴，规定经营范围所需的从业人员持证比例等一系列具体措施办法，并赋予邮政管理部门监督处罚职权。同时，该条仅仅规定省邮政管理部门可以开展从业人员岗前培训，应将该权力下放至市级，以便在更大范围内开展培训活动。

7.《条例》个别条款和《快递管理办法》的冲突问题

《条例》第57条规定："经营快递业务不符合快递服务标准或擅自停止经营快递业务的，可处三千元以上一万元以下的罚款，情节严重的，处一万元以上五万元以下罚款。"《快递管理办法》第40条规定："经营快递业务的企业违反快递服务标准，严重损害用户利益，由邮政管理部门责令改正，处五千元以上三万元以下的罚款。"可以看出，两部法律对于同一问题的表述略有差别，轻重程度不一，处罚幅度也不一致，为执法工作造成困扰。如对于暴力分拣，根据不同的法律就有"违反服务标准"和"是否对用户造成损失"两个标准。建议在《条例》修订时予以统一，为执法部门提供明

确的依据和标准。

8. 快递车辆通行问题

2016年国庆期间以及APEC会议期间大气环境治理将民生车辆纳入便利通行范围，省级领导也曾对此进行批示。邮政快递业具有很强的公益性质，建议《条例》修订时，将快递车辆纳入大气污染治理限制通行规定中的民生车辆范畴，保证邮政快递车辆畅通行驶。另外，随着城市发展，各地市即将禁止三轮车的使用，逐步推广新能源车辆，但快递企业主要运输车辆就是三轮车。从市场化角度看，要解决这一问题必须依法做出规定，要求相应车辆明确出厂标准，实现专用车辆的规范化，使车辆出厂证件一次性办齐。

9. 客户签收问题

消费者代表对领取快递时是先签收还是先验货有争议，并且签收后，快递物品有损坏的赔偿责任方不明确，希望这两方面能够在《条例》中明确规定。同时，《条例》第36条第3款规定："邮政企业、快递企业从业人员当面投交邮件、快件时，邮件、快件包装完好、重量相符的，收件人或者代收人应当予以签收。"该条在实践中得不到消费者的认可，通常消费者要求先验货再签收。建议增加相关法律责任的约束，使条款能得到有效贯彻，以保证快递企业的合法权益。另外，建议《条例》中规定快递包装不合格、不符合要求的鉴定标准和责任承担问题，以确实减少客户签收过程中客户与快递员的冲突。

10. 赔偿问题

《条例》第47条对由于邮政快递企业的过错导致的损失进行赔偿的规定过于模糊、笼统，建议对邮件或快件丢失、毁损、内件短少的补救范围以及补救措施作出明确规定，对赔偿的范围及标准作出具体可行的规定。同时，赔偿条款没有明确分类，实践中邮资与赔偿额不成比例，应明确细化区分保价与不保价的情形和按照货物或者标的物价格进行赔偿的明确规定。另外，《条例》中应增加关于"发件方允许的落地签快递和匿名到付快递产生的赔偿问题"的相关内容。

11. 自由裁量权问题

《条例》对于行政部门特别是邮政管理局的自由裁量权缺乏细致规定，增加了执行难度，希望立法中能得到进一步明确。譬如《条例》第55条规定："违反本条例规定，未按照时间要求，为具备通邮条件的用户通邮的，由邮政管理部门责令限期改正；逾期不改正的，处一千元以上二万元以下的罚款。"可以看出，该条中规定的罚款跨度太大，应当分情节规定处罚程度。

社会科学文献出版社　**皮书系列**

❖ 皮书起源 ❖

"皮书"起源于十七、十八世纪的英国,主要指官方或社会组织正式发表的重要文件或报告,多以"白皮书"命名。在中国,"皮书"这一概念被社会广泛接受,并被成功运作、发展成为一种全新的出版形态,则源于中国社会科学院社会科学文献出版社。

❖ 皮书定义 ❖

皮书是对中国与世界发展状况和热点问题进行年度监测,以专业的角度、专家的视野和实证研究方法,针对某一领域或区域现状与发展态势展开分析和预测,具备原创性、实证性、专业性、连续性、前沿性、时效性等特点的公开出版物,由一系列权威研究报告组成。

❖ 皮书作者 ❖

皮书系列的作者以中国社会科学院、著名高校、地方社会科学院的研究人员为主,多为国内一流研究机构的权威专家学者,他们的看法和观点代表了学界对中国与世界的现实和未来最高水平的解读与分析。

❖ 皮书荣誉 ❖

皮书系列已成为社会科学文献出版社的著名图书品牌和中国社会科学院的知名学术品牌。2016年,皮书系列正式列入"十三五"国家重点出版规划项目;2012~2016年,重点皮书列入中国社会科学院承担的国家哲学社会科学创新工程项目;2017年,55种院外皮书使用"中国社会科学院创新工程学术出版项目"标识。

中国皮书网

发布皮书研创资讯，传播皮书精彩内容
引领皮书出版潮流，打造皮书服务平台

栏目设置

关于皮书：何谓皮书、皮书分类、皮书大事记、皮书荣誉、
皮书出版第一人、皮书编辑部

最新资讯：通知公告、新闻动态、媒体聚焦、网站专题、视频直播、下载专区

皮书研创：皮书规范、皮书选题、皮书出版、皮书研究、研创团队

皮书评奖评价：指标体系、皮书评价、皮书评奖

互动专区：皮书说、皮书智库、皮书微博、数据库微博

所获荣誉

2008年、2011年，中国皮书网均在全国新闻出版业网站荣誉评选中获得"最具商业价值网站"称号；

2012年，获得"出版业网站百强"称号。

网库合一

2014年，中国皮书网与皮书数据库端口合一，实现资源共享。更多详情请登录www.pishu.cn。

权威报告·热点资讯·特色资源

皮书数据库
ANNUAL REPORT(YEARBOOK) DATABASE

当代中国与世界发展高端智库平台

所获荣誉

- 2016年，入选"国家'十三五'电子出版物出版规划骨干工程"
- 2015年，荣获"搜索中国正能量 点赞2015" "创新中国科技创新奖"
- 2013年，荣获"中国出版政府奖·网络出版物奖"提名奖
- 连续多年荣获中国数字出版博览会"数字出版·优秀品牌"奖

成为会员

通过网址www.pishu.com.cn或使用手机扫描二维码进入皮书数据库网站，进行手机号码验证或邮箱验证即可成为皮书数据库会员（建议通过手机号码快速验证注册）。

会员福利

- 使用手机号码首次注册会员可直接获得100元体验金，不需充值即可购买和查看数据库内容（仅限使用手机号码快速注册）。
- 已注册用户购书后可免费获赠100元皮书数据库充值卡。刮开充值卡涂层获取充值密码，登录并进入"会员中心"—"在线充值"—"充值卡充值"，充值成功后即可购买和查看数据库内容。

卡号：475126839669
密码：

数据库服务热线：400-008-6695
数据库服务QQ：2475522410
数据库服务邮箱：database@ssap.cn
图书销售热线：010-59367070/7028
图书服务QQ：1265056568
图书服务邮箱：duzhe@ssap.cn

子库介绍
Sub-Database Introduction

中国经济发展数据库

涵盖宏观经济、农业经济、工业经济、产业经济、财政金融、交通旅游、商业贸易、劳动经济、企业经济、房地产经济、城市经济、区域经济等领域，为用户实时了解经济运行态势、把握经济发展规律、洞察经济形势、做出经济决策提供参考和依据。

中国社会发展数据库

全面整合国内外有关中国社会发展的统计数据、深度分析报告、专家解读和热点资讯构建而成的专业学术数据库。涉及宗教、社会、人口、政治、外交、法律、文化、教育、体育、文学艺术、医药卫生、资源环境等多个领域。

中国行业发展数据库

以中国国民经济行业分类为依据，跟踪分析国民经济各行业市场运行状况和政策导向，提供行业发展最前沿的资讯，为用户投资、从业及各种经济决策提供理论基础和实践指导。内容涵盖农业，能源与矿产业，交通运输业，制造业，金融业，房地产业，租赁和商务服务业，科学研究，环境和公共设施管理，居民服务业，教育，卫生和社会保障，文化、体育和娱乐业等100余个行业。

中国区域发展数据库

对特定区域内的经济、社会、文化、法治、资源环境等领域的现状与发展情况进行分析和预测。涵盖中部、西部、东北、西北等地区，长三角、珠三角、黄三角、京津冀、环渤海、合肥经济圈、长株潭城市群、关中—天水经济区、海峡经济区等区域经济体和城市圈，北京、上海、浙江、河南、陕西等34个省份及中国台湾地区。

中国文化传媒数据库

包括文化事业、文化产业、宗教、群众文化、图书馆事业、博物馆事业、档案事业、语言文字、文学、历史地理、新闻传播、广播电视、出版事业、艺术、电影、娱乐等多个子库。

世界经济与国际关系数据库

以皮书系列中涉及世界经济与国际关系的研究成果为基础，全面整合国内外有关世界经济与国际关系的统计数据、深度分析报告、专家解读和热点资讯构建而成的专业学术数据库。包括世界经济、国际政治、世界文化与科技、全球性问题、国际组织与国际法、区域研究等多个子库。

法律声明

"皮书系列"(含蓝皮书、绿皮书、黄皮书)之品牌由社会科学文献出版社最早使用并持续至今,现已被中国图书市场所熟知。"皮书系列"的LOGO( )与"经济蓝皮书""社会蓝皮书"均已在中华人民共和国国家工商行政管理总局商标局登记注册。"皮书系列"图书的注册商标专用权及封面设计、版式设计的著作权均为社会科学文献出版社所有。未经社会科学文献出版社书面授权许可,任何使用与"皮书系列"图书注册商标、封面设计、版式设计相同或者近似的文字、图形或其组合的行为均系侵权行为。

经作者授权,本书的专有出版权及信息网络传播权为社会科学文献出版社享有。未经社会科学文献出版社书面授权许可,任何就本书内容的复制、发行或以数字形式进行网络传播的行为均系侵权行为。

社会科学文献出版社将通过法律途径追究上述侵权行为的法律责任,维护自身合法权益。

欢迎社会各界人士对侵犯社会科学文献出版社上述权利的侵权行为进行举报。电话:010-59367121,电子邮箱:fawubu@ssap.cn。

社会科学文献出版社

社长致辞

2017年正值皮书品牌专业化二十周年之际，世界每天都在发生着让人眼花缭乱的变化，而唯一不变的，是面向未来无数的可能性。作为个体，如何获取专业信息以备不时之需？作为行政主体或企事业主体，如何提高决策的科学性让这个世界变得更好而不是更糟？原创、实证、专业、前沿、及时、持续，这是1997年"皮书系列"品牌创立的初衷。

1997～2017，从最初一个出版社的学术产品名称到媒体和公众使用频率极高的热点词语，从专业术语到大众话语，从官方文件到独特的出版型态，作为重要的智库成果，"皮书"始终致力于成为海量信息时代的信息过滤器，成为经济社会发展的记录仪，成为政策制定、评估、调整的智力源，社会科学研究的资料集成库。"皮书"的概念不断延展，"皮书"的种类更加丰富，"皮书"的功能日渐完善。

1997～2017，皮书及皮书数据库已成为中国新型智库建设不可或缺的抓手与平台，成为政府、企业和各类社会组织决策的利器，成为人文社科研究最基本的资料库，成为世界系统完整及时认知当代中国的窗口和通道！"皮书"所具有的凝聚力正在形成一种无形的力量，吸引着社会各界关注中国的发展，参与中国的发展。

二十年的"皮书"正值青春，愿每一位皮书人付出的年华与智慧不辜负这个时代！

社会科学文献出版社社长
中国社会学会秘书长

2016年11月

社会科学文献出版社简介

社会科学文献出版社成立于1985年，是直属于中国社会科学院的人文社会科学学术出版机构。成立以来，社科文献出版社依托于中国社会科学院和国内外人文社会科学界丰厚的学术出版和专家学者资源，始终坚持"创社科经典，出传世文献"的出版理念、"权威、前沿、原创"的产品定位以及学术成果和智库成果出版的专业化、数字化、国际化、市场化的经营道路。

社科文献出版社是中国新闻出版业转型与文化体制改革的先行者。积极探索文化体制改革的先进方向和现代企业经营决策机制，社科文献出版社先后荣获"全国文化体制改革工作先进单位"、中国出版政府奖·先进出版单位奖，中国社会科学院先进集体、全国科普工作先进集体等荣誉称号。多人次荣获"第十届韬奋出版奖""全国新闻出版行业领军人才""数字出版先进人物""北京市新闻出版广电行业领军人才"等称号。

社科文献出版社是中国人文社会科学学术出版的大社名社，也是以皮书为代表的智库成果出版的专业强社。年出版图书2000余种，其中皮书350余种，出版新书字数5.5亿字，承印与发行中国社科院院属期刊72种，先后创立了皮书系列、列国志、中国史话、社科文献学术译库、社科文献学术文库、甲骨文书系等一大批既有学术影响又有市场价值的品牌，确立了在社会学、近代史、苏东问题研究等专业学科及领域出版的领先地位。图书多次荣获中国出版政府奖、"三个一百"原创图书出版工程、"五个'一'工程奖"、"大众喜爱的50种图书"等奖项，在中央国家机关"强素质·做表率"读书活动中，入选图书品种数位居各大出版社之首。

社科文献出版社是中国学术出版规范与标准的倡议者与制定者，代表全国50多家出版社发起实施学术著作出版规范的倡议，承担学术著作规范国家标准的起草工作，率先编撰完成《皮书手册》对皮书品牌进行规范化管理，并在此基础上推出中国版芝加哥手册——《SSAP学术出版手册》。

社科文献出版社是中国数字出版的引领者，拥有皮书数据库、列国志数据库、"一带一路"数据库、减贫数据库、集刊数据库等4大产品线11个数据库产品，机构用户达1300余家，海外用户百余家，荣获"数字出版转型示范单位""新闻出版标准化先进单位""专业数字内容资源知识服务模式试点企业标准化示范单位"等称号。

社科文献出版社是中国学术出版走出去的践行者。社科文献出版社海外图书出版与学术合作业务遍及全球40余个国家和地区并于2016年成立俄罗斯分社，累计输出图书500余种，涉及近20个语种，累计获得国家社科基金中华学术外译项目资助76种、"丝路书香工程"项目资助60种、中国图书对外推广计划项目资助71种以及经典中国国际出版工程资助28种，被商务部认定为"2015-2016年度国家文化出口重点企业"。

如今，社科文献出版社拥有固定资产3.6亿元，年收入近3亿元，设置了七大出版分社、六大专业部门，成立了皮书研究院和博士后科研工作站，培养了一支近400人的高素质与高效率的编辑、出版、营销和国际推广队伍，为未来成为学术出版的大社、名社、强社，成为文化体制改革与文化企业转型发展的排头兵奠定了坚实的基础。

经济类

皮书系列
重点推荐

经 济 类

经济类皮书涵盖宏观经济、城市经济、大区域经济，提供权威、前沿的分析与预测

经济蓝皮书
2017年中国经济形势分析与预测

李扬/主编　2017年1月出版　定价：89.00元

◆ 本书为总理基金项目，由著名经济学家李扬领衔，联合中国社会科学院等数十家科研机构、国家部委和高等院校的专家共同撰写，系统分析了2016年的中国经济形势并预测2017年中国经济运行情况。

中国省域竞争力蓝皮书
中国省域经济综合竞争力发展报告（2015～2016）

李建平　李闽榕　高燕京/主编　2017年5月出版　定价：198.00元

◆ 本书融多学科的理论为一体，深入追踪研究了省域经济发展与中国国家竞争力的内在关系，为提升中国省域经济综合竞争力提供有价值的决策依据。

城市蓝皮书
中国城市发展报告No.10

潘家华　单菁菁/主编　2017年9月出版　估价：89.00元

◆ 本书是由中国社会科学院城市发展与环境研究中心编著的，多角度、全方位地立体展示了中国城市的发展状况，并对中国城市的未来发展提出了许多建议。该书有强烈的时代感，对中国城市发展实践有重要的参考价值。

皮书系列 重点推荐 — 经济类

人口与劳动绿皮书
中国人口与劳动问题报告 No.18
蔡昉 张车伟 / 主编　2017 年 10 月出版　估价：89.00 元

◆ 本书为中国社会科学院人口与劳动经济研究所主编的年度报告，对当前中国人口与劳动形势做了比较全面和系统的深入讨论，为研究中国人口与劳动问题提供了一个专业性的视角。

世界经济黄皮书
2017 年世界经济形势分析与预测
张宇燕 / 主编　2017 年 1 月出版　定价：89.00 元

◆ 本书由中国社会科学院世界经济与政治研究所的研究团队撰写，2016 年世界经济增速进一步放缓，就业增长放慢。世界经济面临许多重大挑战同时，地缘政治风险、难民危机、大国政治周期、恐怖主义等问题也仍然在影响世界经济的稳定与发展。预计 2017 年按 PPP 计算的世界 GDP 增长率约为 3.0%。

国际城市蓝皮书
国际城市发展报告（2017）
屠启宇 / 主编　2017 年 2 月出版　定价：79.00 元

◆ 本书作者以上海社会科学院从事国际城市研究的学者团队为核心，汇集同济大学、华东师范大学、复旦大学、上海交通大学、南京大学、浙江大学相关城市研究专业学者。立足动态跟踪介绍国际城市发展时间中，最新出现的重大战略、重大理念、重大项目、重大报告和最佳案例。

金融蓝皮书
中国金融发展报告（2017）
王国刚 / 主编　2017 年 2 月出版　定价：79.00 元

◆ 本书由中国社会科学院金融研究所组织编写，概括和分析了 2016 年中国金融发展和运行中的各方面情况，研讨和评论了 2016 年发生的主要金融事件，有利于读者了解掌握 2016 年中国的金融状况，把握 2017 年中国金融的走势。

经济类　皮书系列 重点推荐

农村绿皮书
中国农村经济形势分析与预测（2016～2017）

魏后凯　杜志雄　黄秉信/主编　2017年4月出版　估价：89.00元

◆ 本书描述了2016年中国农业农村经济发展的一些主要指标和变化，并对2017年中国农业农村经济形势的一些展望和预测，提出相应的政策建议。

西部蓝皮书
中国西部发展报告（2017）

徐璋勇/主编　2017年7月出版　估价：89.00元

◆ 本书由西北大学中国西部经济发展研究中心主编，汇集了源自西部本土以及国内研究西部问题的权威专家的第一手资料，对国家实施西部大开发战略进行年度动态跟踪，并对2017年西部经济、社会发展态势进行预测和展望。

经济蓝皮书·夏季号
中国经济增长报告（2016～2017）

李扬/主编　2017年9月出版　估价：98.00元

◆ 中国经济增长报告主要探讨2016~2017年中国经济增长问题，以专业视角解读中国经济增长，力求将其打造成一个研究中国经济增长、服务宏微观各级决策的周期性、权威性读物。

就业蓝皮书
2017年中国本科生就业报告

麦可思研究院/编著　2017年6月出版　估价：98.00元

◆ 本书基于大量的数据和调研，内容翔实，调查独到，分析到位，用数据说话，对中国大学生就业及学校专业设置起到了很好的建言献策作用。

社会政法类

社会政法类

社会政法类皮书聚焦社会发展领域的热点、难点问题，提供权威、原创的资讯与视点

社会蓝皮书
2017年中国社会形势分析与预测
李培林　陈光金　张翼/主编　2016年12月出版　定价：89.00元

◆ 本书由中国社会科学院社会学研究所组织研究机构专家、高校学者和政府研究人员撰写，聚焦当下社会热点，对2016年中国社会发展的各个方面内容进行了权威解读，同时对2017年社会形势发展趋势进行了预测。

法治蓝皮书
中国法治发展报告No.15（2017）
李林　田禾/主编　2017年3月出版　定价：118.00元

◆ 本年度法治蓝皮书回顾总结了2016年度中国法治发展取得的成就和存在的不足，对中国政府、司法、检务透明度进行了跟踪调研，并对2017年中国法治发展形势进行了预测和展望。

社会体制蓝皮书
中国社会体制改革报告No.5（2017）
龚维斌/主编　2017年3月出版　定价：89.00元

◆ 本书由国家行政学院社会治理研究中心和北京师范大学中国社会管理研究院共同组织编写，主要对2016年社会体制改革情况进行回顾和总结，对2017年的改革走向进行分析，提出相关政策建议。

社会政法类　皮书系列 重点推荐

社会心态蓝皮书
中国社会心态研究报告（2017）

王俊秀　杨宜音/主编　2017年12月出版　估价：89.00元

◆ 本书是中国社会科学院社会学研究所社会心理研究中心"社会心态蓝皮书课题组"的年度研究成果，运用社会心理学、社会学、经济学、传播学等多种学科的方法进行了调查和研究，对于目前中国社会心态状况有较广泛和深入的揭示。

生态城市绿皮书
中国生态城市建设发展报告（2017）

刘举科　孙伟平　胡文臻/主编　2017年7月出版　估价：118.00元

◆ 报告以绿色发展、循环经济、低碳生活、民生宜居为理念，以更新民众观念、提供决策咨询、指导工程实践、引领绿色发展为宗旨，试图探索一条具有中国特色的城市生态文明建设新路。

城市生活质量蓝皮书
中国城市生活质量报告（2017）

中国经济实验研究院/主编　2017年7月出版　估价：89.00元

◆ 本书对全国35个城市居民的生活质量主观满意度进行了电话调查，同时对35个城市居民的客观生活质量指数进行了计算，为中国城市居民生活质量的提升，提出了针对性的政策建议。

公共服务蓝皮书
中国城市基本公共服务力评价（2017）

钟君　刘志昌　吴正昊/主编　2017年12月出版　估价：89.00元

◆ 中国社会科学院经济与社会建设研究室与华图政信调查组成联合课题组，从2010年开始对基本公共服务力进行研究，研创了基本公共服务力评价指标体系，为政府考核公共服务与社会管理工作提供了理论工具。

行业报告类

行业报告类皮书立足重点行业、新兴行业领域，提供及时、前瞻的数据与信息

企业社会责任蓝皮书
中国企业社会责任研究报告（2017）

黄群慧　钟宏武　张蒽　翟利峰 / 著　2017年10月出版　估价：89.00元

◆ 本书剖析了中国企业社会责任在2016～2017年度的最新发展特征，详细解读了省域国有企业在社会责任方面的阶段性特征，生动呈现了国内外优秀企业的社会责任实践。对了解中国企业社会责任履行现状、未来发展，以及推动社会责任建设有重要的参考价值。

新能源汽车蓝皮书
中国新能源汽车产业发展报告（2017）

中国汽车技术研究中心　日产（中国）投资有限公司　东风汽车有限公司 / 编著　2017年7月出版　估价：98.00元

◆ 本书对中国2016年新能源汽车产业发展进行了全面系统的分析，并介绍了国外的发展经验。有助于相关机构、行业和社会公众等了解中国新能源汽车产业发展的最新动态，为政府部门出台新能源汽车产业相关政策法规、企业制定相关战略规划，提供必要的借鉴和参考。

杜仲产业绿皮书
中国杜仲橡胶资源与产业发展报告（2016～2017）

杜红岩　胡文臻　俞锐 / 主编　2017年4月出版　估价：85.00元

◆ 本书对2016年杜仲产业的发展情况、研究团队在杜仲研究方面取得的重要成果、部分地区杜仲产业发展的具体情况、杜仲新标准的制定情况等进行了较为详细的分析与介绍，使广大关心杜仲产业发展的读者能够及时跟踪产业最新进展。

企业蓝皮书

中国企业绿色发展报告No.2（2017）

李红玉 朱光辉/主编　　2017年8月出版　　估价：89.00元

◆ 本书深入分析中国企业能源消费、资源利用、绿色金融、绿色产品、绿色管理、信息化、绿色发展政策及绿色文化方面的现状，并对目前存在的问题进行研究，剖析因果，谋划对策，为企业绿色发展提供借鉴，为中国生态文明建设提供支撑。

中国上市公司蓝皮书

中国上市公司发展报告（2017）

张平　王宏淼/主编　　2017年10月出版　　估价：98.00元

◆ 本书由中国社会科学院上市公司研究中心组织编写的，着力于全面、真实、客观反映当前中国上市公司财务状况和价值评估的综合性年度报告。本书详尽分析了2016年中国上市公司情况，特别是现实中暴露出的制度性、基础性问题，并对资本市场改革进行了探讨。

资产管理蓝皮书

中国资产管理行业发展报告（2017）

智信资产管理研究院/编著　　2017年6月出版　　估价：89.00元

◆ 中国资产管理行业刚刚兴起，未来将成为中国金融市场最有看点的行业。本书主要分析了2016年度资产管理行业的发展情况，同时对资产管理行业的未来发展做出科学的预测。

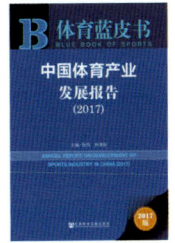

体育蓝皮书

中国体育产业发展报告（2017）

阮伟　钟秉枢/主编　　2017年12月出版　　估价：89.00元

◆ 本书运用多种研究方法，在体育竞赛业、体育用品业、体育场馆业、体育传媒业等传统产业研究的基础上，并对2016年体育领域内的各种热点事件进行研究和梳理，进一步拓宽了研究的广度、提升了研究的高度、挖掘了研究的深度。

皮书系列
重点推荐

国别与地区类

国际问题类

国际问题类皮书关注全球重点国家与地区，
提供全面、独特的解读与研究

美国蓝皮书
美国研究报告（2017）

郑秉文 黄平 / 主编　2017年6月出版　估价：89.00元

◆ 本书是由中国社会科学院美国研究所主持完成的研究成果，它回顾了美国2016年的经济、政治形势与外交战略，对2017年以来美国内政外交发生的重大事件及重要政策进行了较为全面的回顾和梳理。

日本蓝皮书
日本研究报告（2017）

杨伯江 / 主编　2017年5月出版　估价：89.00元

◆ 本书对2016年日本的政治、经济、社会、外交等方面的发展情况做了系统介绍，对日本的热点及焦点问题进行了总结和分析，并在此基础上对该国2017年的发展前景做出预测。

亚太蓝皮书
亚太地区发展报告（2017）

李向阳 / 主编　2017年4月出版　估价：89.00元

◆ 本书是中国社会科学院亚太与全球战略研究院的集体研究成果。2017年的"亚太蓝皮书"继续关注中国周边环境的变化。该书盘点了2016年亚太地区的焦点和热点问题，为深入了解2016年及未来中国与周边环境的复杂形势提供了重要参考。

德国蓝皮书
德国发展报告（2017）

郑春荣 / 主编　2017年6月出版　估价：89.00元

◆ 本报告由同济大学德国研究所组织编撰，由该领域的专家学者对德国的政治、经济、社会文化、外交等方面的形势发展情况，进行全面的阐述与分析。

日本经济蓝皮书
日本经济与中日经贸关系研究报告（2017）

张季风 / 编著　2017年5月出版　估价：89.00元

◆ 本书系统、详细地介绍了2016年日本经济以及中日经贸关系发展情况，在进行了大量数据分析的基础上，对2017年日本经济以及中日经贸关系的大致发展趋势进行了分析与预测。

俄罗斯黄皮书
俄罗斯发展报告（2017）

李永全 / 编著　2017年7月出版　估价：89.00元

◆ 本书系统介绍了2016年俄罗斯经济政治情况，并对2016年该地区发生的焦点、热点问题进行了分析与回顾；在此基础上，对该地区2017年的发展前景进行了预测。

非洲黄皮书
非洲发展报告No.19（2016~2017）

张宏明 / 主编　2017年8月出版　估价：89.00元

◆ 本书是由中国社会科学院西亚非洲研究所组织编撰的非洲形势年度报告，比较全面、系统地分析了2016年非洲政治形势和热点问题，探讨了非洲经济形势和市场走向，剖析了大国对非洲关系的新动向；此外，还介绍了国内非洲研究的新成果。

皮书系列 重点推荐　地方发展类

地方发展类

地方发展类皮书关注中国各省份、经济区域，提供科学、多元的预判与资政信息

北京蓝皮书
北京公共服务发展报告（2016~2017）

施昌奎/主编　2017年3月出版　定价：79.00元

◆ 本书是由北京市政府职能部门的领导、首都著名高校的教授、知名研究机构的专家共同完成的关于北京市公共服务发展与创新的研究成果。

河南蓝皮书
河南经济发展报告（2017）

张占仓　完世伟/主编　2017年4月出版　估价：89.00元

◆ 本书以国内外经济发展环境和走向为背景，主要分析当前河南经济形势，预测未来发展趋势，全面反映河南经济发展的最新动态、热点和问题，为地方经济发展和领导决策提供参考。

广州蓝皮书
2017年中国广州经济形势分析与预测

庾建设　陈浩钿　谢博能/主编　2017年7月出版　估价：85.00元

◆ 本书由广州大学与广州市委政策研究室、广州市统计局联合主编，汇集了广州科研团体、高等院校和政府部门诸多经济问题研究专家、学者和实际部门工作者的最新研究成果，是关于广州经济运行情况和相关专题分析、预测的重要参考资料。

 文化传媒类 皮书系列 重点推荐

文化传媒类

文化传媒类皮书透视文化领域、文化产业，探索文化大繁荣、大发展的路径

新媒体蓝皮书

中国新媒体发展报告 No.8（2017）

唐绪军 / 主编　2017 年 6 月出版　估价：89.00 元

◆ 本书是由中国社会科学院新闻与传播研究所组织编写的关于新媒体发展的最新年度报告，旨在全面分析中国新媒体的发展现状，解读新媒体的发展趋势，探析新媒体的深刻影响。

移动互联网蓝皮书

中国移动互联网发展报告（2017）

官建文 / 主编　2017 年 6 月出版　估价：89.00 元

◆ 本书着眼于对 2016 年度中国移动互联网的发展情况做深入解析，对未来发展趋势进行预测，力求从不同视角、不同层面全面剖析中国移动互联网发展的现状、年度突破及热点趋势等。

传媒蓝皮书

中国传媒产业发展报告（2017）

崔保国 / 主编　2017 年 5 月出版　估价：98.00 元

◆ "传媒蓝皮书"连续十多年跟踪观察和系统研究中国传媒产业发展。本报告在对传媒产业总体以及各细分行业发展状况与趋势进行深入分析基础上，对年度发展热点进行跟踪，剖析新技术引领下的商业模式，对传媒各领域发展趋势、内体经营、传媒投资进行解析，为中国传媒产业正在发生的变革提供前瞻行参考。

经济类

"三农"互联网金融蓝皮书
中国"三农"互联网金融发展报告（2017）
著(编)者：李勇坚　王弢　2017年8月出版 / 估价：98.00元
PSN B-2016-561-1/1

G20国家创新竞争力黄皮书
二十国集团（G20）国家创新竞争力发展报告（2016~2017）
著(编)者：李建平　李闽榕　赵新力　周天勇
2017年8月出版 / 估价：158.00元
PSN Y-2011-229-1/1

产业蓝皮书
中国产业竞争力报告（2017）No.7
著(编)者：张其仔　2017年12月出版 / 估价：98.00元
PSN B-2010-175-1/1

城市创新蓝皮书
中国城市创新报告（2017）
著(编)者：周天勇　旷建伟　2017年11月出版 / 估价：89.00元
PSN B-2013-340-1/1

城市蓝皮书
中国城市发展报告 No.10
著(编)者：潘家华　单菁菁　2017年9月出版 / 估价：89.00元
PSN B-2007-091-1/1

城乡一体化蓝皮书
中国城乡一体化发展报告（2016~2017）
著(编)者：汝信　付崇兰　2017年7月出版 / 估价：85.00元
PSN B-2011-226-1/2

城镇化蓝皮书
中国新型城镇化健康发展报告（2017）
著(编)者：张占斌　2017年8月出版 / 估价：89.00元
PSN B-2014-396-1/1

创新蓝皮书
创新型国家建设报告（2016~2017）
著(编)者：詹正茂　2017年12月出版 / 估价：89.00元
PSN B-2009-140-1/1

创业蓝皮书
中国创业发展报告（2016~2017）
著(编)者：黄群慧　赵卫星　钟宏武等
2017年11月出版 / 估价：89.00元
PSN B-2016-578-1/1

低碳发展蓝皮书
中国低碳发展报告（2016~2017）
著(编)者：齐晔　张希良　2017年3月出版 / 估价：98.00元
PSN B-2011-223-1/1

低碳经济蓝皮书
中国低碳经济发展报告（2017）
著(编)者：薛进军　赵忠秀　2017年6月出版 / 估价：85.00元
PSN B-2011-194-1/1

东北蓝皮书
中国东北地区发展报告（2017）
著(编)者：姜晓秋　2017年2月出版 / 定价：79.00元
PSN B-2006-067-1/1

发展与改革蓝皮书
中国经济发展和体制改革报告No.8
著(编)者：邹东涛　王再文　2017年4月出版 / 估价：98.00元
PSN B-2008-122-1/1

工业化蓝皮书
中国工业化进程报告（2017）
著(编)者：黄群慧　2017年12月出版 / 估价：158.00元
PSN B-2007-095-1/1

管理蓝皮书
中国管理发展报告（2017）
著(编)者：张晓东　2017年10月出版 / 估价：98.00元
PSN B-2014-416-1/1

国际城市蓝皮书
国际城市发展报告（2017）
著(编)者：屠启宇　2017年2月出版 / 定价：79.00元
PSN B-2012-260-1/1

国家创新蓝皮书
中国创新发展报告（2017）
著(编)者：陈劲　2017年12月出版 / 估价：89.00元
PSN B-2014-370-1/1

金融蓝皮书
中国金融发展报告（2017）
著(编)者：王国刚　2017年2月出版 / 定价：79.00元
PSN B-2004-031-1/6

京津冀金融蓝皮书
京津冀金融发展报告（2017）
著(编)者：王爱俭　李向前
2017年4月出版 / 估价：89.00元
PSN B-2016-528-1/1

京津冀蓝皮书
京津冀发展报告（2017）
著(编)者：文魁　祝尔娟　2017年4月出版 / 估价：89.00元
PSN B-2012-262-1/1

经济蓝皮书
2017年中国经济形势分析与预测
著(编)者：李扬　2017年1月出版 / 定价：89.00元
PSN B-1996-001-1/1

经济蓝皮书·春季号
2017年中国经济前景分析
著(编)者：李扬　2017年6月出版 / 估价：89.00元
PSN B-1999-008-1/1

经济蓝皮书·夏季号
中国经济增长报告（2016~2017）
著(编)者：李扬　2017年9月出版 / 估价：98.00元
PSN B-2010-176-1/1

经济信息绿皮书
中国与世界经济发展报告（2017）
著(编)者：杜平　2017年12月出版 / 定价：89.00元
PSN G-2003-023-1/1

就业蓝皮书
2017年中国本科生就业报告
著(编)者：麦可思研究院　2017年6月出版 / 估价：98.00元
PSN B-2009-146-1/2

 经济类

皮书系列
2017全品种

就业蓝皮书
2017年中国高职高专生就业报告
著(编)者：麦可思研究院　2017年6月出版／估价：98.00元
PSN B-2015-472-2/2

科普能力蓝皮书
中国科普能力评价报告（2017）
著(编)者：李富　强李群　2017年8月出版／估价：89.00元
PSN B-2016-556-1/1

临空经济蓝皮书
中国临空经济发展报告（2017）
著(编)者：连玉明　2017年9月出版／估价：89.00元
PSN B-2014-421-1/1

农村绿皮书
中国农村经济形势分析与预测（2016~2017）
著(编)者：魏后凯　杜志雄　黄秉信
2017年4月出版／估价：89.00元
PSN G-1998-003-1/1

农业应对气候变化蓝皮书
气候变化对中国农业影响评估报告 No.3
著(编)者：矫梅燕　2017年8月出版／估价：98.00元
PSN B-2014-413-1/1

气候变化绿皮书
应对气候变化报告（2017）
著(编)者：王伟光　郑国光　2017年6月出版／估价：89.00元
PSN G-2009-144-1/1

区域蓝皮书
中国区域经济发展报告（2016~2017）
著(编)者：赵弘　2017年6月出版／估价：89.00元
PSN B-2004-034-1/1

全球环境竞争力绿皮书
全球环境竞争力报告（2017）
著(编)者：李建平　李闽榕　王金南
2017年12月出版／估价：198.00元
PSN G-2013-363-1/1

人口与劳动绿皮书
中国人口与劳动问题报告 No.18
著(编)者：蔡昉　张车伟　2017年11月出版／估价：89.00元
PSN G-2000-012-1/1

商务中心区蓝皮书
中国商务中心区发展报告 No.3（2016）
著(编)者：李国红　单菁菁　2017年4月出版／估价：89.00元
PSN B-2015-444-1/1

世界经济黄皮书
2017年世界经济形势分析与预测
著(编)者：张宇燕　2017年1月出版／定价：89.00元
PSN Y-1999-006-1/1

世界旅游城市绿皮书
世界旅游城市发展报告（2017）
著(编)者：宋宇　2017年4月出版／估价：128.00元
PSN G-2014-400-1/1

土地市场蓝皮书
中国农村土地市场发展报告（2016~2017）
著(编)者：李光荣　2017年4月出版／估价：89.00元
PSN B-2016-527-1/1

西北蓝皮书
中国西北发展报告（2017）
著(编)者：高建龙　2017年4月出版／估价：89.00元
PSN B-2012-261-1/1

西部蓝皮书
中国西部发展报告（2017）
著(编)者：徐璋勇　2017年7月出版／估价：89.00元
PSN B-2005-039-1/1

新型城镇化蓝皮书
新型城镇化发展报告（2017）
著(编)者：李伟　宋敏　沈体雁　2017年4月出版／估价：98.00元
PSN B-2014-431-1/1

新兴经济体蓝皮书
金砖国家发展报告（2017）
著(编)者：林跃勤　周文　2017年12月出版／估价：89.00元
PSN B-2011-195-1/1

长三角蓝皮书
2017年新常态下深化一体化的长三角
著(编)者：王庆五　2017年12月出版／估价：88.00元
PSN B-2005-038-1/1

中部竞争力蓝皮书
中国中部经济社会竞争力报告（2017）
著(编)者：教育部人文社会科学重点研究基地
　　　　　南昌大学中国中部经济社会发展研究中心
2017年12月出版／估价：89.00元
PSN B-2012-276-1/1

中部蓝皮书
中国中部地区发展报告（2017）
著(编)者：宋亚平　2017年12月出版／估价：88.00元
PSN B-2007-089-1/1

中国省域竞争力蓝皮书
中国省域经济综合竞争力发展报告（2017）
著(编)者：李建平　李闽榕　高燕京
2017年2月出版／定价：198.00元
PSN B-2007-088-1/1

中三角蓝皮书
长江中游城市群发展报告（2017）
著(编)者：秦尊文　2017年9月出版／估价：89.00元
PSN B-2014-417-1/1

中小城市绿皮书
中国中小城市发展报告（2017）
著(编)者：中国城市经济学会中小城市经济发展委员会
　　　　　中国城镇化促进会中小城市发展委员会
　　　　　《中国中小城市发展报告》编纂委员会
　　　　　中小城市发展战略研究院
2017年11月出版／估价：128.00元
PSN G-2010-161-1/1

中原蓝皮书
中原经济区发展报告（2017）
著(编)者：李英杰　2017年6月出版／估价：88.00元
PSN B-2011-192-1/1

自贸区蓝皮书
中国自贸区发展报告（2017）
著(编)者：王力　2017年7月出版／估价：89.00元
PSN B-2016-559-1/1

社会政法类

北京蓝皮书
中国社区发展报告（2017）
著(编)者：于燕燕　　2017年4月出版　估价：89.00元
PSN B-2007-083-5/8

殡葬绿皮书
中国殡葬事业发展报告（2017）
著(编)者：李伯森　　2017年4月出版　估价：158.00元
PSN G-2010-180-1/1

城市管理蓝皮书
中国城市管理报告（2016~2017）
著(编)者：刘林　刘承水　2017年5月出版　估价：158.00元
PSN B-2013-336-1/1

城市生活质量蓝皮书
中国城市生活质量报告（2017）
著(编)者：中国经济实验研究院
2018年7月出版　估价：89.00元
PSN B-2013-326-1/1

城市政府能力蓝皮书
中国城市政府公共服务能力评估报告（2017）
著(编)者：何艳玲　　2017年4月出版　估价：89.00元
PSN B-2013-338-1/1

慈善蓝皮书
中国慈善发展报告（2017）
著(编)者：杨团　　2017年6月出版　估价：89.00元
PSN B-2009-142-1/1

党建蓝皮书
党的建设研究报告 No.2（2017）
著(编)者：崔建民　陈东平　2017年4月出版　估价：89.00元
PSN B-2016-524-1/1

地方法治蓝皮书
中国地方法治发展报告 No.3（2017）
著(编)者：李林　田禾　2017年4月出版　估价：108.00元
PSN B-2015-442-1/1

法治蓝皮书
中国法治发展报告 No.15（2017）
著(编)者：李林　田禾　2017年3月出版　定价：118.00元
PSN B-2004-027-1/1

法治政府蓝皮书
中国法治政府发展报告（2017）
著(编)者：中国政法大学法治政府研究院
2017年4月出版　估价：98.00元
PSN B-2015-502-1/2

法治政府蓝皮书
中国法治政府评估报告（2017）
著(编)者：中国政法大学法治政府研究院
2017年11月出版　估价：98.00元
PSN B-2016-577-2/2

法治蓝皮书
中国法院信息化发展报告 No.1（2017）
著(编)者：李林　田禾　2017年2月出版　定价：108.00元
PSN B-2017-604-3/3

反腐倡廉蓝皮书
中国反腐倡廉建设报告 No.7
著(编)者：张英伟　2017年12月出版　估价：89.00元
PSN B-2012-259-1/1

非传统安全蓝皮书
中国非传统安全研究报告（2016~2017）
著(编)者：余潇枫　魏志江　2017年6月出版　估价：89.00元
PSN B-2012-273-1/1

妇女发展蓝皮书
中国妇女发展报告 No.7
著(编)者：王金玲　2017年9月出版　估价：148.00元
PSN B-2006-069-1/1

妇女教育蓝皮书
中国妇女教育发展报告 No.4
著(编)者：张李玺　2017年10月出版　估价：78.00元
PSN B-2008-121-1/1

妇女绿皮书
中国性别平等与妇女发展报告（2017）
著(编)者：谭琳　2017年12月出版　估价：99.00元
PSN B-2006-073-1/1

公共服务蓝皮书
中国城市基本公共服务力评价（2017）
著(编)者：钟君　刘志昌　吴正昊　2017年12月出版　估价：89.00元
PSN B-2011-214-1/1

公民科学素质蓝皮书
中国公民科学素质报告（2016~2017）
著(编)者：李群　陈雄　马宗文
2017年4月出版　估价：89.00元
PSN B-2014-379-1/1

公共关系蓝皮书
中国公共关系发展报告（2017）
著(编)者：柳斌杰　2017年11月出版　估价：89.00元
PSN B-2016-580-1/1

公益蓝皮书
中国公益慈善发展报告（2017）
著(编)者：朱健刚　2018年4月出版　估价：118.00元
PSN B-2012-283-1/1

国际人才蓝皮书
中国国际移民报告（2017）
著(编)者：王辉耀　2017年4月出版　估价：89.00元
PSN B-2012-304-3/4

国际人才蓝皮书
中国留学发展报告（2017）No.5
著(编)者：王辉耀　苗绿　2017年10月出版　估价：89.00元
PSN B-2012-244-2/4

海洋社会蓝皮书
中国海洋社会发展报告（2017）
著(编)者：崔凤　宋宁而　2017年7月出版　估价：89.00元
PSN B-2015-478-1/1

皮书系列 2017全品种

行政改革蓝皮书
中国行政体制改革报告（2017）No.6
著（编）者：魏礼群　2017年5月出版 / 估价：98.00元
PSN B-2011-231-1/1

华侨华人蓝皮书
华侨华人研究报告（2017）
著（编）者：贾益民　2017年12月出版 / 估价：128.00元
PSN B-2011-204-1/1

环境竞争力绿皮书
中国省域环境竞争力发展报告（2017）
著（编）者：李建平　李闽榕　王金南
2017年11月出版　估价：198.00元
PSN G-2010-165-1/1

环境绿皮书
中国环境发展报告（2017）
著（编）者：刘鉴强　2017年4月出版 / 估价：89.00元
PSN G-2006-048-1/1

基金会蓝皮书
中国基金会发展报告（2016~2017）
著（编）者：中国基金会发展报告课题组
2017年4月出版 / 估价：85.00元
PSN B-2013-368-1/1

基金会绿皮书
中国基金会发展独立研究报告（2017）
著（编）者：基金会中心网　中央民族大学基金会研究中心
2017年6月出版 / 估价：88.00元
PSN G-2011-213-1/1

基金会透明度蓝皮书
中国基金会透明度发展研究报告（2017）
著（编）者：基金会中心网　清华大学廉政与治理研究中心
2017年12月出版 / 估价：89.00元
PSN B-2015-509-1/1

家庭蓝皮书
中国"创建幸福家庭活动"评估报告（2017）
国务院发展研究中心"创建幸福家庭活动评估"课题组著
2017年8月出版 / 估价：89.00元
PSN B-2015-508-1/1

健康城市蓝皮书
中国健康城市建设研究报告（2017）
著（编）者：王鸿春　解树江　盛继洪
2017年9月出版 / 估价：89.00元
PSN B-2016-565-2/2

教师蓝皮书
中国中小学教师发展报告（2017）
著（编）者：曾晓东　鱼霞　2017年6月出版 / 估价：89.00元
PSN B-2012-289-1/1

教育蓝皮书
中国教育发展报告（2017）
著（编）者：杨东平　2017年4月出版 / 估价：89.00元
PSN B-2006-047-1/1

科普蓝皮书
中国基层科普发展报告（2016~2017）
著（编）者：赵立　新陈玲　2017年9月出版 / 估价：89.00元
PSN B-2016-569-3/3

科普蓝皮书
中国科普基础设施发展报告（2017）
著（编）者：任福君　2017年6月出版 / 估价：89.00元
PSN B-2010-174-1/3

科普蓝皮书
中国科普人才发展报告（2017）
著（编）者：郑念　任嵘嵘　2017年4月出版 / 估价：98.00元
PSN B-2015-512-2/3

科学教育蓝皮书
中国科学教育发展报告（2017）
著（编）者：罗晖　王康友　2017年10月出版 / 估价：89.00元
PSN B-2015-487-1/1

劳动保障蓝皮书
中国劳动保障发展报告（2017）
著（编）者：刘燕斌　2017年9月出版 / 估价：188.00元
PSN B-2014-415-1/1

老龄蓝皮书
中国老年宜居环境发展报告（2017）
著（编）者：党俊武　周燕珉　2017年4月出版 / 估价：89.00元
PSN B-2013-320-1/1

连片特困区蓝皮书
中国连片特困区发展报告（2017）
著（编）者：游俊　冷志明　丁建军
2017年4月出版 / 估价：98.00元
PSN B-2013-321-1/1

流动儿童蓝皮书
中国流动儿童教育发展报告（2016）
著（编）者：杨东平　2017年1月出版 / 定价：79.00元
PSN B-2017-600-1/1

民调蓝皮书
中国民生调查报告（2017）
著（编）者：谢耘耕　2017年12月出版 / 估价：98.00元
PSN B-2014-398-1/1

民族发展蓝皮书
中国民族发展报告（2017）
著（编）者：郝时远　王延中　王希恩
2017年4月出版 / 估价：98.00元
PSN B-2006-070-1/1

女性生活蓝皮书
中国女性生活状况报告 No.11（2017）
著（编）者：韩湘景　2017年10月出版 / 估价：98.00元
PSN B-2006-071-1/1

汽车社会蓝皮书
中国汽车社会发展报告（2017）
著（编）者：王俊秀　2017年12月出版 / 估价：89.00元
PSN B-2011-224-1/1

皮书系列 2017全品种 社会政法类

青年蓝皮书
中国青年发展报告（2017）No.3
著(编)者：廉思 等　2017年4月出版 / 估价：89.00元
PSN B-2013-333-1/1

青少年蓝皮书
中国未成年人互联网运用报告（2017）
著(编)者：李文革　沈洁　季为民
2017年11月出版 / 估价：89.00元
PSN B-2010-165-1/1

青少年体育蓝皮书
中国青少年体育发展报告（2017）
著(编)者：郭建军　杨桦　2017年9月出版 / 估价：89.00元
PSN B-2015-482-1/1

群众体育蓝皮书
中国群众体育发展报告（2017）
著(编)者：刘国永　杨桦　2017年12月出版 / 估价：89.00元
PSN B-2016-519-2/3

人权蓝皮书
中国人权事业发展报告 No.7（2017）
著(编)者：李君如　2017年9月出版 / 估价：98.00元
PSN B-2011-215-1/1

社会保障绿皮书
中国社会保障发展报告（2017）No.8
著(编)者：王延中　2017年1月出版 / 估价：98.00元
PSN G-2001-014-1/1

社会风险评估蓝皮书
风险评估与危机预警评估报告（2017）
著(编)者：唐钧　2017年8月出版 / 估价：85.00元
PSN B-2016-521-1/1

社会管理蓝皮书
中国社会管理创新报告 No.5
著(编)者：连玉明　2017年11月出版 / 估价：89.00元
PSN B-2012-300-1/1

社会蓝皮书
2017年中国社会形势分析与预测
著(编)者：李培林　陈光金　张翼
2016年12月出版 / 定价：89.00元
PSN B-1998-002-1/1

社会体制蓝皮书
中国社会体制改革报告No.5（2017）
著(编)者：龚维斌　2017年3月出版 / 定价：89.00元
PSN B-2013-330-1/1

社会心态蓝皮书
中国社会心态研究报告（2017）
著(编)者：王俊秀　杨宜音　2017年12月出版 / 估价：89.00元
PSN B-2011-199-1/1

社会组织蓝皮书
中国社会组织发展报告（2016~2017）
著(编)者：黄晓勇　2017年1月出版 / 定价：89.00元
PSN B-2008-118-1/2

社会组织蓝皮书
中国社会组织评估发展报告（2017）
著(编)者：徐家良　廖鸿　2017年12月出版 / 估价：89.00元
PSN B-2013-366-1/1

生态城市绿皮书
中国生态城市建设发展报告（2017）
著(编)者：刘举科　孙伟平　胡文臻
2017年9月出版 / 估价：118.00元
PSN G-2012-269-1/1

生态文明绿皮书
中国省域生态文明建设评价报告（ECI 2017）
著(编)者：严耕　2017年12月出版 / 估价：98.00元
PSN G-2010-170-1/1

土地整治蓝皮书
中国土地整治发展研究报告 No.4
著(编)者：国土资源部土地整治中心
2017年7月出版 / 估价：89.00元
PSN B-2014-401-1/1

土地政策蓝皮书
中国土地政策研究报告（2017）
著(编)者：高延利　李宪文
2017年12月出版 / 定价：89.00元
PSN B-2015-506-1/1

医改蓝皮书
中国医药卫生体制改革报告（2017）
著(编)者：文学国　房志武　2017年11月出版 / 估价：98.00元
PSN B-2014-432-1/1

医疗卫生绿皮书
中国医疗卫生发展报告 No.7（2017）
著(编)者：申宝忠　韩玉珍　2017年4月出版 / 估价：85.00元
PSN G-2004-033-1/1

应急管理蓝皮书
中国应急管理报告（2017）
著(编)者：宋英华　2017年9月出版 / 估价：98.00元
PSN B-2016-563-1/1

政治参与蓝皮书
中国政治参与报告（2017）
著(编)者：房宁　2017年9月出版 / 估价：118.00元
PSN B-2011-200-1/1

宗教蓝皮书
中国宗教报告（2016）
著(编)者：邱永辉　2017年4月出版 / 估价：89.00元
PSN B-2008-117-1/1

行业报告类

SUV蓝皮书
中国SUV市场发展报告（2016~2017）
著(编)者： 靳军　　2017年9月出版 / 估价：89.00元
PSN B-2016-572-1/1

保健蓝皮书
中国保健服务产业发展报告 No.2
著(编)者： 中国保健协会 中共中央党校
2017年7月出版 / 估价：198.00元
PSN B-2012-272-3/3

保健蓝皮书
中国保健食品产业发展报告 No.2
著(编)者： 中国保健协会
　　　　　中国社会科学院食品药品产业发展与监管研究中心
2017年7月出版 / 估价：198.00元
PSN B-2012-271-2/3

保健蓝皮书
中国保健用品产业发展报告 No.2
著(编)者： 中国保健协会
　　　　　国务院国有资产监督管理委员会研究中心
2017年4月出版 / 估价：198.00元
PSN B-2012-270-1/3

保险蓝皮书
中国保险业竞争力报告（2017）
著(编)者： 项俊波　　2017年12月出版 / 估价：99.00元
PSN B-2013-311-1/1

冰雪蓝皮书
中国滑雪产业发展报告（2017）
著(编)者： 孙承华 伍斌 魏庆华 张鸿俊
2017年8月出版 / 估价：89.00元
PSN B-2016-560-1/1

彩票蓝皮书
中国彩票发展报告（2017）
著(编)者： 益彩基金　　2017年4月出版 / 估价：98.00元
PSN B-2015-462-1/1

餐饮产业蓝皮书
中国餐饮产业发展报告（2017）
著(编)者： 邢颖　　2017年6月出版 / 估价：98.00元
PSN B-2009-151-1/1

测绘地理信息蓝皮书
新常态下的测绘地理信息研究报告（2017）
著(编)者： 库热西·买合苏提
2017年12月出版 / 估价：118.00元
PSN B-2009-145-1/1

茶业蓝皮书
中国茶产业发展报告（2017）
著(编)者： 杨江帆 李闽榕　　2017年10月出版 / 估价：88.00元
PSN B-2010-164-1/1

产权市场蓝皮书
中国产权市场发展报告（2016~2017）
著(编)者： 曹和平　　2017年5月出版 / 估价：89.00元
PSN B-2009-147-1/1

产业安全蓝皮书
中国出版传媒产业安全报告（2016~2017）
著(编)者： 北京印刷学院文化产业安全研究院
2017年4月出版 / 估价：89.00元
PSN B-2014-384-13/14

产业安全蓝皮书
中国文化产业安全报告（2017）
著(编)者： 北京印刷学院文化产业安全研究院
2017年12月出版 / 估价：89.00元
PSN B-2014-378-12/14

产业安全蓝皮书
中国新媒体产业安全报告（2017）
著(编)者： 北京印刷学院文化产业安全研究院
2017年12月出版 / 估价：89.00元
PSN B-2015-500-14/14

城投蓝皮书
中国城投行业发展报告（2017）
著(编)者： 王晨艳 丁伯康　　2017年11月出版 / 估价：300.00元
PSN B-2016-514-1/1

电子政务蓝皮书
中国电子政务发展报告（2016~2017）
著(编)者： 李季 杜平　　2017年7月出版 / 估价：89.00元
PSN B-2003-022-1/1

杜仲产业绿皮书
中国杜仲橡胶资源与产业发展报告（2016~2017）
著(编)者： 杜红岩 胡文臻 俞锐
2017年4月出版 / 估价：85.00元
PSN G-2013-350-1/1

房地产蓝皮书
中国房地产发展报告 No.14（2017）
著(编)者： 李春华 王业强　　2017年5月出版 / 估价：89.00元
PSN B-2004-028-1/1

服务外包蓝皮书
中国服务外包产业发展报告（2017）
著(编)者： 王晓红 刘德军
2017年6月出版 / 估价：89.00元
PSN B-2013-331-2/2

服务外包蓝皮书
中国服务外包竞争力报告（2017）
著(编)者： 王力 刘春生 黄育华
2017年11月出版 / 估价：85.00元
PSN B-2011-216-1/2

工业和信息化蓝皮书
世界网络安全发展报告（2016~2017）
著(编)者： 洪京一　　2017年4月出版 / 估价：89.00元
PSN B-2015-452-5/5

工业和信息化蓝皮书
世界信息化发展报告（2016~2017）
著(编)者： 洪京一　　2017年4月出版 / 估价：89.00元
PSN B-2015-451-4/5

19

皮书系列 2017全品种
行业报告类

工业和信息化蓝皮书
世界信息技术产业发展报告（2016~2017）
著(编)者：洪京一　2017年4月出版／估价：89.00元
PSN B-2015-449-2/5

工业和信息化蓝皮书
移动互联网产业发展报告（2016~2017）
著(编)者：洪京一　2017年4月出版／估价：89.00元
PSN B-2015-448-1/5

工业和信息化蓝皮书
战略性新兴产业发展报告（2016~2017）
著(编)者：洪京一　2017年4月出版／估价：89.00元
PSN B-2015-450-3/5

工业设计蓝皮书
中国工业设计发展报告（2017）
著(编)者：王晓红　于炜　张立群
2017年9月出版／估价：138.00元
PSN B-2014-420-1/1

黄金市场蓝皮书
中国商业银行黄金业务发展报告（2016~2017）
著(编)者：平安银行　2017年4月出版／估价：98.00元
PSN B-2016-525-1/1

互联网金融蓝皮书
中国互联网金融发展报告（2017）
著(编)者：李东荣　2017年9月出版／估价：128.00元
PSN B-2014-374-1/1

互联网医疗蓝皮书
中国互联网医疗发展报告（2017）
著(编)者：宫晓东　2017年9月出版／估价：89.00元
PSN B-2016-568-1/1

会展蓝皮书
中外会展业动态评估年度报告（2017）
著(编)者：张敏　2017年4月出版／估价：88.00元
PSN B-2013-327-1/1

金融监管蓝皮书
中国金融监管报告（2017）
著(编)者：胡滨　2017年6月出版／估价：89.00元
PSN B-2012-281-1/1

金融蓝皮书
中国金融中心发展报告（2017）
著(编)者：王力　黄育华　2017年11月出版／估价：85.00元
PSN B-2011-186-6/6

建筑装饰蓝皮书
中国建筑装饰行业发展报告（2017）
著(编)者：刘晓一　葛道顺　2017年7月出版／估价：198.00元
PSN B-2016-554-1/1

客车蓝皮书
中国客车产业发展报告（2016~2017）
著(编)者：姚蔚　2017年10月出版／估价：85.00元
PSN B-2013-361-1/1

旅游安全蓝皮书
中国旅游安全报告（2017）
著(编)者：郑向敏　谢朝武　2017年5月出版／估价：128.00元
PSN B-2012-280-1/1

旅游绿皮书
2016~2017年中国旅游发展分析与预测
著(编)者：宋瑞　2017年2月出版／定价：89.00元
PSN G-2002-018-1/1

煤炭蓝皮书
中国煤炭工业发展报告（2017）
著(编)者：岳福斌　2017年12月出版／估价：85.00元
PSN B-2008-123-1/1

民营企业社会责任蓝皮书
中国民营企业社会责任报告（2017）
著(编)者：中华全国工商业联合会
2017年12月出版／估价：89.00元
PSN B-2015-510-1/1

民营医院蓝皮书
中国民营医院发展报告（2017）
著(编)者：庄一强　2017年10月出版／估价：85.00元
PSN B-2012-299-1/1

闽商蓝皮书
闽商发展报告（2017）
著(编)者：李闽榕　王日根　林琛
2017年12月出版／估价：89.00元
PSN B-2012-298-1/1

能源蓝皮书
中国能源发展报告（2017）
著(编)者：崔民选　王军生　陈义和
2017年10月出版／估价：98.00元
PSN B-2006-049-1/1

农产品流通蓝皮书
中国农产品流通产业发展报告（2017）
著(编)者：贾敬敦　张东科　张玉玺　张鹏毅　周伟
2017年4月出版／估价：89.00元
PSN B-2012-288-1/1

企业公益蓝皮书
中国企业公益研究报告（2017）
著(编)者：钟宏武　汪杰　顾一　黄晓娟　等
2017年12月出版／估价：89.00元
PSN B-2015-501-1/1

企业国际化蓝皮书
中国企业国际化报告（2017）
著(编)者：王辉耀　2017年11月出版／估价：98.00元
PSN B-2014-427-1/1

企业蓝皮书
中国企业绿色发展报告No.2（2017）
著(编)者：李红玉　朱光辉　2017年8月出版／估价：89.00元
PSN B-2015-481-2/2

企业社会责任蓝皮书
中国企业社会责任研究报告（2017）
著(编)者：黄群慧　钟宏武　张蒽　翟利峰
2017年11月出版／估价：89.00元
PSN B-2009-149-1/1

企业社会责任蓝皮书
中资企业海外社会责任研究报告（2016~2017）
著(编)者：钟宏武　叶柳红　张蒽
2017年1月出版／定价：79.00元
PSN B-2017-603-2/2

皮书系列 2017全品种

行业报告类

汽车安全蓝皮书
中国汽车安全发展报告（2017）
著(编)者：中国汽车技术研究中心
2017年7月出版 / 估价：89.00元
PSN B-2014-385-1/1

汽车电子商务蓝皮书
中国汽车电子商务发展报告（2017）
著(编)者：中华全国工商业联合会汽车经销商商会
　　　　　北京易观智库网络科技有限公司
2017年10月出版 / 估价：128.00元
PSN B-2015-485-1/1

汽车工业蓝皮书
中国汽车工业发展年度报告（2017）
著(编)者：中国汽车工业协会 中国汽车技术研究中心
　　　　　丰田汽车（中国）投资有限公司
2017年4月出版 / 估价：128.00元
PSN B-2015-463-1/2

汽车工业蓝皮书
中国汽车零部件产业发展报告（2017）
著(编)者：中国汽车工业协会 中国汽车工程研究院
2017年10月出版 / 估价：98.00元
PSN B-2016-515-2/2

汽车蓝皮书
中国汽车产业发展报告（2017）
著(编)者：国务院发展研究中心产业经济研究部
　　　　　中国汽车工程学会 大众汽车集团（中国）
2017年8月出版 / 估价：98.00元
PSN B-2008-124-1/1

人力资源蓝皮书
中国人力资源发展报告（2017）
著(编)者：余兴安　2017年11月出版 / 估价：89.00元
PSN B-2012-287-1/1

融资租赁蓝皮书
中国融资租赁业发展报告（2016~2017）
著(编)者：李光荣　王力　2017年8月出版 / 估价：89.00元
PSN B-2015-443-1/1

商会蓝皮书
中国商会发展报告No.5（2017）
著(编)者：王钦敏　2017年7月出版 / 估价：89.00元
PSN B-2008-125-1/1

输血服务蓝皮书
中国输血行业发展报告（2017）
著(编)者：朱永明　耿鸿武　2016年8月出版 / 估价：89.00元
PSN B-2016-583-1/1

社会责任管理蓝皮书
中国上市公司社会责任能力成熟度报告（2017）No.2
著(编)者：肖红军　王晓光　李伟阳
2017年12月出版 / 估价：98.00元
PSN B-2015-507-2/2

社会责任管理蓝皮书
中国企业公众透明度报告(2017)No.3
著(编)者：黄速建　熊梦　王晓光　肖红军
2017年4月出版 / 估价：98.00元
PSN B-2015-440-1/2

食品药品蓝皮书
食品药品安全与监管政策研究报告（2016~2017）
著(编)者：唐民皓　2017年6月出版 / 估价：89.00元
PSN B-2009-129-1/1

世界能源蓝皮书
世界能源发展报告（2017）
著(编)者：黄晓勇　2017年6月出版 / 估价：99.00元
PSN B-2013-349-1/1

水利风景区蓝皮书
中国水利风景区发展报告（2017）
著(编)者：谢婵才　兰思仁　2017年5月出版 / 估价：89.00元
PSN B-2015-480-1/1

碳市场蓝皮书
中国碳市场报告（2017）
著(编)者：定金彪　2017年11月出版 / 估价：89.00元
PSN B-2014-430-1/1

体育蓝皮书
中国体育产业发展报告（2017）
著(编)者：阮伟　钟秉枢　2017年12月出版 / 估价：89.00元
PSN B-2010-179-1/4

网络空间安全蓝皮书
中国网络空间安全发展报告（2017）
著(编)者：惠志斌　唐涛　2017年4月出版 / 估价：89.00元
PSN B-2015-466-1/1

西部金融蓝皮书
中国西部金融发展报告（2017）
著(编)者：李忠民　2017年8月出版 / 估价：85.00元
PSN B-2010-160-1/1

协会商会蓝皮书
中国行业协会商会发展报告（2017）
著(编)者：景朝阳　李勇　2017年4月出版 / 估价：99.00元
PSN B-2015-461-1/1

新能源汽车蓝皮书
中国新能源汽车产业发展报告（2017）
著(编)者：中国汽车技术研究中心
　　　　　日产（中国）投资有限公司 东风汽车有限公司
2017年7月出版 / 估价：98.00元
PSN B-2013-347-1/1

新三板蓝皮书
中国新三板市场发展报告（2017）
著(编)者：王力　2017年6月出版 / 估价：89.00元
PSN B-2016-534-1/1

信托市场蓝皮书
中国信托业市场报告（2016~2017）
著(编)者：用益信托研究院
2017年1月出版 / 定价：198.00元
PSN B-2014-371-1/1

信息化蓝皮书
中国信息化形势分析与预测（2016~2017）
著(编)者：周宏仁　2017年8月出版 / 估价：98.00元
PSN B-2010-168-1/1

行业报告类

信用蓝皮书
中国信用发展报告（2017）
著(编)者：章政 田侃　2017年4月出版 / 估价：99.00元
PSN B-2013-328-1/1

休闲绿皮书
2017年中国休闲发展报告
著(编)者：宋瑞　2017年10月出版 / 估价：89.00元
PSN G-2010-158-1/1

休闲体育蓝皮书
中国休闲体育发展报告（2016~2017）
著(编)者：李相如 钟炳枢　2017年10月出版 / 估价：89.00元
PSN G-2016-516-1/1

养老金融蓝皮书
中国养老金融发展报告（2017）
著(编)者：董克用 姚余栋
2017年8月出版 / 估价：89.00元
PSN B-2016-584-1/1

药品流通蓝皮书
中国药品流通行业发展报告（2017）
著(编)者：佘鲁林 温再兴　2017年8月出版 / 估价：158.00元
PSN B-2014-429-1/1

医院蓝皮书
中国医院竞争力报告（2017）
著(编)者：庄一强 曾益新　2017年3月出版 / 定价：108.00元
PSN B-2016-529-1/1

邮轮绿皮书
中国邮轮产业发展报告（2017）
著(编)者：汪泓　2017年10月出版 / 估价：89.00元
PSN G-2014-419-1/1

智能养老蓝皮书
中国智能养老产业发展报告（2017）
著(编)者：朱勇　2017年10月出版 / 估价：89.00元
PSN B-2015-488-1/1

债券市场蓝皮书
中国债券市场发展报告（2016~2017）
著(编)者：杨农　2017年10月出版 / 估价：89.00元
PSN B-2016-573-1/1

中国节能汽车蓝皮书
中国节能汽车发展报告（2016~2017）
著(编)者：中国汽车工程研究院股份有限公司
2017年9月出版 / 估价：98.00元
PSN B-2016-566-1/1

中国上市公司蓝皮书
中国上市公司发展报告（2017）
著(编)者：张平 王宏淼
2017年10月出版 / 估价：98.00元
PSN B-2014-414-1/1

中国陶瓷产业蓝皮书
中国陶瓷产业发展报告（2017）
著(编)者：左和平 黄速建　2017年10月出版 / 估价：98.00元
PSN B-2016-574-1/1

中国总部经济蓝皮书
中国总部经济发展报告（2016~2017）
著(编)者：赵弘　2017年9月出版 / 估价：89.00元
PSN B-2005-036-1/1

中医文化蓝皮书
中国中医药文化传播发展报告（2017）
著(编)者：毛嘉陵　2017年7月出版 / 估价：89.00元
PSN B-2015-468-1/1

装备制造业蓝皮书
中国装备制造业发展报告（2017）
著(编)者：徐东华　2017年12月出版 / 估价：148.00元
PSN B-2015-505-1/1

资本市场蓝皮书
中国场外交易市场发展报告（2016~2017）
著(编)者：高峦　2017年4月出版 / 估价：89.00元
PSN B-2009-153-1/1

资产管理蓝皮书
中国资产管理行业发展报告（2017）
著(编)者：智信资产管理研究院
2017年6月出版 / 估价：89.00元
PSN B-2014-407-2/2

文化传媒类

传媒竞争力蓝皮书
中国传媒国际竞争力研究报告（2017）
著（编）者：李本乾 刘强
2017年11月出版 / 估价：148.00元
PSN B-2013-356-1/1

传媒蓝皮书
中国传媒产业发展报告（2017）
著（编）者：崔保国　2017年5月出版 / 估价：98.00元
PSN B-2005-035-1/1

传媒投资蓝皮书
中国传媒投资发展报告（2017）
著（编）者：张向东 谭云明
2017年6月出版 / 估价：128.00元
PSN B-2015-474-1/1

动漫蓝皮书
中国动漫产业发展报告（2017）
著（编）者：卢斌 郑玉明 牛兴侦
2017年9月出版 / 估价：89.00元
PSN B-2011-198-1/1

非物质文化遗产蓝皮书
中国非物质文化遗产发展报告（2017）
著（编）者：陈平　2017年5月出版 / 估价：98.00元
PSN B-2015-469-1/1

广电蓝皮书
中国广播电影电视发展报告（2017）
著（编）者：国家新闻出版广电总局发展研究中心
2017年7月出版 / 估价：98.00元
PSN B-2006-072-1/1

广告主蓝皮书
中国广告主营销传播趋势报告No.9
著（编）者：黄升民 杜国清 邵华冬 等
2017年10月出版 / 估价：148.00元
PSN B-2005-041-1/1

国际传播蓝皮书
中国国际传播发展报告（2017）
著（编）者：胡正荣 李继东 姬德强
2017年11月出版 / 估价：89.00元
PSN B-2014-408-1/1

国家形象蓝皮书
中国国家形象传播报告（2016）
著（编）者：张昆　2017年3月出版 / 定价：98.00元
PSN B-2017-605-1/1

纪录片蓝皮书
中国纪录片发展报告（2017）
著（编）者：何苏六　2017年9月出版 / 估价：89.00元
PSN B-2011-222-1/1

科学传播蓝皮书
中国科学传播报告（2017）
著（编）者：詹正茂　2017年7月出版 / 估价：89.00元
PSN B-2008-120-1/1

两岸创意经济蓝皮书
两岸创意经济研究报告（2017）
著（编）者：罗昌智 林咏能
2017年10月出版 / 估价：98.00元
PSN B-2014-437-1/1

媒介与女性蓝皮书
中国媒介与女性发展报告（2016~2017）
著（编）者：刘利群　2017年9月出版 / 估价：118.00元
PSN B-2013-345-1/1

媒体融合蓝皮书
中国媒体融合发展报告（2017）
著（编）者：梅宁华 宋建武　2017年7月出版 / 估价：89.00元
PSN B-2015-479-1/1

全球传媒蓝皮书
全球传媒发展报告（2017）
著（编）者：胡正荣 李继东 唐晓芬
2017年11月出版 / 估价：89.00元
PSN B-2012-237-1/1

少数民族非遗蓝皮书
中国少数民族非物质文化遗产发展报告（2017）
著（编）者：肖远平（彝）柴立（满）
2017年8月出版 / 估价：98.00元
PSN B-2015-467-1/1

视听新媒体蓝皮书
中国视听新媒体发展报告（2017）
著（编）者：国家新闻出版广电总局发展研究中心
2017年7月出版 / 估价：98.00元
PSN B-2011-184-1/1

文化创新蓝皮书
中国文化创新报告（2017）No.7
著（编）者：于平 傅才武　2017年7月出版 / 估价：98.00元
PSN B-2009-143-1/1

文化建设蓝皮书
中国文化发展报告（2016~2017）
著（编）者：江畅 孙伟平 戴茂堂
2017年6月出版 / 估价：116.00元
PSN B-2014-392-1/1

文化科技蓝皮书
文化科技创新发展报告（2017）
著（编）者：于平 李凤亮　2017年11月出版 / 估价：89.00元
PSN B-2013-342-1/1

文化蓝皮书
中国公共文化服务发展报告（2017）
著（编）者：刘新成 张永新 张旭
2017年12月出版 / 估价：98.00元
PSN B-2007-093-2/10

文化蓝皮书
中国公共文化投入增长测评报告（2017）
著（编）者：王亚南　2017年2月出版 / 定价：79.00元
PSN B-2014-435-10/10

皮书系列 2017全品种

文化传媒类·地方发展类

文化蓝皮书
中国少数民族文化发展报告（2016~2017）
著（编）者：武翠英 张晓明 任乌晶
2017年9月出版 / 估价：89.00元
PSN B-2013-369-9/10

文化蓝皮书
中国文化产业发展报告（2016~2017）
著（编）者：张晓明 王家新 章建刚
2017年4月出版 / 估价：89.00元
PSN B-2002-019-1/10

文化蓝皮书
中国文化产业供需协调检测报告（2017）
著（编）者：王亚南 2017年2月出版 / 定价：79.00元
PSN B-2013-323-8/10

文化蓝皮书
中国文化消费需求景气评价报告（2017）
著（编）者：王亚南 2017年2月出版 / 定价：79.00元
PSN B-2011-236-4/10

文化品牌蓝皮书
中国文化品牌发展报告（2017）
著（编）者：欧阳友权 2017年5月出版 / 估价：98.00元
PSN B-2012-277-1/1

文化遗产蓝皮书
中国文化遗产事业发展报告（2017）
著（编）者：苏杨 张颖岚 王宇飞
2017年8月出版 / 估价：98.00元
PSN B-2008-119-1/1

文学蓝皮书
中国文情报告（2016~2017）
著（编）者：白烨 2017年5月出版 / 估价：49.00元
PSN B-2011-221-1/1

新媒体蓝皮书
中国新媒体发展报告No.8（2017）
著（编）者：唐绪军 2017年6月出版 / 估价：89.00元
PSN B-2010-169-1/1

新媒体社会责任蓝皮书
中国新媒体社会责任研究报告（2017）
著（编）者：钟瑛 2017年11月出版 / 估价：89.00元
PSN B-2014-423-1/1

移动互联网蓝皮书
中国移动互联网发展报告（2017）
著（编）者：官建文 2017年6月出版 / 估价：89.00元
PSN B-2012-282-1/1

舆情蓝皮书
中国社会舆情与危机管理报告（2017）
著（编）者：谢耘耕 2017年9月出版 / 估价：128.00元
PSN B-2011-235-1/1

影视蓝皮书
中国影视产业发展报告（2017）
著（编）者：司若 2017年4月出版 / 估价：138.00元
PSN B-2016-530-1/1

地方发展类

安徽经济蓝皮书
合芜蚌国家自主创新综合示范区研究报告（2016~2017）
著（编）者：黄家海 王开玉 蔡宪
2017年7月出版 / 估价：89.00元
PSN B-2014-383-1/1

安徽蓝皮书
安徽社会发展报告（2017）
著（编）者：程桦 2017年4月出版 / 估价：89.00元
PSN B-2013-325-1/1

澳门蓝皮书
澳门经济社会发展报告（2016~2017）
著（编）者：吴志良 郝雨凡 2017年6月出版 / 估价：98.00元
PSN B-2009-138-1/1

北京蓝皮书
北京公共服务发展报告（2016~2017）
著（编）者：施昌奎 2017年3月出版 / 定价：79.00元
PSN B-2008-103-7/8

北京蓝皮书
北京经济发展报告（2016~2017）
著（编）者：杨松 2017年6月出版 / 估价：89.00元
PSN B-2006-054-2/8

北京蓝皮书
北京社会发展报告（2016~2017）
著（编）者：李伟东 2017年6月出版 / 估价：89.00元
PSN B-2006-055-3/8

北京蓝皮书
北京社会治理发展报告（2016~2017）
著（编）者：殷星辰 2017年5月出版 / 估价：89.00元
PSN B-2014-391-8/8

北京蓝皮书
北京文化发展报告（2016~2017）
著（编）者：李建盛 2017年4月出版 / 估价：89.00元
PSN B-2007-082-4/8

北京律师绿皮书
北京律师发展报告No.3（2017）
著（编）者：王隽 2017年7月出版 / 估价：88.00元
PSN G-2012-301-1/1

北京旅游蓝皮书
北京旅游发展报告（2017）
著（编）者：北京旅游学会 2017年4月出版 / 估价：88.00元
PSN B-2011-217-1/1

皮书系列 2017全品种 — 地方发展类

北京人才蓝皮书
北京人才发展报告（2017）
著(编)者：于淼　2017年12月出版　估价：128.00元
PSN B-2011-201-1/1

北京社会心态蓝皮书
北京社会心态分析报告（2016~2017）
著(编)者：北京社会心理研究所
2017年8月出版　估价：89.00元
PSN B-2014-422-1/1

北京社会组织管理蓝皮书
北京社会组织发展与管理（2016~2017）
著(编)者：黄江松　2017年4月出版　估价：88.00元
PSN B-2015-446-1/1

北京体育蓝皮书
北京体育产业发展报告（2016~2017）
著(编)者：钟秉枢　陈杰　杨铁黎
2017年9月出版　估价：89.00元
PSN B-2015-475-1/1

北京养老产业蓝皮书
北京养老产业发展报告（2017）
著(编)者：周明明　冯喜良　2017年8月出版　估价：89.00元
PSN B-2015-465-1/1

滨海金融蓝皮书
滨海新区金融发展报告（2017）
著(编)者：王爱俭　张锐钢　2017年12月出版　估价：89.00元
PSN B-2014-424-1/1

城乡一体化蓝皮书
中国城乡一体化发展报告·北京卷（2016~2017）
著(编)者：张宝秀　黄序　2017年5月出版　估价：89.00元
PSN B-2012-258-2/2

创意城市蓝皮书
北京文化创意产业发展报告（2017）
著(编)者：张京成　王国华　2017年10月出版　估价：89.00元
PSN B-2012-263-1/7

创意城市蓝皮书
天津文化创意产业发展报告（2016~2017）
著(编)者：谢思全　2017年6月出版　估价：89.00元
PSN B-2016-537-7/7

创意城市蓝皮书
武汉文化创意产业发展报告（2017）
著(编)者：黄永林　陈汉桥　2017年9月出版　估价：99.00元
PSN B-2013-354-4/7

创意上海蓝皮书
上海文化创意产业发展报告（2016~2017）
著(编)者：王慧敏　王兴全　2017年8月出版　估价：89.00元
PSN B-2016-562-1/1

福建妇女发展蓝皮书
福建省妇女发展报告（2017）
著(编)者：刘群英　2017年11月出版　估价：88.00元
PSN B-2011-220-1/1

福建自贸区蓝皮书
中国（福建）自由贸易实验区发展报告（2016~2017）
著(编)者：黄茂兴　2017年4月出版　估价：108.00元
PSN B-2017-532-1/1

甘肃蓝皮书
甘肃经济发展分析与预测（2017）
著(编)者：安文华　罗哲　2017年1月出版　定价：79.00元
PSN B-2013-312-1/6

甘肃蓝皮书
甘肃社会发展分析与预测（2017）
著(编)者：安文华　包晓霞　谢增虎
2017年1月出版　定价：79.00元
PSN B-2013-313-2/6

甘肃蓝皮书
甘肃文化发展分析与预测（2017）
著(编)者：王俊莲　周小华　2017年1月出版　定价：79.00元
PSN B-2013-314-3/6

甘肃蓝皮书
甘肃县域和农村发展报告（2017）
著(编)者：朱智文　包东红　王建兵
2017年1月出版　定价：79.00元
PSN B-2013-316-5/6

甘肃蓝皮书
甘肃舆情分析与预测（2017）
著(编)者：陈双梅　张谦元　2017年1月出版　定价：79.00元
PSN B-2013-315-4/6

甘肃蓝皮书
甘肃商贸流通发展报告（2017）
著(编)者：张应华　王福生　王晓芳
2017年1月出版　定价：79.00元
PSN B-2016-523-6/6

广东蓝皮书
广东全面深化改革发展报告（2017）
著(编)者：周林生　涂成林　2017年12月出版　估价：89.00元
PSN B-2015-504-3/3

广东蓝皮书
广东社会工作发展报告（2017）
著(编)者：罗观翠　2017年6月出版　估价：89.00元
PSN B-2014-402-2/3

广东外经贸蓝皮书
广东对外经济贸易发展研究报告（2016~2017）
著(编)者：陈万灵　2017年8月出版　估价：98.00元
PSN B-2012-286-1/1

广西北部湾经济区蓝皮书
广西北部湾经济区开放开发报告（2017）
著(编)者：广西北部湾经济区规划建设管理委员会办公室
广西社会科学院广西北部湾发展研究院
2017年4月出版　估价：89.00元
PSN B-2010-181-1/1

巩义蓝皮书
巩义经济社会发展报告（2017）
著(编)者：丁同民　朱军　2017年4月出版　估价：58.00元
PSN B-2016-533-1/1

广州蓝皮书
2017年中国广州经济形势分析与预测
著(编)者：庾建设　陈浩钿　谢博能
2017年7月出版　估价：85.00元
PSN B-2011-185-9/14

皮书系列 2017全品种 — 地方发展类

广州蓝皮书
2017年中国广州社会形势分析与预测
著(编)者：张强 陈怡霓 杨秦　2017年6月出版 / 估价：85.00元
PSN B-2008-110-5/14

广州蓝皮书
广州城市国际化发展报告（2017）
著(编)者：朱名宏　2017年8月出版 / 估价：79.00元
PSN B-2012-246-11/14

广州蓝皮书
广州创新型城市发展报告（2017）
著(编)者：尹涛　2017年7月出版 / 估价：79.00元
PSN B-2012-247-12/14

广州蓝皮书
广州经济发展报告（2017）
著(编)者：朱名宏　2017年7月出版 / 估价：79.00元
PSN B-2005-040-1/14

广州蓝皮书
广州农村发展报告（2017）
著(编)者：朱名宏　2017年8月出版 / 估价：79.00元
PSN B-2010-167-8/14

广州蓝皮书
广州汽车产业发展报告（2017）
著(编)者：杨再高 冯兴亚　2017年7月出版 / 估价：79.00元
PSN B-2006-066-3/14

广州蓝皮书
广州青年发展报告（2016~2017）
著(编)者：徐柳 张强　2017年9月出版 / 估价：79.00元
PSN B-2013-352-13/14

广州蓝皮书
广州商贸业发展报告（2017）
著(编)者：李江涛 肖振宇 荀振英
2017年7月出版 / 估价：79.00元
PSN B-2012-245-10/14

广州蓝皮书
广州社会保障发展报告（2017）
著(编)者：蔡国萱　2017年8月出版 / 估价：79.00元
PSN B-2014-425-14/14

广州蓝皮书
广州文化创意产业发展报告（2017）
著(编)者：徐咏虹　2017年7月出版 / 估价：79.00元
PSN B-2008-111-6/14

广州蓝皮书
中国广州城市建设与管理发展报告（2017）
著(编)者：董皞 陈小钢 李江涛
2017年7月出版 / 估价：85.00元
PSN B-2007-087-4/14

广州蓝皮书
中国广州科技创新发展报告（2017）
著(编)者：邹采荣 马正勇 陈爽
2017年7月出版 / 估价：79.00元
PSN B-2006-065-2/14

广州蓝皮书
中国广州文化发展报告（2017）
著(编)者：徐俊忠 陆志强 顾涧清
2017年7月出版 / 估价：79.00元
PSN B-2009-134-7/14

贵阳蓝皮书
贵阳城市创新发展报告No.2（白云篇）
著(编)者：连玉明　2017年10月出版 / 估价：89.00元
PSN B-2015-491-3/10

贵阳蓝皮书
贵阳城市创新发展报告No.2（观山湖篇）
著(编)者：连玉明　2017年10月出版 / 估价：89.00元
PSN B-2011-235-1/1

贵阳蓝皮书
贵阳城市创新发展报告No.2（花溪篇）
著(编)者：连玉明　2017年10月出版 / 估价：89.00元
PSN B-2015-490-2/10

贵阳蓝皮书
贵阳城市创新发展报告No.2（开阳篇）
著(编)者：连玉明　2017年10月出版 / 估价：89.00元
PSN B-2015-492-4/10

贵阳蓝皮书
贵阳城市创新发展报告No.2（南明篇）
著(编)者：连玉明　2017年10月出版 / 估价：89.00元
PSN B-2015-496-8/10

贵阳蓝皮书
贵阳城市创新发展报告No.2（清镇篇）
著(编)者：连玉明　2017年10月出版 / 估价：89.00元
PSN B-2015-489-1/10

贵阳蓝皮书
贵阳城市创新发展报告No.2（乌当篇）
著(编)者：连玉明　2017年10月出版 / 估价：89.00元
PSN B-2015-495-7/10

贵阳蓝皮书
贵阳城市创新发展报告No.2（息烽篇）
著(编)者：连玉明　2017年10月出版 / 估价：89.00元
PSN B-2015-493-5/10

贵阳蓝皮书
贵阳城市创新发展报告No.2（修文篇）
著(编)者：连玉明　2017年10月出版 / 估价：89.00元
PSN B-2015-494-6/10

贵阳蓝皮书
贵阳城市创新发展报告No.2（云岩篇）
著(编)者：连玉明　2017年10月出版 / 估价：89.00元
PSN B-2015-498-10/10

贵州房地产蓝皮书
贵州房地产发展报告No.4（2017）
著(编)者：武廷方　2017年7月出版 / 估价：89.00元
PSN B-2014-426-1/1

贵州蓝皮书
贵州册亨经济社会发展报告（2017）
著(编)者：黄德林　2017年3月出版 / 估价：89.00元
PSN B-2016-526-8/9

皮书系列 2017全品种

地方发展类

贵州蓝皮书
贵安新区发展报告（2016~2017）
著(编)者：马长青 吴大华 2017年6月出版 / 估价：89.00元
PSN B-2015-459-4/9

贵州蓝皮书
贵州法治发展报告（2017）
著(编)者：吴大华 2017年5月出版 / 估价：89.00元
PSN B-2012-254-2/9

贵州蓝皮书
贵州国有企业社会责任发展报告（2016~2017）
著(编)者：郭丽 周航 万强
2017年12月出版 / 估价：89.00元
PSN B-2015-511-6/9

贵州蓝皮书
贵州民航业发展报告（2017）
著(编)者：申振东 吴大华 2017年10月出版 / 估价：89.00元
PSN B-2015-471-5/9

贵州蓝皮书
贵州民营经济发展报告（2017）
著(编)者：杨静 吴大华 2017年4月出版 / 估价：89.00元
PSN B-2016-531-9/9

贵州蓝皮书
贵州人才发展报告（2017）
著(编)者：于杰 吴大华 2017年9月出版 / 估价：89.00元
PSN B-2014-382-3/9

贵州蓝皮书
贵州社会发展报告（2017）
著(编)者：王兴骥 2017年6月出版 / 估价：89.00元
PSN B-2010-166-1/9

贵州蓝皮书
贵州国家级开放创新平台发展报告（2017）
著(编)者：申晓庆 吴大华 李泓
2017年6月出版 / 估价：80.00元
PSN B-2016-518-1/9

海淀蓝皮书
海淀区文化和科技融合发展报告（2017）
著(编)者：陈名杰 孟景伟 2017年5月出版 / 估价：85.00元
PSN B-2013-329-1/1

杭州都市圈蓝皮书
杭州都市圈发展报告（2017）
著(编)者：沈翔 戚建国 2017年5月出版 / 估价：128.00元
PSN B-2012-302-1/1

杭州蓝皮书
杭州妇女发展报告（2017）
著(编)者：魏颖 2017年6月出版 / 估价：89.00元
PSN B-2014-403-1/1

河北经济蓝皮书
河北省经济发展报告（2017）
著(编)者：马树强 金浩 张贵
2017年4月出版 / 估价：89.00元
PSN B-2014-380-1/1

河北蓝皮书
河北经济社会发展报告（2017）
著(编)者：郭金平 2017年1月出版 / 估价：79.00元
PSN B-2014-372-1/2

河北蓝皮书
京津冀协同发展报告（2017）
著(编)者：陈路 2017年1月出版 / 定价：79.00元
PSN B-2017-601-2/2

河北食品药品安全蓝皮书
河北食品药品安全研究报告（2017）
著(编)者：丁锦霞 2017年6月出版 / 估价：89.00元
PSN B-2015-473-1/1

河南经济蓝皮书
2017年河南经济形势分析与预测
著(编)者：王世炎 2017年3月出版 / 定价：79.00元
PSN B-2007-086-1/1

河南蓝皮书
2017年河南社会形势分析与预测
著(编)者：刘道兴 牛苏林 2017年4月出版 / 估价89.00元
PSN B-2005-043-1/8

河南蓝皮书
河南城市发展报告（2017）
著(编)者：张占仓 王建国 2017年5月出版 / 估价：89.00元
PSN B-2009-131-3/8

河南蓝皮书
河南法治发展报告（2017）
著(编)者：丁同民 张林海 2017年5月出版 / 估价：89.00元
PSN B-2014-376-6/8

河南蓝皮书
河南工业发展报告（2017）
著(编)者：张占仓 丁同民 2017年5月出版 / 估价：89.00元
PSN B-2013-317-5/8

河南蓝皮书
河南金融发展报告（2017）
著(编)者：河南省社会科学院
2017年6月出版 / 估价：80.00元
PSN B-2014-390-7/8

河南蓝皮书
河南经济发展报告（2017）
著(编)者：张占仓 完世伟 2017年4月出版 / 估价：89.00元
PSN B-2010-157-4/8

河南蓝皮书
河南农业农村发展报告（2017）
著(编)者：吴海峰 2017年4月出版 / 估价：89.00元
PSN B-2015-445-8/8

河南蓝皮书
河南文化发展报告（2017）
著(编)者：卫绍生 2017年4月出版 / 估价：88.00元
PSN B-2008-106-2/8

河南商务蓝皮书
河南商务发展报告（2017）
著(编)者：焦锦淼 穆荣国 2017年6月出版 / 估价：88.00元
PSN B-2014-399-1/1

黑龙江蓝皮书
黑龙江经济发展报告（2017）
著(编)者：朱宇 2017年1月出版 / 定价：79.00元
PSN B-2011-190-2/2

皮书系列重点推荐 — 地方发展类

黑龙江蓝皮书
黑龙江社会发展报告（2017）
著(编)者：谢宝禄　2017年1月出版 / 定价：79.00元
PSN B-2011-189-1/2

湖北文化蓝皮书
湖北文化发展报告（2017）
著(编)者：吴成国　2017年10月出版 / 估价：95.00元
PSN B-2016-567-1/1

湖南城市蓝皮书
区域城市群整合
著(编)者：童中贤　韩未名
2017年12月出版 / 估价：89.00元
PSN B-2006-064-1/1

湖南蓝皮书
2017年湖南产业发展报告
著(编)者：梁志峰　2017年5月出版 / 估价：128.00元
PSN B-2011-207-2/8

湖南蓝皮书
2017年湖南电子政务发展报告
著(编)者：梁志峰　2017年5月出版 / 估价：128.00元
PSN B-2014-394-6/8

湖南蓝皮书
2017年湖南经济展望
著(编)者：梁志峰　2017年5月出版 / 估价：128.00元
PSN B-2011-206-1/8

湖南蓝皮书
2017年湖南两型社会与生态文明发展报告
著(编)者：梁志峰　2017年5月出版 / 估价：128.00元
PSN B-2011-208-3/8

湖南蓝皮书
2017年湖南社会发展报告
著(编)者：梁志峰　2017年5月出版 / 估价：128.00元
PSN B-2014-393-5/8

湖南蓝皮书
2017年湖南县域经济社会发展报告
著(编)者：梁志峰　2017年5月出版 / 估价：128.00元
PSN B-2014-395-7/8

湖南蓝皮书
湖南城乡一体化发展报告（2017）
著(编)者：陈文胜　王文强　陆福兴　邝奕轩
2017年6月出版 / 估价：89.00元
PSN B-2015-477-8/8

湖南县域绿皮书
湖南县域发展报告 No.3
著(编)者：袁准　周小毛　黎仁寅
2017年3月出版 / 定价：79.00元
PSN G-2012-274-1/1

沪港蓝皮书
沪港发展报告（2017）
著(编)者：尤安山　2017年9月出版 / 估价：89.00元
PSN B-2013-362-1/1

吉林蓝皮书
2017年吉林经济社会形势分析与预测
著(编)者：邵汉明　2016年12月出版 / 定价：79.00元
PSN B-2013-319-1/1

吉林省城市竞争力蓝皮书
吉林省城市竞争力报告（2016~2017）
著(编)者：崔岳春　张磊　2016年12月出版 / 定价：79.00元
PSN B-2015-513-1/1

济源蓝皮书
济源经济社会发展报告（2017）
著(编)者：喻新安　2017年4月出版 / 定价：89.00元
PSN B-2014-387-1/1

健康城市蓝皮书
北京健康城市建设研究报告（2017）
著(编)者：王鸿春　2017年8月出版 / 估价：89.00元
PSN B-2015-460-1/2

江苏法治蓝皮书
江苏法治发展报告 No.6（2017）
著(编)者：蔡道通　龚廷泰　2017年8月出版 / 估价：98.00元
PSN B-2012-290-1/1

江西蓝皮书
江西经济社会发展报告（2017）
著(编)者：张勇　姜玮　梁勇　2017年10月出版 / 估价：89.00元
PSN B-2015-484-1/2

江西蓝皮书
江西设区市发展报告（2017）
著(编)者：姜玮　梁勇　2017年10月出版 / 估价：79.00元
PSN B-2016-517-2/2

江西文化蓝皮书
江西文化产业发展报告（2017）
著(编)者：张圣才　汪春翔
2017年10月出版 / 估价：128.00元
PSN B-2015-499-1/1

街道蓝皮书
北京街道发展报告No.2（白纸坊篇）
著(编)者：连玉明　2017年8月出版 / 估价：98.00元
PSN B-2016-544-7/15

街道蓝皮书
北京街道发展报告No.2（椿树篇）
著(编)者：连玉明　2017年8月出版 / 估价：98.00元
PSN B-2016-548-11/15

街道蓝皮书
北京街道发展报告No.2（大栅栏篇）
著(编)者：连玉明　2017年8月出版 / 估价：98.00元
PSN B-2016-552-15/15

街道蓝皮书
北京街道发展报告No.2（德胜篇）
著(编)者：连玉明　2017年8月出版 / 估价：98.00元
PSN B-2016-551-14/15

街道蓝皮书
北京街道发展报告No.2（广安门内篇）
著(编)者：连玉明　2017年8月出版 / 估价：98.00元
PSN B-2016-540-3/15

皮书系列 重点推荐 — 地方发展类

街道蓝皮书
北京街道发展报告No.2（广安门外篇）
著(编)者：连玉明　2017年8月出版 / 估价：98.00元
PSN B-2016-547-10/15

街道蓝皮书
北京街道发展报告No.2（金融街篇）
著(编)者：连玉明　2017年8月出版 / 估价：98.00元
PSN B-2016-538-1/15

街道蓝皮书
北京街道发展报告No.2（牛街篇）
著(编)者：连玉明　2017年8月出版 / 估价：98.00元
PSN B-2016-545-8/15

街道蓝皮书
北京街道发展报告No.2（什刹海篇）
著(编)者：连玉明　2017年8月出版 / 估价：98.00元
PSN B-2016-546-9/15

街道蓝皮书
北京街道发展报告No.2（陶然亭篇）
著(编)者：连玉明　2017年8月出版 / 估价：98.00元
PSN B-2016-542-5/15

街道蓝皮书
北京街道发展报告No.2（天桥篇）
著(编)者：连玉明　2017年8月出版 / 估价：98.00元
PSN B-2016-549-12/15

街道蓝皮书
北京街道发展报告No.2（西长安街篇）
著(编)者：连玉明　2017年8月出版 / 估价：98.00元
PSN B-2016-543-6/15

街道蓝皮书
北京街道发展报告No.2（新街口篇）
著(编)者：连玉明　2017年8月出版 / 估价：98.00元
PSN B-2016-541-4/15

街道蓝皮书
北京街道发展报告No.2（月坛篇）
著(编)者：连玉明　2017年8月出版 / 估价：98.00元
PSN B-2016-539-2/15

街道蓝皮书
北京街道发展报告No.2（展览路篇）
著(编)者：连玉明　2017年8月出版 / 估价：98.00元
PSN B-2016-550-13/15

经济特区蓝皮书
中国经济特区发展报告（2017）
著(编)者：陶一桃　2017年12月出版 / 估价：98.00元
PSN B-2009-139-1/1

辽宁蓝皮书
2017年辽宁经济社会形势分析与预测
著(编)者：曹晓峰　梁启东
2017年4月出版 / 估价：79.00元
PSN B-2006-053-1/1

洛阳蓝皮书
洛阳文化发展报告（2017）
著(编)者：刘福兴　陈启明　2017年7月出版 / 估价：89.00元
PSN B-2015-476-1/1

南京蓝皮书
南京文化发展报告（2017）
著(编)者：徐宁　2017年10月出版 / 估价：89.00元
PSN B-2014-439-1/1

南宁蓝皮书
南宁法治发展报告（2017）
著(编)者：杨维超　2017年12月出版 / 估价：79.00元
PSN B-2015-509-1/3

南宁蓝皮书
南宁经济发展报告（2017）
著(编)者：胡建华　2017年9月出版 / 估价：79.00元
PSN B-2016-570-2/3

南宁蓝皮书
南宁社会发展报告（2017）
著(编)者：胡建华　2017年9月出版 / 估价：79.00元
PSN B-2016-571-3/3

内蒙古蓝皮书
内蒙古反腐倡廉建设报告 No.2
著(编)者：张志华　无极　2017年12月出版 / 估价：79.00元
PSN B-2013-365-1/1

浦东新区蓝皮书
上海浦东经济发展报告（2017）
著(编)者：沈开艳　周奇　2017年2月出版 / 定价：79.00元
PSN B-2011-225-1/1

青海蓝皮书
2017年青海经济社会形势分析与预测
著(编)者：陈玮　2016年12月出版 / 定价：79.00元
PSN B-2012-275-1/1

人口与健康蓝皮书
深圳人口与健康发展报告（2017）
著(编)者：陆杰华　罗乐宣　苏锦
2017年11月出版 / 估价：89.00元
PSN B-2011-228-1/1

山东蓝皮书
山东经济形势分析与预测（2017）
著(编)者：李广杰　2017年7月出版 / 估价：89.00元
PSN B-2014-404-1/4

山东蓝皮书
山东社会形势分析与预测（2017）
著(编)者：张华　唐洲雁　2017年6月出版 / 估价：89.00元
PSN B-2014-405-2/4

山东蓝皮书
山东文化发展报告（2017）
著(编)者：涂可国　2017年11月出版 / 估价：98.00元
PSN B-2014-406-3/4

山西蓝皮书
山西资源型经济转型发展报告（2017）
著(编)者：李志强　2017年7月出版 / 估价：89.00元
PSN B-2011-197-1/1

皮书系列重点推荐 — 地方发展类

陕西蓝皮书
陕西经济发展报告（2017）
著(编)者：任宗哲 白宽犁 裴成荣
2017年1月出版 / 定价：69.00元
PSN B-2009-135-1/5

陕西蓝皮书
陕西社会发展报告（2017）
著(编)者：任宗哲 白宽犁 牛昉
2017年1月出版 / 定价：69.00元
PSN B-2009-136-2/5

陕西蓝皮书
陕西文化发展报告（2017）
著(编)者：任宗哲 白宽犁 王长寿
2017年1月出版 / 定价：69.00元
PSN B-2009-137-3/5

上海蓝皮书
上海传媒发展报告（2017）
著(编)者：强荧 焦雨虹 2017年2月出版 / 定价：79.00元
PSN B-2012-295-5/7

上海蓝皮书
上海法治发展报告（2017）
著(编)者：叶青 2017年6月出版 / 估价：89.00元
PSN B-2012-296-6/7

上海蓝皮书
上海经济发展报告（2017）
著(编)者：沈开艳 2017年2月出版 / 定价：79.00元
PSN B-2006-057-1/7

上海蓝皮书
上海社会发展报告（2017）
著(编)者：杨雄 周海旺 2017年2月出版 / 定价：79.00元
PSN B-2006-058-2/7

上海蓝皮书
上海文化发展报告（2017）
著(编)者：荣跃明 2017年2月出版 / 定价：79.00元
PSN B-2006-059-3/7

上海蓝皮书
上海文学发展报告（2017）
著(编)者：陈圣来 2017年6月出版 / 估价：89.00元
PSN B-2012-297-7/7

上海蓝皮书
上海资源环境发展报告（2017）
著(编)者：周冯琦 汤庆合
2017年2月出版 / 定价：79.00元
PSN B-2006-060-4/7

社会建设蓝皮书
2017年北京社会建设分析报告
著(编)者：宋贵伦 冯虹 2017年10月出版 / 估价：89.00元
PSN B-2010-173-1/1

深圳蓝皮书
深圳法治发展报告（2017）
著(编)者：张骁儒 2017年6月出版 / 估价：89.00元
PSN B-2015-470-6/7

深圳蓝皮书
深圳经济发展报告（2017）
著(编)者：张骁儒 2017年7月出版 / 估价：89.00元
PSN B-2008-112-3/7

深圳蓝皮书
深圳劳动关系发展报告（2017）
著(编)者：汤庭芬 2017年6月出版 / 估价：89.00元
PSN B-2007-097-2/7

深圳蓝皮书
深圳社会建设与发展报告（2017）
著(编)者：张骁儒 陈东平 2017年7月出版 / 估价：89.00元
PSN B-2008-113-4/7

深圳蓝皮书
深圳文化发展报告(2017)
著(编)者：张骁儒 2017年7月出版 / 估价：89.00元
PSN B-2016-555-7/7

丝绸之路蓝皮书
丝绸之路经济带发展报告（2017）
著(编)者：任宗哲 白宽犁 谷孟宾
2017年1月出版 / 定价：75.00元
PSN B-2014-410-1/1

法治蓝皮书
四川依法治省年度报告 No.3（2017）
著(编)者：李林 杨天宗 田禾
2017年3月出版 / 定价：118.00元
PSN B-2015-447-1/1

四川蓝皮书
2017年四川经济形势分析与预测
著(编)者：杨钢 2017年1月出版 / 定价：98.00元
PSN B-2007-098-2/7

四川蓝皮书
四川城镇化发展报告（2017）
著(编)者：侯水平 陈炜 2017年4月出版 / 估价：85.00元
PSN B-2015-456-7/7

四川蓝皮书
四川法治发展报告（2017）
著(编)者：郑泰安 2017年4月出版 / 估价：89.00元
PSN B-2015-441-5/7

四川蓝皮书
四川企业社会责任研究报告（2016~2017）
著(编)者：侯水平 盛毅 翟刚
2017年4月出版 / 估价：89.00元
PSN B-2014-386-4/7

四川蓝皮书
四川社会发展报告（2017）
著(编)者：李羚 2017年5月出版 / 估价：89.00元
PSN B-2008-127-3/7

四川蓝皮书
四川生态建设报告（2017）
著(编)者：李晟之 2017年4月出版 / 估价：85.00元
PSN B-2015-455-6/7

皮书系列重点推荐

地方发展类·国际问题类

四川蓝皮书
四川文化产业发展报告（2017）
著（编）者：向宝云 张立伟
2017年4月出版 / 估价：89.00元
PSN B-2006-074-1/7

体育蓝皮书
上海体育产业发展报告（2016~2017）
著（编）者：张林 黄海燕
2017年10月出版 / 估价：89.00元
PSN B-2015-454-4/4

体育蓝皮书
长三角地区体育产业发展报告（2016~2017）
著（编）者：张林 2017年4月出版 / 估价：89.00元
PSN B-2015-453-3/4

天津金融蓝皮书
天津金融发展报告（2017）
著（编）者：王爱俭 孔德昌
2017年12月出版 / 估价：98.00元
PSN B-2014-418-1/1

图们江区域合作蓝皮书
图们江区域合作发展报告（2017）
著（编）者：李铁 2017年6月出版 / 估价：98.00元
PSN B-2015-464-1/1

温州蓝皮书
2017年温州经济社会形势分析与预测
著（编）者：潘忠强 王春光 金浩
2017年4月出版 / 估价：89.00元
PSN B-2008-105-1/1

西咸新区蓝皮书
西咸新区发展报告（2016~2017）
著（编）者：李扬 王军 2017年6月出版 / 估价：89.00元
PSN B-2016-535-1/1

扬州蓝皮书
扬州经济社会发展报告（2017）
著（编）者：丁纯 2017年12月出版 / 估价：98.00元
PSN B-2011-191-1/1

长株潭城市群蓝皮书
长株潭城市群发展报告（2017）
著（编）者：张萍 2017年12月出版 / 估价：89.00元
PSN B-2008-109-1/1

中医文化蓝皮书
北京中医文化传播发展报告（2017）
著（编）者：毛嘉陵 2017年5月出版 / 估价：79.00元
PSN B-2015-468-1/2

珠三角流通蓝皮书
珠三角商圈发展研究报告（2017）
著（编）者：王先庆 林至颖
2017年7月出版 / 估价：98.00元
PSN B-2012-292-1/1

遵义蓝皮书
遵义发展报告（2017）
著（编）者：曾征 龚永育 雍思强
2017年12月出版 / 估价：89.00元
PSN B-2014-433-1/1

国际问题类

"一带一路"跨境通道蓝皮书
"一带一路"跨境通道建设研究报告（2017）
著（编）者：郭业洲 2017年8月出版 / 估价：89.00元
PSN B-2016-558-1/1

"一带一路"蓝皮书
"一带一路"建设发展报告（2017）
著（编）者：孔丹 李永全 2017年7月出版 / 估价：89.00元
PSN B-2016-553-1/1

阿拉伯黄皮书
阿拉伯发展报告（2016~2017）
著（编）者：罗林 2017年11月出版 / 估价：89.00元
PSN Y-2014-381-1/1

北部湾蓝皮书
泛北部湾合作发展报告（2017）
著（编）者：吕余生 2017年12月出版 / 估价：85.00元
PSN B-2008-114-1/1

大湄公河次区域蓝皮书
大湄公河次区域合作发展报告（2017）
著（编）者：刘稚 2017年8月出版 / 估价：89.00元
PSN B-2011-196-1/1

大洋洲蓝皮书
大洋洲发展报告（2017）
著（编）者：喻常森 2017年10月出版 / 估价：89.00元
PSN B-2013-341-1/1

皮书系列重点推荐 | 国际问题类

德国蓝皮书
德国发展报告（2017）
著(编)者：郑春荣　2017年6月出版 / 估价：89.00元
PSN B-2012-278-1/1

东盟黄皮书
东盟发展报告（2017）
著(编)者：杨晓强　庄国土
2017年4月出版 / 估价：89.00元
PSN Y-2012-303-1/1

东南亚蓝皮书
东南亚地区发展报告（2016~2017）
著(编)者：厦门大学东南亚研究中心　王勤
2017年12月出版 / 估价：89.00元
PSN B-2012-240-1/1

俄罗斯黄皮书
俄罗斯发展报告（2017）
著(编)者：李永全　2017年7月出版 / 估价：89.00元
PSN Y-2006-061-1/1

非洲黄皮书
非洲发展报告No.19（2016~2017）
著(编)者：张宏明　2017年8月出版 / 估价：89.00元
PSN Y-2012-239-1/1

公共外交蓝皮书
中国公共外交发展报告（2017）
著(编)者：赵启正　雷蔚真
2017年4月出版 / 估价：89.00元
PSN B-2015-457-1/1

国际安全蓝皮书
中国国际安全研究报告(2017)
著(编)者：刘慧　2017年7月出版 / 估价：98.00元
PSN B-2016-522-1/1

国际形势黄皮书
全球政治与安全报告（2017）
著(编)者：张宇燕
2017年1月出版 / 定价：89.00元
PSN Y-2001-016-1/1

韩国蓝皮书
韩国发展报告（2017）
著(编)者：牛林杰　刘宝全
2017年11月出版 / 估价：89.00元
PSN B-2010-155-1/1

加拿大蓝皮书
加拿大发展报告（2017）
著(编)者：仲伟合　2017年9月出版 / 估价：89.00元
PSN B-2014-389-1/1

拉美黄皮书
拉丁美洲和加勒比发展报告（2016~2017）
著(编)者：吴白乙　2017年6月出版 / 估价：89.00元
PSN Y-1999-007-1/1

美国蓝皮书
美国研究报告（2017）
著(编)者：郑秉文　黄平　2017年6月出版 / 估价：89.00元
PSN B-2011-210-1/1

缅甸蓝皮书
缅甸国情报告（2017）
著(编)者：李晨阳　2017年12月出版 / 估价：86.00元
PSN B-2013-343-1/1

欧洲蓝皮书
欧洲发展报告（2016~2017）
著(编)者：黄平　周弘　江时学
2017年6月出版 / 估价：89.00元
PSN B-1999-009-1/1

葡语国家蓝皮书
葡语国家发展报告（2017）
著(编)者：王成安　张敏　2017年12月出版 / 估价：89.00元
PSN B-2015-503-1/2

葡语国家蓝皮书
中国与葡语国家关系发展报告·巴西（2017）
著(编)者：张曙光　2017年8月出版 / 估价：89.00元
PSN B-2016-564-2/2

日本经济蓝皮书
日本经济与中日经贸关系研究报告（2017）
著(编)者：张季风　2017年5月出版 / 估价：89.00元
PSN B-2008-102-1/1

日本蓝皮书
日本研究报告（2017）
著(编)者：杨伯江　2017年5月出版 / 估价：89.00元
PSN B-2002-020-1/1

上海合作组织黄皮书
上海合作组织发展报告（2017）
著(编)者：李进峰　吴宏伟　李少捷
2017年6月出版 / 估价：89.00元
PSN Y-2009-130-1/1

世界创新竞争力黄皮书
世界创新竞争力发展报告（2017）
著(编)者：李闽榕　李建平　赵新力
2017年4月出版 / 估价：148.00元
PSN Y-2013-318-1/1

泰国蓝皮书
泰国研究报告（2017）
著(编)者：庄国土　张禹东
2017年8月出版 / 估价：118.00元
PSN B-2016-557-1/1

土耳其蓝皮书
土耳其发展报告（2017）
著(编)者：郭长刚　刘义　2017年9月出版 / 估价：89.00元
PSN B-2014-412-1/1

亚太蓝皮书
亚太地区发展报告（2017）
著(编)者：李向阳　2017年4月出版 / 估价：89.00元
PSN B-2001-015-1/1

印度蓝皮书
印度国情报告（2017）
著(编)者：吕昭义　2017年12月出版 / 估价：89.00元
PSN B-2012-241-1/1

国际问题类 皮书系列重点推荐

印度洋地区蓝皮书
印度洋地区发展报告（2017）
著(编)者：汪戎　　2017年6月出版 / 估价：89.00元
PSN B-2013-334-1/1

英国蓝皮书
英国发展报告（2016~2017）
著(编)者：王展鹏　　2017年11月出版 / 估价：89.00元
PSN B-2015-486-1/1

越南蓝皮书
越南国情报告（2017）
著(编)者：谢林城
2017年12月出版 / 估价：89.00元
PSN B-2006-056-1/1

以色列蓝皮书
以色列发展报告（2017）
著(编)者：张倩红　　2017年8月出版 / 估价：89.00元
PSN B-2015-483-1/1

伊朗蓝皮书
伊朗发展报告（2017）
著(编)者：冀开远　　2017年10月出版 / 估价：89.00元
PSN B-2016-575-1/1

中东黄皮书
中东发展报告 No.19（2016~2017）
著(编)者：杨光　　2017年10月出版 / 估价：89.00元
PSN Y-1998-004-1/1

中亚黄皮书
中亚国家发展报告（2017）
著(编)者：孙力　吴宏伟　　2017年7月出版 / 估价：98.00元
PSN Y-2012-238-1/1

　　皮书序列号是社会科学文献出版社专门为识别皮书、管理皮书而设计的编号。皮书序列号是出版皮书的许可证号，是区别皮书与其他图书的重要标志。

　　它由一个前缀和四部分构成。这四部分之间用连字符"-"连接。前缀和这四部分之间空半个汉字（见示例）。

《国际人才蓝皮书：中国留学发展报告》序列号示例

　　从示例中可以看出，《国际人才蓝皮书：中国留学发展报告》的首次出版年份是2012年，是社科文献出版社出版的第244个皮书品种，是"国际人才蓝皮书"系列的第2个品种（共4个品种）。

社会科学文献出版社　　　　　　　　　　**皮书系列**

❖ 皮书起源 ❖

"皮书"起源于十七、十八世纪的英国，主要指官方或社会组织正式发表的重要文件或报告，多以"白皮书"命名。在中国，"皮书"这一概念被社会广泛接受，并被成功运作、发展成为一种全新的出版形态，则源于中国社会科学院社会科学文献出版社。

❖ 皮书定义 ❖

皮书是对中国与世界发展状况和热点问题进行年度监测，以专业的角度、专家的视野和实证研究方法，针对某一领域或区域现状与发展态势展开分析和预测，具备原创性、实证性、专业性、连续性、前沿性、时效性等特点的公开出版物，由一系列权威研究报告组成。

❖ 皮书作者 ❖

皮书系列的作者以中国社会科学院、著名高校、地方社会科学院的研究人员为主，多为国内一流研究机构的权威专家学者，他们的看法和观点代表了学界对中国与世界的现实和未来最高水平的解读与分析。

❖ 皮书荣誉 ❖

皮书系列已成为社会科学文献出版社的著名图书品牌和中国社会科学院的知名学术品牌。2016年，皮书系列正式列入"十三五"国家重点出版规划项目；2012~2016年，重点皮书列入中国社会科学院承担的国家哲学社会科学创新工程项目；2017年，55种院外皮书使用"中国社会科学院创新工程学术出版项目"标识。

中国皮书网

www.pishu.cn

发布皮书研创资讯，传播皮书精彩内容
引领皮书出版潮流，打造皮书服务平台

栏目设置

关于皮书：何谓皮书、皮书分类、皮书大事记、皮书荣誉、
皮书出版第一人、皮书编辑部

最新资讯：通知公告、新闻动态、媒体聚焦、网站专题、视频直播、下载专区

皮书研创：皮书规范、皮书选题、皮书出版、皮书研究、研创团队

皮书评奖评价：指标体系、皮书评价、皮书评奖

互动专区：皮书说、皮书智库、皮书微博、数据库微博

所获荣誉

2008年、2011年，中国皮书网均在全国新闻出版业网站荣誉评选中获得"最具商业价值网站"称号；

2012年，获得"出版业网站百强"称号。

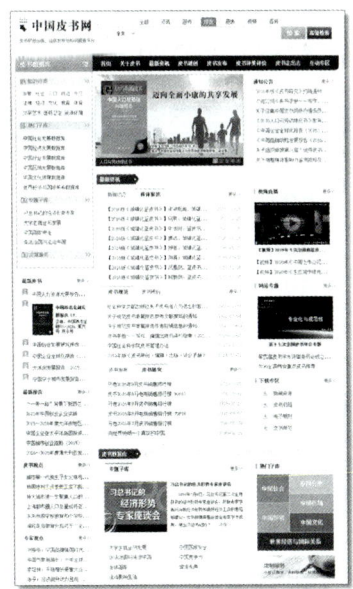

网库合一

2014年，中国皮书网与皮书数据库端口合一，实现资源共享。更多详情请登录www.pishu.cn。

权威报告·热点资讯·特色资源

皮书数据库
ANNUAL REPORT(YEARBOOK) DATABASE

当代中国与世界发展高端智库平台

所获荣誉

- 2016年,入选"国家'十三五'电子出版物出版规划骨干工程"
- 2015年,荣获"搜索中国正能量 点赞2015""创新中国科技创新奖"
- 2013年,荣获"中国出版政府奖·网络出版物奖"提名奖
- 连续多年荣获中国数字出版博览会"数字出版·优秀品牌"奖

成为会员

通过网址www.pishu.com.cn或使用手机扫描二维码进入皮书数据库网站,进行手机号码验证或邮箱验证即可成为皮书数据库会员(建议通过手机号码快速验证注册)。

会员福利

- 使用手机号码首次注册会员可直接获得100元体验金,不需充值即可购买和查看数据库内容(仅限使用手机号码快速注册)。
- 已注册用户购书后可免费获赠100元皮书数据库充值卡。刮开充值卡涂层获取充值密码,登录并进入"会员中心"—"在线充值"—"充值卡充值",充值成功后即可购买和查看数据库内容。

数据库服务热线:400-008-6695
数据库服务QQ:2475522410
数据库服务邮箱:database@ssap.cn

图书销售热线:010-59367070/7028
图书服务QQ:1265056568
图书服务邮箱:duzhe@ssap.cn